교감국역 송남잡지 04

An Encyclopedia of Songnam

지은이 조재삼(趙在三)은 1808년에 태어나서 1866년까지 생존하였다. 본관은 임천(林川)이고 호는 송남(松南)이며 자는 중기(仲璣)이다. 졸수재(拙修齋) 조성기(趙聖期)의 5대손이다. 저서로『송남잡지』외에도 유고 2권이 있다고 한다.

옮긴이 강민구(姜玟求)는 성균관대학교를 졸업(문학박사)하고 민족문화추진회 국역연수원을 졸업하였으며 연청(研靑) 오호영(吳虎泳) 선생을 사사하였다. 현재 경북대학교 교수이다. 논문으로「영조대 문학론과 비평에 대한 연구」, 역서로『국역 낙재선생문집』외 다수가 있다.

교감국역校勘國譯 **송남잡지**松南雜識 **04**

1판 1쇄 인쇄 2008년 10월 5일
1판 1쇄 발행 2008년 10월 10일

지은이 / 조재삼
옮긴이 / 강민구
펴낸이 / 박성모
펴낸곳 / 소명출판
등록 / 제13-522호
주소 / 137-878 서울시 서초구 서초동 1621-18 (란빌딩 1층)
대표전화 / (02) 585-7840
팩시밀리 / (02) 585-7848
somyong@korea.com / www.somyong.co.kr

값 28,000원

ISBN 978-89-5626-323-6 94810
ISBN 978-89-5626-319-9 (전13권)

교감 국역 송남잡지 04

松南雜識

조재삼 지음
강민구 옮김

일러두기

1. 저본(底本)

이 책은 1987년 동서문화원에서 영인 출판한 『송남잡지』를 저본으로 삼아 역주하되, 1986년 아세아문화사에서 영인 출판한 『송남잡지』와 규장각 소장본 『송남잡지』를 참고하였다.

2. 교감(校勘)

『송남잡지』의 모든 내용을 교감하였다.
인용 원문과 『송남잡지』의 내용을 대조하여 상호 출입을 모두 표시하였다. 인용 원문과 『송남잡지』 사이에 또 다른 전적이 개재되었을 경우, 즉 재인용의 경우에는 그들 간의 변형 과정과 양태를 제시하였다.
『송남잡지』에 인용되지 않은 부분이라도 원문의 이해를 위해 필요할 경우 전후를 제시하였다.
인용 원문을 왼쪽에 두고 『송남잡지』를 오른쪽에 두었으며, 화살표(→)로 변형된 것임을 표시하였다.

3. 역문(譯文)

역문은 쉬운 우리말로 옮기는 것을 원칙으로 하였다. 교감을 거친 번역이므로 원문과 차이가 있는 것이 많다. 그러한 경우 반드시 각주의 형식으로 교감기를 제시하였다.
시(詩)는 역문을 왼쪽에 두고 원문을 오른쪽에 배치하였다.

4. 주석(註釋)

주석은 내용이 간단하고 짧은 경우에는 간주(間註)로 처리하고, 내용이 긴 경우에는 각주로 처리하였다.
각주는 해당 항목을 제시하고 주석하였으며, 긴 항목은 앞뒤의 어구만 제시하고 중간에 …… 부호를 넣어 중략하였음을 표시하였다.

5. 맞춤법

맞춤법과 띄어쓰기는 한글맞춤법과 표준어규정을 따르는 것을 원칙으로 하였다. 단 필요한 경우 두음법칙 등을 적용하지 아니하고 원음을 그대로 제시하였다.

6. 부호

이 책에 사용한 부호는 다음과 같다.
( ) : 번역문과 음이 같은 한자를 묶는다.
[ ] : 번역문과 뜻은 같으나 음이 다른 한자를 묶는다.
“ ” : 대화 등의 인용문을 묶는다.
‘ ’ : “ ” 안의 재인용, 또는 강조 부분을 묶는다.
「 」 : 편명을 묶는다.
『 』 : 책명을 묶는다.
〈 〉 : 인용된 주석을 묶는다.

해제

『송남잡지(松南雜識)』는 조재삼(趙在三 : 1808~1866)이 1855년(哲宗 6년)에 저술한 백과전서적 성격의 유서(類書)이다. 조재삼은 재야의 사인(士人)으로 호가 송남(松南)이고 자는 중기(仲璣)이며 졸수재(拙修齋) 조성기(趙聖期)의 5대손이다.

현재 『송남잡지』는 세 가지 종류가 전해진다. 하나는 임기중(林基中) 교수가 편의상 '임씨본(林氏本)'으로 칭하는 것이고 하나는 규장각 소장본이고 나머지 하나는 청주에서 프린트본으로 발간된 것이다.

임씨본은 총 7책으로 비·파·귤·율·도·매·리(枇·杷·橘·栗·桃·梅·李)로 차례가 정해져 있다. 임기중 교수는 이 책만이 『임천조씨가보(林川趙氏家譜)』에서 "송남잡지 7권을 저술하여 세상에 행(行)하고 있다[著雜識七卷印行于世]"라고 한 기록에 부합되는 유일한 현존본이며 기타 두 종과 대조한 결과 임씨본이 초고본이라는 견해를 제시하였다. 즉 규장각본과 유인본(油印本)은 각각 임씨본을 필사하고 유인(油印)했다는 것이다. 그리고 그 근거로 후자의 두 책과 전자의 편차를 비교해 보면 권차(卷次)가 흐트러져 있는데, 제책(製冊) 후에도 보충이 계속되었다는 점을 제시하였다.

규장각본(奎章閣本)은 총 14권으로 되어 있는데, 비(枇)를 1·2로, 파(杷)를 11·12로, 귤(橘)을 3·4로, 률(栗)을 10·13으로, 도(桃)를 7·8로, 리(李)를 5·6으로 편차하였으니 이는 나무의 이름으로 편차를 정하는 방법이 일반적이지 않기 때문에 생긴 오류로 보인다.

청주의 유인본은 임형택(林熒澤) 교수가 조재삼의 방손(傍孫)인 조남식(趙南植) 옹으로부터 입수하여 아세아 문화사에서 1986년에 영인하였다. 이것은 해방 후 청주 지방에서 이광(李光 : 1887~1966)씨의 주선에 의해 상·중·하 세 책으로 약간부가 유인(油印)되었다고 한다.

유인본은 필경(筆耕)하여 유인(油印)한 것으로 임씨본과 큰 차이는 없다. 단 필경(筆耕)하는 과정에서 자구(字句)의 첨삭을 가하는 교정이 이루어졌을 가능성이 있다. 그러나 규장각본은 임씨본과 제책상(製冊上) 편차에서 차이를 보일 뿐만 아니라 항목의 구성에도 다소간의 차이를 보이고 있다. 규장각본은 임씨본에 있는 항목이 다수 누락되어 있다. 그런데 제책 후 누락된 내용은 원본을 보고 항목간의 빈 공간에 채워 넣은 것으로 보인다. 이는 마치 간주(間注)의 형식처럼 보이는데 사실은 누락된 항목의 보충에 불과하다. 그것의 글씨는 알아보기 어려울 정도로 조악한 것도 있다.

임씨본 역시 결락(缺落)된 글자가 어떤 이에 의하여 가필(加筆)된 흔적이 있다. 그런데 그것은 문맹자의 소위(所爲)로 보이는 바, 전혀 문리가 닿지 않는 글자뿐만 아니라 존재하지도 않는 글자를 그려 넣었기 때문이다.

『송남잡지』는 1,743장으로 이루어진 거질로 '백과전서적 유서'라고 할 만한데, 그 구성을 살펴보면 다음과 같다.

천문류(天文類) 70항목, 세시류(歲時類) 153항목, 지리류(地理類) 189항목, 국호류(國號類) 35항목, 역년류(歷年類), 외국류(外國類) 117항목, 인사류(人事類) 40항목, 가취류(嫁娶類) 75항목, 상제류(喪祭類) 139항목, 성명류(姓名類) 71항목, 과거류(科擧類) 41항목, 문방류(文房類) 85항목, 무비류(武備類) 114항목, 농정류(農政類) 64항목, 어렵류(漁獵類) 16항목, 실옥류(室屋類) 121항목, 의식류(衣食類) 244항목, 재보류(財寶類) 77항목, 집물류(什物類) 90항목, 음악류(音樂類) 94항목, 기술류(技術類) 151항목, 구기류(拘忌類) 80항목, 선불류(仙佛類) 117항목, 상이류(祥異類) 118항목, 계고류(稽古類) 407항목, 이기설(理氣說) 33항목, 인물류(人物類), 조시류(朝市類) 119항목, 방언류(方言類) 816항목, 화약류(花藥類) 180항목, 초목류(草木類) 179항목, 충수류(蟲獸類) 207항목, 어조류(魚鳥類) 187항목으로 상위 범주가 33류이고 하위 항목이 4432항이다.

위와 같이 『송남잡지』는 한문학 · 국문학 · 국어학 · 역사학 · 철학 · 민속학 · 종교학 · 천문학 · 지리학 · 농학 · 병학 · 건축학 · 동물학 · 식물학 · 한의학 · 복식사 · 음악사 · 과학사 · 외교사 · 제도사 등 다양한 분야의 지식을 담고 있다.

『송남잡지』의 '잡지(雜識)'라는 서명은 『성호사설(星湖僿說)』의 '사설(僿說)'이나 『반계수록(磻溪隨錄)』의 '수록(隨錄)'과 같은 의미이다. 이 책은 형식적 측면에서 유서의 전통적 양식을 충실히 계승하고 있을 뿐만 아니라 작가의 선명한 의식을 드러내고 있다.

조재삼은 『송남잡지』 자서에서 저작 동기와 저술 의식을 명확히 제시하고 있으니, 그는 추상물인 '태평(太平)'의 기록과 구체적 형상을 지니고 있는 '만물(萬物)'의 문자화를 자신의 책무로 자임하였다. 그 두 가지 중에서 조재삼의 주된 서술 의식은 전자에 맞춰져 있다. 즉 조재삼은 자서에서 "『송남잡지』는 태평(太平)의 기록으로 시작하여 태평(太平)의 기록으로 끝을 맺은 책"이라고 언명하고 있다. 과연 조재삼의 말대로 『송남잡지』의 첫 항목명은 '동방왈태평(東方曰太平)'이고 마지막 항목명은 '태평봉(太平鳳)'인데다가 '태평(太平)' 두 글자로 끝을 맺고 있다. 그런데 흥미로운 점은 조재삼의 강한 민족적 의식의 자각이다. 즉 '태평'은 우리나라의 태평에 다름 아니고 만물은 우리나라에 존재하는 만물에 다름 아니다. 조재삼은 우리나라를 '태평지역(太平之域)'이라고 명명하고 있으며, 우리나라가 천하에 존재하는 만물 가운데 절반을 보유하고 있다고 말하였다. 그러므로 『송남잡지』는 외우내환으로 나라가 병들어 가던 시기에 민족적 자존과 문화적 긍지를 고양하기 위한 의식의 소산이라고 할 수 있다. 그와 같이 선명한 의식이 백과전서적 형식 속에서 증명 분석되고 있다는 점이 기존의 유서와 다른 점이라고 할 수 있다.

그렇다면 『송남잡지』의 출현 동인은 무엇인가?

임형택(林熒澤) 교수는 『송남잡지』의 출현 동인으로, "새로운 지식에 대하여 경시하는 등 고루(固陋)와 고식(姑息)에 빠진 당대의 학풍을 반성하고 진작하려는 움직임"으로 파악하였다.

지금도 백과사전은 그것을 발행한 사회나 국가의 문화적·학술적 수준을 평가하는 하나의 척도가 될 수 있다. 『송남잡지』를 비록 '백과전서'라고 표현하고 있기는 하지만, 현대적 용어로 달리 대체할 만한 것이 없기 때문에 편의상 사용할 뿐이다. 현대적 의미의 백과사전은 중세의 유서들이 취하고 있는 분류 체계와는 전혀 다르기 때문이다. 즉 백과사전이 글자의 배열 순서에 입각해서 편찬된다면 유서는 작가의 가치관에 의해 차서(次序)가 정해진다. 그러므로 유서로서 『송남잡지』는 현재의 백과사전과 같이 다양한 정보를 제공하는 기능을 지니고 있는 동시에 당대인들의 가치관을 명확하게 볼 수 있는 유용한 자료라고 할 수 있다.

무엇보다 간과할 수 없는 점은 『송남잡지』가 문예미학적 특성을 갖추고 있다는 점이다. 이는 중국의 『운부군옥(韻府群玉)』·『사문류취(事文類聚)』 등이 문학 창작의 중요한 공구서(工具書)로 활용된 전통을 계승한 것이다. 그리고 또 하나의 중요한 사실은 『송남잡지』가 우리나라에서 발행된 『대동운부군옥(大東韻府群玉)』과 같은 운서류와 『지봉유설(芝峯類說)』·『성호사설(星湖僿說)』·『반계수록(磻溪隨錄)』과 같은 유서류의 전통을 충실히 계승하고 있다는 점이다. 조재삼은 중세의 막바지에서 유서라는 형식을 통하여 이전의 문화적 축적을 체계적으로 정리하려고 한 것이다.

참고문헌

임형택, 「송남잡지 해제」, 『松南雜識』, 아세아문화사, 1986.

임기중, 「송남잡지 해제」, 『松南雜識』, 동서문화원, 1987.

14. 농정류 農政類

15. 어렵류 漁獵類

16. 실옥류 室屋類

松南雜識 전체 차례

13. 무비류(武備類)

옥장
玉帳

『당서(唐書), 예문지(藝文志)』에 "『옥장경(玉帳經)』, 일 권"[1]이 기록되어 있다.

송나라 장호(張淏)[2]가 "옥장(玉帳)[3]은 바로 병가(兵家)에서 압승을 거둘 수 있는 방위이다. 주장(主將)이 그 방위에 장막을 설치하면 견고하여 범접할 수 없다. 예를 들면, 정월에 북두성의 자루가 인방(寅方)[4]을 향하면

---

1) 玉帳經一卷.(『唐書, 卷五十九, 藝文志, 第四十九』)

2) 장호(張淏) : 송나라 개봉(開封) 출신. 자는 청원(淸源). 관직은 주의랑(奏議郎)에 이르렀다. 저서로 『회계속지(會稽續志)』·『운곡잡기(雲谷雜記)』 등이 있다.
 *『松南雜識』에는 '張昊'로 오기되어 있음.

3) 옥장(玉帳) : 옥장술(玉帳術). 이것은 병가에서 압승을 하는 방위로, 주장(主將)이 이곳에 군막을 치면 견고하여 범접할 수 없는 것이 옥장을 친듯하다라고 하였다. 황제(黃帝)의 둔갑술(遁甲術)에서 유래했다.

4) 인방(寅方) : 24방위의 하나, 동북간의 방위를 가리킴.

옥장(玉帳)을 만든다. 두보의 시에서 "공연히 옥장술만 남겼네"[5]라고 한 말이 이것이다.

살펴보건대 삼기길문(三奇吉門)에 "북두성을 따르는 자는 길하고 북두성을 거스르는 자는 흉하다"라고 하였는데, 그 주석에서 "강(罡)은 북두성자루이다. 정월 술시(戌時)에 북두성의 자루가 인방(寅方)을 향하고 북두성의 국자가 오방(午方)[6]을 가리키며, 2월 해시(亥時)[7] 에 북두성의 자루가 묘방(卯方)[8]을 향하고 북두성의 국자가 미방(未方)[9]을 가리킨다는 류(類)이다. 밤낮으로 순환하다가, 북두성자루가 처음 가리키는 곳은 반드시 패망한다. 이런 까닭에 한(漢)나라의 왕망(王莽)이 구리 다섯 섬으로 이 척 오 촌 짜리 북두성을 만드니 많은 군병을 압승하려고 한 것이다.[10] 그러므로 '북두성 자루를 따라 앉는다'라고 하는 말이 이것이다.

『방술기(方術記)』에서 "황석공(黃石公)[11]이 열두 개의 바둑돌로 군사의 움직임을 점쳐서 만에 하나도 실패하지 않았다"[12]라고 하였다.

『승암집(升庵集)』[13]에서 "『당육전(唐六典)』[14]의 삼식(三式)[15] 중에 육임

---

5) 空留玉帳術.(『杜詩詳註, 卷十一, 送嚴公入朝十韻』)

6) 오방(午方) : 24방위의 하나, 정남방(正南方)을 가리킴.

7) 해시(亥時) : 밤 아홉 시부터 열한 시까지를 가리킴.

8) 묘방(卯方) : 24방위의 하나, 동쪽을 가리킴.

9) 미방(未方) : 24방위의 하나. 서쪽에서 조금 남쪽으로 가까운 방위.

10) 莽**親之南郊, 鑄作威斗. 威斗者**, 以五石銅爲**之**. **若**北斗, 長二尺五寸, 欲以**厭**勝衆兵.(『前漢書, 卷九十九下, 王莽傳, 第六十九下』) → **漢**莽, 以銅五石, 爲北斗, 長二尺五寸, 欲以**壓**勝衆兵**也**.(『松南雜識』)

11) 황석공(黃石公) : 전한의 선인(仙人). 장량(張良)에게 병서(兵書)를 주었다고 한다.

12) 方術記曰, **有**十二碁卜, 黃石公用**之**, 行師, 萬不失一.(『續編珠, 卷一, 歲時部, 瓦占碁卜』) → 方術記曰, 黃石公用十二碁卜, 行師, 萬不失一**云**.(『松南雜識』)

13) 승암집(升庵集) : 책이름. 전 81권. 명나라 양신(楊愼)이 편찬하고 장사패(張士佩)가 편집했다. 부(賦) 및 잡문(雜文) 11권, 시(詩) 29권, 외집(外集) 41권이다. 그중 외집은 잡기로 장사패의 『단연총록(丹鉛總錄)』, 『담원성호(譚苑醒醐)』 등의 여러 책을 종합하여 중복된 것을 삭제하고 합쳐서 한 편으로 했다.

14) 당육전(唐六典) : 책이름. 30권. 당현종(唐玄宗)의 어찬(御纂)이다. 이임보(李林甫)가 조칙을 받들어 주석을 달았다. 이 책은 삼사(三師) · 삼공(三公) · 삼성(三省) · 구사(九寺) · 오감(五監) · 십이위(十二衛)로 나누어져 있다. 『四庫提要, 史, 職官類』에 있다.

15) 삼식(三式) : 술수가(術數家)의 말로 뇌공(雷公) · 태을(太乙) · 육임(六任)을 일컫는다.

식(六任式)을 점치는 괘의 판은 단풍나무로 하늘을 만들고 대추나무 속심으로 땅을 만든다"[16]라고 하였다.

병부

兵符

자호(慈湖) 왕백대(王伯大)[17]가 말하였다.

옛날에 대나무로 병부를 만들었던 까닭에 '竹(죽)'자를 부수로 하였다. 후세에 위조하니 대나무는 구하기 쉬운 물건이었기 때문이다. 그래서 구리·철·금·은을 주조하여 물건의 형상을 만들어 사용하니, 동어부(銅魚符)·녹린부(綠麟符)·청룡부(青龍符)·주작부(朱雀符)·추우부(騶虞符)·현무부(玄武符)가 이것이다. 『주례(周禮)』에서 "아장부(牙璋符)[18]로 군대를 일으킨다"[19]라고 하였다. 장안(張晏)[20]이 "대나무로 만든 것은 간이함을 추구한 것이다"라고 하였는데, 전서(篆書)를 새겨 군국에 주어 부절(符節)로 만들어 각각 반쪽씩을 나누어 오른쪽은 서울에 두고 왼쪽은 주니 이것은 한(漢)나라의 제도이다. 그러나 대개 진비

일설에는 육임(六任)·둔갑(遁甲)·태을(太乙)이라고 한다[太卜令, 占辦三式之同異, 一曰雷公式, 二曰太乙式, 並禁私家畜, 三曰六任式, 士庶通用之].(『唐六典, 太常寺, 太卜署』)

16) **張文成大卜判有楓天棗地之語. 初不省所出, 後見**唐六典三式**云**, 六壬卦局, 以楓木爲天, 棗心爲地, **乃知文成用此也**.(『升菴集, 卷七十二, 劉孝標世說注, 楓天棗地』) → **升庵曰**, 唐六典, 三式六壬卦局, 以楓木爲天, 棗心爲地.(『松南雜識』)

17) 왕백대(王伯大) : 송나라 복주(福州) 출신. 자는 유학(幼學). 가정(嘉定) 연간에 진사(進士)가 된 이후 추밀부도승지(樞密副都承旨)·형부상서(刑部尚書)·참지정사(參知政事)·자정전 학사(慈政殿學士) 등을 역임했다.

18) 아장부(牙璋符) : 부계(符契)의 일종으로 상아(象牙)로 만든다.

19) 牙璋**以**起軍旅.(『周禮注疏, 卷二十』) → 牙璋起軍旅.(『松南雜識』)

20) 장안(張晏) : 위(魏)나라 중산(中山) 출신. 자는 자전(子傳). 저서로 『서한서음석(西漢書音釋)』 40권이 있다.

(晉鄙)[21]가 부절을 맞추었다는 기록이 있으니 또한 오래된 제도이다. 당 고조(高祖)가 동어부(銅魚符)와 목계(木契)[22]로 바꾸어 만들었다.[23]

지금 우리나라의 병부(兵符)는 한(漢)나라 제도와 당나라의 제도를 겸한 것이다.

문고호패
門考號牌

『한서(漢書), 종군전(終軍傳)』에서 "종군(終軍)[24]이 명주수건[繻]을 관문

---

21) 진비(晉鄙) : 위(魏)나라의 장군. 진(秦)나라가 조(趙)나라를 정벌할 때 위나라에서 진비(晉鄙)로 하여금 10만의 병력으로 조나라를 구원하게 하였다. 위나라가 진나라를 두려워하여 진비를 벽업(壁鄴)에 머물러 주둔하게 하자, 공자(公子) 무기(無忌)가 후생(候生)의 계책을 이용하여 부(符)를 맞추어 진비의 군을 빼앗아 마침내 역사(力士)인 주해(朱亥)로 하여금 소매에 숨긴 철퇴로 진비를 살해하였다.

22) 목계(木契) : 나무로 만든 부절.

23) 古者, 以竹爲之故, 字從竹. 後世詐僞**蜂起**, 以竹易得之物, **不足爲之防**. 於是, 有銅鐵金銀鑄爲物象, 而用之. **漢文帝初**, **與郡國爲銅虎符 · 竹使符**. **應劭曰**, **銅虎符**, **長六寸**, **第一至五國家**, **發兵遣使**, **至郡合符**, **符合乃聽受之**. **竹使符**, **以竹箭五枚**, **長五寸**, **旁鐫篆書**, **亦一至五出入徵發用之**. 張晏**曰**, **符以代古之珪璋**, 從簡易也. **顔師古曰**, 與郡國爲符, 各分一半, 右留京師, 左以與之, 此漢制**也**. 唐高祖**入長安**, **罷隋竹使符 · 班銀菟符**, **其後**改爲銅魚木契.(『御批資治通鑑綱目, 卷一下』) → **慈湖王幼學曰**, 古者以竹爲之, 故字從竹, 後世詐僞, 以竹易得之物, 於是鑄銅鐵金銀, 爲物象而用之, **銅魚 · 綠麟 · 青龍 · 朱雀 · 騶虞 · 玄武符**, **是也**. **周禮**, **牙璋起軍旅**. 張晏**謂**, **竹**從簡易也. **鐫刻篆書**, 與郡國爲符, 各分一半, 右留京師, 左以與之, 此漢制. **然盖晉鄙合符**, **則亦古矣**. 唐高祖改爲銅魚木契.(『松南雜識』)

24) 종군(終軍) : 한(漢)나라 제남(濟南) 출신. 자는 자운(子雲). 학문을 좋아하고 글을 잘 지었다. 나이 열여덟에 무제(武帝)에게 편지를 올려 알자급사중(謁者給事中)에 배임되고 간의대부(諫議大夫)에 발탁되었다. 남월국에 사신 갈 때, 긴 관끈을 받으며 말하기를 "반드시 남월왕의 목을 묶어 돌아오겠다"라고 하였다. 남월왕에게 유세하여 내속(內屬)이 되기를 허락받았지만 남월의 재상 여가(呂嘉)가 왕의 말을 따르지 않고 왕 및 한나라 사신을 공격하여 종군도 피해를 입었다. 당시 그의 나이가 20여세였기에, 세상 사람들이 "종동(終童)"이라고 했다.

의 부신으로 삼았다"의 주석에 "비단을 찢어 부절로 삼는 것을 '수(繻)'라고 한다"라고 하였다.25)

조선 태종(太宗) 계사년(1413)에 처음으로 호패(號牌)를 만들었다. 지금은 적경(賊警)이 있으면 도성문에서 호패를 검사하고 출입시키니, 대개 옛날 관문과 저자에서 복장이 다른 사람을 기찰하던 것과 같다.

졸경
卒更

『한서(漢書), 소제기(昭帝記)』의 주석에서 말하였다.

옛날에는 사졸(士卒)이 정해진 사람이 없어서 번갈아 하였다. 한 달에 한 번 경(更)하는 것을 '졸경(卒更)'이라 한다. 부자가 가난한 사람을 품사서 한 달에 돈 이전을 내는 것을 '천경(踐更)'이라 한다. 천하 사람들이 모두 변방에서 사흘간 수자리를 살게 되어 있다. 비록 재상의 자제라도 징발하는데 일 년에 한 번의 경(更)을 수행하지 않은 사람은 돈 삼 백을 관청에 납입하여 수자리 사는 자에게 지급하니 '과경(過更)'이라 한다.26)

---

25) 初軍從濟南, 當詣博士, 步入關, 關吏予軍繻. 軍問, 以此何爲, 吏曰, 爲復傳, 還當以合符. 〈張晏曰, 繻音須, 繻, 符也. 書帛裂而分之, 若券契矣. 蘇林曰, 繻, 帛邊也. 舊關出入, 皆以傳, 傳煩, 因裂繻頭, 合以爲符信也.〉(『前漢書, 卷六十四下, 嚴朱吾丘主父徐嚴終王賈傳, 第三十四下, 終軍』)→以繻爲關門符信. 註, 裂帛爲符曰繻.(『松南雜識』)

26) 如淳曰, 更有三品, 有卒更, 有踐更, 有過更. 古者, 正卒, 無常人, 皆當迭爲之, 一月一更, 是謂卒更也 貧者, 欲得顧更錢者, 次直者, 出錢顧之, 月二千, 是謂踐更也. 天下人, 皆直戍邊三日, 亦名爲更律, 所謂繇戍也. 雖丞相子, 亦在戍邊之調, 不可人人自行三日戍, 又行者, 當自戍三日, 不可往便還, 因更住, 一歲一更, 諸不行者, 出錢三百. 入官, 官以給戍者, 是謂過更也.(『前漢書, 卷七, 昭帝紀 第七』)→漢昭帝紀, 註, 古者, 士卒, 無定人, 迭爲之, 一月一更, 曰卒更, 富者顧貧者, 月二千, 曰踐更, 天下之人, 皆直戍邊三日, 雖宰相子, 亦在調, 一歲一更, 不行者, 出錢三百. 入官以給戍

지금 서울의 백성들이 '졸경전(卒更錢)'으로 순라꾼을 품사는 것이 이것이다. 우리나라에서 과중한 부역을 겪는 것을 '과경(過更)'이라고 하는 것 또한 여기에서 나왔다.

깃발
旗幟

『석명(釋名), 석의(釋義)』에서 "기(旗)는 '기약하다[期]'라는 뜻"이라고 하였다. 웅호기(熊虎旗)와 오유기(五斿旗)는 벌성(伐星)[27]을 상징하니 사졸이 그 아래에서 기약한다.[28]

'치(幟)'는 '기록한다[識]'라는 뜻이다. 군법(軍法)에 열 명이 일 치(幟)이다. 그래서 '한신(韓信)의 병사들 중에 붉은 깃발[赤幟]을 든 자가 이천 명이었다'[29]라고 하니 전 병력은 이만 명이다.[30] 지금의 기패관(旗牌官)[31]이다.

者, **曰**過更.(『松南雜識』)

27) 벌성(伐星) : 별이름으로 하늘의 도위(都尉)이다.

28) **說文**, **熊旗**五斿, 以象伐星, 士卒以爲**期**, **從於其聲**. 釋名, 熊虎爲旗, 與衆, 期之於下也.(『古今韻會擧要, 卷二, 平聲上, 旗』) → 釋名**曰**, **旗**, **期也**. 熊虎五斿, 以象伐星, 士卒以爲**期**於下也.(『松南雜識』)

29) 今韓信兵, 號數萬, 其實不過數千, 能千里而襲我, 亦以罷極. 今如此避而不擊, 後有大者, 何以加之, 則諸侯謂吾怯而輕我伐我, 不聽廣武君策. 廣武君策不用, 韓信使人, 間視, 知其不用, 還報, 則大喜, 乃敢引兵遂下, 未至井陘口三十里, 止舍夜半, 傳發選輕騎二千人, 人持一赤幟, 從間道萆山而望趙軍.(『史記, 卷九十二, 淮陰侯列傳, 第三十二』)

30) 『松南雜識』에는 '二十萬名'으로 오기되어 있음.

31) 기패관(旗牌官) : 각 군영에 속한 장교의 하나.

정·모·절·기
旌旄節旂

『주례(周禮)』에서 말하였다.

해와 달을 그린 깃발이 상(常)[32], 교룡(交龍)[33]을 그린 깃발이 기(旂)[34], 순색의 비단을 그대로 이용하여 만든 깃발이 전(旜)[35], 흰 비단으로 테두리를 장식한 깃발을 물(物), 곰과 호랑이를 그린 깃발이 기(旗), 새와 새매를 그린 깃발이 여(旟)[36], 거북이와 뱀이 그려진 깃발이 조(旐)[37], 완전한 깃털이 달려 있는 깃발이 모(旄)[38]이다.[39]

모(旄)는 의장기[幢]이니 모우(旄牛)[40]의 꼬리털을 장대 끝에 붙인다.[41] 당(幢)은 독(纛)[42]이니 모우(旄牛)[43]의 꼬리털로 만드는데 크기는 말[斗]

---

32) 상(常) : 깃발의 이름. 깃발의 끝에 해와 달을 그려 항상 밝게 비춤을 의미한다. 천자만 세울 수 있는 깃발이다.

33) 교룡(交龍) : 올라가는 용과 내려오는 용이 그려진 깃발.

34) 기(旂) : 깃발 위에 서로 의지하고 있는 두 마리의 용과 방울을 그린 깃발로 제후가 세우는 깃발이다.

35) 전(旜) : 순색의 비단을 이용하여 만든 깃발을 의미한다. 주나라는 붉은 색을 정색(正色)으로 숭상하였기에 붉은 비단을 이용하여 만든 깃발로도 풀이된다.

36) 여(旟) : 가죽을 섞어 깃발의 바탕 위에 새를 그린 것으로 사졸을 나아가게 할 때 사용한다.

37) 조(旐) : 깃발의 이름. 길이는 팔 척(尺), 흑색이며 뱀과 거북이가 그려져 있다. 거북은 기(氣)를 알아서 길흉을 예언하기에 뒤에 세워 일이 마땅한가 하는 형상을 살핀다.

38) 모(旄) : 의장을 지휘하는 깃발로 깃대의 끝에 검은 소의 털이나 깃털로 장식한다.

39) **司常掌九旗之物名, 各有屬以待國事**. 日月爲常, 交龍爲旂, 通帛爲**旜**, 雜帛爲物, 熊**虎**爲旗, 鳥隼爲旟, **龜蛇**爲**旐**, 全羽爲**旞**.(『周禮注疏, 卷二十七』) → **周禮曰**, 日月爲常, 交龍爲旂, 通帛爲**旃**, 雜帛爲物, 熊爲旗, 鳥隼爲旟, **龜蛇**爲**旃**, 全羽爲**旄**.(『松南雜識』)

40) 모우(旄牛) : 털색깔이 황색과 검정색의 중간색인 소의 일종으로 이우(犂牛)·모우(牦牛)라고도 한다.

41) 旄幢也. **補曰, 爾雅**, 旄牛尾, **箸**竿頭.(『子史精華, 卷一百四十三, 儀飾部一, 儀仗』) → 旄, 幢也. **以**旄牛尾, **着**竿頭.(『松南雜識』)

42) 독(纛) : 모우(旄牛)나 치미(雉尾)의 꼬리털로 장식한 큰 깃발.

43) 『松南雜識』에는 '犂牛'로 되어 있음.

정도이다.[44]

"진(秦)나라 문공(文公) 때, 가래나무[梓樹]가 변하여 모우(旄牛)가 되었는데, 사납고 거세어 이 소를 부려 공을 세웠다. 후세에 이것을 형상하여 깃대의 끝에 달았다"라고 하였다. 또 "가래나무가 소가 되자 기병(騎兵)으로 그것을 공격해도 이기지 못하고 어떤 이는 땅에 떨어지고, 상투가 풀려 산발이 되었다. 소가 두려워서 물로 들어가 버렸다. 진나라가 이때문에 모두기(旄頭騎)[45]를 설치하여 선봉대로 삼았다"[46]라고 하였다.

'절(節)'은 '잡는다[操]'는 뜻이다. 부절을 가진 자가 반드시 신하로서의 절조(節操)를 다하여야 한다는 말이다. 털을 엮어 만드니 윗사람이나 아랫사람이나 중시한다. 대나무 마디를 취하여 형상하였기 때문에 이렇게 이름 한다. 길이는 한 자 세 치이다.[47]

『한서(漢書)』의 주석에서 "절(節)은 신표이다"[48]라고 하였다.

길가는 자가 소지하는 신표로 길이는 팔 척(尺)이며 모우(旄牛)로 모(旄)를 만든다.[49]

---

44) **翿**, **纛也**. **注**. **今之羽葆**幢. 纛, **翳**也. …… **鄭衆云**, **羽葆**, **幢也**. **蔡伯喈云**, 以**旄**牛尾, 爲之, **大**如斗.(『爾雅注疏, 卷二』) → 幢, 纛也, 以犛牛尾, 爲之, 如斗.(『松南雜識』)

45) 모두기(旄頭騎) : 앞서 달리는 기병(騎兵)을 지칭하는 말.

46) **舊選羽林爲旄頭被髮先驅**. **魏文帝列異傳曰**, 秦文公時, 梓樹, 化爲牛, 以騎擊**之**, **騎**不勝, 或墮地, 髻解被髮, 牛畏**之**, 入水. **故**秦因是, 置旄頭騎, **使**先**驅**.(『後漢書, 卷一下, 光武帝紀, 第一下』) → **舊選羽林爲**旄頭, 被髮先驅, 魏文帝列異曰, 秦文公時, 梓樹, 化爲牛, 以騎擊之, 騎不勝, 或墮地髻解被髮. 牛畏之, 入水. 故秦因是, 置旄頭騎, 使先驅.(『兩漢博聞, 卷九, 旄頭騎』) → 秦文公時, 梓樹, 化爲旄牛, **而猛憨**, **使其牛有功**. **後世象而注之於旗竿之首**. **又曰**, 梓樹爲牛, 以騎擊不勝, 或墮地, 髻解被髮, 牛畏入水. 秦因置旄頭騎, **作先驅也**.(『松南雜識』)

47) **釋名**, **節**毛, 上下相重, 取象竹節. **光武本紀注**, **節**以**竹**爲**之**, **柄**長三尺, **以旄牛尾爲其旄三重**. **蘇鶚演義曰**, **古者**, **節**, **長尺二寸**, **秦漢以下**, **改爲旄之形**, **後世漸長數**. 節, 操也, 謂持節者, 必盡人臣之節操.(『資治通鑑綱目, 卷十二上』) → 節, 操也, 謂持節者, 必盡人臣之節操. **編毛爲之**, 上下相重, 取象竹節, **因**以爲**名**, 長三尺**寸**.(『松南雜識』)

48) **師古曰**, **符**, **謂諸所合符**, **以爲契者也**. 節, 以毛爲之, 上下相重, 取象竹節, 因以爲名, **將命者**, **持之以爲**信.(『前漢書, 卷一上, 高帝紀, 第一上』)

49) **掌節**, **上士二人**, **中士四人**, **府二人**, **史四人**, **胥二人**, **徒二十人**. **注**. 節, **猶**信也, 行者, 所執之信.(『周禮注疏, 卷九, 地官司徒, 第二』) → **漢書**, **註**, 節, 信也, 行者, 所執之信, **長八尺**, **旄牛爲其旄也**.(『松南雜識』)

낭독
狼纛

『수서(隋書)』[50]에서 "돌궐(突厥)의 성은 아사나(阿史那)이다. 그 선조가 암 이리와 교접하여 태어났다. 그래서 이리의 머리를 본떠서 독(纛)을 만드니, 근본을 잊지 않음을 나타낸 것이다"[51]라고 하였다.

대개 황제(黃帝)가 치우(蚩尤)를 죽이고 깃대에 그 머리를 매단 것이 이런 관습의 시초이다.

『주례(周禮)』[52]에서 "모든 사계절의 큰 사냥에 표식을 세운 곳에서 맥제(貉祭)를 지내니 사냥이 잘 되도록 하기 위해서이다"의 주석에 "맥(貉)은 사제(師祭)이다. 표식을 세운 곳에서 군법(軍法)을 만든 자를 제사하니, 제사 받는 신(神)은 치우(蚩尤)이다"[53]라고 하였으니, 지금 경칩(驚蟄)날의 독제(纛祭)[54]이다.

북소리는 진군신호, 징소리는 퇴각신호
鼓行金止

『군지(軍志)』에서 "북을 쳐서 진군하게 하고, 징을 쳐서 퇴각시킨

---

50) 『松南雜識』에는 '唐史'로 되어 있음.

51) 突厥**之先**, **平凉雜胡也**. **姓**阿史那**氏**, **後魏太武滅**. …… **或云**, 其先**國於西海之上**, **爲鄰國所滅**, **男女無少長**, **盡殺之**. **至一兒不忍殺刖足斷臂**, **棄於大澤中**, **有**一牝狼, **每銜肉**, **至其所**, **此兒因食之**, **得以不死**, **其後遂與狼交**, **狼有孕焉**. …… **其後狼**生**十男**, **其一姓**阿史那**氏**, **最賢**, **遂爲君長**. **故牙門建**狼頭纛, 示不忘本也.(『隋書, 卷八十四, 列傳第四十九, 突厥』) → 突厥阿史那, 其先**與**牝狼交**生**, **故象**狼頭爲纛, 示不忘本也.(『松南雜識』)

52) 『松南雜識』에는 '禮記'로 되어 있음.

53) 凡**四時之大甸獵**, 祭表貉則爲位. **注**. **貉**, 師祭也. **貉讀爲十百之百**, 於**所**立表之處, **爲師祭**, 祭造軍**灋**者, **禱氣勢之增倍也**. 其神, **蓋**蚩尤.(『周禮注疏, 卷十九』) → 凡祭表貉, 則爲位, 註, 師祭也, 於立表之處, 祭造軍**法**者, 其神蚩尤.(『松南雜識』)

54) 독제(纛祭) : 독신에게 지내는 제사로 봄에는 경칩(驚蟄), 가을에는 상강(霜降)에 지냈다.

다"[55]라고 하였다.

『진서(晉書), 환온전(桓溫傳)』에서 "환온(桓溫)이 촉(蜀)나라를 정벌할 때, 촉나라의 북치는 관리가 잘못하여 진격하는 북을 쳤다"[56]라고 하였다.

조선 이괄(李适)의 난을 진압하기 위해서 관군이 장차 진격하려 할 때, 이세강(李勢降)은 관군으로서 징을 맨 자였는데, 실수로 넘어져서 징을 울렸다. 이괄의 군대는 이미 퇴각하여 달아났다고 생각했다가 관군에게 포위되어 패배당했다. 만약 병사를 부리는 사람이 병법을 역이용했다면 또한 신묘하리라.

어떤 사람이 "큰 바다 위에서 북을 쳐도 큰 소리가 나지 않는 것은 메아리가 울리지 않기 때문이다. 그래서 바다에서는 뿔피리를 불어 행군시킨다"라고 하였다.

북과 징
鼓錚

『계림유사(鷄林類事)』[57]에서 "고려 말로 '고(鼓)'를 '복(濮)'이라 한다"[58]라고 하였다.

한(漢)나라 역사에서 "단영(段熲)[59]이 공을 세우고 돌아오자 무사들이

---

55) 軍志曰, 凡臨敵, 法令不明, 賞罰不信, 聞鼓不進, 聞金不止, 雖有百萬之師, 何益於用.(『玉海, 卷一百四十一, 兵制兵法, 太平興國軍誡』) → 軍志曰, 鼓以行之, 金以止之.(『松南雜識』)

56) **率衆西伐時** …… **而**鼓吏誤鳴進鼓.(『晉書, 卷九十八, 列傳, 第六十八, 桓溫』) → **桓溫伐蜀**, 鼓吏誤鳴進鼓.(『松南雜識』)

57) 계림유사(鷄林類事) : 고려 시대의 풍습, 제도, 언어 등을 소개한 책. 사신으로 왔던 송나라의 손목(孫穆)이 지은 것으로, 당시의 고려어 356단어를 한자로 적어 놓은 국어사 연구에 귀중한 자료이다.

58) 方言, …… 皷曰濮.(『說郛, 卷五十五, 大事記, 歲目, 雞林類事』) → **高麗**方言, **謂**皷曰濮.(『松南雜識』)

59) 단영(段熲) : 후한(後漢)의 무장. 고장(姑臧) 출신. 자는 기명(紀明). 어려서부터 유협(遊俠)을 숭상했다. 환제(桓帝) 때 호강교위(護羌校尉)가 되어 강구(羌寇)를 격파한 공

북치고 피리를 불며, 징[錚]을 울리고, 금탁(金鐸)을 울렸다"라고 하였는데, 그 주석에서 "쟁(錚)은 바로 징[鉦]이다. 모양은 동라(銅鑼)[60] 혹은 요(鐃)[61]처럼 둥글다"[62]라고 하였다.

『설문해자(說文解字)』에서 "졸장(卒長)[63]이 요(鐃)를 잡는다"[64]라고 하였다.

『주례(周禮)』에서 "요(鐃)는 영(鈴)과 같은데 추는 없고 자루가 있어서 쥐고 울려 격고(擊鼓)를 중지시킨다"[65]라고 하였다.

나발과 도필각
囉叭屠觱

척계광(戚繼光)[66]의 『기효신서(紀效新書)』[67]에서 "무릇 발라(哱囉)[68]를

이 있다. 건녕(建寧) 연간에 시중(侍中), 태위(太尉)를 역임했다. 양구(陽球)에게 모함을 받아 독약을 마시고 죽었다.

60) 동라(銅鑼) : 구리로 만든 징.

61) 요(鐃) : 악기의 한 가지로 군중(軍中)에서 쓰는 작은 징.

62) 潁**起於途中**, **爲并州刺史**, **滅羌**有功. **後徵**還**京師**, **潁乘輕車**, 介士鼓吹**曲**, **蓋朱旗馬騎五萬餘匹殷天蔽日**, 鉦鐸**金鼓**, **雷震動地**, **連騎繼跡**, **彌數十里**.(『東觀漢記, 卷二十一, 列傳十六, 段潁』)→**東觀漢記**, 段潁有功而還, 介士鼓吹錚鐸. **馬端臨曰**, 錚卽**說文**鉦, 刑圓如銅鑼.(『康熙字典, 錚』)→**漢史**, 段潁有功而還, 介士鼓吹錚鐸. **註**, 錚卽鉦**也** 刑圓如銅鑼.(『松南雜識』)

63) 졸장(卒長) : 병사 100명의 우두머리.

64) **軍法**卒長執鐃.(『說文解字, 鐃』)→卒長執鐃.(『松南雜識』)

65) **以金鐃止鼓**. **注**, **鐃**如鈴, 無舌有**秉**, 執而鳴之, 以止擊鼓.(『周禮注疏, 卷十二』)→如鈴, 無舌有**柄**, 執而鳴之, 以止擊鼓.(『松南雜識』)

66) 척계광(戚繼光) : 명나라의 무장. 봉래(蓬萊) 출신. 자는 원경(元敬). 가정(嘉靖) 연간에 군을 다스릴 때, 군기를 엄하게 하고 신상필벌을 공정히 하였으며 강서(江西)에 침범한 왜군을 물리치는데 큰 공을 세웠다. 태자태보(太子太保)에 제수되었다가 병으로 사양하고 귀향했다. 졸시(卒諡)는 무의(武毅). 저서에 『기효신서(紀效新書)』, 『연병실기(練兵實記)』, 『무비신서(武備新書)』 등이 있다.

67) 기효신서(紀效新書) : 척계광(戚繼光)이 지은 병서(兵書). 임진왜란 때 평양에서 명나라 장수들이 이 책을 활용하여 왜군을 물리치는 데 많은 도움을 받았으며, 선조가 그 전법을 연구하게 하는 한편, 훈련도감을 두고 삼수(三手)를 조직했다. 18권 7책.

부는 것은 각 병사들이 몸을 일으켜 병기를 들고 서있게 하는 신호이다"[69]라고 하였다. 지금 나팔(囉叭)이라고 하나, 바로 피리[角]이다.

『설문계전(說文繫傳)』에서 "강인(羌人)[70]이 각도필(角屠觱)을 부는 것은 말을 놀라게 하기 위해서다" 라고 하였고, 서개(徐鍇)[71]가 "지금의 필율(觱栗)이니 그 소리가 그렇게 나기 때문이다"라고 하였다. 민간에서는 필률(篳篥)이라고 쓴다.[72]

피리를 불어 저녁과 새벽을 알리다
吹角昏曉

『통례의찬(通禮義纂)』에서 말하였다.

치우(蚩尤)와 황제(黃帝)가 싸울 때, 황제가 피리를 불어 용의 울음소리를 내게 하여 치우를 막았다. 군중(軍中)에 설치하여 저녁과 새벽을 알리는 일을 담당하게 한다.[73]

지금 '피리[角]'라고 한다. 누각에 올라 하늘을 향해 부니, '천아성(天鵝聲)'[74]이라고 하는데, 군대를 모으는 것으로 그 소리가 크고 멀리까지

---

68) 발라(哱囉) : 군악기(軍樂器)의 일종.

69) 凡吹哱囉, 是要**各**兵起身執器**械**站立.(『紀效新書, 卷二, 轉過』) → 凡吹哱囉, 是要**衆**兵起身執器站立.(『松南雜識』)

70) 강인(羌人) : 중국 서방의 종족 이름으로 현재의 티베트족.

71) 서개(徐鍇) : 남북조 시대 남당(南唐)의 학자. 자는 초금(楚金), 서현(徐鉉)의 아우. 저서에 『설문계전(說文繫傳)』·『설문해자운보(說文解字韻譜)』가 있다.

72) 羌人所吹角屠觱, 以驚馬也.(『說文繫傳, 卷八, 通釋, 二十一部 文重, 文七 重一』) → 羌人所吹角屠觱, 以驚馬也. 徐曰, 今之觱栗, 其聲然也. 俗作篳篥.(『康熙字典, 觱』)

73) 通禮義纂曰, 蚩尤**帥魍魎**, 與黃帝戰, **帝命始**吹**角**, 作龍鳴, 以禦之, **盖角肇于黃帝氏也. 谷儉角賦, 夫角, 盖黃帝會羣臣于泰山, 作清角之音, 號令之, 限度也**. 軍中**置**之, 以司昏曉.(『事物紀原, 卷九, 農業陶漁部四十五, 角』) → 通禮義纂曰, 蚩尤與黃帝戰, **令**吹作龍鳴, 以禦之, 軍中**製**之, 以司昏曉.(『松南雜識』)

가기 때문이다.

고각루
鼓角樓

『당서(唐書)』에서 "절도사(節度使)가 경계(境界)에 들어서면 주(州)·현(縣)에서 절루(節樓[75])를 세우고, 고각(鼓角)을 연주하여 맞이한다"[76]라고 하였다. 지금의 고각루(鼓角樓)는 여기에서 유래하였다.

『춘추좌전(春秋左傳)』에 "격탁(擊柝)"의 주석에서 "나무를 두 개로 나누어서 문에 끼워 틀을 만들고 쳐서 밤을 일깨우는 것이다"라고 하였다.

지금 황성(荒城)에서 북을 쳐서 시각을 알리는 일이 많으니, 대개 그것이 전해진 제도이다.

북과 피리가 저절로 울다
鼓角自鳴

고구려의 역사에서 말하였다.

대무신왕(大武神王)의 아들 호동(好童)이 옥저(沃沮)를 유람할 때, 낙랑왕(樂浪王)이 그를 사위로 맞아들였다. 낙랑에 북과 피리가 있었는데, 적병이 쳐들어 오면 반드시 저절로 울었다. 호동이 환국하려고 할 때 그 아내에게 말하기를 "당신이 무기고에 들어가서 북을 찢고

---

74) 천아성(天鵝聲) : 사변 등이 있을 때 군사를 모으기 위하여 길게 부는 나팔소리.
75) 절루(節樓) : 절도사(節度使)가 정절(旌節)을 갈무리 해 두는 장소.
76) 唐節度使入境, 州縣築節樓, 迎以鼓角.(『古今事文類聚, 外集, 卷五, 節使部, 古今事實, 入境築樓』)

피리를 깨트릴 수 있다면 내가 예를 갖추어 그대를 맞이하겠소"[77]라고 하였다.

지금 군의 창고에서 병기가 저절로 울면 전쟁이 일어난다는 말은 여기에서 나왔다.

금지 · 취기
金支翠旗

『한서(漢書), 예악지(禮樂志)』에서 "금지(金支)가 꽃이 핀 것 같고, 모(旄)와 취정(翠旌)이 많다"라고 하였는데, 그 주석에서 "금지(金支)는 악기 위의 장식으로, 황금으로 꽃가지를 만들어 그 머리에 펼쳐 흩으니, 마치 초목에 꽃이 핀 것 같다. 취정(翠旌)은 오색의 깃을 쪼개서 푸른색 깃발의 꼭대기에 달아서 정(旌)을 만드는 것이다"[78]라고 하였다.

지금 깃대의 꿩의 깃이나 짐승의 형상이 이것이다.

두보(杜甫)의 시에서,

금지(金支)의 푸른 깃발에 광채가 없네　　金支翠旗光有無[79]

---

77) 王子好童, 遊**於**沃沮. 樂浪**王崔理**, **出行見之**. **問曰**, **觀君顔色**, **非常人**, **豈非北國神王之子乎**. **遂同歸**, 以女妻之. **後**好童還**國**, **潛遣人**, **告崔氏女**曰, **若**能入**而國**武庫, 割破鼓角, **則**我以禮迎, **不然則否**. **先是**, 樂浪有鼓角, **若有敵**兵, 則自鳴, **故令破之**.(『三國史記, 卷十四, 高句麗本紀, 第二, 大武神王』)→**太武神**王子好童, 遊沃沮. 樂浪**主**, 以女妻之. 樂浪有鼓角, 兵**至**則**必**自鳴, 好童**將**還, **謂其妻**曰, **汝**能入武庫, 割鼓**面**角**口**, 我以禮迎**汝**.(『松南雜識』)

78) 金支秀華, **庶**旄翠**旌**, **張晏曰**, 金支**百二十支秀華**, **中主有華艶也**. **旄**, **鍾之旄也**. **文穎曰**, **析羽爲旌**, **翠羽爲之也**. **臣瓚曰**, 樂上**衆飾**, **有流遡羽葆**, 以黃金爲支, 其首敷散, **若**草木之秀華也. **師古曰**, **金支秀華**, **瓚說是也**. **庶**, **衆也**, **庶旄**翠**旌**, 謂**析**五采羽, 注翠**旄**之首, 而**爲旌耳**.(『前漢書, 卷二十二, 禮樂志, 第二』)→金支秀華, **廣**旄翠**旋**. **註**, 金支, 樂上以黃金爲支, 其首敷散, 草木之秀華也. 翠**旋**, 謂五采羽, 注**於**翠**旗**之首, 而**旋之**.(『松南雜識』)

라고 하였다.

석노 · 고시
石砮楛矢

『국어(國語)』에서 말하였다.

화살을 맞고 죽은 새매가 있었는데, 고시(楛矢)가 그것을 관통하니, 중니(仲尼 : 공자)가 말하였다.

"이것은 숙신족(肅愼族)의 화살이다. 주(周)나라 무왕 때 숙신씨(肅愼氏)가 이 화살을 바쳤다."[80)]

지금 함경도 서수라(西水羅)가 이곳이다.

『한서(漢書)』에서 "읍루국(挹婁國)의 활은 길이가 사 척(尺)이고 노(砮)는 청석(青石)으로 살촉을 만든다"[81)]라고 하였다.

이하(李賀)의 시에서,

참새 걸음으로 모르 위를 걸어가니 그 소리 착착	雀步蹙沙聲促促
사 척의 각궁에 청석의 화살촉을 매었네	四尺角弓青石鏃[82)]

---

79) 「미피행(渼陂行)」.

80) **仲尼在陳**, 有**隼集於陳侯之庭而**死, 楛矢貫之, **石砮其長尺有咫**, **陳惠公使人**, **以隼如仲尼之館**, **問之**, 仲尼曰, **隼之來也**, **遠矣**, 此肅愼氏之矢也. **昔武王克商**, **通道于九夷百蠻**, **使各以其方賄來貢**, **使無忘職業**, **於是**, 肅愼氏貢楛矢.(『國語, 卷五, 魯語下』) → 有**準**死, 楛矢貫之, 仲尼曰, 此肅愼氏之矢也. **周成王時**, 肅愼氏貢楛矢.(『松南雜識』)

81) 挹婁, **古肅愼之國也**. …… 弓長四尺, **力如弩矢**, **用楛**, **長一尺八寸**, 青石爲鏃.(『後漢書, 卷一百十五, 東夷傳, 第七十五, 東夷』) → 挹婁國, 弓長四尺, **砮以**青石爲鏃.(『松南雜識』)

82) 「황가동(黃家洞)」.

라고 하였다.

낭선
狼筅

『정자통(正字通)』에서 "낭선(狼筅)은 병기(兵器)이다"[83]라고 하였다.

척계광(戚繼光)[84]이 "대모죽(大毛竹)을 사용하며 위에는 사방에 연달아 붙어 있는 가지를 잘라내고, 마디마디를 종횡으로 교차한다. 대략 두 자쯤으로 보이지만, 실제 길이는 한 길 대여섯 자이다. 날카로운 칼날이 꼭대기에 달려있는데 길이가 한 자이다"[85]라고 하였다.

곽응향(郭應響)[86]이 "적과 전투할 때, 다른 기술은 단조롭기에 담력이 약하면 쉽게 정신이 흔들리고 정신이 빠지는데, 오직 선(筅)만이 온 몸을 막아 보호할 수 있고 도(刀)와 창(鎗)이 무더기로 찔러 와도 들어올 수 없다. 이것을 이용하여 항렬(行列)을 만든 것이 바로 항오(行伍)의 울타리이다"라고 하였다.[87]

---

83) 『正字通, 筅』의 부분을 인용・축약하였음.

84) 척계광(戚繼光) : 명나라의 장군. 병서가(兵書家)로 왜구가 한창 명나라 연해를 침범할 때 절강성(浙江省)에서 새로운 진법(陣法)을 마련하여 왜구의 격퇴에 많은 효험으로 전승을 거둠.

85) **狼筅**, **乃**用大毛竹, 上截連**四**旁附枝, 節節枒杈, 視之粗可二尺, 長一丈五六尺.(『練兵雜紀, 卷五, 軍器解上』)→用大毛竹, 上截連旁附枝, 節節枒杈. 視之粗可二尺, 長一丈五六尺, **利刃在頂**, **長一尺**.(『松南雜識』)

86) 곽응향(郭應響) : 명나라 복청(福清) 출신. 자는 희성(希聲). 만력(萬曆) 연간에 천거되었다. 숭정(崇禎) 연간에 부주병비부사(鄜州兵備副使)가 되었다. 도적떼가 쳐들어오자 곽응향이 그들을 막아 많은 도적들을 베었다. 후에 도적들이 한밤에 갑자기 쳐들어오자 사졸(士卒)을 모아 힘써 항거하였으나 힘이 다해 죽었다.

87) 正字通, 狼筅, 兵器. 戚繼光, **武藝篇**, **狼筅**, 用大毛竹, 上截連旁附枝, 節節枒杈視之, 粗可二尺, 長一丈五六尺, 利刃在頂, 長一尺. 郭應響云, 臨敵, 他技單, 薄膽易搖奪, 惟筅遮蔽全身, 刀鎗叢刺不能入, 用爲行列, 乃行伍藩籬也.(『康熙字典, 筅』)→正字通**曰**, 狼筅, 兵器**也**. 戚繼光**曰**, 用大毛竹, 上截連旁附枝, 節節枒杈. 視之粗可二尺, 長一丈五六尺, 利刃在頂, 長一尺. 郭應響云, 臨敵, 他技單, 薄膽易搖奪, 惟筅遮

『병학지남(兵學指南)』[88]에서 "선(筅)이 전후좌우에 있어서 적이 들어오는 것을 막는다"라고 하였다. 지금 군에서 가지와 잎이 붙은 대나무 깃대 하나씩을 가지고 좌우에 선다고 한다. 이때문에 충마(衝馬)의 코가 우리 진영에 들어오지 못한다.

죽모

竹矛

『오록(吳錄)』에서 "일남(日南)에 가는 대나무[篥]가 있는데, 단단하면서도 예리하므로 깎아서 창을 만든다"[89]라고 하니, 지금의 죽창(竹槍)이다.

비모

飛矛

『동관기(東觀記)』[90]에서 "후한(後漢)의 광무제(光武帝)가 비맹전(飛䖟箭)을 만들어 적미(赤眉[91])를 공격하였다"라고 하였는데, 그 주석에서 "䖟(맹)은 鏰(맹)이다"라고 하였다.

蔽全身, 刀鎗叢刺不能入, 用爲行列, 乃行伍藩籬也.(『松南雜識』)

88) 병학지남(兵學指南) : 정조 11년(1787)에 왕명으로 편찬한 책. 척계광(戚繼光)의 『기효신서(紀效新書)』중에서 군대의 조련에 필요한 것만을 간추렸다. 기고정법(旗鼓定法) · 기고총결(旗鼓摠決) · 영진정구(營陣正彀) · 영진총도(營陣摠圖) · 장조정식(場操程式) · 성조정식(成操程式) · 수조정식(水操程式) 등의 내용이 수록되어 있다.

89) 吳錄曰, 日南, 有篥竹, 勁利, 削爲矛.(『齊民要術, 卷十, 竹』)

90) 동관한기(東觀漢記) : 한나라 명제(明帝) 때부터 찬수하여 후한의 희평(熹平) 연간에 완성되었다. 진(晉)나라 때는 『사기』 · 『한서』와 함께 '삼사(三史)'라 불리며 많이 읽혔다. 원본은 143권인데 대부분 산실되었다. 청나라의 요지주(姚之駰)가 잔본을 모아 겨우 8권을 만들었지만 많은 착오와 빠진 부분이 있다.

91) 적미(赤眉) : 서한(西漢) 말기에 한나라를 찬탈한 왕망(王莽)과 세력을 다툰 낭야(琅琊)의 번숭(樊崇)이 눈썹을 붉게 물들였기에 별호를 '적미(赤眉)'라고 하였다. 후에 광무제(光武帝)에 의해 평정되었다.

『정자통(正字通)』에 "지금의 비모(飛矛)[92]이다"[93]라고 하였다.

초
哨

『명사(明史)』에 '소천호(所千戶)'라는 말이 있는데, 그 주석에서 "오품직(五品職)이니 무릇 병사 일천 일백 이십 명이 일 량(兩)이다"라고 하였다.

『정자통(正字通)』에서 "주둔하여 지키며 도적을 방비하는 곳을 '초(哨)'라고 한다"[94]라고 하였다.

지금은 군인 백 명을 일 초(哨)라고 한다.

조총
鳥銃

지봉(芝峯) 이수광(李睟光)이 "조총(鳥銃)은 여송국(呂宋國)[95]에서 나왔다"[96]라고 하였다.

요화상(了和尙)의 『겁외록(劫外錄)』에서 "온 대지가 뜨거운 철환(鐵丸)이니 입으로 내려 오면 온몸이 붉게 문드러진다"[97]라고 하였다. 내려 온

---

92) 비모(飛矛) : 화살의 일종. 왕시(枉矢), 화시(火矢).

93) 光武作飛𧉅**箭**, **以**攻赤眉.(『東觀漢記, 卷二十三, 赤眉』) → **又**正字通, 卽今之飛矛**也**. 東觀記, 光武作飛𧉅, 攻赤眉, **賊**𧉅, **當作**鏂.(『康熙字典, 鏂』) → 東觀記**曰**, **漢**光武, 作飛𧉅, 攻赤眉. **註**, 𧉅, 鏂**也**. **正字通曰**, **今之飛矛**.(『松南雜識』)

94) 正字通, 凡屯戍防盜處, 名曰哨.(『康熙字典, 哨』) → 正字通曰, 凡屯戍防盜處, 名曰哨.(『松南雜識』)

95) 여송국(呂宋國) : 필리핀의 제일 큰 섬인 루손섬(Luzon)을 가리킨다.

96) 鳥銃出於**西域**, **用以捕雀**, **而倭奴學得其制於**呂宋**之**國.(『芝峯類說, 卷三, 兵政部, 兵器』) → 鳥銃, 出於呂宋國.(『松南雜識』)

97) 盡大地, 是**个**熱鐵丸, 下得口也, 通身紅爛, **如何免得此**. **了和尙刧外錄**.(『韻府群玉, 熱鐵丸』) → **了和尙刧外錄曰**, 盡大地, 是**个箇**熱鐵丸, 下得口也, 通身紅爛.(『松南雜識』)

것은 바로 총환(銃丸)이다.

내가 생각하건대, 돈이 나오자 금은이 더 이상 보물이 되지 못하고, 과거제도가 만들어지자 경학(經學)을 좋아하는 사람이 없고, 편벽된 의론이 나오자 시비(是非)가 정해지기 어려웠고, 조총(鳥銃)이 나오자 이름난 장수가 공을 세우는 일이 없었다.

『자치통감(資治通鑑)』[98]의 '단주(亶洲)'[99]의 주석에서 "사슴 뼈로 창을 만들어 전투를 하고 청석(靑石)을 갈아서 활과 화살을 만들었다"[100]라고 하였는데, 지금은 오직 총만을 사용하니, 그 총은 짧으면서도 가볍다. 우리 총은 길면서도 무거운데, 비록 왜인(倭人)들의 것을 본받아서 만들었지만 미치지 못하니 재주에 한계가 있어서 그렇다. 지금의 마상총(馬上銃)[101]이 이것이다.

근래 들으니 영국에서는 소리 없는 총을 사용한다고 하는데 왜인의 총보다 더 묘하다.

총머리[銃頭]에 구멍을 뚫은 것은 이순신으로부터 시작되었는데 격화선(擊火線) 때문이었다.

삼혈총(三穴銃)[102]을 '안총(眼銃)'이라 하고, 약통을 '홍약호로(烘藥葫蘆)'라 하고, 수총(水銃)을 '기총(氣銃)'이라 한다.

'총(銃)' 자는 운서(韻書)에 없다.

---

98) 『松南雜識』에는 '漢書'로 되어 있음.
*『資治通鑑』의 '亶洲' 아래에 부기된 주석이 "後漢書東夷傳"으로 시작되는데 이것과 간섭된 오류로 보인다.

99) 단주(亶洲) : 섬 이름. 진(秦)의 서복(徐福)이 신선을 구하기 위해 가 있던 곳이라 함. 일본을 가리킴.

100) 用鹿骼爲矛以戰鬪, 摩厲靑石以作弓矢.(『資治通鑑, 卷七十一, 魏紀三, 烈祖明皇帝, 上之下』)

101) 마상총(馬上銃) : 기병(騎兵)이 쓰는 작은 총.

102) 삼혈총(三穴銃) : 달리 삼혈포(三穴砲) · 삼혈총통(三穴銃筒) · 삼안총(三眼銃) · 삼안포(三眼砲) · 삼혈조총(三穴鳥銃)이라고도 한다. 총알이 나가는 구멍이 세 개 나란히 붙어있는 총이다.

냉약으로 탄환을 막다
冷藥却銃

냉약(冷藥)은 바로 『명사(明史)』에서 말한 '홍환약(紅丸藥)'[103]이다. 냉약으로 전포(戰袍)[104]를 염색하면 탄환이 뚫지 못한다. 그렇기 때문에, 세상에 전하기를 곽재우(郭再祐)[105] 장군의 붉은 옷도 이것이라고 한다. 명나라 말기에 이자성(李自成)[106]이 부녀자들을 절단하여 성가퀴에 거꾸로 늘어 놓은 것 역시 탄환을 막기 위해서였다.

종이 갑옷으로 탄환을 막다
紙甲禦丸

청주(淸州) 전투에서 중봉(重峯) 조헌(趙憲)[107]이 두꺼운 기름종이로 갑옷을 만들어 남석교(南石橋)[108]의 물에 하룻밤 담궈 두었다가 아침에 입고서 출전하였다. 왜놈들의 총알이 빗발치듯 하였지만 문득 떨어지고

---

103) 홍환약(紅丸藥) : 동녀(童女)의 초경(初經)을 달여 만든 환약.

104) 전포(戰袍) : 전사(戰士)가 입는 긴 웃옷. 또는 군복의 범칭.

105) 곽재우(郭再祐) : 조선 중기의 의병장(1552~1617). 자는 계수(季綏), 호는 망우당(忘憂堂), 시호는 충익(忠翼). 임진왜란에 홍의(紅衣)를 입고 선두에서 많은 왜적을 무찔렀다. 난이 끝난 후, 한성부좌윤 · 함경도관찰사 등을 역임하고 창암에 망우정(忘憂亭)을 짓고 여생을 보냈다.

106) 이자성(李自成) : 명나라의 반란자. 중농(中農)의 아들로 가세가 기울자, 기민(饑民)들과 반란군을 조직하여 틈왕(闖王)이라 자칭하였다. 그의 군대가 북경을 점령하여 숭정제가 자살함으로써 명나라는 멸망하였다. 청나라 군대의 추격을 받고 호북(湖北)으로 달아나 자살하였다.

107) 조헌(趙憲) : 조선 선조 때의 문신 · 의병장 · 학자(1544~1592). 자는 여식(汝式), 호는 중봉(重峯) · 도원(陶原) · 후율(後栗). 이이의 문인으로 기발이승 일도설(氣發理乘一途說)을 지지하여 스승의 학문을 계승 · 발전시켰다. 임진왜란 때 옥천, 홍성 등지에서 의병을 일으켜 활약하였으나 금산에서 7백 의병과 함께 전사하였다. 저서에 『중봉집』이 있다.

108) 남석교(南石橋) : 충청북도 청주시 상당구 석교동에 매몰되어 있는 다리로 신라 때 건조된 것으로 전해진다.

뚫지를 못하니, 마치 천녀(天女)가 뿌린 꽃이 몸에 붙지 않는 것 같았다.[109] 그래서 마침내 큰 승리를 거두었다.

전립
氈笠

『당사(唐史)』에서 "이원량(李元諒[110])이 주차(朱泚[111])를 막으려고 군사를 일으킬 때 담요를 둘러서 갑옷으로 삼으니, 이것을 '계개(罽鎧)'라고 한다"[112]라고 하였다.

우리나라는 임진왜란 때 머리에 담요를 두르고 총알을 막았기 때문에 그것을 발전시켜 군인의 벙거지를 만들었다. 대개 총알이 나무나 쇠는 뚫지만 재는 뚫지 못하니, 부드러운 것으로 강한 것을 제압할 수 있다.

지금 갑옷의 옷고름을 솜으로 만드는 것은 『명사(明史)』에서 이자성(李自成)이 홑 베 막으로 갑옷을 감싸서 돌쇠뇌나 화살이 뚫을 수 없게 한 일에서 유래한다.[113]

---

109) 선녀가 천상의 꽃을 여러 보살에게 뿌리니 곧 모두 떨어졌지만 대제자(大弟子)에게 이르러서는 떨어지지 않았다. 선녀가 말하기를 "번뇌가 다 없어지지 않아서 꽃이 몸에 들러 붙었습니다. 번뇌가 다 사라진 사람은 꽃이 몸에 들러 붙지 않습니다."라고 했다.

110) 이원량(李元諒) : 당나라 안식(安息) 출신. 본래 안(安)씨인데 환관 낙봉선(駱奉仙)에게서 양육되어 낙(駱)을 성으로 사용하였다. 오감(驁敢)의 난리에 이회양(李懷讓)의 부장이 되어 공을 세웠고, 토번의 공격에 방비를 잘 하여 성명을 하사 받았다.

111) 주차(朱泚) : 당나라 창평(昌平) 출신. 절도사 주희채(朱希彩)를 살해하고 그의 진영을 통솔하였다. 덕종 때 경원(涇原) 절도사 요령언(姚令言)이 반란을 일으켜 그를 황제로 추대하였다. 이성(李晟)이 서울을 회복하자 달아났다가 부하에게 살해되었다.

112) 元諒, **自潼關**, **引兵徑薄**, **其城拔之**. **時**兵興倉卒, 衺罽爲鎧, **剡蒿爲矢**.(『唐書, 卷一百五十六, 列傳, 第八十一』) → 唐李元諒拒朱泚, 兵興倉卒, 衺罽爲鎧, **削蒿爲矢**.(『韻府羣玉, 罽鎧』) → 唐**史**, 李元諒拒朱泚**也**, 兵興倉卒, 衺罽爲鎧, **是謂罽鎧**.(『松南雜識』)

113) **悉**用單布**幕**緜甲**厚百層**, **矢礮**不**能**入.(『明史, 卷三百九, 列傳, 第一百九十七, 李自成』) → **自成**用單布**幙**緜甲, **礮矢**不入.(『松南雜識』)

용두화기

龍頭火起

「차한일기(車漢日記)」[114]에서 "그들의 무기는 화포와 장총을 사용하는데, 총에는 도화선(導火線)을 사용하지 않으며, 산호석(瑔瑚石)을 화문(火門)[115]에 붙여서 움직이지 않도록 고정한다. 또 용두에 금수(金燧)를 설치하니, 용두가 아래로 떨어지면 쇠와 돌이 부딪쳐서 탄환이 발사된다"[116]라고 하였다.

진천뢰

震天雷

성호(星湖) 이익(李瀷)이 말하였다.

진천뢰(震天雷)는 군기장(軍器匠) 이장손(李長孫)[117]이 만든 것이다. 철릉(鐵菱)[118]과 철편(鐵片)과 불을 당기는 기구를 같이 둥근 공 모양으로 만들어 대완구(大碗口)[119]에 넣어 불을 당겨 발사하자 오륙백 보

114) 차한일기(車漢日記) : 조선 후기의 학자 성해응(成海應 : 1760~1839)의 저작인 『연경재전집(研經齋全集)』의 편명.

115) 화문(火門) : 옛날식 총이나 포에서 발화하는 곳.

116) 軍器, **大砲**長鎗**也**, 銃不用火線, 以**瑔**瑚石, 著在火門, 堅不動, 又於龍頭**上**, 置金**燧**, 龍頭落, 而金石**相薄**, 激**成火點**, **火起**丸發.(『研經齋全集, 外集 卷五十八, 筆記類, 蘭室譚叢, 車漢日記』) → **其**軍器, **用**火砲長鎗, **而**銃不用火線, 以**珊**瑚石, 著在火門, 堅不動, 又於龍頭, 置金**鐩**, 龍頭落, 而金石激, **而**丸發.(『松南雜識』)

117) 이장손(李長孫) : 조선 중기의 과학자. 선조 때에 군기시(軍器寺)에 소속된 화포장(火砲匠)으로서 임진왜란이 일어나자 비격진천뢰(飛擊震天雷)를 제작하여 왜적을 격퇴하는 데 공을 세웠다.

118) 철릉(鐵菱) : 마름모꼴의 날카로운 쇳조각. 원래 줄에 꿰어 물속이나 땅속에 설치하여 인마를 살상하는데 사용함.

119) 대완구(大碗口) : 조선 후기에 사용된 불씨를 손으로 선혈(線穴)에 점화하여 발사하는 청동제 화기.

를 날아 성안으로 들어갔다. 왜놈들이 다투어 모여들어 밀고 굴리며 자세히 보는데 포탄이 그 안에서 소리가 나고 철편이 별처럼 부서지니 이것에 맞아서 서른 명 남짓한 사람들이 죽었다. 박진(朴晉)[120]이 영천(永川)에서 대승을 거둔 것도 이때문이다. 원나라가 변경(汴京)[121]을 공격할 때, 금나라 사람에게 진천뢰(震天雷)라는 화포가 있었다. 철관(鐵罐)을 사용하면 주위 반 묘(畝) 이상이 불타고, 불티가 붙으면 쇠갑옷도 모두 뚫리니, 이것이 전해진 제도이다.[122]

지금의 분통(噴筒)이 이것이다.

근래에 들으니, 서양 사람들은 수박포[西瓜砲]를 사용한다고 한다. 그 제도는 큰 박속에 화약과 쇳조각을 넣어서 강이나 바다에 띄워 적의 배가 부딪치면 포탄이 폭발해서 배를 파괴한다고 한다.

120) 박진(朴晉) : 조선 중기의 무신(?~1597). 자는 명보(明甫), 시호는 의열(毅烈). 임진왜란 때 경상좌도 병마절도사가 되어, 영천의 적을 야습하여 수천 명을 살해한 공으로 가선대부에 봉해졌다. 또 안강(安康)에서 장군회의를 열고 16읍의 군사를 이끌고 경주를 쳤으나, 병사 약 500명을 잃고 후퇴하였다. 한 달 뒤 신예무기 비격진천뢰(飛擊震天雷)를 퍼부어 경주성을 탈환했다.

121) 변경(汴京) : 중국 하남성 개봉현의 옛 명칭으로 송나라의 도읍.

122) **我國朴晉**, **永川之捷**, **用**震天雷, 軍器匠李長孫所創, 以**銕**菱**銕**片, 同引火之具, 裝成圓球, 用大碗口載之, 投火而發之, **能**飛五六百步, 射入城中, 倭爭聚推轉, 而諦觀之, 砲自中發**聲**, **銕**片星碎**中** 死者, 三十餘人, 以此**取勝**. …… 元之攻汴, 金人**有**火炮, 名震天雷. 用**銕**罐, **盛藥**, **砲起火**, **發聲聞百里外**. 所爇圍半畝以上, 火點**著**, **銕**甲皆透, 此**卽**其遺制**也**.(『星湖僿說, 卷二十三, 經史門, 劉綎東征』)→震天雷, 軍器匠李長孫所創, 以**鐵**菱片, 同引火之具, 裝成圓球. 用大碗口載之, 投火而發之, 飛五六百步, 射入城中, 倭**奴**爭聚, 推轉而諦觀之, 砲自中發, **鐵**片星碎, 死者三十餘人, **朴晉 永川之捷**, 以此**也**. **本**元之攻汴, 金人**用**火炮, 名震天雷, 用**鐵**罐, 所爇圍半畝以上, 火點**着**, **鐵**甲皆透, 此其遺制.(『松南雜識』)

불랑기
佛狼機

지봉(芝峯) 이수광(李睟光)이 말하였다.

불랑기국(佛狼機國 : 프랑스)의 화기(火器)이기 때문에 '불랑기(佛狼機)'라고 부른다. 지금 군문(軍門)에서 사용한다.[123)]

비화창
飛火鎗

성호(星湖) 이익(李瀷)이 말하였다.

금나라 사람들에게 비화창(飛火鎗)이 있었는데, 화약을 붓고 불을 붙여 발사하면 앞의 십 보를 태운다. 이것은 명나라 우겸(于謙)[124)]이 사용한 화창(火鎗)이다.[125)]

민간에 전하기를 성삼문(成三問)이 철구(鐵毬)를 구해서 단종을 복위시키려 하였다는데, 이런 종류인 듯하다.

---

123) 佛浪機國, **在暹羅西南海中, 乃西洋大國也. 其**火器**號**佛浪機, 今**兵家**用之.(『芝峯類說, 卷二, 諸國部, 外國』) → 佛浪機國火器, **故名**佛浪機, 今**軍門**用之.(『松南雜識』)

124) 우겸(于謙) : 명나라 전당(錢唐) 출신. 자는 정익(廷益). 영락(永樂) 연간에 진사에 합격하고 선덕(宣德) 초기부터 정통(正統) 말기 동안 어사・병부우시랑 등을 역임하며 탁월한 정치 능력을 보였다. 저서로 『내천병부상서(內遷兵部尙書)』등이 있다.

125) 金**又**有飛火鎗, 注藥以火發之, **輒**前燒十**餘**步, 此**必**謙所用火鎗.(『星湖僿說, 卷二十三, 經史門, 劉綎東征』) → 金**人**有飛火鎗, 注藥以火發之, 前燒十步, 此**皇明于**謙所用火鎗**也**.(『松南雜識』)

연포
連砲

지금 군문의 일자진(一字陣)이다. 제일 앞머리의 한 사람이 포를 쏘면 일진(一陣)이 연달아 발사하기에 바라보면 마치 불이 일자로 연속해서 일어나는 것 같다. 그래서 '연포(連砲)'라고 한다.

지뢰포
地雷砲

명나라 원숭환(袁崇煥)[126]이 누르하치[奴兒哈赤][127]를 불태웠던 전술이다. 지금 요동(遼東)의 구혈대(嘔血臺)가 이곳이다. 본래 제갈공명의 잠등갑군(熸藤甲軍)에서 유래하였다.

병자호란 때, 청 태종이 의주로 길을 잡았으나, 임경업이 지뢰포를 매설하였기 때문에 피하여 창성(昌城)으로 내려왔다고 한다.

방패
防牌

『주례(周禮)』에서 "사병(司兵)[128]은 다섯 가지 병기와 다섯 가지 방패를 담당한다"라고 하였는데, 그 주석에서 "과(戈)·수(殳)·극(戟)·추모

---

126) 원숭환(袁崇煥): 명나라 장수. 자는 원소(元素). 지략이 뛰어났으나, 청군을 끌어 들이고 화의를 하려한다는 무고로 죽임을 당했다.

127) 누르하치[奴兒哈赤]: 청나라 태조의 본명. 1626년에 명나라의 영원성(寧遠城)을 공격하였지만 명장 원숭환(袁崇煥)의 고수(固守)로 실패하고 부상을 입고 후퇴하였다. 이것이 원인이 되어 그해 4월 몽고의 파림(巴林) 지역을 직접 공략하다가, 9월에 병사하였다.

128) 『松南雜識』에는 '司馬'로 오기되어 있음.

(酋矛)·이모(夷矛)"라고 하였으니,[129] 『한서(漢書)』에서 이른바 "화살이 궤적을 같이 하여 하나의 목표물을 동시에 적중시키면 흉노의 혁사(革笥)[130]나 목천(木薦)[131]도 지탱할 수 없다"[132]라는 것이며, 불경에서 이른바 "일곱 겹의 난순(欄楯)[133]이 주위에 둘러쳐져 있다"[134]라는 것이다.

진법서(陳法書)에서 "진을 설치할 때, 팽배(彭排)[135]를 진영의 바깥에 나열해 세워 놓는다"라고 하였는데, 팽배는 지금의 방패(防牌)이다.

암내 풍기는 암말로 숫말을 꾐
風馬誘牝

『당사(唐史)』에서 말하였다.

사사명(史思明)[136]에게 천여 필의 좋은 말이 있었는데, 매일 강가로 몰고 나가 말을 목욕시키면서 쉬지 않고 돌게 하니 말이 많아 보이도록 함이었다. 그러자 이광필(李光弼)[137]이 군영의 암말 오백 필을

---

129) 司**兵**. 掌五兵五盾 …… **鄭司農云**, **五兵者**, 戈**殳**戟酋矛夷.(『周禮, 卷一, 天官塚宰, 第一』) → 司**馬**, 掌五兵五盾, **謂**戈**盾**戟酋矛夷.(『松南雜識』)

130) 혁사(革笥) : 가죽으로 만든 갑옷과 투구.

131) 목천(木薦) : 나무판자로 만든 방패 모양의 방어용 무기.

132) 矢道同的, 則匈奴之革笥木薦, 弗能支也.(『前漢書, 卷四十九, 爰盎鼂錯傳第十九, 鼂錯』)

133) 난순(欄楯) : 난간의 횡목[橫木:가로 질러 놓은 나무]을 똑바로 세워놓은 것.

134) 七重欄楯 …… 周帀圍繞.(『法苑珠林, 卷十二, 六道篇, 第四之六, 地獄部之餘, 王都』)

135) 팽배(彭排) : 공격을 막고 몸을 보호하는 무기.

136) 사사명(史思明) : 당나라 때 인물. 돌궐(突厥) 출신. 원래 이름은 노간(窣干)이었는데 현종이 '사명(思明)'이라는 이름을 하사하였다. 용감하고 지략이 있었다. 안록산(安祿山)이 난을 일으켰을 때 그의 장수가 되어 하북 지역을 평정하였다. 안록산이 아들 경서(慶緖)에게 살해되자 사명이 경서를 죽이고 스스로 '대연황제(大燕皇帝)'라고 일컬었다. 얼마 뒤 아들 조의(朝義)에게 살해되었다.

137) 이광필(李光弼) : 당나라 때의 인물. 숙종(肅宗) 때 안사(安史)의 난을 평정하여 절도사에 제수되었다. 후에 북방을 진정시키고 천하평마도원수(天下平馬都元帥)가 되고

가려서 그 망아지는 성 안에 묶어 두게 하고 사사명의 말이 물가에 이르기를 기다렸다가, 암말들을 성 밖으로 몰아내니 암말들이 끊임없이 울었다. 이 소리를 들은 사사명의 말들이 모두 강을 헤엄쳐 건너 오자, 이광필은 이 말들을 일시에 몰아서 성으로 집어넣었다.[138)]

역시 강을 사이에 두고 진지를 마주하여 적을 속인 한 가지 승리의 계책이다.

갑유
甲襦

양웅(揚雄)의 『방언(方言)』에서 "땀받이 저고리를 함곡관(函谷關) 동쪽에서는 '갑유(甲襦)'라고 부른다"[139)]라고 하였다.

『정자통(正字通)』에서 "원나라 세조(世祖)가 옷 하나를 만들었다. 앞에는 섶 없는 치마가 있고, 뒷부분은 길이가 앞의 두 배이다. 옷깃과 소매가 없고, 두 개의 옷끈으로 묶으니 '비갑(比甲)'이라고 한다. 활쏘기와 말타기에 편하도록 한 것이다"[140)]라고 하였다.

임회군왕(臨淮郡王)에 봉해졌다. 사람됨이 엄숙하고 굳세며 침착하고 과감하며 지략이 대단하였다. 군병을 움직이거나 작전계획을 세운 후에 전쟁하여 승세를 잡았다. 곽자의(郭子儀)와 명성을 나란히 하여 세상에서 이곽(李郭)이라 일컬었다.

138) 思明有良馬千餘匹. 每日出於河南渚浴之, 循環不休, 以示多. 光弼, 命索軍中牝馬得五百匹, 縶其駒於城內, 俟思明馬至水際, 盡出之, 馬嘶不已. 思明馬, 悉浮渡河, 一時驅之入城.(『資治通鑑, 卷二百二十一, 唐紀 第三十七, 肅宗文明武德大聖大宣孝皇帝下之上』) → **史**思明有良馬千餘匹, 每日出於河渚浴之, 循環不休, 以示多. **李**光弼, 命索軍中牝馬得五百匹, 縶其駒於城內, 俟思明馬至水際, 盡出之, 馬嘶不已, 思明馬, 悉浮渡河, 一時驅之入城.(『松南雜識』)

139) 汗襦 …… 自關而東, 謂之甲襦.(『方言』)

140) 揚子方言, 汗襦, 自關而東, 謂之甲襦. 正字通, **衣亦曰甲**, 元世祖制一衣, 前有裳無衽, 後長倍於前, **亦**無領袖, 綴以兩襻, 名比甲, 以便弓馬.(『康熙字典, 甲』) → 揚子方言**曰**, 汗襦, 自關而東, 謂之甲襦, 正字通**曰**, 元世祖制一衣, 前有裳無衽, 後長倍於

한하
釬鍜

『운급헌원기(雲笈軒轅記)』에서 말하였다.

치우(蚩尤)가 처음으로 갑옷과 투구를 만들었다. 당시 사람들은 투구와 갑옷을 알지 못했기 때문에 치우의 머리는 구리로 되어 있고, 이마는 철로 되어 있다고 여겼다.

『초학기(初學記)』에서 말하였다.

머리에 쓰는 투구를 '두무(兜鍪)'라고 하며, '주(冑)'라고도 한다. 팔을 보호하는 갑옷을 '한(釬)'이라고 하며, 목을 보호하는 갑옷을 '아하(錏鍜)'라고 한다.[141]

갑주
甲冑

『아희원람(兒戲原覽)』에서 "갑주(甲冑)는 소강(少康)의 아들 여(輿)가 만들었다"[142]라고 하였다.

『관자(管子)』에서 "치우(蚩尤)는 이마가 동철(銅鐵)이었다고 하였는데, 동철로 갑주를 만든 것이지, 이마가 철이었던 것은 아니다"[143]라고 하

前, 無領袖, 綴以兩襻, 名比甲, 以便弓馬.(『松南雜識』)

141) 初學記, 首鎧謂**之**兜鍪, 亦曰冑, 臂鎧謂**之**釬, 頸鎧謂**之**錏**鍜**. 雲笈軒轅紀, 蚩尤, 始作鎧甲兜鍪. 時人不識, 以爲銅頭鐵額.(『康熙字典, 鎧』) → 雲笈軒轅記**曰**, 蚩尤, 始作鎧甲兜鍪. 時人不識, 以爲銅頭鐵額. 初學記**曰**, 首鎧謂兜鍪, 亦曰冑, 臂鎧謂釬, 頸鎧謂錏**鍜**.(『松南雜識』)

142) **甲冑**. 少康子輿作.(『兒戲原覽』)

였으니, 곧 '적청(狄靑)[144]의 구리 얼굴'과 같은 부류이다.

옛날 갑옷에는 가죽을 사용하였다. 춘추 시대 송나라 화원(華元)[145]의 노래에서 말하는 "비록 가죽이 있어 붉은 색과 옻칠을 한들 무엇하리오?"[146]가 그것이다.

진(秦)·한(漢) 때에 비로소 철을 사용하여 갑주를 만들었으며 문양을 넣었다고 한다.

당나라 「이영공적찬(李英公勣贊)」[147]에서 "황금 갑옷이 같이 빛나네. [金甲同光]"[148]라고 한 말이 이것이다.

공작 깃에는 먼지가 묻지 않는다
雀羽辟塵

『속박물지(續博物志)』에 "공작의 깃은 악(惡)을 제거한다"[149]라고 하였다. 그래서 군인의 벙거지에 꽂는다.

『한서(漢書)』의 "대관(大管)"의 주석에서 "무사의 관이며 갓끈을 둥글

---

143) 『관자』에 없는 내용임.

144) 적청(狄靑) : 송나라의 장수(1008~1059). 자는 한신(漢臣). 풍골이 기이하고 빼어나며 말타기와 활쏘기를 잘 했다. 송나라 인종(仁宗) 때, 서하(西夏)가 반란을 일으키자 공이 연주 지사(延州指使)로 나가 싸울 때마다 동면(銅面)을 쓰자 적들이 신처럼 여겼다. 또한 지모가 뛰어나서 범중엄(范仲淹)·윤수(尹洙)의 후대를 받았다.

145) 화원(華元) : 춘추 시대 송나라 사람. 문(文)·공(共)·평(平)공을 섬겼다. 탕택(蕩澤)의 난을 평정하여 나라를 안정시켰다.

146) **役人曰**, **從其**有皮, 丹漆**若何**.(『春秋左傳注疏, 卷二十一』) → **宋華元謳所謂**, **雖則**有皮, 丹漆**則那**.(『松南雜識』)

147) 이영공적찬(李英公勣贊) : 당나라 여온(呂溫)이 이적(李勣)을 찬양하여 지은 글. 이적(李勣)은 당나라의 무장(?~669)으로 본래 성은 서씨(徐氏)였는데 고조에게 이씨 성을 하사받았다. 이름도 세적(世勣)에서 태종의 이름 세민(世民)의 '세(世)'자를 피하여 뺐다. 태종 때 이정(李靖)과 돌궐을 격파했다. 또 고비사막을 넘어 설연타(薛延陀)를 평정하여 당나라의 대제국 건설에 공헌했다. 고종 때는 고구려 원정에도 참가했다.

148) 『山東通志, 卷三十五之七, 藝文志七, 贊, 李英公勣贊』.

149) 孔雀辟**惡**.(『續博物志, 卷二』) → 孔雀**羽**辟**塵**.(『松南雜識』)

게 두르고 술을 늘어뜨리지 않으며 푸른 실로 끈을 만든다"[150]라고 하였다.

지금 주립(朱笠)이나 벙거지에 모두 구슬 갓 끈을 하는데, 호박으로 갓끈을 하는 것은 소설(小說)에서 "칼날을 막을 수 있다"라고 하였기 때문이니, 「설검(說劍)」편의 '만호영(曼胡纓)'[151]이 이것이다.

두 개의 분계(鶡鷄) 깃을 좌우에 꽂으니 분관(鶡冠)이라고 한다. 그 주석에서 "鶡은 음이 '분'으로 용맹한 꿩이다. 싸움을 하면 하나가 죽어야만 그치니 '의조(毅鳥)'라고도 한다"라고 하였다. 지금의 견노(牽鸕)·이잔(伊盞)·노이(鸕伊)이다.

마찰도

麻札刀

『연기신편(演機新編)』[152]에서 "악비(岳飛)[153]가 배외갑(背嵬甲)을 만들어 선봉(先鋒)의 군사들에게 입히고, 각각 마찰도(麻札刀)를 들고 적진에 돌격하여 말의 발을 베게 하여 올출(兀朮)[154]을 격파하였다"라고 하였다.

---

150) 武冠, **俗謂之大冠**, 環纓無**甤**, 以青**系**爲緄.(『後漢書, 卷四十, 輿服志, 第三十, 輿服, 下』) → **大冠**, **註**, 武冠, 環纓無**蕤**, 以青**絲**爲緄.(『松南雜識』)

151) 만호영(曼胡纓) : 올이 굵고 거칠며 무늬가 없는 갓끈.
  * 曼胡之纓. 〈曼胡之纓, 謂麄纓無文理也.〉(『莊子, 說劍』)

152) 연기신편(演機新編) : 조선 숙종 때 안명로(安命老)가 진법(陣法)의 비조라 일컫는 풍후(風后)·악기(握奇)의 법을 추연(推演)하여 진법을 논하고 여기에 병서(兵書)와 음양가(陰陽家)의 여러 법을 덧붙여 엮은 병서.

153) 악비(岳飛) : 남송 초기의 무장·학자·서예가(1103~1141). 자는 붕거(鵬擧). 농민 출신이지만 금나라 군사의 침입으로 북송이 멸망할 무렵 의용군에 응모하여 전공을 쌓았으며, 남송 때가 되자 호북(湖北) 일대를 영유하는 대군벌(大軍閥)이 되었지만, 진회의 무고한 누명을 쓰고 투옥된 뒤 살해되었다.

154) 올출(兀朮) : 금나라 태조의 넷째 아들. 성은 완안(完顔). 이름은 종필(宗弼) 또는 알철올출(斡啜兀出)이라고도 한다. 말타기와 활쏘기를 잘 하였다. 송나라를 침략하여 악비와 주선진(朱仙鎭)에서 맞붙어 싸우다가 패하자 북쪽으로 달아나려라고 하였다. 마침 악비가 소환되어 남쪽으로 돌아가게 되자 송나라와 화친하였다.

대개 '배외갑(背嵬甲)'은 쇠를 녹여 배갑(背甲)을 만드는데, 거북의 등처럼 불룩하며, 속에는 가죽 조각을 붙이니 고개를 숙이고만 걸을 수 있다.

또 '마찰도(麻札刀)'는 주석에서 "손잡이가 긴 도끼"라고 하였으니, 대개 "후경(侯景)[155]이 이것으로 적의 인마(人馬)의 발을 자르는 기술을 사용하였다"라고 하였다.

마름쇠

鐵蒺藜

『한서(漢書), 조착전(晁錯傳)』에서 "성 위에 인석(藺石)[156]을 준비하고, 거답(渠答)[157]을 깔아 놓았다"라고 하였는데, 그 주석에서 "인석(藺石)은 성 위의 뇌석이고, 거답(渠答)은 마름쇠이다"[158]라고 하였다.

송나라 호재흥(扈再興)[159]은 조양(棗陽)이 포위되었을 때 마름쇠를 깔아 놓아 금나라 군사들이 많이 넘어졌다고 하니,[160] 또한 군사 설비이다.

당나라 시에,

---

155) 후경(侯景) : 본래 북위(北魏)의 수비병으로 점차 출세하기 시작하여 동위(東魏)의 고환(高歡) 휘하에서 대장이 되었다. 고환이 죽자 소관 주군(州軍)을 이끌고 양(梁) 무제(武帝)에게 투항하였다. 그러나 양과 동위의 국교가 호전되자 양나라를 배반하고 건강(建康 : 南京)을 함락시키고 무제를 유폐하여 분사하게 하였다. 양나라는 이 난으로 멸망하였다.

156) 인석(藺石) : 성 위에서 공격해 오는 적에게 던지는 돌.

157) 거답(渠答) : 철질려(鐵蒺藜)를 가리킴. 철질려는 수중이나 지면에 놓아 적의 침입을 막는 마름모꼴의 날카로운 쇠. 마름쇠.

158) **高城深塹**, 具藺石, 布渠**答**. 〈**服虔曰**, **藺石**, **可投人石也**. **蘇林曰**, 渠答, 鐵蒺藜也. **如淳曰**, 藺石, 城上雷石**也**.〉(『前漢書, 卷四十九, 爰盎鼂錯傳, 第十九』) → **晁錯傳曰**, 具藺石, 布渠. **註**, 藺石, 城上雷石, 渠答, 鐵蒺藜也.(『松南雜識』)

159) 호재흥(扈再興) : 송나라 회(淮) 출신. 자는 숙기(叔起). 힘이 세고, 임기응변에 능하였다. 늘 전투를 할 때 머리를 풀어헤치고 웃통을 벗고 맨발로 쌍칼을 잡고 적진에 뛰어들면 인마가 놀라 달아났다고 한다.

160) 『宋史, 卷四百三, 列傳, 第一百六十二, 扈再興』.

오랑캐 기마병들이 달아난 것은 虜騎崩騰畏蒺蔾[161]
마름쇠를 두려워해서였네

라고 한 말이 이것이다.

제나라 전단(田單)[162]이 화살과 돌이 날아드는 곳에 서있었다고 하니, 돌도 군사 설비이다.

쇠도리깨
鐵連耞

『송사(宋史)』에서 "적청(狄靑)을 따라 쇠도리깨를 사용하여 농지고(儂智高)를 격파하였다"[163]라고 하였는데, 대개 육지에 적의 기마병들이 숲처럼 서 있을 때는 보리를 타작하는 것처럼 쇠도리깨로 무리지어 때리는 것이 가장 좋다.

세상에 다음과 이야기가 전해진다.

임진왜란 때 왜적이 수원(水原)에 침입하였는데, 최 승지(承旨)라는 사람이 농장으로 물러나 살고 있었다. 그런데 삼부자가 보리타작을 하다가 갑자기 수 백 명의 왜적과 맞닥뜨렸다. 부자가 "피할 수도 없고 막을 수도 없으니 죽기는 매한가지다. 지금 들고 있는 것이 도리깨이니 왜놈 몇 놈은 때려 죽일 수 있을 것이다"라고 약속하고는 곧바로 마음을 합하고 힘을 다해 보리타작하듯이 치니 많은 왜적이 모

161) 왕유(王維)의 「노장행(老將行)」.
162) 전단(田單) : 제나라의 무장. 연나라가 제나라를 침입하자, 화우(火牛)의 계책을 써서 적군을 대파하고 70여 성을 회복하였다. 안평군(安平君)에 봉해졌다.
163) **從**狄靑征儂智高.(『宋史, 卷三百四十九, 列傳, 第一百八, 賈逵』) → 狄靑**以**鐵連耞, 破儂智高.(『韻府羣玉, 耞』) → 狄靑**用**鐵連耞, 破儂智高.(『松南雜識』)

두 섬멸되었다. 그리고 보리를 거두어 식구들을 데리고 피해 버렸다. 얼마 지나자 수만 명의 왜적 기병이 와서 "조선의 세 장사와 겨루어 보고 싶다"라고 하였다.

신립(申砬)[164]이 이 방법을 사용하여 북쪽 변경에서 공을 세웠다. 도리깨로 치고 들어가면 적은 활을 쏠 겨를이 없고 창을 쓸 겨를이 없이 산이 무너지듯 도망간다. 그래서 곤륜(昆侖)[165] 최창대(崔昌大)[166]의 시에서,

> 오랑캐들 여전히 신립 병사(兵使)를 이야기하며 胡兒尙說申兵使
> 동쪽 성곽 옛 전쟁터에 접근하기를 두려워한다 畏近東城舊戰場[167]

라고 하였다.

명궁
瞑弓

『당서(唐書), 남만전(南蠻傳)』에서 말하였다.

영창(永昌) 들판에는 돌 위에 자라는 뽕나무가 있는데, 그 줄기는 위가 굽고 양쪽을 향하며 아래로 심겨져 있다. 그것을 잘라 활을 만

164) 신립(申砬): 조선 중기의 무장(1546~1592). 북변에 침입한 이탕개를 격퇴하고 두만강을 건너가 야인의 소굴을 소탕하고 개선했다. 함경북도병마절도사, 우방어사, 중추부동지사, 한성부 판윤을 지냈고 임진왜란 때 충주 탄금대에 배수진(背水陣)을 치고 적군과 대결했으나 패했다.

165) 『松南雜識』에는 '崑侖'으로 되어 있음.

166) 최창대(崔昌大): 조선후기의 문인·정치가(1669~1720). 자는 효백(孝伯). 호는 곤륜(昆侖). 별시문과에 급제, 대사성·이조참의·부제학 등을 지냈다. 제자백가(諸子百家)와 경서(經書)에 밝고, 문장에 능하였으며 글씨도 잘 썼다. 저서로 『곤륜집』이 있다.

167) 「육진가(六鎭歌)」.

들면 힘줄을 붙이지 않고 옻칠을 하지 않아도 좋은 활이 되는데, '명(瞑)'이라고 한다.168)

강두

弜頭

『화양국지(華陽國志)』에서 "진(秦)나라 소왕(昭王) 때 흰 호랑이의 피해가 있자, 이족(夷族)이 흰 대나무 쇠뇌를 만들어 쏘았다고 하니 지금의 이른바 강두호자(弜頭虎子)169)이다"라고 한 말이 이것이다.170)

'弜'의 음은 '강'이다.

올가미

緆索

『운회(韻會)』에서 "緆자의 음은 탑이니, 새끼줄로 사물을 얽는 것이다"라고 하였다.

『당사(唐史)』에서 "중종 때 거란이 영주(營州)를 침입했을 때, 마인절

168) 永昌**之西**野, 桑生石上, 其材上屈兩向, 而下植, 取以爲弓, 不筋漆而利, 名曰瞑.(『唐書, 卷二百二十二上, 列傳, 第一百四十七上, 南蠻』)→永昌野, 桑生石上, 其材上屈兩向, 而下植, 取以爲弓, 不筋漆而利, 名曰瞑.(『松南雜識』)

169) 고대에 중국의 서남부에 있었던 소수 민족인 판순만(板楯蠻)의 딴 이름.

170) 秦昭**襄**王時, 白虎爲害, **自秦蜀巴漢, 患之. 秦王, 乃重募國中有能煞虎者, 邑萬家金帛稱之. 於是, 夷朐忍廖仲藥何射虎, 秦精等, 乃**作白竹弩, **於高樓上,** 射**虎中頭三節, 白虎常從羣虎, 瞋恚盡搏煞, 羣虎大呴而死. 秦王嘉之曰, 虎歷四郡, 害千二百人. 一朝患除, 功莫大焉. 欲如要. 王嫌其夷人, 乃刻石爲盟, 要復夷人, 頃田不租十妻不算傷人者, 論煞人, 雇死. 倓錢盟曰, 秦犯夷, 輸黃龍一雙, 夷犯秦, 輸淸酒一鍾, 夷人安之, 漢興亦從高祖, 定秦有功. 高祖因復之, 專以射白虎爲事, 戶歲出賨錢口四十, 故世號白虎復夷, 一曰板楯蠻,** 今所謂弜頭虎子**者也.**(『華陽國志, 卷一, 巴志』)→秦昭王時, 白虎爲害, **夷**作白竹弩射**之**, 今所謂弜頭虎子.(『松南雜識』)

(麻仁節)에게 줄을 던져 그를 얽어매어 사로잡았다"라고 하였고, 또 "거란의 장수 이해고(李楷固)는 올가미를 잘 사용하였다"[171]라고 하였다.

또 마반(馬絆)의 주석에서 "말의 발을 묶는 끈"[172]이라고 하였다.

우리나라의 좁은 길에 마반(馬絆)이나 올가미를 설치한다면 적을 사로잡는 기이한 계책이 될 것이다.

활궁
活弓

『계림유사(鷄林類事)』[173]에서 "고려 말로 弓(궁)을 활이라고 한다"[174]라고 하였다.

궁노
弓弩

『설문해자』에서 "황제(黃帝)의 신하 모이(牟夷)가 처음으로 쇠뇌를 만들었다"[175]라고 하였다.

---

171) **羂**, 以索罥物也. **唐契丹將李楷固, 善用羂索. 飛索羂唐將張元遇麻仁節主獲之**.(『古今韻會擧要, 卷三十, 入聲, 十五』)→**羂**, 韻會, **託盇切**, 音榻, 以索罥物. **通鑑**, 中宗**嗣聖十三年**, 契丹寇營州, 飛索以羂麻仁節, 生獲之集, **覽羂**, **以索罥物也**. 契丹將李楷固, 善用羂索.(『康熙字典, 羂』)→韻會**曰**, **羂**音榻, 以索罥物**也**. **唐史**中宗**時**, 契丹寇營州, 飛索以羂, 麻仁節, 生獲之集, 契丹將李楷固, 善用羂索.(『松南雜識』)

172) 絆, 馬縶.(『韻府羣玉, 卷十五, 去聲, 十四願』)→又馬絆, 註馬縶.(『松南雜識』)

173) 계림유사(鷄林類事) : 북송(北宋) 시대 손목(孫穆)이 편찬한 일종의 견문록이자 역어집(譯語集). 저자가 숙종 8년(1103) 서장관으로서 사신을 수행하여 고려에 와서 당시 고려의 조제(朝制)・토풍(土風)・구선(口宣)・각석(刻石) 등과 함께 고려어 약 360어휘를 채록하여 3권으로 분류, 편찬한 책이다.

174) 方言, …… 弓曰活.(『說郛, 卷五十五, 大事記, 雞林類事』)→**高麗**方言, **謂**弓曰活.(『松南雜識』)

175) **弓弩, 矢也. 從入象鏑栝羽之形. 古者**, 夷牟初作**矢, 凡矢之屬, 皆從矢**.(『說文解字,

『월지(越志)』에서 “월남 지방은 그 기운이 웅장하다. 어떤 신인(神人)이 신노(神弩)를 만들었는데, 한 번 당겨서 쏘면 월나라 군사 만 명을 죽였다”[176]라고 하였다.

또 『남월지(南越志)』에서 “당나라 때에 용천(龍川)에는 언제나 동노아(銅弩牙)가 물에서 흘러 나왔는데, 그것은 모두 은과 금으로 아로새겨져 있었다. 사람들이 가져다가 쇠뇌로 만들었다”[177]라고 하였다.

『오월춘추(吳越春秋)』에서 말하였다.

> 궁노는 활에서 생겼고, 활은 탄궁에서 생겼다. 탄궁은 효자가 부모의 시신을 짐승들이 먹는 것을 차마 보지 못해서 탄궁을 만들어 지킨 것에서 시작되었다. 그 노래에서 “대나무를 자르고 대나무를 이어서 흙을 날려 육신에서 쫓아내네”라고 한 말이 이것이다.[178]

왜가 새를 쏘던 총을 무기로 만들어 사람을 쏜 것과 같다.

쇠뇌를 전쟁에 사용한 것은 손빈(孫臏)[179]에서 시작되었기 때문에 ‘손

矢』) → **說文曰**, **黃帝臣**牟夷, 初作**弓弩**.(『松南雜識』)

176) **神弩**, 交趾之地, 厥氣爲雄, 有神人**結**造神弩, 一張一**弩**, 殺越軍萬人, 越志.(『韻府羣玉, 神弩』) → 越志**曰**, 交趾之地, 厥氣爲雄, 有神人**爲**造神弩, 一張一**放**, 殺越軍萬人.(『松南雜識』)

177) 南越志, **龍川有營澗**, 嘗有銅弩牙, 流出水, 皆**以**銀黃雕鏤, 取**之者**, **祀而後得**.(『格致鏡原, 卷四十一, 武備類 一, 弩』) → 南越志曰, **龍川**嘗有銅弩牙, 流出水, 皆以銀黃雕鏤, 取**之者**, **祀而後得**. **父老云**, **越王弩營處也**.(『藝文類聚, 卷六十, 軍器部, 弩』) → 南越志**曰**, **唐時**, **部**嘗有銅弩牙, 流出水. 皆銀黃雕鏤, 取**以製弩**.(『松南雜識』)

178) **其辭音曰**, **臣聞**, 弩生於弓, 弓生於彈, 彈**起古之孝子**. **越王曰**, **孝子彈者奈何**. **音曰**, **古者**, **人民朴質**, **饑食鳥獸**, **渴飮霧露**, **死則裹以白茅**, **投於中野**. 孝子不忍見父母爲**禽**獸所食, **故**作彈以守之, **絶鳥獸之害**. **故歌**曰, 斷竹續竹, 飛土逐**害之謂也**.(『吳越春秋, 卷五, 勾踐陰謀外傳第九』) → 吳越春秋, **陳音謂越王曰**, **臣聞**, 弩生於弓, 弓生於彈, 彈**起於古之孝子**. **古者**, **人民朴質**, **饑食鳥獸**, **渴飮霧露**, **死則裹以白茅**, **投於中野**, 孝子不忍見父母爲**禽**獸所食. **故**作彈以守之, **絶鳥獸之害**. **故歌**曰, 斷竹續竹, 飛土逐宍, **同肉**.(『格致鏡原, 卷六十, 玩戲器物類二, 彈』) → 吳越春秋**曰**, 弩生於弓, 弓生於彈, 彈**生於**孝子不忍見父母爲鳥獸所食, 作彈以守之, **其謠**曰, 斷竹續竹, 飛土逐宍. 宍, **古宍肉字**.(『松南雜識』)

노(孫弩)'라고 한다. 제갈공명이 연노법(連弩法)을 만들었는데, 하나의 쇠뇌에 열 발의 화살을 매겨 함께 발사해서 장합(張郃)[180]을 잡았다.

우리나라의 험하고 좁은 길에서 사용한다면 외적이 감히 쳐들어 오겠는가?

활 잘쏘는 사람을 몽이라 한다
善射曰蒙

고구려 역사에 "방언에 활을 잘 쏘는 사람을 몽(蒙)이라 한다"[181]라고 하니, 방몽(逄蒙)[182]과 같은 사람을 이른다.

「동명왕편(東明王篇)」[183]의 주석에서 말하였다.

---

179) 손빈(孫臏) : 제나라의 병법가. 방연(龐涓)과 함께 귀곡자(鬼谷子)에게 병법을 배웠다. 뒤에 방연이 위나라 혜왕(惠王)의 장군이 되었을 때, 자신이 손빈에게 미치지 못함을 알고 손빈을 모함하여 그의 두발을 끊으니 손빈이 제(齊)나라로 갔다. 그 후 손빈이 마릉(馬陵)에서 방연과 싸우게 되었는데 사람을 시켜 큰 나무를 깎아서 희게 만든 후에 여기에 "방연이 이 나무 아래에서 죽으리라."라고 쓰고 복병(伏兵)을 매복시키고 불빛이 보이거든 활을 일제히 쏘라고 하였다. 밤중에 방연이 이 나무 아래 이르러 흰 나무에 쓰인 글씨를 보려고 불을 켜자 제나라의 복병이 일제히 활을 쏘니 방연이 패배하여 스스로 목을 찔러 죽었다.

180) 장합(張郃) : 한나라 말기의 장군. 하간막(河間鄚) 출신. 자는 준예(儁乂). 황건적 토벌군의 군사마(軍司馬)가 되어 한복(韓馥)·원소(袁紹) 등의 휘하에 있다가 나중에는 조조(曹操)를 섬겼다.

181) **扶餘俗語**, 善射**爲朱**蒙.(『三國史記, 卷十三, 高句麗本紀, 第一, 始祖 東明聖王』) → **方言**善射**者曰**蒙.(『松南雜識』)

182) 방몽(逄蒙) : 전국 시대에 활을 잘 쏘던 사람. 예(羿)에게 활쏘기를 배워 그 법을 모두 익혔는데, 나중에 천하에 자기보다 나은 사람은 스승 밖에 없다고 생각하고 예(羿)를 죽였다.

183) 동명왕편(東明王篇) : 고려 후기에 이규보(李奎報)가 지은 한문서사시. 오언 장편 282구의 장편 인물서사시로 약 4,000자에 이른다. 『동국이상국집』 제3권에 수록되어 있는데, 동명왕 탄생 이전의 계보를 밝힌 서장(序章)과 출생에서 건국에 이르는 본장(本章), 그리고 후계자인 유리왕의 경력과 작가의 느낌을 붙인 종장(終章)으로 구성되어 있다.

주몽(朱蒙)은 태어난 지 채 한 달이 안 되어서 똑똑하게 말을 할 줄 알았다. 모친에게 "파리가 눈을 깨물어 잠을 잘 수 없습니다"라고 말하였다. 모친이 갈대로 활과 화살을 만들어 주자, 물레 위의 파리를 쏘았는데, 쏘는 대로 모두 맞았다.[184)]

『이아(爾雅)』에서 "이(夷)는 큰 활[大弓]이다"라고 하니, 동명왕이 이(夷)이면서 방몽(逄蒙)같았기 때문에 그렇게 이름 하였다.

고려전
高麗箭

지봉(芝峯) 이수광(李睟光)이 말하였다.

편전(片箭)[185)]은 우리나라의 신묘한 기술이다. 멀리서 쏘아도 반드시 적중하기 때문에 오랑캐가 두려워하였고, '고려전(高麗箭)'이라 불렀다. 왜인(倭人)이 일찍이 "중국의 창술과 조선의 편전과 일본의 조총은 천하제일이다"라고 하였다.[186)]

---

184) 生未經月, 言語竝實. **母姑擧而養**, **經月言語始**, **自言蠅噆目**, **臥不能安睡**, **母爲作弓矢**, **其弓不虛掎**. 謂母曰, **群**蠅噆目, 不能睡, 母**爲我作弓矢**. **其母以蓽**作弓矢與之, 自射紡車上蠅, 發矢卽中. **扶余謂善射曰朱蒙**.(『東國李相國全集, 卷第三, 古律詩, 東明王篇 幷序』)→**朱蒙**, 生未經月, 言語竝實. 謂母曰, 蠅噆目, 不能睡, 母作**葦**弓矢與之, 射紡車上蠅, 發輒中之.(『松南雜識』)

185) 편전(片箭) : 짧고 작은 화살로, 아기살이라고도 한다. 무술 시험 때 1백 30보 밖에서 쏘는데, 표적을 맞추면 15점, 과녁을 맞추면 1백점을 준다.

186) 片箭**者**, 我國之妙技**也**. 射**能及**遠**而**必中, 故胡人畏之, 號曰高麗箭. 倭**賊**嘗曰, 中朝之槍法, 朝鮮之片箭, 日本之鳥銃, 爲天下第一云.(『芝峯類說, 卷十八, 技藝部, 雜技』)→片箭, 我國之妙技, 射遠必中, 故胡人畏之, 號曰高麗箭. 倭嘗曰, 中朝之槍法, 朝鮮之片箭, 日本之鳥銃, 爲天下第一云.(『松南雜識』)

화살 한 대로 오랑캐 만기를 물리치다
一箭却萬騎

지봉(芝峯) 이수광(李睟光)이 말하였다.

유붕수(柳鵬壽)[187]는 활을 잘 쏘았다. 최황(崔滉)[188]을 따라 명나라에 갔을 때 오랑캐를 만나 산해관(山海關)에 14일 동안 포위되어 있을 때, 중국 장수는 성 문을 닫아걸고 나가지 않았다. 유붕수가 편전(片箭)으로 적을 쏘아 맞히는 대로 죽이니 오랑캐가 크게 놀라면서 "고려가 왔다"라 하고 곧 달아났다. 황제가 그를 포상하고 치하했다. 간이(簡易) 최립(崔岦)의 글[189]에서 "우리나라 무인(武人)으로 사신을 따라 중국으로 갔던 사람이 한 두 발의 굳센 화살로 수만의 기병을 물리쳐서, 지금까지 유명하다"[190]라고 한 말이 이것이다.[191]

---

187) 유붕수(柳鵬壽) : 이수광의 외삼촌.

188) 최황(崔滉) : 조선 중기의 문신(1529~1603). 본관은 해주(海州). 자는 언명(彦明), 호는 월담(月潭). 임진왜란 때 평양까지 선조를 호종하였으며, 왕비와 세자빈을 배종(陪從)하여 회천에 피난하였고, 이듬해 검찰사(檢察使)가 되어 왕과 함께 환도하여 좌찬성·세자이사(世子貳師)로 지경연사를 겸하였다. 영의정에 추증되었다.

189) 我國武夫從使**臣**出遼**路**者, 遇虜圍城, 用一二勁箭, 却數萬騎, 至今有名.(『簡易文集, 卷三, 序, 送李應教綏祿赴都體察使幕府序』) → 我國武夫從使出遼者, 遇虜圍城, 用一二勁箭, 却數萬騎, 至今有名.(『松南雜識』)

190) 我國武夫從使臣出遼路者, 遇虜圍城, 用一二勁箭, 却數萬騎, 至今有名.(『簡易文集, 卷之三, 序, 送李應教綏祿赴都體察使幕府序』)

191) **有**柳鵬壽**者**, **余庶表叔也**. 善射**藝**, 隨**使臣**崔滉赴京, 值虜**大入**圍山海關十四日, 唐將閉城不出, 鵬壽用片箭射賊, 中輒殪之. 虜大驚曰, 高麗至矣, 乃遁**去**. 皇帝**降勅賜綵段以**褒嘉之. 崔簡易文, **有**曰, **往時**我國武夫從使臣出遼**路**者, **遇虜圍城**, 用一二勁箭, 却數萬騎, 至今有名者此也.(『芝峯類說, 卷十八, 技藝部, 雜技)』) → 柳鵬壽, 善射. 隨崔滉赴京, 值虜圍山海關十四日, 唐將閉城不出, 鵬壽用片箭射賊, 中輒殪之. 虜大驚曰, 高麗至矣, 乃遁. 皇帝褒嘉之. 崔簡易文曰, 我國武夫從使臣出遼者, 用一二勁箭, 却數萬騎, 至今有名者此也.(『松南雜識』)

반딧불로 만든 알약은 화살을 물리친다
螢丸却矢

『사문유취(事文類聚)』[192]에서 말하였다.

무성자(務成子)[193]가 "반딧불로 알약을 만들면 화살을 물리칠 수 있다"라고 하였다. 한(漢)나라 역사에 무위태수(武威太守) 유자남(劉子南)이 그 기술을 터득해서 배합(配合)하여 몸에 차고 다녔다. 일찍이 오랑캐와 싸우다가 포위되었는데, 화살이 비 오듯 쏟아졌지만 유자남의 몇 자 밖에서 문득 땅에 떨어지고, 맞추어 상처를 입히지 못하니, 오랑캐가 괴이하게 여기고 바로 가버렸다.[194]

『본초강목(本草綱目)』에서 "파두(巴豆)[195]와 쇠똥구리를 함께 갈아 상처에 바르면 화살촉이 빠진다"[196]라고 하였다.

---

192) 사문유취(事文類聚) : 책이름. 전집 60권, 후집 50권, 속집 28권, 별집 32권, 신집 36권, 외집 15권, 유집 15권으로 구성되어 있다. 전집・후집・속집・별집은 송나라 축목(祝穆)이, 신집 외집은 원나라 부대용(富大用)이, 유집은 원나라 축연(祝淵)이 편찬했다. 편찬 체제는 해당 항목마다 군서(群書)의 요어(要語), 다음에는 고금의 사실, 그 다음에는 고금의 문집에 해당하는 사실을 제시했다.

193) 무성자(務成子) : 상고 시대 사람. 이름은 소(昭). 일명 부(跗).

194) 務成子, 螢**火**丸**方云**, 漢武威太守劉子南, **從道士尹公**, **授**其方, 合而佩之. **永平中**, **於武威北界**, **遇敵**戰**敗**爲**寇**所圍, 矢**下**如雨, **未至子南馬**數尺, **矢**輒墮地, **終**不能中傷. **敵**以爲**神人**, 乃**解圍**去.〈**神仙感應篇**〉(『古今事文類聚後集, 卷四十八, 古今事實, 佩螢火丸』)→務成子**云**, 螢**爲**丸, **能却矢**. 漢**史**, 武威太守劉子南, **得**其方, 合而佩之. **嘗與虜**戰, 爲**其**所圍, 矢如雨**下**, **離**數尺, 輒墮地不能中傷, **虜**以爲**異**, 乃去.(『松南雜識』)

195) 파두(巴豆) : 파촉(巴蜀)에서 생산되는 식물명. 열매가 콩모양이어서 이러한 이름이 붙었다. 맛은 맵다. 열매를 주로 치료용으로 쓰는데 독이 있기에 조심해서 써야한다.

196) **箭鏃入肉**, **不可拔出者**, **用新**巴豆**仁畧**, **熬與**蜣蜋, **同**研塗**之**, **斯須痛定**, **微痒忍之**, **待極痒**, **不可忍**, **便撼拔**, **動之取出**, **速以生肌膏**, **傅之而痊**, **亦治瘡腫**.(『本草綱目, 卷四十一, 蟲之三』)→**本草云**, 巴豆蜣蜋, **並**研塗傷**處**, **出箭鏃**.(『松南雜識』)

쇠화살
鐵箭

『전한서(前漢書), 신도가전(申屠嘉傳)』[197]에서 "재관궐장(材官蹶張)"[198]이라고 하였는데, 그 주석에서 "힘이 강노(强弩)를 밟아 당길 만하다"[199]라고 하였다.

"전구(錢璆)가 강노(强弩)를 바닷물에 쏘다[錢璆射潮强弩]"의 주석에서 "철전(鐵箭)이니, 또한 송나라의 신비궁(神臂弓)과 비슷하다"라고 하였다.

두보의 시에,

> 네 허리 아래 철사전(鐵絲箭)을 생각한다 　　憶爾腰下鐵絲箭[200]

라는 구절이 있다.

지금 우리나라에서는 '정량(定量)'이라고 하니, 적선(敵船)을 쏘아 멀리 가게 할 수 있다.

화살 깃에 이름을 새기다
箭筈刻名

『당서(唐書)』에서 "왕충사(王忠嗣)[201]가 속장(屬長)을 두어 무기를 맡기

197) 신도가전(申屠嘉傳) : 한(漢)나라의 무장 신도가(申屠嘉)의 전기. 신도가(申屠嘉)는 힘이 세어서 쇠뇌를 발로 밟아 펼 수 있을 정도였다. 유방과 함께 항적(項籍)·경포(黥布) 등을 공격하여 무찔렀다. 한나라가 건국된 후에 관내후(關內侯)로 식읍을 받았다. 청렴·강직하여 정무를 공정히 잘 처리하였다.

198) 재관궐장(材官蹶張) : 재관(材官)은 무관의 이칭(異稱)이고 궐장(蹶張)은 쇠뇌[弩]를 발로 당긴다는 뜻이니, 쇠뇌를 발로 밟아 당기는 무관을 의미한다.

199) **申屠嘉**, **梁人也**. 以材官蹶張〈**如淳曰**, **材官之多**力, 能脚踏**彊**弩張之. **故曰蹶張**〉, 從高帝, 擊項籍, 遷爲隊率.(『前漢書, 卷四十二, 張周·趙任·申屠傳, 第十二』)→以材官蹶張, **註**力能踏**强**弩張之.(『松南雜識』)

200) 「구우기왕장군불지(久雨期王將軍不至)」.

고 사졸(士卒)에게 비록 활 하나, 화살촉 하나라도 그 위에 성명을 쓰게 하여 군영 주변에 유실된 활과 화살촉은 모두 이름을 조사하여 죄를 물었다"[202]라고 하였다.

『오대사(五代史)』에서 "양(梁)나라 육사탁(陸思鐸[203])이 화살 깃에 그 성명을 새겼다"[204]라고 하였다.

고려 때 김돈중(金敦中[205])의 화살이 왕의 수레 앞에 떨어지자 드디어 큰 옥사(獄事)가 이루어져 여러 명을 무고하게 죽였다. 만약 화살에 이름을 적었다면 〈김돈중은 일찍이 선달 그믐날의 나례(儺禮[206])에 촛불로 정중부(鄭仲夫)의 수염을 태워 그의 유감을 산 일이 있었다.〉 이름을 살피고 죄를 주어, 조정이 침체되는 화에 이르지 않았을 것이다. 고려 때

---

201) 왕충사(王忠嗣) : 당나라 현종 때의 장수. 태원(太原) 기인(祁人). 하서농우절도사(河西隴右節度使)·하동절도사(河東節度使) 등의 관직을 역임했다.

202) 忠嗣, …… **卽各召本將**, **付其兵器**, **令給**士卒, 雖**一**弓**一箭**, **必書其**名姓**於**上, **以記之**, 軍**罷却納**, **若**遺**失**, **卽驗其名**, **罪之**. **故人人自勸甲仗充牣矣**.(『舊唐書, 卷一百三, 列傳, 第五十三, 王忠嗣』) → **王**忠嗣, **有屬長**, **付以兵**, **使**士卒, 雖弓**矢**, **亦誌**姓名**其**上, 軍**邊**遺**矢亡鏃**, **皆按名第罪**.(『松南雜識』)

203) 육사탁(陸思鐸) : 양나라 단주(澶州) 임황(臨黃) 출신. 젊어서 양나라를 섬겨 활을 잘 쏘는 것으로 유명하였고, 공진좌상도지휘사(拱辰左廂都指揮使)·영은자사(領恩州刺史)를 역임했다. 양나라와 진(晉)나라가 하수를 사이에 두고 대치할 때, 사탁이 이름을 화살에 새겨 진군을 향해 쏘았는데 그것이 진나라 장종(莊宗)의 말안장을 맞혔다. 장종이 그 화살을 뽑아 사탁의 이름이 새겨진 것을 보고 기이하게 생각했다. 양나라가 망한 후, 사탁이 장종을 알현하였을 때 장종이 그 화살을 내보이며 죄를 청하는 사탁을 위로하고 용무우상도지휘사(龍武右廂都指揮使)에 임명했다. 이후 진나라 고조(高祖) 때는 진주(陳州)와 채주(蔡二)의 자사(刺史)를 역임하였다.

204) 陸思鐸, …… **思鐸**鏤其姓名於箭笴.(『五代史, 卷四十五, 雜傳, 第三十三』) → **梁**陸思鐸, **亦**鏤其姓名於箭笴.(『松南雜識』)

205) 김돈중(金敦中) : 고려 중기의 문신(?~1170). 자는 입지(立之). 아버지는 부식(富軾). 김돈중이 정중부(鄭仲夫)의 수염을 촛불로 태웠을 때 김부식이 도리어 정중부를 꾸짖어 원한을 샀다. 그 뒤 의종이 봉은사에서 연등행사를 마치고 환궁할 때 그의 말이 놀라 병졸의 화살통에 부딪쳐 화살이 의종의 수레에 떨어진 유시사건(流矢事件)이 일어났다. 이때 죄 없는 군인들이 귀양을 가게 되면서 김돈중에 대한 원한이 깊어졌다. 1170년 정중부가 보현원(普賢院)에서 난을 일으켜 많은 문신들을 살해할 때, 김돈중은 감악산(紺嶽山)에 숨었지만 시종의 밀고로 잡혀 살해되었다.

206) 나례(儺禮) : 음력으로 섣달 그믐날에 민가와 궁중에서 묵은해의 잡귀를 몰아내기 위하여 벌이던 의식. '구나(驅儺)·대나(大儺)·나희(儺戲)'라고도 한다.

는 화살에 이름을 새기지 않았음을 알 수 있다. 지금 화살 깃에 이름을 적는 일은 또한 당나라를 모방한 것이다.

각지
角指

『시경(詩經)』에 "깍지와 팔찌가 이미 나란하며[決拾旣佽]"207)라고 했으니, 대개 깍지[角指]를 '결(決)'208)이라 하고 팔싸개[臂褁]를 '팔찌[拾]'라 하고 장갑[掌甲]을 '팔찌[韝]'라 하고 관혁(貫革)를 '홍심(紅心)'이라 하니, 바로 화살마다 홍심(紅心)을 맞춘다.

화살촉이 없는 것을 '돈자전(撴子箭)'이라 하고, 화살통을 '고(櫜)'라 하니, 바로 『춘추좌씨전(春秋左氏傳)』에서 '화살통과 활집을 붙였다[屬櫜鞬]'209)라고 한 말이 이것이다.

전통 뚜껑을 '붕(掤)' 또는 '빙(氷)'이라 하는데, 『춘추좌씨전(春秋左氏傳)』에서 "화살통 뚜껑을 잡고 걸터앉다[執氷而踞]"210)라고 한 말이 이것이다.

『정운(正韻)』의 '록(簶)'의 주석에서 '화살통[箭室]'이라고 하였다.

요구
腰鉤

왕유(王維)의 시, '기린 비단 띠에 오구를 차다[麒麟錦帶佩吳鉤]'211)의

---

207) 『詩經, 小雅, 車攻』.
208) 『松南雜識』에는 '次'로 오기되어 있음.
209) 『春秋左傳, 僖公二十四年』.
210) 『春秋左傳, 昭公二十五年』.
211) 「연지행(燕支行)」.

주석에서 "구야자(歐冶子)[212]가 만든 칼 이름이 오구(吳鉤)인데, 지금 요구금(腰鉤金)은 바로 말 위에서 지상에 있는 적의 목을 따는 것으로 검과는 다르고 철여의(鐵如意)와 같다"라고 하였다.

등책
藤策

『춘추좌씨전(春秋左氏傳)』에서 "채찍[鞭]과 활고자[弭]를 가지고 주선(周旋)한다"[213]라고 하고 『사기(史記), 진여전(陳餘傳)』의 "말 채찍을 손에 들고 조(趙)나라를 함락시켰다"[214]라고 하였으니, 모두 전진(戰陣)에서 말을 채찍질하는 것으로 지금의 등책(藤策)이 이것이다.

『예기(禮記)』의 주석에서 "책수(策箠)"[215]라고 하였으니, 지금의 '채찍 끝의 가죽띠' 같은 것이다.

전요 · 견대
戰腰牽帒

지금 남자의 허리띠를 '전요(戰腰)'라 하는 말은 군복 띠의 명칭을 가차한 것이다. '남견대(藍牽帒)'는 군복의 띠이니 말린 양식을 싸는 것이다.

『남사(南史)』[216]에서 "진유(陳遺)의 모친이 솥 바닥의 누룽지를 좋아하

---

212) 구야자(歐冶子) : 춘추 시대 사람으로 검을 잘 만들었다.

213) **其左執**鞭弭, **右屬櫜鞬**, **以與君**周旋.(『春秋左傳, 僖公二十四年』)→鞭弭周旋.(『松南雜識』)

214) **陳餘**, 杖**馬**箠下趙.(『史記, 卷八十九, 張耳 · 陳餘列傳, 第二十九』)→杖箠下趙.(『松南雜識』)

215) **國中以**策**彗邺勿**, **驅塵不出軌**. **注**, **入國不馳**, **彗竹帚**, **邺勿**, **搔摩也**.(『禮記注疏, 卷三, 曲禮上』)→**禮記注**策**箠**.(『松南雜識』)

216) 『松南雜識』에는 '宋史'로 오기되어 있음.

여 진유가 항상 누룽지를 싸서 어머니에게 드렸는데, 급하게 종군(從軍)할 때도 누룽지를 가지고 갔기 때문에 굶주리지 않았다"라고 하였다.[217)]

현령
懸鈴

『고려사』에서 "나라의 제도에 각도의 역참에서 방울을 달아 공문을 전송한다. 삼 급의 가장 다급한 일에는 세 개의 방울을 달고, 이 급의 급보에는 두 개의 방울을 달고, 가장 덜 다급한 일 급의 급보일 때는 한 개의 방울을 다니, 일의 완급에 따라 시행한다"[218)]라고 하였다.

지금 사령(使令)의 현령(懸鈴)이 이것이다.

쇠사슬
鐵絲瑟

〈또 지금 포도청의 주왕사(朱王絲)이다.〉

『장자(莊子)』의 "서미(胥靡)"[219)]의 주석에서 "벌을 받는 사람은 쇠사슬로 서로 묶는다"[220)]라고 하였고, 「서역전(西域傳)」의 "낭당(琅鐺)"의 주석

---

217) 宋**初吳郡人**陳遺, **少爲郡吏**, 母好**食鍋**底飯, 遺**在役**, **恒帶一囊**, 每**煮食**, **輒**錄**其**焦**以**貽母, **後孫恩亂**, **聚得數升**, **恒帶自隨**, **及敗逃竄**, **多有餓死**, **遺以此得活**.(『南史, 卷七十三, 列傳第六十三』)→宋**史**, 陳遺母, 好鐺底**焦**飯, 遺每錄焦貽母, **急從軍帶焦**, **不飢**.(『松南雜識』)

218) 懸鈴傳送,〈**懸鈴謂皮帒盛文貼傳送**〉, 三急三**懸**鈴, 二急二**懸**鈴, 一急一**懸**鈴, 隨事緩急行之.(『高麗史, 卷八十二, 志第三十六, 兵二, 站驛』)→**國制**, **各道站驛**, **有**懸鈴傳送. 三急三鈴, 二急二鈴, 一急一鈴, 隨事緩急行之.(『松南雜識』)

219) 『松南雜識』에는 '傳說胥靡'로 오기되어 있음.

220) 胥靡登高而不懼遺死生也. 無賴於生, 故不畏死. 胥靡, 刑徒人也.(『莊子, 庚桑楚』)→傳說胥靡. 莊子注, 刑徒之人, 以鐵鎖相連繫.(『名義考, 卷五, 人部, 傳說胥靡』)→莊子, 傳說胥靡, 注刑徒之人也. 以鐵鏁相連繫.(『松南雜識』)

에서 "긴 쇠사슬이다. 지금의 금계인(禁繫人)과 같다"[221]라고 하였으니, 바로 군대의 기수가 허리에 차는 쇠로, 걸을 때 쟁그랑 낭당(琅鐺)을 울린다.

우격
羽檄

『한서(漢書), 고제기(高帝記)』에서 "우격(羽檄)으로 천하의 병사를 징집하다"라고 하였는데, 그 주석에서 "급한 일이 있을 때는 격문(檄文)에 닭 깃을 꽂는다. 대개 목간(木簡)으로 격문을 만드는데, 길이는 한 자 두 치이고 깃을 꽂는다"[222]라고 하였다.

그런데 제(齊)가 편지를 화살에 묶어 요성(聊城)으로 쏘았으니 또한 목간(木簡)이 아니고 비단인데,[223] "순제(荀濟)가 방패 손잡이에 먹을 갈아 수많은 격문을 썼다"[224]라는 말이 이것이다.

후위(後魏)의 역사에서 "언제나 전쟁에 이기면, 비단에 글을 써서 옻칠을 한 장대 위에 매다니 이 글을 '노포(露布)'[225]라고 한다"라고 하였다.[226]

---

221) 赴鎖琅當. **師古曰**, **琅當**, 長鎖**也**. 若今**之**禁繫人**鎖矣**.(『前漢書, 卷九十六上, 西域傳, 第六十六上』) → 西域傳琅鐺註, 長鎖. 若今禁繫人.(『松南雜識』)

222) **吾以**羽檄徵天下兵, **未有至者**. **師古曰**, 檄**者**, 以木簡爲書, 長尺**二寸**, **用徵召也**. **其**有急事, **則加以鳥**羽插**之**, **示速疾也**.(『前漢書, 卷一下, 高帝紀, 第一下』) → 漢高祖紀, 羽檄徵天下兵**註**, 檄**有**急事, **卽插以鷄羽**, **盖**以木簡爲書, 長尺**一**, **爲檄**.(『松南雜識』)

223) 燕攻齊取七十餘城, 唯莒卽墨不下. 齊田單以卽墨破燕, 殺騎劫. 初燕將攻下聊城, 人或讒之, 燕將懼誅, 遂保守聊城不敢歸. 田單攻之, 歲餘士卒多死, 而聊城不下, 魯連乃爲書, 約之矢以射城.(『戰國策, 卷十三, 齊六』)

224) 荀濟, **字子通**. **其先潁川人**, **世居江左**. **濟初與梁武帝布衣交**, **知梁武當王**, **然負氣不服**, **謂人曰**, **會楯上摩**墨, **作**檄**文**.(『北史, 卷八十三, 列傳, 第七十一, 文苑, 荀濟』) → 荀濟, **磨**墨盾**鼻萬**檄.(『松南雜識』)

225) 노포(露布) : 한문(漢文)의 문체(文體) 중 하나.

226) 後魏, 每**攻**, 戰克**捷**, **欲天下聞知**, **乃**書帛, **建**於漆竿上, 名**爲**露布, **自此始也**.(『通志, 卷四十四, 禮略第三, 軍禮』) → 後魏**史**, 每戰克, 書帛於漆竿上, 名露布.(『松南雜識』)

마상재

馬上才

지금의 기추(騎芻)[227] 마상재(馬上才)[228]이니, 바로 천하의 신기한 재주이다. 달리는 말 위에서 일어나 총을 쏘고 활을 쏘며 칼을 휘두르고 방패로 막으며 말배의 장니(障泥)[229]로 돌아 들어가 적을 피한다. 그런 까닭에 칸[汗]이 용골대(龍骨大)[230]를 꾸짖어 "사람마다 나는 장수이니 어찌하겠느냐?"라고 말하였다.

불금무인

不禁無刃

오(吳)나라 역사에서 말하였다.

하제(賀齊)가 도적을 토벌할 때 도적 중에 선금(善禁)[231]을 잘하는 사람이 있어서, 관군이 칼도 뽑을 수 없었고, 화살을 쏘아도 모두 돌아와 아군을 향했다. 하제가 "나는 칼날이 있는 병기는 막을 수 있지만 칼날이 없는 병기는 막을 수 없다고 들었다"라고 말하고 즉시 단단한 나무로 흰 몽둥이를 만들어 때려죽인 자가 만 명이나 되었다.[232]

---

227) 기추(騎芻) : 말을 타고 달리면서 풀단으로 만든 표적을 맞히는 것. 마상재의 한 종목.

228) 마상재(馬上才) : 각 군영의 기병들이 달리는 말 위에서 하던 재주 부리기. 광해군 때 마상재인(馬上才人)을 선발한 후로 훈련도감의 관장 아래에 시험을 치렀는데, 종목에는 주마입마상(走馬立馬上)·좌우칠보(左右七步)·마상도립(馬上倒立)·횡와(橫臥) 등이 있다.

229) 장니(障泥) : 말의 양쪽 배에 드리워 흙먼지를 차단시키는 말다래.

230) 용골대(龍骨大) : 병자호란 때 조선을 침범한 청나라의 장군.

231) 선금(善禁) : 부적이나 주문을 사용하는 비방.

232) **抱朴子曰, 昔**吳**遣**賀**將軍**, 討**山**賊. 賊**中有**善禁**者, 每當交戰**, 官軍刀劒, 不得**拔, 弓弩**射矢, 皆還自向, **輒致不利. 賀將軍長情有思, 乃**曰, 吾聞, **金**有刃者可禁, **蟲有毒者, 可禁, 其**無刃**之物, 無毒之蟲, 則**不可禁, **彼必是能禁吾兵者也. 必不能禁無刃物**

지금 군문(軍門)에서 붉은 곤장을 앞줄에 배치하거나 흰 몽둥이를 앞에서 행군하게 하는 것은 여기서 유래했다.

자석지개
磁石止鎧

진(晉)나라[233] 마융(馬隆)이 오랑캐를 정벌할 때 좁은 길목에 자석을 쌓아 두자, 적이 쇠 갑옷을 입고 있어서 앞으로 전진하지 못했으니,[234] 적을 막는 책략이다.

조두
刁斗

『설문해자』에서 "초두(鐎斗)에 자루가 있다"라고 하였다.

운서(韻書)에서 "탁(榛)은 바로 딱따기[柝]이다."라고 하였다. 야경(夜警)하는 조두(刁斗)[235]로, 『주역』의 "문을 이중으로 하고 딱따기를 쳐서[重門擊柝]"[236]라고 한 것이다.

矣, 乃**多**作勁木白**棓**, **選有力精卒五千人爲先**, **登盡捉棓**, **彼山賊恃其有善禁者**, **了不嚴備**, **於是**, **官軍以白棓擊之**. **彼禁者**, **果不復行**, **所**擊殺**者**, 萬計.(『三國志, 吳志, 卷十五, 賀齊』)→吳**史**, 賀**齊**討賊, 賊善禁官軍, 刀劍不得**拔**, 射矢, 皆還自向. **齊**曰, 吾**聞兵**有刃者, 可禁, 無刃**者**, 不可禁. 乃作勁木白**棒**, 擊殺萬計.(『松南雜識』)

233) 『松南雜識』에는 '晉'이 '漢'으로 오기되어 있음.

234) 隆**依八陣圖**, **作偏箱車**, **地廣則鹿角車營**, **路狹則爲木屋施於車上**, **且戰且前**, **弓矢所及**, **應弦而倒**, **奇謀間發**, **出敵不意**, **或**夾道累磁石, 賊負鐵鎧行, 不得前, **隆卒悉被犀甲**, **無所留礙**, **賊咸以爲神**.(『晉書, 卷五十七, 列傳, 第二十七, 馬隆』)→**漢馬**隆, **征羌虜**, 夾道累磁石, 賊負鐵鎧行, 不得前, **禦敵之策**.(『松南雜識』)

235) 조두(刁斗) : 행군(行軍) 용구(用具). 구기 모양으로 자루가 달렸으며 재질은 구리이다. 낮에는 취사도구로 사용하며 저녁에는 쳐서 야경(夜警)에 사용한다.

236) 『周易, 繫辭下傳』.

「이광전(李廣傳)」의 주석에서 "구리로 조두(刁斗)를 만드는데, 낮에는 밥 짓는 도구로 사용하고 밤에는 두드려 경계한다"[237]라고 하였다.

당시(唐詩)에서 "밤새 차가운 조두소리 들리네[寒聲一夜傳刁斗]"[238]라고 하였다. 지금의 동노구(銅罏口)이다.

봉대
烽臺

운서(韻書)에서 "낮에 피우는 것을 '수(燧)'라 하고, 밤에 피우는 것을 '봉(烽)'이라 한다[晝燧夜烽]"[239]라고 하였다.

『설문해자』에서 "봉(熢)은 수(燧)로 후표(候表)[240]이니 변경에 적경(賊警)이 있으면 불을 올린다"[241]라고 하였다.

『한서』의 주석에서 "높이 흙 망대를 쌓고 망대 위에 두레박을 설치하며 두레박 머리에는 비구니를 만든다. 그 속에 섶을 담아서 내려 두었다가 도적이 쳐들어오면 불을 붙여 올리고 서로 알리는 것을 '봉(烽)'이라 하고, 그 연기를 바라보는 것을 '수(燧)'라 한다"[242]라고 하였다.

『유양잡조(酉陽雜俎)』에서 "이리 똥을 태우면 아무리 비바람이 쳐도 연기가 곧게 올라가기 때문에 그것을 쓴다"라고 하였다.[243]

---

237) 刁斗以銅作鐎, 受一斗, 晝炊飯食, 夜擊持行, 故名曰刁斗.(『前漢書, 卷五十四, 李廣蘇建傳, 第二十四, 李廣』의 주석) → 以銅作斗, 晝炊夜擊.(『韻府群玉, 李廣不擊刁斗』) → 以銅作斗, 晝炊夜擊**以警**.(『松南雜識』)

238) 고적(高適)의 「연가행(燕歌行)」.

239) 『韻府羣玉, 烽燧』.

240) 후표(候表) : '候'는 망(望)의 의미로, 멀리서 바라보고 알 수 있게 만든 표식이다.

241) 候表**也**. 邊有**驚**, 則擧火.(『說文解字, 燧』) → **熢**, 候表, 邊有**警**, 則擧火.(『松南雜識』)

242) **文穎曰**, **邊方備胡冦**, 作高土櫓, 櫓上作桔皐, **桔皐**頭兜零以薪草, 置其中, 常低之, 有寇, 卽火燃擧之, 以相告曰烽. **又多積薪**, **冦至**, **卽燃**之, 以望其煙曰燧.(『前漢書, 卷四十八, 賈誼傳, 第十八』) → 作高土櫓, 櫓上作桔槔, **其**頭兜零以薪草, 置其中, 常低之, 有寇, 卽火, 燃擧之, 以相告曰烽. 以望其煙曰燧.(『규장각본 송남잡지』)

243) 狼糞**烟**直上, **烽火**用之.(『酉陽雜俎, 卷十六, 廣動植之一』) → 狼糞**燃**, **雖風雨**直上,

수(隋)나라 법에 "적의 수가 적으면 봉화 두 개를 올리고, 쳐들어오는 적의 수가 많으면 봉화 세 개를 올리고, 매우 가까이 왔으면 봉화 네 개를 피운다"[244]라고 하였다.

당나라 역사에서 "평시(平時)에는 봉화 한 개만 올리기 때문에 평안화(平安火)라고 한다"[245]라고 하였다.

지금 그 법을 사용하는데, 강원도에만 유독 봉화대가 없으니 또한 기이하다.

석거거충
石車距衝

「원소전(袁紹傳)」에서 "조조(曹操)가 발석거(發石車)로 원소를 공격하였는데, '벽력거(霹靂車)'라고 불렀다"[246]라고 하니, 바로 포거(抛車)이다.

대개 기계로 돌을 발사하여 성(城)을 공격하는 기구를 '장군포(將軍礮)'라 하는데, 범려(范蠡)[247]의 병법에서 처음 사용되었으며, 제갈공명(諸葛孔明)이 충거(衝車)를 만들어 쓰자 학소(郝昭)가 새끼줄로 맷돌의 네 각을 연결하여 충거를 공격하자 충거가 파괴되니 바로 대포이다.[248]

故用之.(규장각본 『松南雜識』)

* 동서문화원 영인본 『松南雜識』에는 '有寇卽火'와 '故用之' 사이에 '燃擧之以相告曰烽, 望其烟曰, 燧雜組曰, 狼糞烟, 雖風雨直上'이 결락(缺落)되어 있음.

244) **賊來**, **我國家**法, **若**賊少擧二烽, 來多**擧**三烽, 大逼**擧**四烽.(『隋書, 卷五十一, 列傳, 第十六, 長孫覽, 從子熾』) → **隋**法, 賊少擧二烽, 來多三烽, 大逼四烽.(『松南雜識』)

245) **六典曰**, **每日初夜**, **放煙一炬**, 謂**之**平安火.(『淵鑑類函, 卷二百十六, 武功部十一』) → **唐史**, **平時只擧一烽**, **故**謂平安火.(『松南雜識』)

246) **太祖**, **乃爲**發石車, 擊紹**樓**, **皆破**. **紹衆**號**曰**霹靂車.(『三國志, 魏志, 卷六, 袁紹』) → **曹操**發石車擊紹, 號霹靂車.(『松南雜識』)

247) 범려(范蠡) : 초나라 삼호(三戶) 출신. 자는 소백(少伯). 월왕(越王) 구천(句踐)을 20여 년 동안 섬기면서 모책(謀策)을 바치기에 힘을 다하여 마침내 오나라를 멸망시킴으로서 앞서 회계(會稽)에서 패배했던 수치를 보복했다.

248) **漢書**, **甘延壽投石**, **絶等倫**. **張晏**曰, 范蠡兵法, **飛石重十二斤爲機**, **法行三百步**. **延**

『위서(魏書)』에서 “마균(馬鈞)은 기발한 생각을 잘하였다. 그는 하나의 수레바퀴를 만들고 여기에 큰 돌 수십 개를 매단 후 기계로 수레바퀴를 치면 돌이 날아가 성 안을 타격하는데, 처음부터 끝까지 번개가 이르는 것처럼 하려고 시험 삼아 수레바퀴에 벽돌 수십 개를 매달아 수백 보를 날렸다”라고 하였다.

『순자(荀子)』에서 “거충(渠衝)을 구덩이에 넣어서 이익을 구한다”라고 하였는데, 그 주석에서 “성을 공격하는 수레로, ‘거충(距衝)’이라고 쓰기도 한다”[249]라고 하였으니, 아마 지금의 땅을 파는 활차인 듯하다.

『명사(明史)』에서 “주대전(朱大典)이 유량좌(劉良佐)의 굉성책(轟城策)을 쓰니, 성에 구멍을 뚫고 그 속에 화약을 설치하였는데, 화약이 터지자 성이 무너졌다”[250]라고 하였다.

산성
山城

반고(班固)의 「서도부(西都賦)」에서 “금성만치(金城萬雉)”라고 하였는데, 그 주석에서 “한 성가퀴의 높이는 세 길인데, ‘치(雉)’라고 한 것은 꿩이 한 번 날면 세 길을 올라가 그치기 때문이다”[251]라고 하였다.[252]

壽有力, **能以手投之**. **今邊城有礮**, **盖出于范蠡飛石之制**, **因事增廣**, **遂爲今法**, **此盖其始也**. **事始曰**, **諸葛亮圍郝昭于陳倉**, **亮**起衝車, 昭以繩連石磨四角, 擊其衝車, 車折, 卽**礮事矣**, **而唐書李密傳**, **密使甲戌**, **造廣雲旝三百具**, 以機發石, 爲攻城**械**, **號**將軍礮.(『事物紀原, 卷九, 戰陣攻守部五十』) → **盖**以機發石, 爲攻城**具**, **謂**將軍礮, **始於**范蠡兵法, 而**孔明**起衝車. **郝**昭以繩連石磨四角, 車折, 卽**砲也**.(『松南雜識』)

249) 渠衝入穴而求利**也**. **渠**, **大也**. **渠衝**, 攻城**之大**車**也**. …… 或作距衝. **蓋言可以距石矣**.(『荀子, 卷十一, 彊國篇, 第十六』) → 渠衝入穴而求利, **註**, 攻城車, 或作距衝.(『松南雜識』)

250) **遊擊**劉良佐**獻**轟城策, **匿人永福寺中**, 穴城, 置火藥發**之**, 城崩.(『明史, 卷二百七十六, 列傳, 第一百六十四, 朱大典』) → **朱大典**, **用**劉良佐轟城策. **卽**穴城 置火藥, **藥**發城崩.(『松南雜識』)

251) 金城而萬雉. …… 周禮注曰, 雉長三丈, 高一丈.(『文選, 卷一, 賦甲, 京都上, 西都賦』)

동월(董越)의 「조선부(朝鮮賦)」에서 “성곽을 지을 때는 모두 높은 산을 베개로 삼네[凡爲城郭, 皆枕高山]”라고 하였으니, 대개 적이 오면 살림을 싸서 성에 들어가 적의 칼날을 피하고 적이 물러가면 성에서 내려와 살기 때문에 백성들이 모두 싸워 막을 마음은 없고 다만 달아나 피할 생각만 있는 것은 산에 성이 있기 때문이다.

대개 ‘금성탕지(金城湯池)’라는 말은, 중국은 대부분 평지에 성을 쌓고 성 아래에 연못을 만들기 때문이다. 우리나라는 대부분 산에 기대어 성가퀴를 만드니, 성가퀴 밖에 해자가 없다.

지성
枳城

풍연(馮衍)[253]의 「현지부(顯志賦)」에서 “탱자나무 여섯 그루를 세워 울타리를 만드네”[254]라고 하였다.

세상에 전하는 말에 “탐라성(耽羅城)은 옛날에 탱자나무로 만들었는데, 세월이 오래되자 넝쿨이 뭉쳐 쇠나 돌보다 단단하게 되었다. 고려 말에 최영(崔瑩)이 함락시키려고 했지만 성공하지 못하자, 색초(蓌草)를 성 아래 심어두고 돌아왔다가, 이듬해 가을에 색초가 마르자 불을 놓아 태우니, 그 뒤로 다시는 반란하지 못했다”라고 한다.

『주례(周禮), 동관(冬官), 고공기(考工記)』[255]에서 “탱자나무는 키가 크

→西都賦, 金城萬雉, **注**, **方**丈**爲堵**, 三丈**爲**雉, 雉飛**不過**三丈.(『說畧, 卷二十』)→西都賦 金城萬雉, **註**, **一堞**三丈, **以**雉**名者**, 雉**一**飛**止**三丈**也**.(『松南雜識』)

252) 규장각본 『松南雜識』에는 결락된 내용임.

253) 풍연(馮衍) : 후한 사람. 자는 경통(敬通). 어릴 때부터 재주가 있어 20살 무렵 여러 책에 널리 통달했다. 광무제(光武帝) 때 상예종사(司隷從事)를 역임했다.

254) **揵**六枳**而**爲籬**兮**.(『後漢書, 卷五十八上, 馮衍傳, 第十八下, 馮衍傳』)→**楗**六枳**以**爲籬.(『松南雜識』)

255) 『松南雜識』에는 ‘說文’으로 오기되어 있음.

고 가시가 많아 울타리로 만들 만하다"[256]라고 하였다.

빙성
氷城

『백공육첩(白孔六帖)』에서 말하였다.

위(魏)나라 태조(太祖)가 마초(馬超)의 공격을 당했을 때, 군영을 세울 수 없고 또 모래가 많아 성을 쌓을 수 없었다. 누자백(婁子伯)이 "지금 날씨가 추우니, 모래로 성을 세울 수 있습니다"라고 말을 하고, 물을 뿌려 하룻밤 만에 완성하였다.[257]

그 성을 '사성(沙城)'이라 부른다.

병자호란 때에 남한산성이 포위되자 청나라의 대포에 성을 파괴되었는데, 밤에 빈 포대에 겨와 모래를 채우고 물을 뿌리니, '빙성(氷城)'이라고 부른다.

저서
儲胥

「장양부(長楊賦)」에서 "나무로 울타리를 만들고 죽창(竹槍)을 여러 겹

---

256) **說文, 木似橘. 徐曰, 卽藥家枳殼也. 周禮冬官考工記, 橘踰淮而化爲枳. 又**木高多刺, 可爲籬落. **枳, 股也.**(『康熙字典, 枳』) → **說文**, 木高多刺, 可爲籬落.(『松南雜識』)

257) **沙城**. 魏祖**征**馬超, **每渡渭爲超騎**所突, 營不得立, 又多沙, 不可築城. 婁子伯**說公**曰, 今天寒可起沙爲城, 以水灌之, **從之**一夜而成.(『白孔六帖, 卷九, 城三』) → 魏祖**爲**馬超所突, 營不得立, 又多沙, 不可築城. 婁子伯曰, 今天寒可起沙爲城, 以水灌之, 一夜而成, **謂之沙城**.(『松南雜識』)

으로 세워 저서(儲胥)[258]를 만드네[木擁槍纍以爲儲胥]"라고 하였는데, 그 주석에서 "나무를 들러쳐 밖에 울짱을 만들고 그 바깥에는 또 죽창을 여러 겹으로 세워 바깥 울타리를 만드니 군영의 울타리이다. '저(儲)'는 '높이 쌓는다'는 뜻이고 '서(胥)'는 '쓰임'이라는 뜻이니, '높이 쌓아 쓰임에 대비한다'라는 뜻이다"[259]라고 하였다.

의산(義山) 이상은(李商隱)의 시에서 "풍운이 길이 호위하는 저서가 된다[風雲長爲護儲胥]"[260]라고 한 말이 이것이다.

창저
槍儲

반계(磻溪) 유형원(柳馨遠)이 말하였다.

『주서(周書)』에서 "고구려는 평양성을 다스리며, 성 안에 곡식을 비축하고 기물을 저장하여 외적의 침입에 대비한다. 적이 쳐들어오는 날에 바야흐로 이곳에 들어가 왕을 수호하니, 별도로 그 옆에 집을 지어두지만 항상 그곳에 살지는 않는다"[261]라고 하였다. 이것은 대개 또한 오랑캐의 풍습이 전해진 것인데, 지금까지도 인습하고 다 변화시키지 않았다.[262]

---

258) 저서(儲胥) : 군영(軍營)의 울타리.

259) 木擁槍纍以爲儲胥. **顔師古曰**, 胥, 須也, 言有儲**畜**, 以待所須也. **蘇林曰**, 木擁柵其外, 又以竹槍**纍**爲外儲**胥也**. **韋昭曰**, **儲胥**, 蕃**落之類**也.(『文選, 卷九, 畋獵, 長楊賦一首, 楊子雲』)→**長楊賦**, 木擁槍纍以爲儲胥. **註**, 木擁柵其外, 又以竹槍**累**爲外儲, **軍中**藩**籬**也. **儲**, **峙也**, 胥, 須也. 有儲**蓄**, 以待所須也.(『松南雜識』)

260) 「주필역(籌筆驛)」.

261) 高麗**者** …… 治平壤城, **其城東西六里**, **南臨浿水**, 城內唯積倉儲器備寇, **賊**至日方入固守王, 則別爲宅於其側, 不常居之.(『周書, 卷四十九, 列傳, 第四十一』)→高**勾**麗治平壤城, **而**城內唯積倉儲器備寇, 至日方入守王, 則別爲宅於其側, 不常居之.(『磻溪隨錄, 卷之二十二, 兵制後錄, 城池』)

살펴보건대, 지금 산성의 군량미가 없는데도 '저서(儲胥)'라는 이름은 있으니, 실로 훔치는 바탕이 되기에 평양성과 비교해보면 항상 비축해두지 않는 것이 더 낫다.[263]

갈대를 던져 강의 얼음과 응고케 함
投葦合氷

『통감(通鑑)』에서 말하였다.

대왕(代王) 십익건(什翼犍)[264]이 갈대 동아줄로 떠내려가는 얼음을 묶게 하였다. 얼마 뒤에 강의 얼음이 합하여졌지만 견고하지 않기에 그 위에 갈대를 뿌리니 얼음과 갈대가 서로 응결되어 부교(浮橋)[265]처럼 마침내 그것을 타고 건널 수 있었다.[266]

---

262) **嘗觀**周書云, 高勾麗治平壤城, 而城內唯積倉儲器備寇, 至日方入守王, 則別爲宅於其側, 不常居之, 此蓋亦**夷**狄遺俗, 而至今猶有因習, 未盡變也.(『磻溪隨錄, 卷之二十二, 兵制後錄, 城池』) → 周書云, 高勾麗治平壤城, 而城內惟積倉儲器備寇, 至日方入守王, 則別爲宅於其側, 不常居之, 此蓋亦**吏**狄遺俗, 而至今猶有因習, 未盡變也.(『松南雜識』)

* 규장각본 『松南雜識』에는 「산성(山城)」 조에 있음.

263) 규장각본 『松南雜識』에는 "按今山城軍餉米空, 有儲胥之名, 實爲偸食之資, 比諸平壤, 乃爲不常居之爲愈也"가 결락되어 있음.

264) 십익건(什翼犍) : 선비족(鮮卑族)의 한 부족인 탁발부의 왕.

265) 부교(浮橋) : 배나 뗏목을 여러 개 잇대어 매고 그 위에 널판을 깔아 만든 다리. 부교와 같은 말로 주교(舟橋), 부량(浮梁), 부항(浮航) 등이 있다.

266) 代王什翼犍, **擊劉衛辰**, **河冰未合**, **什翼犍命**以葦絙約流凘, 俄**而**冰合, **然猶**未堅, 乃散葦**於**其上, 冰**草**相**結**, 有如浮梁, **代兵**乘**之**以渡.(『資治通鑑, 卷一百一, 海西公上』) → 代王什翼犍, 以葦絙約流凘, 俄**河**氷合未堅, 乃散葦其上, 氷**葦**相**合**, 有如浮梁, **遂**乘以渡.(『松南雜識』)

살회전승
撒灰戰勝

노담(老聃)[267]이 "겨[糠]를 눈에 뿌려 눈에 티가 들어가면 천지 사방의 위치가 뒤바뀐다"[268]라고 하였다.

조선 갑자년(1624)[269] 이괄(李适)의 난리[270]때 정충신(鄭忠臣)[271]이 적은 군사로 안현(鞍峴) 꼭대기에 웅거하여 적을 피했는데, 적이 급박하게 위로 공격하니, 정충신이 군사들에게 내리 부는 바람을 따라 재를 뿌리게 하자 재가 적의 눈으로 들어갔다. 또 돌을 아래로 굴리자, 적들이 눈으로는 사물을 보지 못하고 발은 또 돌 때문에 곤란을 겪어 곧 패하여 흩어졌다. 그때문에 그 산을 '승전봉(勝戰峯)'이라 이름 지었다. 대개 위에서 아래를 막을 때는 돌을 굴리고 재를 뿌리는 것이 가장 좋다.

물이 떨어지자 쌀겨를 뿌려 물로 보이게 함
水渴揚糠

고구려의 역사에서 말하였다.

---

267) 노담(老聃) : 노자(老子). 담(聃)은 시호.

268) 老聃**曰**, **夫**播**穅**眯目, 則天地四方, 易位矣.(『莊子, 天運』) → 老聃**云**, 播**糠**眯目, 則天地四方, 易位矣.(『松南雜識』)

269) 규장각본 『松南雜識』에는 '我國甲子' 4자가 결락되어 있음.

270) 이괄(李适)의 난리 : 인조 2년(1624) 정월, 이괄이 인조반정 때 공이 컸음에도 불구하고 2등 공신으로 책봉되고 더구나 평안병사 겸 부원수로 임명되어 외지에 부임하게 된 데 앙심을 품고 사전에 치밀히 계획하여 일으킨 반란.

271) 정충신(鄭忠臣) : 조선 중기의 무신(1576~1636). 본관은 하동(河東). 자는 가행(可行). 호는 만운(晩雲). 선조 25년(1592) 임진왜란 때 권율(權慄)의 휘하에서 공을 세우고, 이괄의 난 때 장만(張晩)의 휘하에서 전부대장(前部大將)이 되어 이괄의 군사를 황주와 서울 안산(鞍山)에서 무찔러 진무공신(振武功臣) 1등으로 금남군(錦南君)에 봉해졌다. 천문·지리·복서·의술 등 다방면에 걸쳐서 정통했으며, 청렴하기로 이름이 높았다. 저서로 『만운집』·『금남집(錦南集)』·『백사북천일록(白沙北遷日錄)』 등이 있다. 시호는 충무(忠武).

한나라 광무제(光武帝)가 장수를 파견하여 성을 급히 포위하자, 을두지(乙豆智)[272]가 "한나라 군사가 '우리 성 안에 물이 없다'고 생각하여 스스로 지치기를 기다리는 것이니, 물고기를 잡아 수초에 싸서 적군을 먹이십시오"라고 말을 하므로 그대로 따르니, 한나라에서 우리 성 안에 물이 있다고 생각하여 포위를 풀고 돌아갔다.[273]

세상에 다음과 같은 이야기가 전한다.

송장군이라는 사람이 임진왜란 때 죽산산성(竹山山城)을 지켰는데, 산성이 평야에 우뚝 솟아 영·호남에서 북쪽으로 올라가는 요로를 차지하고 있었기 때문에 적이 지나갈 수 없었다. 그러나 성 안에 샘이 적어 산을 파도 물이 나오지 않았으니, 똥물을 걸러 먹을 정도로 급박했다. 적이 이런 정황을 알고 바로 철통같이 포위하자, 송장군이 성 위에서 쌀겨를 뿌려 백마를 씻으니, 백마의 흰 색에 쌀겨의 흰 색이 더하여 보였다. 적이 멀리서 이 광경을 바라보고 물이라 생각하여 곧 퇴각했다고 하니 또한 경공(耿恭)이 물을 뿌려 오랑캐에게 보이고,[274]

---

272) 을두지(乙豆智) : 고구려의 재상. 대무신왕 8년(25)에 우보(右輔)에 임명되어 군국(軍國)의 사무를 맡아보았으며, 27년에는 좌보(左輔)에 임명되었다. 28년 후한(後漢)의 요동태수(遼東太守)가 침입해 오자 성을 지키면서 지구전을 전개할 것을 주장하였다. 또 계책을 마련하여 후한군으로 하여금 스스로 물러나게 하였다.

273) **入尉那巖城, 固守數旬,** 漢**兵**圍**不解, 王以力盡兵疲.** 豆智曰, 漢**人**謂我**巖石之地,** 無水**泉, 是以長圍,** 以待**吾人之困, 宜**取**池中鯉**魚, 包**以**水草, **兼旨酒若干, 致漢軍. 王從之. 貽書曰, 寡人愚昧, 獲罪於上國, 致令將軍帥百萬之軍, 暴露弊境, 無以將厚意, 輒用薄物, 致供於左右. 於是,** 漢**將謂城內有水, 不可猝拔. 乃報曰, 我皇帝不以臣駑, 下令出師, 問大王之罪. 及境踰旬, 未得要領, 今聞來旨, 言順且恭, 敢不藉口以報皇帝. 遂引退.**(『三國史記, 卷第十四, 高句麗本紀·第二, 大武神王 十一年』) → **勾麗史,** 漢**光武遣將**圍**城急, 乙**豆智曰, 漢謂我**城中**無水, 以待**自疲**, 取魚包水草**以犒之**, 漢**解去**.(『松南雜識』)

274) 경공(耿恭) : 후한의 명신. 자는 백종(伯宗). 백종이 흉노에게 포위되었을 때 성안에 물이 말라 15길이나 팠는데도 물이 나오지 않았다. 그래서 신명에게 기도를 하였더니 물이 솟았다. 그래서 물을 뿌려 흉노에게 보이게 하자 흉노가 퇴각하였다고 한다.

단도제(檀道濟)가 산가지로 세며 크게 소리 내어 모래를 쌀인 양 헤아리고,[275] 유역(庾域)이 빈 창고를 봉(封)하고,[276] 독고영업(獨孤永業)이 하룻밤에 말구유 이천 개를 마련해 적을 속인 경우[277]와 같다.

칡다리로 강을 건너다
葛橋渡江

두보(杜甫)의 시에 "문득 오승교를 뒤로 하네[却背五繩橋]"[278]라고 하였는데, 그 주석에서 "민강(岷江)[279]은 물살이 급해서 다리를 놓을 수가 없었으므로, 대나무와 밧줄로 다리를 만들어 건너니, 익주(益州)의 작교(筰橋)가 대나무와 밧줄로 만들어졌다"[280]라고 한 말이 이것이다.

『징비록(懲毖錄)』에서 말하였다.

---

275) 단도제(檀道濟) : 남조 송의 명신. 단도제는 위(魏)와 30여 차례 전투하여 대부분 승리하였는데 물자가 떨어져 귀환하려라고 하였다. 그런데 위(魏)에 투항한 자들이 그 실정을 알려주어 단도제는 곤란한 지경에 빠졌다. 에에 단도제가 꾀를 내어 마치 쌀이 많이 남아 있는 것처럼 속이려고 밤에 큰소리로 외치며 산가지로 모래를 헤아리고 조금 남아 있는 쌀은 흩어 주기까지 하였다. 이 소문을 들은 적군은 추격을 포기하였다고 한다.

276) 유역(庾域) : 남조 양(梁)의 명신. 자는 사대(司大). 그가 화양 태수(華陽太守)로 있을 때 위(魏)에게 포위되었다. 이때 정주(鄭州)에는 수십 개의 빈 창고가 있었는데 유역이 직접 이들 창고를 봉(封)한 뒤, 장군과 사졸들에게 "이 창고 속에 곡식이 가득 차 있으니 족히 2년은 버틸 것이다"라고 하였다. 그래서 민심이 안정된 덕에 적을 물리칠 수 있었다고 한다.

277) 독고영업(獨孤永業) : 북제(北齊)의 명신. 자는 세기(世基), 본성은 류(劉). 주무제(周武帝)가 직접 출병하여 금용(金墉)을 포위하자 독고영업은 하루 밤에 말 구유 200개를 마련하였다. 주나라는 이 소식을 듣고 독고영업의 군사가 매우 많다고 생각하고 포위를 풀고 물러갔다고 한다.

278) 「기동경가영십운(寄董卿嘉榮十韻)」.

279) 민강(岷江) : 사천성(四川省)과 감숙성(甘肅省)의 경계에 위치한 민산(岷山)을 끼고 흐르는 강.

280) 却背五繩橋. **洙曰**, 岷江**湍**急, 不可爲**梁**, **乃**以竹橋, **駕虛**而渡. **鄭曰**, 卽**岷江**筰橋.(『補注杜詩, 卷二十六, 寄董卿嘉榮十韻』) → **杜詩**, 却背五繩橋. 註, 岷江急, 不可爲**橋**, 以竹**繩爲**橋而渡. 卽**益州**筰橋, **以竹索爲之**.(『松南雜識』)

임진왜란 때에 어가(御駕)가 임진강 나루에 이르렀지만 배는 없고 뒤에는 왜적들이 추격해 오고[281] 있었다. 급히 칡덩굴 한 줄기를 끊어서 이쪽 강가의 나무에 매어 놓고, 헤엄을 잘 치는 자에게 그 줄기의 끝을 허리에 매게 하고는 얕은 여울로 건너가게 해서 저쪽 강가의 나무에 매게 하였다. 그리고는 칡 밧줄을 가지고 왕복하여 부교(浮橋)를 만들고 어가가 건너자 잘라서 추격을 막았다고 한다.[282]

물이 맑아서 군대 주둔지를 옮기다
水淸移陣

충무공(忠武公) 이순신(李舜臣)이 왜적과 해전을 벌이려 할 때, 바다 가운데에 먼저 진을 쳤다. 왜적도 이곳에 진을 치고자 하였는데, 이순신에게 선수를 빼앗겨 원통해하였다. 이순신이 갑자기 다른 곳으로 진을 옮기고, 비장(裨將)이 간언하여도 듣지 않았다. 왜적들이 기뻐하며 와서 그 곳에 진을 쳤는데, 그날 밤 독룡(毒龍)이 풍랑을 일으켜 왜적의 배가 한 척도 무사하지 못했다. 간언하였던 자가 그 까닭을 물어보자 대답하였다.

"당시(唐詩)에,

들판의 학 둥지 가의 소나무 가장 늙었고　　野鶴巢邊松最老
독룡이 잠긴 곳엔 물이 유독 맑구나　　毒龍潛處水偏淸[283]

라고 하였네. 내가 어제 물을 보니 너무 맑아서 의심을 하였네."

이것은 배행검(裵行儉)이 군영을 높은 언덕으로 옮긴 것[284]과 같다.

---

281) 규장각본 『松南雜識』에는 '倭追'가 '追倭'로 되어 있음.
282) 규장각본 『松南雜識』에는 '杜詩 …… 竹索爲之是也', '懲毖錄 …… 後云'의 순서가 바뀌어 있음.
283) 이단(李端)의 「야투풍덕사알해상인(夜投豐德寺謁海上人)」.

벌목타선
伐木打船

달밤에 충무공 이순신이 배위에 앉아 있다가, 앞산에서 나무 찍는 소리를 듣고 괴이하게 여겨 막료(幕僚)[285]에게 물으니, "우리는 왜적을 쫓기도 바쁜데 무엇 때문에 나무를 자르겠으며, 저들도 어디에 쓰겠습니까?"라고 하며, 대답을 하지 못하였다.

이순신은 즉시 장사들에게 명하여 칼로 뱃머리를 치면서 노래하게 하였다. 또 한편으로는 긴 자루를 단 낫으로 배 아래를 휘젓게 하였다. 아침에 살펴보니 『춘추좌전(春秋左傳)』에서 이른바 "배안에 잘린 손가락이 한 웅큼이나 되었다"[286]라는 말과 같았다. 참모관이 그 이유를 묻자, 대답하였다.

"저들이 잠수병을 동원하여 우리 전함의 밑바닥을 뚫으려고 하고 어떤 놈들은 뱃전을 잡고 오르려고 하였다. 그래서 저 쪽에서 나무를 찍어 쩡쩡 어지러이 소리를 울리고 이곳에서는 찌그덕 찌그덕 같은 소리로 서로 응했기 때문이다."

---

284) 배행검(裴行儉) : 당나라 때의 인물로 자는 수약(守約). 병법에 능통하였고 초서(草書)와 예서(隸書)에도 솜씨가 뛰어났다. 배행검이 군영을 세우고 참호도 넓게 팠는데, 얼마 뒤에 높은 산으로 군영을 옮기라고 갑자기 명했다. 관리들이 그 불가함을 고하였지만 배행검은 듣지 않고 신속히 옮기도록 했다. 이날 밤 폭우가 내려 앞서 만들었던 군영이 모두 물에 잠겼다고 한다.

285) 규장각본 『松南雜識』에는 '幕僚'가 '軍僚'로 되어 있음.

286) 진(晉)이 초와 싸우다가 불리해지자 이를 지휘하던 진의 환자(桓子)가 속히 강을 건너 퇴각하라고 명령을 내렸다. 이에 병사들이 다투어 배에 오르려고 하였고, 배에 이미 타고 있던 병사들은 그들 때문에 배가 뒤집힐까 우려하여 뱃전을 움켜잡은 그들의 손가락을 칼로 찍어 버렸다. 나중에 보니 배안에는 그들의 잘린 손가락이 한 웅큼이나 되었다고 한다.(『春秋左傳注疏, 卷二十三, 宣公十二年』)

거북선
龜船

거북선은 전투함이니, 옛날에는 이런 배가 없었다. 임진왜란 때에 충무공[287] 이순신의 창의로 만들었다. 한 대의 전투함은 삼 층으로 되어 있는데, 맨 위층은 장군의 지휘대이고, 중간층에는 전투병이 배치되고, 맨 아래층은 노꾼[櫓軍]들이 탄다. 배 밖으로는 빙 둘러 가며 화살과 총을 발사할 수 있는 구멍이 벌집 같이 만들어져 있고, 내부에는 방선(防扇)이 있는데, 마치 여닫이 창문 같다. 노꾼들이 배의 바닥을 밟고 밧줄을 당기면 배가 바다 위로 떠오르면서 구멍이 저절로 열려 화살과 총을 쏘고, 배의 바닥을 밟지 않고 밧줄을 놓으면 구멍이 저절로 닫혀 물밑으로 들어가는데 물이 들어오지는 않는다. 거북이의 등껍질 모양을 만들어 배 위에 덮는데, 바다 위에 둥둥 떠 있으면 마치 거북이가 헤엄쳐 다니는 것 같기 때문에 거북선이라고 한다. 또 거북이의 머리를 만들고 그 입에 풀무를 설치하여 산초와 겨·화약 등을 태워서 적과 맞닥뜨리면 머리를 들고 입을 열어 연기를 뿜어낸다. 혹은 잠수해서 적의 배를 떠받아 올려 전복시키니 그 기묘함은 노꾼에게 있고, 노꾼의 기묘함은 장군의 지휘대에 있으니 모두 기묘하다. 지금은 운용방법을 모른다고 한다.

세상에 다음과 같은 말이 전한다.

> 원균(元均)[288]의 패배 이후 충무공이 백의종군하여 동래(東萊)에 이

---

287) 규장각본 『松南雜識』에는 '李忠武公舜臣'에서 '忠武公'이 결락되어 있음.

288) 원균(元均) : 조선 중기의 무신(1540~1597). 임진왜란 때 계속 패하다가 이순신의 지원을 받아 연승하였다. 그러나 포상과정에서 이순신과 공로를 다투었다. 이순신이 삼도수군통제사가 되어 조정의 명령을 따르지 않았다는 죄목으로 불려간 뒤, 삼도수군을 통제하였다. 정유재란 때 왜적이 만반의 준비를 갖추고 대기 중인 것을 모르고 조정의 무리한 명령에 따라 삼도수군을 이끌고 부산의 적을 공격하던 중 칠천량해전(漆川梁海戰)에서 대패하여 죽었다.

르니 군사들은 모두 죽고 무기는 다 잃어버렸으며 장정들은 달아났고, 노약자 삼백여 명만이 군량미를 축내며 떠나지 않고 있었다. 이에 이들과 거북선을 만들어서 출전하였는데, 이때 남녀 할 것 없이 짐을 메고 몰운대(沒雲臺)에 올라 이 싸움의 승부를 보고 사생을 결단하려 하였다.

얼마 뒤 왜선들이 바다를 뒤덮었지만 아군은 그림자나 소리가 없기에, 모두들 "아군이 전멸했구나!"라며 부르짖으며 통곡하고 있는데, 홀연히 바다 가운데서 한 척의 큰 거북선이 적의 대장배를 떠받은 채로 떠오르더니 머리를 들고 불을 내뿜었고, 또 한 척의 거북선도 그와 같았다. 왜선은 침몰하거나 달아나서 한 척도 남지 않았고 망망대해에는 수십 척의 거북선만이 물결을 따라 둥실둥실 떠있었다. 저녁이 되자 충무공이 거북선 등위에 높이 앉아 승전고를 치며 돌아왔다고 한다.

지금 서양의 이양선(異樣船)은 크기가 사・오 리 남짓인데 그 안에 작은 배[289]들을 싣고 있다. 흩어 놓으면 바다에 가득하고 거두어들이면 하나의 배이니, 마치 서랍 같다. 구리와 철로 배의 안과 밖을 감싸니[290] 놀랄 만하다.

대개 동해 밑에는 자석이 있어서 우리나라 상선 중에 쇠로 배 전체를 둘렀다가 침몰한 것이 있다고 한다.

『박물지(博物志)』에서 "구리와 철을 자석과 함께 같은 가마에서 수없이 단련(鍛鍊)하면 비록 한 그릇 안에 섞어 두더라도 붙지 않는다"라고 하였다.

살펴보건대, 차한국(車漢國)의 전함은 삼층으로 되어 있는데 판자로 칸을 만들었다. 맨 아래 층은 곡식을 저장하고 가운데 층은 무기를 저

---

289) 규장각본 『松南雜識』에는 '小舠'가 '舸'로 되어 있음.
290) 규장각본 『松南雜識』에는 '裝船內外'에서 '船'자가 누락되어 있음.

장하며 맨 위 층은 오백 명을 수용한다.

피선
皮船

『정자통(正字通)』에서 말하였다.

명나라의 소보(少保)[291] 척계광(戚繼光)이 물을 건너는 방법으로 소와 말의 생가죽을 사용하였는데, 대나무로 테를 두르니 상자모양 같았다. 불로 건조시키고 다시 장대를 매달아 물에 뜨는 힘을 강화시킨다. 가죽배 한 척에 한 사람이 탈 수 있고, 두 장의 피선(皮船)[292]을 이어 붙이면 세 사람이 탈 수 있다.[293]

병거
兵車

반계(磻溪) 유형원(柳馨遠)이 말하였다.

남쪽의 왜적을 제압하는 데에는 해군만한 것이 없고, 북쪽의 오랑캐를 제압하는 데에는 전차만한 것이 없다. 고려 현종(顯宗) 때 강조(康兆)[294]가 검거(劍車)[295]로 거란을 공격하여 격파하였으며, 유홍(柳

291) 소보(少保) : 관직명. 삼고(三孤)의 하나로 태보(太保)의 보좌역.

292) 피선(皮船) : 배 전체를 소가죽으로 덮어 화살과 돌을 막는다.

293) 明少保戚繼光濟水法, 用生牛馬皮, 竹木緣之, 如箱形, 火乾, 再用竿繫助之以浮水, 一皮船, 可乘一人, 兩皮**船**合縫, 可乘三人.(『正字通, 舸』)→明少保戚繼光濟水法, 用生牛馬皮, 竹木緣之, 如箱形, 火乾, 再用竿繫助之以浮水, 一皮船, 可乘一人, 兩皮合縫, 可乘三人.(『松南雜識』)

洪)[296]은 병거(兵車)를 만들어 불의의 사태에 대비하자고 청하였다.

지난 병자호란 때에 우리에게 만약 전차가 있어서 길을 막고 진을 쳐서 마치 위청(衛青)[297]의 무강거(武剛車)[298]나 마융(馬隆)의 녹각거(鹿角車)[299]처럼 하였다면, 싸우고 싶으면 싸우고 지키고 싶으면 지킬 수 있었을 터이니, 어떻게 오랑캐가 심양(瀋陽)에서부터 수레에 대포와 군사 장비를 싣고 평안도와 황해도를 거쳐 남한산(南漢山)과 강화도(江華島)에 이르기까지 평지를 걷듯 했겠는가?[300]

---

294) 강조(康兆) : 고려의 무신(?~1010). 목종을 시해하고 현종이 왕위에 오른 후, 중대사(中臺使)가 되었다. 거란의 성종이 침입해 오자 행영도통사(行營都統使)가 되어 30만의 군사로 통주(通州)에서 싸우다 사로잡혔다. 성종으로부터 자기의 신하가 되라는 회유와 압력을 받았으나, 끝내 거절하고 살해되었다.

295) 검거(劍車) : 전차의 일종. 두 개의 바퀴가 있고, 앞면에 수많은 창날이 총총하게 꽂혀 있다.

296) 유홍(柳洪) : 고려 문종·선종 때의 문신(?~1091). 빼어난 지혜와 책략으로 등용되어 문하시랑평장사, 판병부사 등을 역임하였다. 『춘추』와 병법(兵法) 등에 정통하여 국가에 위기가 닥칠 때마다 방책을 세워 해결하였다.

297) 위청(衛青) : 한(漢)나라 때의 무장. 무제(武帝) 때 흉노를 쳐서 승리를 거둔 공로 때문에 장평후에 봉해졌다.

298) 무강거(武剛車) : 수레의 이름. 그 제도에 대하여 알려진 바는 없다. 다만 모습은 뚜껑이 있으며, 위청(衛青)이 이것들로 둥글게 두르게 하여 진을 치고, 전투할 때 선봉으로 삼았다고 한다.

299) 녹각거(鹿角車) : 수레의 이름. 수레 앞에 창을 설치한 모습이 사슴의 뿔과 비슷하기에 이런 이름이 붙었다.

300) **凡**制南倭, 莫如舟師, 制北虜, 莫如車戰, **謀國者, 不可不深爲講究也. 高**麗顯宗時, **契丹主自將步騎四十萬, 冰渡鴨綠江, 都統使**康兆**出通州今宣川以備之, 分軍爲三,** 以劍車**排陣, 丹兵至, 合**攻之, **無不**摧糜, **宣宗時, 西北面兵馬使**柳洪, 請造兵車, **藏之龜州**, 以備不虞, **制可**, 頃在丙**子之難, 虜直抵京都, 西路諸帥, 皆入山城, 虜騎睨而過之, 而不敢下城出戰**, 若**令**有車, **則**塞路結陣, 欲戰則戰, 欲守則守. …… **然漢**衛青, **出塞擊匈奴, 以**武剛車, **自環爲營, 而縱騎擊虜, 晉**馬隆, **討樹機, 能以偏廂**鹿角車, **轉鬪千里, 遂平凉州, 則漢晉之際, 尙有用車, 取勝者矣**. …… **然而丙子之難**, 虜自瀋陽, 車載大砲, 軍裝, 歷平安黃海, 以抵南漢江都**者無數**.(『磻溪隨錄, 卷之二十二, 兵制後錄, 兵車』)→制南倭, 莫如舟師, 制北虜, 莫如車戰. 麗顯宗時, 康兆以劍車, 攻**排契丹**, 摧糜**之**. 柳洪請造兵車, 以備不虞, 頃在丙**亂**, **我**若有車, 塞路結陣. **若**衛青**之**武剛車, 馬隆**之**鹿角車, 欲戰則戰, 欲守則守. **豈**虜自瀋陽, 車載大砲, 軍裝, 歷平安黃海, 以抵南漢江都, **如踏平地耶**.(『松南雜識』)

옛날의 병법(兵法)에 "평탄한 들에는 수레를 주로 사용하고, 험한 들에는 사람을 주로 사용한다"[301]라고 하였다.

무후심서
武侯心書

『심서(心書)』[302]에서 말하였다.

동쪽 오랑캐의 성질은 무례하고 의리가 부족하며 사납고 성급해서 잘 싸운다. 산과 바다를 천연의 요새로 삼아 험한 지형에 의지해 스스로 견고하게 지킨다. 윗사람 아랫사람이 화목하고, 백성들이 안락하므로 도모할 수 없다. 만일 윗사람이 문란하여 아랫사람이 이반하면 이간질 할 수가 있다. 이간질이 일어나면 틈이 생기고, 틈이 생기면 하늘의 가르침을 닦아 귀화시키고 병기와 갑옷을 견고히 하여 격파할 경우 그 형세는 반드시 이길 것이다.

남쪽 오랑캐는 종족이 많은데 성질은 교화시킬 수 없다. 무리를 이루었다가도 마음이 맞지 않으면 서로 공격한다. 골짜기에 살고 산을 의지하는데 취락을 이루기도 하고 외따로 살기도 한다. 서쪽으로는 곤륜산(崑崙山)까지 이르고 동쪽으로는 바다까지 미친다. 기이한 재화가 산출되는 까닭에 사람들이 탐욕스럽고 용맹하게 싸운다. 봄・여름에는 돌림병이 많이 발생해서 전쟁을 해도 오랫동안 주둔할 수 없다.

서쪽 오랑캐의 성질은 용맹하고 사나우며 이익을 좋아한다. 성에

301) **陳祥道**曰, **古者之用兵也**, 險野人爲主, 易野車爲主.(『磻溪隨錄, 卷之二十四, 兵制後錄攷說, 兵車』) → **古法**曰, 易野車爲主, 險野人爲主.(『松南雜識』)

302) 심서(心書) : 병법서. 본래의 책이름은 『신서(新書)』로 장수를 위해 용병술을 기록한 책이다. 그 내용은 손자의 병법서를 많이 표절하였다. 제갈량이 지었다고 하는데, 실제로는 후대 사람의 위작이다.

살기도 하고 들판에 살기도 하는데 양식이 부족하고 금은보화가 많은 까닭에 사람들이 용맹히 싸워 이기기 어렵다. 적석(磧石)으로부터 서쪽으로 여러 오랑캐들의 종족이 많다. 땅이 넓고 지형이 험하며 풍속은 사나움을 자부하는 까닭에 대부분의 사람들을 부릴 수가 없다. 마땅히 외국과의 분쟁을 살피고 내국의 난리를 엿본다면 깨뜨릴 수 있다.

북쪽 오랑캐는 성곽이 없는 곳에 살며 물과 풀을 따라 이동한다. 형세가 유리하면 남쪽으로 침략하고 형세가 불리하면 북쪽으로 달아난다. 긴 산과 넓은 사막이 자급자족할 만하다. 배고프면 짐승을 사로잡아 젖을 마시고 추우면 가죽 이불에서 자고 갖옷을 입는다. 달리면서 활을 쏘아 사냥하는데, 살생에 힘쓰니 도덕으로 회유할 수도 없고 무력으로 복종시킬 수도 없으므로 변방을 지키는 방법이 가장 좋다. 훌륭한 장수를 뽑아 맡기고 정예병을 조련하여 막으며 영전(營田)을 넓혀서 군량(軍糧)을 비축하고 봉화대를 설치해서 대비하여 그 빈틈을 살피면 외적이 저절로 제거될 것이니 사람은 힘들이지 않고도 오랑캐가 저절로 평정(平靜)될 것이다.

거기
車騎

「곡례(曲禮)」의 주석에서 "옛날 사람들은 말을 타지 않았다. 그래서 경전에 '騎[말타다]'라는 말이 없다. 지금 '말타다'라는 말은 주나라 말기의 예법이다"303)라고 하였다.

303) 古人不騎馬, 故經**但記正**典無言騎**者**, 今言騎**者**, **當**是周末時禮.(『禮記, 曲禮上』 "前有車騎, 則載飛鴻"의 疎.) → 古人不騎馬, 故經典無言騎. 今言騎, 是周末時禮.(『松南雜識』)

『능개재만록(能改齋漫錄)』[304]에서 말하였다.

『춘추좌전』에서 "좌사 전(左師展)이 소공(昭公)을 데리고 말을 타고 돌아오려고 하였다"[305]라고 하였는데, 유현(劉炫)이 "한 사람이 한 마리의 말을 타고 돌아오려고 한 것이다. 이것이 기마(騎馬)의 시작이다"라고 하였다. 『정자통(正字通)』에서 "옛날에는 소에는 짐을 싣고 말에는 사람이 탔다. 말에 수레를 연결하기에 '단기(單騎)'라고 말하지 않았으며, 전국 시대에 이르러 비로소 단기(單騎)라는 말을 썼다"라고 하였으니 소진(蘇秦)이 말하는 "천 승(乘)의 수레, 만 필(匹)의 기병"이 이것이다.[306]

감목
監牧

당나라 초기에 돌궐(突厥)의 말을 얻어서 농우(隴右)[307]에 옮기고 감목(監牧)을 배속하여 해마다 관리의 성적을 매기고 말을 진상하게 하였다. 구양수(歐陽修)[308]는 "감목의 제도는 여기에서 유래하였다"라고 하였다.[309]

---

304) 능개재만록(能改齋漫錄) : 책 이름. 송나라 때 오증(吳曾)이 지었다. 대부분의 내용은 잡록(雜錄)·고증(考證)의 성격으로 13부분으로 나누어져 있다.

305) 左師展將以公乘馬而歸.(『春秋左傳, 昭公二十五年』)

306) **春秋**左**氏**傳**昭公二十五年**, 左師展, 將以公乘馬而歸. **杜預注曰**, **欲與公輕歸**. **宋**劉炫謂, **左師展將以公乘馬而歸**, 欲**共公**單騎而歸, 此騎馬之漸也. **予按**, 古者, 服牛乘馬, 馬以駕車, 不單騎**也**. 至六國之時, 始有單騎, 蘇秦所謂, 車千乘, 騎萬匹, 是也.(『能改齋漫錄, 卷一, 事始, 經典無騎字』) → 左傳左師展, 將以公乘馬而歸. 劉炫謂, 欲**以**單騎而歸, 此騎馬之漸也. **正字通曰**, 古者, 服牛乘馬, 馬以駕車, 不**言**單騎, 至六國之時, 始有單騎, 蘇秦所謂, 車千乘, 騎萬匹, 是也.(『松南雜識』)

307) 농우(隴右) : 농산(隴山) 이서의 지역을 이름. 대략 현재의 중국 감숙성(甘肅省) 육반산(六盤山) 이서, 황하(黃河) 이동 일대를 이름.

308) 『당서(唐書)』의 편찬자가 구양수(歐陽修)이기 때문에 위와 같이 말했다.

309) 唐**之**初**起**, 得突厥馬**二千匹**, **又得隋馬三千於赤岸澤**, 徙之隴右, 監牧之制, 始**於**此.

조선의 '목장감목관(牧場監牧官)'이 이것이다.

좌마

坐馬[310]

송나라 「강하왕의공전(江夏王義恭傳)」에서 "평승(平乘)과 탄마(誕馬)[311]는 두 마리를 넘을 수 없다"[312]라고 하였다.

정대창(程大昌)의 『연번로(演繁露)』[313]에 "탄마(誕馬)는 도마(徒馬)와 같다"라고 하였다. 지금 지방관의 의장대에 산마(散馬)가 앞에 가게 한다. '좌마(坐馬)'라고 하며 또 '인마(引馬)'라고도 하니, 바로 '단마(但馬)'이다. 『요사(遼史)』에서는 '단마(鞁馬)'라고 하였다.[314]

其官領以太僕, 其屬有牧監 · **副監** …… 歲課功進排馬.(『唐書, 卷五十, 兵志, 第四十』) →唐初, 得突厥馬, 徙之隴右. 其屬有監牧, 歲課功進排馬. **歐陽脩曰**, 監牧之制, 始此.(『松南雜識』)

310) 좌마(坐馬) : 우리나라에서는 군대의 행진 때 대장이 타기 위하여 예비로 거느리고 가던 말을 뜻한다.

311) 탄마(誕馬) : 단마(但馬)라고도 한다. 의장대 가운데 수레를 메지 않은 말을 특별히 만들어 두는데 뜻밖의 재난에 대비한 것이다.

312) 『宋書, 卷六十一, 列傳, 第二十一, 江夏文獻王義恭』.

313) 연번로(演繁露) : 송나라 정대창(程大昌)이 한나라 동중서(董仲舒)가 지은 『춘추번로(春秋繁露)』를 부연해 만든 책.

314) 江夏王義恭傳, 平乘誕馬不過二. **唐有紫誕帶**, **不知誕何義也**. 今外官儀從, 皆有散馬前行, 名曰座馬, 亦曰引馬. 程氏演繁露曰, **王義恭言**, 誕馬猶言徒馬**也**.……遼史作鞁馬, **注卽誕馬**.(『通雅, 卷二十八, 禮儀』)→**宋**江夏王義恭傳**曰**, 平乘誕馬不過二. 程氏演繁露曰, 誕馬猶徒馬. 今外官儀從, 皆有散馬前行, 名曰座馬, 亦曰引馬, **卽但馬也**. 遼史作鞁馬.(『松南雜識』)

마패
馬牌

당나라의 제도에 '은패(銀牌)'가 있었으니 역에 발급하였으며 예서(隷書)로 '勅走馬銀牌[칙명으로 말을 달리게 하는 은패]'라는 다섯 자가 전면에 새겨 있었다.

송나라 초기에는 추밀원(樞密院)에서 문권(文券)을 발급하니 '두자(頭子)'라고 한다. 태평흥국(太平興國)[315] 연간에는 문권의 발급을 폐지하고 패를 발급하니, 바로 마패[316]의 시초이다.[317]

지금의 철패(鐵牌)는 말 모양을 본떴다.

마두령
馬兜鈴

'마두령(馬兜鈴)'은 『본초강목(本草綱目)』에서 "일명 '토청목향(土青木香)'으로 덩굴식물이다. 잎이 떨어질 때도 열매가 여전히 달려 있어서 마치 말목의 방울 같기에 그런 이름이 붙었다"[318]라고 하였다. 대개 말목에 다는 방울이니 또한 『춘추좌전(春秋左傳)』의 "석(錫)·난(鸞)·화(和)·령

---

315) 태평흥국(太平興國): 송나라 태종(太宗)의 연호. 976~983년.

316) 마패(馬牌): 벼슬아치가 공무로 지방에 나갈 때 역마를 징발하는 증표로 쓰던 둥근 구리 패. 지름이 10cm 정도이며 한쪽 면에는 자호(字號)와 연월일을 새기고 다른 한쪽에는 말을 새긴 것으로, 어사가 이것을 인장(印章)으로 쓰기도 하였다.

317) 銀牌, 唐制**差**發驛, **遣使**, **則門下省給傳符**, **以通天下之信**. **宋符券**, **皆樞密院主之**, **舊有銀牌**, **以給乘**驛**者**, **濶一寸半**, **長五寸**, **面刻**隷字曰, **勅走馬銀牌**, **凡五字**…… 樞密院給券, 謂之頭子, 太平興國**三年**, **李飛雄詐乘驛謀亂伏誅**, **遂**罷**樞密院券**, **別製新**牌.(『文獻通考, 卷一百十五, 王禮考, 十』) → 唐制**有**銀牌, 發驛**隷**, **五**字曰, **勅走馬銀牌**. **宋初**樞密院給券, 謂之頭子. 太平興國**中**, 罷**券置**牌, **卽馬牌始也**.(『松南雜識』)

318) 土青木香. 〈**宗奭曰**, 蔓生, **附木而上**. 葉脫時, 其實尙垂, **狀**如馬項**之**鈴, 故**得**名**也**.〉(『本草綱目, 卷十八上, 草之七』) → **一名**土青木香, 蔓生, 葉脫時, 其實尙垂, 如馬項鈴, 故**曰**名**云**.(『松南雜識』)

(鈴)"[319]이다.

등자
鞍鐙

'등(鐙)'은 『정자통(正字通)』에서 "말안장의 양쪽 곁에 발을 디디는 곳이다"[320]라고 하였다. 한악(韓偓)[321]의 시에서 "따스한 치마 입고서 옥등자에 발을 끼고[和裙穿玉鐙]"[322]라고 한 말이 이것이다.

금맘
金錽

『옥편(玉篇)』에 "錽의 음은 맘이며, 말머리 장식이다"[323]라고 하였다.

마융(馬融)은 송(頌)에서 "금 말머리 장식, 옥으로 가선 둘렀네[金錽玉鑲]"라고 하였다.

채옹(蔡邕)은 "금맘(金錽)은 말의 머리쓰개이다. 옥화(玉華)의 모양과 같으며 말갈기 앞에 씌운다"라고 하였다.

---

319) 석(鍚)·난(鸞)·화(和)·령(鈴): '석(鍚)'은 말의 이마에 다는 방울, '난(鸞)'은 말고삐에 다는 방울, '화(和)'는 수레 앞 가로대에 다는 방울, '령(鈴)'은 깃발에 다는 방울이다.
* 鍚鸞和鈴, **昭其聲也**. **注**, **鍚在馬額**, **鸞在鑣**, **和在衡**, **鈴在旂**, **動皆有鳴聲**.(『春秋左傳注疏, 卷四, 桓公二年』)

320) 馬鞍兩旁足所踏也.(『正字通, 鐙』) → 馬鞍兩旁足所踏也.(『松南雜識』)

321) 한악(韓偓): 당나라의 시인(844~923). 자는 치요(致堯). 소종(昭宗)의 두터운 신뢰를 바탕으로 멸망 직전의 당나라에 충성을 다했지만 주전충(朱全忠)의 미움을 받고 좌천되어 만년에는 민(閩)의 지배자인 왕심지(王審知)의 비호를 받으며 그곳에서 생을 마쳤다. 향렴체(香奩體)의 대가로 인정받았으며, 저서에 『향렴집(香奩集)』, 『옥초산인집(玉樵山人集)』 등이 있다.

322) 「마상견(馬上見)」.

323) 錽. 亡犯切, 馬首飾.(『玉篇, 錽』) → 錽**音**亡范切. 馬首飾**也**.(『松南雜識』)

『정자통(正字通)』에서는 "세속에서는 말안장을 '맘은사건(鋄銀事件)'이라고 한다"[324]라고 하였다.[325]

금종
金鍐

『광운(廣韻)』에서 "임금 수레를 모는 말머리 위에 꿩의 꽁지깃을 꽂는데, '방흘(方釳)'이라 부른다"라고 하였는데, 그 주석에서 "말이 서로 충돌하는 것을 방지한다"라고 하였다.

채옹(蔡邕)의 『독단(獨斷)』[326]에서 '금종(金鍐)·방흘(方釳)·번영(繁纓)·중곡(重轂)'[327]이라고 하였다.

324) 俗名馬鞍曰鋄銀事件, **是也**.(『正字通, 鋄』) → 俗名馬鞍曰鋄銀事件.(『松南雜識』)

325) 鋄. **廣韻集韻竝**, 亡范切音. 玉篇, 馬首飾. **張衡東京賦**, **金鋄鏤鍚**. 馬融**廣成**頌, 金鋄玉鑲. 正字通, **今**俗名馬鞍曰鋄銀事件, **是也**. **謝脁集**, **映輿鋄於松楸**, **註**, 蔡邕獨**斷**, 金鋄**者**, 馬冠也, 如玉華形, 在馬鬐前.(『康熙字典, 鋄』) → **玉篇**, 鋄音亡范切. 馬首飾**也**. 馬融頌**曰**, 金鋄玉鑲. 蔡邕**曰**, 金鋄, 馬冠也. 如玉華形, 在馬鬐前. 正字通**曰**, 俗名馬鞍曰鋄銀事件.(『松南雜識』)

326) 독단(獨斷) : 책이름. 2권. 동한의 채옹(蔡邕)이 지었다. 『백호통의(白虎通義)』·『풍속통의(風俗通義)』와 함께 예제(禮制)에 대한 대표적 지침서이다.

327) 金鍐**者**, **馬冠也**, **高廣各四寸**, **如玉華形**, **在馬鬉前**, 方釳**者**, **鐵廣數寸**, **在鬉後**, **有三孔**, **插翟尾其中**, 繁纓, **在馬膺前**, **如索裙者**, **是也**. 重轂**者**, **轂外復有一轂**.(『獨斷, 卷下』) → 金鍐·方釳·繁纓·重轂.(『松南雜識』)
* '금종(金鍐)'과 '방흘(方釳)'은 모두 말 머리에 수식하는 물건이다. '번영(繁纓)'은 천자나 제후가 타는 수레를 끄는 말의 장식물이니, '번(繁)'은 말의 배에 매는 띠이고 '영(纓)'은 말의 목에 매는 가죽이다. '중곡(重轂)'은 황제가 타는 수레로 보통 수레보다 바퀴가 두 개 더 있다.

상모

上旄[328]

『설문해자(說文解字)』에서 "도요새[鷸]는 긴 꽁지 꿩[長尾雉]으로, 수레에 탈 때 방흘(方釳)이 말 머리 위에 부딪히는 것을 방지한다"[329]라고 하였다. '천자선(天子扇)'이라고 하는 말은 틀리다.[330]

'모(旄)'의 주석에서 "꿩의 꽁지깃을 장대 끝에 붙였다"라고 하였으니, 맹자가 이른바 '새 깃과 들소 꼬리로 만든 깃발의 아름다움[羽旄之美]'이다.[331]

「서남이전(西南夷傳)」에서 "황금과 모우이(旄牛毦)를 보냈다"[332]라고 하였는데, 그 주석에서 지금 "이(毦[333])는 말과 창 위에 다는 영이(纓毦)이다"라고 하였다. 유신(庾信)[334]의 시에서 "금 굴레에 푸른 영이(纓毦)로 장식하고 교하(交河)[335]에 가네[金羈翠毦往交河]"라고 한 말이 이것이다.[336]

---

328) 규장각본『松南雜識』에는 '馬頭上旄'로 되어 있음.

329) 長尾雉**也**, **乘輿以爲**防**釳箸**馬頭**上**.(『說文解字, 鷸』) → **鷸**, **卽**長尾雉, 防**着**馬頭.(『松南雜識』)

330) **雉尾**, **古今注**, **天子扇也**. 說文, 鷸雞, 卽長尾雉, 乘**轝以爲**防著馬頭**上**, 謂之扇者, 非也.(『韻府羣玉, 雉尾』) → **說文曰**, 鷸, **卽**長尾雉, 防着馬頭. 謂之天子扇者, 非也.(『松南雜識』)

331) 旄, 幢也. 雉尾著竿頭, 孟羽旄之美.(『韻府羣玉, 旄』) → 旄, 註, 雉尾着竿頭, 卽孟子所謂羽旄之美也.(『松南雜識』)

332)『後漢書, 卷一百十六, 南蠻西南夷傳, 第七十六』.

333) 이(毦) : 새의 깃이나 짐승의 털로 만든 장식물.

334) 유신(庾信) : 남북조 시대의 문인(513~581). 자는 자산(子山). 처음 남조의 양(梁)나라에서 벼슬을 하다가 후에 북주(北周)에서도 벼슬을 하였다. 그의 화려한 문체는 서릉(徐陵)과 함께 서유체(徐庾體)로 불리었으며, 저서로『유자산문집』20권이 있다.

335) 교하(交河) : 옛날 현(縣)의 명칭. 당나라 때 교하군·교하현을 설치하였다. 옛 성이 지금 중국 신강성 토노번현 서쪽에 있다.

336) **西南夷傳**, 齎黃金·旄牛毦. 註, **顧野王曰**, **毦**, **結毛爲飾**, 卽今馬及**弓**槊上纓毦也. …… 庾信詩, 金羈翠毦往交河.(『康熙字典, 毦』) → 齎黃金·旄牛毦, 註, 卽今馬及槊上纓毦也. 庾信詩, 金羈翠毦往交河.(『松南雜識』)

잠장 · 장니
篸裝障泥

지금 말 언치[韉][337]를 '잠장(篸裝)'이라 하는데, '농잠장(籠篸裝)'과 같은 말이다.

'담(襜)은 운서(韻書)에서 '장니(障泥)'라고 하였다. 『한서(漢書)』에서 말한 "푸른 곰 가죽 장니[綠熊皮障泥]"가 이것이다.

유신(庾信)의 시에서 "연전(連錢)[338]과 장니를 걸친 말을 타고 물을 건너네[連錢障泥渡水騎]"[339]라고 하였다.

고악부(古樂府)에서 "철총(鐵驄)[340]의 금면(金面)[341]과 푸른색 연전[連錢鐵驄金面青連錢]"[342]이라고 하였는데, 그 주석에서 "말 장식"이라고 하였다.

당시(唐詩)에서 "요동(妖童)[343]이 철연전(鐵連錢)으로 장식한 준마를 탔다네[妖童寶馬鐵連錢]"[344]라고 하였다.

답활 · 대갈
踏滑代葛

잠삼(岑參)의 시에서 "사구의 돌이 얼어 말발굽이 빠진다[沙口石凍馬蹄脫]"[345]라고 하였으니, 옛날에는 말의 발에 장식이 없었는데, 우리나라는 북쪽 길이 험하고 돌이 많기에 칡으로 발굽을 감쌌으니, 지금 땔감

---

337) 언치[韉] : 안장이나 길마 밑에 까는 깔개.
338) 연전(連錢) : 말의 장식.
339) 「양류가(楊柳歌)」.
340) 철총(鐵驄) : 청색과 백색의 털이 섞인 준마.
341) 금면(金面) : 금으로 장식한 고삐.
342) 온정균(溫庭筠)의 「호음곡(湖陰曲)」.
343) 요동(妖童) : 미소년(美少年). 흔히 '남색(男色)'을 이름.
344) 노조린(盧照隣)의 「장안고의(長安古意)」.
345) 「윤대가봉송봉대부출사서정(輪台歌奉送封大夫出師西征)」.

장수들이 끌고 다니는 소에 신기는 신과 같다.

윤관(尹瓘)[346]이 육진(六鎭)을 개척할 때, 철과(鐵窠)를 만들어 씌우니 '답활(踏滑)'[347]이라 한다. 김방경(金方慶)[348]이 편자(片子)를 만드니, 지금 마철(馬鐵)[349]을 '대갈(代葛)'[350]이라고 한다.

누두

螻篼[351]

누두는 양웅(揚雄)의 『방언(方言)』에서 "말에게 먹이는 물을 담은 주머니이다[飮馬橐]"라고 하였다. 지금의 말먹이 콩을 담는 그물이다.

타

駝

『집운(集韻)』에서 "駝의 음은 타이며, 말 위의 전대이다"라고 하였다. 『광운廣韻』에서 "'駝'는 '지다[負]'라는 뜻이다"라고 하였으니, 곧 지금의 '대연(帒連)'[352]이다.

---

346) 윤관(尹瓘) : 고려 예종 때의 학자 · 장군(?~1111). 자는 동현(同玄), 본관은 파평(坡平). 어사대부 · 한림학사 · 이부상서 등을 지내고 예종 2년(1107)에 여진을 정벌하고 구성(九城)을 쌓았다.

347) 답활(踏滑) : 말의 발굽에 신기는 편자.

348) 김방경(金方慶) : 고려 시대의 명장(1212~1300). 자는 본연(本然). 삼별초의 난을 평정하였고 원나라가 일본을 정벌할 때 고려군 도원수로서 종군하였다.

349) 마철(馬鐵) : 말편자.

350) 대갈(代葛) : 말굽에 편자를 대고 박는 징.

351) 누두(螻篼) : 말에 주는 먹이나 물을 담는 자루.

352) 대연(帒連) : 전대.

역말을 타다
乘馹

『아희원람(兒戱原覽)』에서 “우역(郵驛)은 주나라 때 이미 설치되었다”[353]라고 하였는데, 『춘추좌전(春秋左傳)』에서 “역말을 타다[乘馹]”[354]라고 한 말이 이것이다.

『청상잡록(靑箱雜錄)』에서 “당나라 이전에 관역(館驛)에서 급전(給傳)[355]이 왕래하였으며, 당나라 개원(開元)[356] 연간에 이르러 비로소 종이 문권을 발급하였다”[357]라고 하였다.

지금은 쇠로 된 마패(馬牌)는 우리나라 신라의 소지왕(炤智王)[358] 때에 처음 만들었으며, 선조 정유년(1597)에 승지(承旨) 한준겸(韓浚謙)[359]이 중국의 제도를 본받아 파발(擺撥)[360]을 설치하였다.

---

353) 郵驛周時夷設.(『兒戱原覽, 創始』)
354) 『春秋左傳, 襄公二十一年』.
355) 급전(給傳) : 조정에서 지급하는 역참(驛站)의 거마(車馬)
356) 개원(開元) : 당나라 현종(玄宗)의 연호. 713~741년.
357) 唐以前, 館驛**竝**給**傳**往來. 開元中, 始給紙券. 靑箱雜錄.(『韻府羣玉, 驛券』) → 靑箱雜錄**曰**, 唐以前, 館驛給**轉**往來, 開元中, 始給紙券.(『松南雜識』)
358) 소지왕(炤知王) : 신라의 제21대 왕(?~ 500). 각 지방에 우역(郵驛)을 두었고, 경주에 시장을 설치하였다. 백제와는 혼인 동맹을 맺고, 고구려와는 여러 번 싸웠다. 재위 기간은 479~499년이다. ≒ 비처 마립간, 소지 마립간.
359) 한준겸(韓浚謙) : 조선 중기의 문신(1557~1627). 자는 익지(益之), 호는 유천(柳川), 시호는 문익(文翼). 임진왜란 때 명나라 도독 마귀(麻貴)를 도와 병량보급에 힘썼다. 인조반정으로 딸이 인열왕후(仁烈王后)로 책봉되자 서원부원군(西原府院君)에 봉해졌으며, 이괄(李适)의 난 때 왕을 호종하고 정묘호란 때 세자를 전주에 배종했다. 문집에 『유천유고(柳川遺稿)』가 있다.
360) 파발(擺撥) : 조선 후기에, 공문을 급히 보내기 위하여 설치한 역참.

관마인자
官馬印字

두보의 시에서 "여섯 낙인을 찬찬히 보니 관(官)자가 찍혀 있네[細看六印帶官字]"라고 하였는데, 그 주석에서 "비(飛)자 도장과 용모양 도장이 말의 어깻죽지와 넓적다리에 찍는데, 모두 여섯 개의 도장이다"361)라고 하였다. '비(飛)'자는 아마도 천자가 타는 여섯 필의 빠른 말362)에 찍는 듯한데, 당나라 때 천자의 마구간을 '비룡(飛龍)'이라고 불렀으니 '비룡의 심부름꾼 이보국(李輔國)'363)이 이것이다.

지금 군대의 말에 화인(火印)364)으로 '훈(訓)'자와 '금(禁)'자를 찍는 것이 여기에서 유래하였다.

---

361) 細看六印帶官字. **洙曰, 唐令諸掌牧馬, 以小官字印, 印右膊, 以年辰印, 印右髀, 以監名依左右廂印, 印尾側. 至二歲起春, 量强弱, 漸以**飛字印, **左廂髀膊, 細馬, 俱以**龍形印, **印項左. 官**馬**賜人者, 以賜字印. 配諸軍及充傳送驛者, 以出字印, 並印右頰**.(『補注杜詩, 卷四, 瘦馬行』)→細看六印帶官字, **註**, 飛字印龍形**而**印**於**馬**之膊髀. 凡六印也**.(『松南雜識』)

362) 육비(六騑) : 육비(六飛)라고 한다. 천자의 수레를 모는 여섯 필의 말이 매우 빨라서 마치 나는 듯함을 가리킨다.

363) 李輔國, **本**飛龍小兒.(『御批資治通鑑綱目, 卷四十四下』)→飛龍小兒, 李輔國.(『松南雜識』)

* 이보국(李輔國)은 당나라의 인물로, 본명은 이정충(李靜忠)이다. 그는 당나라 현종 때 궁중의 마구간지기가 되었다가 양국충(楊國忠)을 죽이는 모의에 가담하여 출세의 발판을 굳혔다. 대종(代宗)이 즉위하여 상보(尙父)라 높여 칭하고, 사공(司空)에 올려 박릉군왕(博陵郡王)에 봉했다. 그러나 사람됨이 겉으로는 근후(謹厚)한 듯하면서 속은 매우 사나왔고 권력을 잡자 더욱 못되게 굴었기에 황제가 자객을 보내 죽였다.

364) 화인(火印) : 화인(火印).

권마성
勸馬聲[365]

조선의 영조가 거둥할 때 역말을 탔는데, 말이 잘 걷지 못하자, 마관(馬官)이 "역졸이 권마성(勸馬聲)을 하지 않아 이렇습니다"라고 상주하니, 권마성을 허락하였다. 지금 임금이 능(陵)에 행차할 때 권마성을 하는 것이 여기에서 유래하였다. 바로 옛날의 축수곡(逐水曲)[366]이다.

옥가를 울리고 쇠고리를 흔들다
鳴珂搖環

『운부군옥(韻府群玉)』에 "가(珂)는 돌 바로 윗 등급의 옥(玉)이니 바로 마노(瑪瑙)[367]이다. 그 큰 것이 가(珂)이니 흑황색이다. 그 뼈대는 흰데, 말의 굴레를 상식할 만하다"[368]라고 하였으니, 바로 계영(繫纓)[369]으로, 대개 귀인의 말장식이다.

당시에서 "쌍쌍으로 옥가가 울리네[雙雙鳴玉珂]"[370]라고 한 말이나 장가정(張嘉貞)의 명가리(鳴珂里)[371]가 이것이다.

아마도 지금 소뼈로 구슬을 만들어 말의 가슴걸이에 꿰는 것인 듯한

365) 권마성(勸馬聲) : 임금이 거둥할 때, 또는 봉명고관(奉命高官)이나 수령 등이 행차할 때 위세를 더하기 위하여 그 앞에서 하졸들이 목청을 길게 빼어서 부르는 소리.

366) 축수곡(逐水曲) : 말을 부리는 다섯 가지 방법 중의 하나.

367) 마노(瑪瑙) : 광물이름. Agate. 또는 마렵(馬鬣), 문석(文石)이라고도 한다.

368) 珂. **苦何切**. 石次玉, 卽**碼磂**. 又**其**大者珂, 黃黑色, 其骨白, 可飾馬勒.(『韻府羣玉, 珂』) → 珂, 石次玉, 卽**瑪瑙**. 又**貝**大者珂, 黃黑色, 其骨白, 可飾馬勒.(『松南雜識』)

369) 계영(繫纓) : 말의 가슴에 걸어 안장을 매는 끈.

370) 당나라 저광희(儲光羲)의 「낙양도오수헌려사랑중(洛陽道五首獻呂四郎中)」.

371) 명가리(鳴珂里) : 가(珂)는 귀인(貴人)이 쓰는 마구(馬具)의 구슬 장식. 명가리는 곧 가(珂)를 울리는 마을이란 뜻인데, 당나라 때 장가정(張嘉貞)이 재상이 되고 그의 아우인 가우(嘉祐)가 금오장군(金吾將軍)이 되어, 형제가 함께 조정에 출근할 때마다 수레와 추종(騶從)들이 마을에 가득 찼으므로, 당시에 그들이 사는 곳을 '명가리'라고 불렀다.

데, 어떤 사람은 말의 턱에 달린 한 쌍의 쇠고리를 '가(珂)'라고 하니 틀린 말이다.

이하(李賀)[372]의 시에서 "쇠고리가 고삐를 눌러 영롱하게 흔들리네[金鐶壓轡搖玲瓏]"[373]라고 한 말이 이것이다.

우리나라에서는 워낭[鴛鴦][374]이라고 한다.

말뱃대끈과 안장띠
簪褭鞍帶

한(漢)나라 때 무공이 있는 사람에게 주는 관작의 이름이 '잠뇨(簪褭)'이다. 안사고(顔師古)[375]가 "가는 끈으로 말을 묶은 것을 뱃대끈[褭]이라고 한다. 잠뇨(簪褭)는 이 말을 장식하는 것을 말한다"[376]라고 말하였으니 '번영(繁纓)[377]을 하고 조회하다[繁纓以朝]'[378]는 말과 같다. 지금 붉은 실로 말안장의 띠를 만드는 것은 여기에서 유래하였다.

---

372) 이하(李賀) : 당나라 때의 시인(790~816). 자는 장길(長吉). 시작(詩作)에 몰두하여 15세 때에 그 이름이 알려졌으며, 몽환적인 인상과 기이한 분위기의 시로 귀재(鬼才)라는 평을 받았다. 작품에 시집 『이하가시편(李賀歌詩篇)』·『창곡집(昌谷集)』 등이 있다.

373) 「고헌과(高軒過)」.

374) 워낭[鴛鴦] : 마소의 귀에서 턱 밑으로 늘여 단 방울. 또는 마소의 턱 아래에 늘어뜨린 쇠고리.

375) 안사고(顔師古) : 당나라의 문인(581~645). 이름은 주(籀). 사고(師古)는 그의 자. 섬서성(陝西省) 만년현(萬年縣) 출신. 오경의 주석(註釋)인 『오경정의(五經正義)』 편찬에 참여하였고, 『한서(漢書)』에 주석을 가하여 전대의 여러 주석을 집대성하였다.

376) **三**簪**褭**. 師古曰, 以組帶馬曰褭, 簪**褭者**, 言飾此馬也.(『前漢書, 卷十九上, 百官公卿表』) → **漢武功爵名**簪**褭**. 師古曰, 以組帶馬曰褭**也**. 簪**褭**, 言飾此馬也.(『松南雜識』)

377) 번영(繁纓) : 제후(諸侯)의 말장식. 번(繁)은 말에 묶은 큰 띠이고 영(纓)은 말의 가슴걸이.

378) 『春秋左傳, 成公二年』.

배말선한
排沫扇汗

『이아(爾雅)』에서 “말의 재갈을 배말(排沫)이라고 한다”라고 하였으니 바로 재갈[銜]이다. 대개 말의 입가의 거품을 밀어내는 것이다.

『설문해자』에서 “말의 입 속의 재갈을 추(齺)라고 한다”[379]라고 하였다. 지금 우리나라에서 ‘재갈(齎葛)’이라고 한다.

『시경』에서 “붉은 말재갈 선명도 한데[朱幩鑣鑣]”라고 하였는데, 그 주석에서 “분(幩)은 말의 재갈 밖에 붙인 쇠붙이로 일명 선한(扇汗)[380]이라고 하니 붉은 실로 감는다. 표(鑣)[381]는 선한(扇汗)이다”[382]라고 하였다.

또 『시경』에서 “가죽 고삐가 늘어져있네”[383]라고 하였다.

『이아』에서 “고삐 머리가 혁(革)이다”[384]라고 하였다는데, 그 소(疏)에서는 “말 재갈 중에 잡는 곳 이외의 남아서 늘어진 것이 혁(革)이라고 한다”[385]라고 하니, 지금의 마혁(馬革)이 이것이다.

---

379) **齒搚也**. **一曰齰也**, **一**曰馬口中橜**也**. **從齒芻聲**, **側鳩切**.(『說文解字, 齺』) → 馬口中**橛**曰**齺**.(『松南雜識』)

380) 선한(扇汗) : 말 재갈 옆에 붙어있는 장식.

381) 표(鑣) : 말 재갈 양쪽에 박힌 쇠붙이.

382) 幩, **鑣飾也**. **鑣者**, 馬銜外鐵, **人君**以朱纏**之也**. **鑣鑣**, **盛也**.(『詩經, 國風, 衛, 碩人』) → 幩, 馬銜外鐵, **一名扇汗**, 以朱纏, **鑣扇汗也**.(『松南雜識』)

383) 鞗革沖沖. …… **鞗**, **轡也**, **革轡首也**. **馬轡所把之外有餘而垂者也**.(『詩經, 小雅, 蓼蕭』) → 鋚革冲冲.(『松南雜識』)

384) 轡首謂之革.(『爾雅, 卷四』)

385) 馬轡所**把**之外, 有餘而垂者也.(『詩經, 小雅, 蓼蕭』) → 馬轡所**靶**之外, 有餘而垂者, **謂之革**.(『松南雜識』)

*『松南雜識』에는 『이아』의 소(疎)처럼 되었지만, 『시경』의 주석이다.

거복태안
車服馱鞍

수레의 좌우의 곁말[驂] 가운데 왼쪽의 말을 '비(騑)', 오른쪽의 말을 '부(服)'[386]이라고 한다.

『주례(周禮)』의 소(疏)에서 "부(服)는 수레의 평교(平較)로, 모두 구멍을 뚫어 거란(車欄)을 관통시키는 것이니, 빈부(牝服)라고 한다"[387]라고 하였으니, 지금의 쌍교(雙轎)의 짐바리안장[馱鞍]과 흡사하다.

한(漢)나라 이고(李固)[388]의 아버지 이합(李郃)이 "길마[笈]를 진 나귀를 몰다"라고 하였는데, 그 주석에서 "『설문해자』에서 '나귀 위에 짐을 지운 것이다'라고 하였다. 지금 사람들이 나무상[木牀]을 나귀 등에 걸쳐 놓고 물건을 싣는 것과 같다"[389]라고 하였다. 우리나라에서는 '급마(笈馬)'를 '길마(吉馬)'라고 잘못 쓴다.

『강희자전(康熙字典)』에서 "소와 말에 물건 싣는 것을 부타(負他)[390]라고 하니 타(他)는 짐바리[馱]와 같다"[391]라고 하였다.

소식(蘇軾)의 시에서 "지친 말의 짐바리안장을 풀어주네[疲馬解馱鞍]"[392]

---

386) 부(服) : 『주례(周禮), 고공기(考工記), 거인(車人)』에서 "'부'로 읽는다[服讀爲負]"라고 하였다.

387) 疏. **釋曰**, 服謂**牝服**, **卽**車平**較**, 皆**有**鑿孔, 以軨子貫之. **故**謂**之**牝服**也**.(『周禮注疏, 卷十六』) → **周禮**疏**云**, 服謂車平**轅**, 皆鑿孔, 以軨子貫之, 謂牝服, **似今雙轎馱鞍也**.(『松南雜識』)

388) 이고(李固) : 후한 시대의 인물. 자는 자견(子堅). 박학(博學)하여 충제(沖帝) 때, 태위(太尉)가 되었다. 충제가 죽고 질제(質帝)가 시해 당하자 이고와 두교(杜喬)가 청하왕(淸河王) 산(蒜)을 옹립하고자 하다가 환제(桓帝)를 즉위시키려던 양기경(梁冀竟)에 의해 무고를 당해 하옥되어 처형당했다.

389) 固, **郃之子也**. **少好學**, **郃**驢負笈, **從師不遠千里**, **每到太學**, **密入公府**, **定省不令**, **同業諸生知其爲郃子也**. …… 說文, 驢上負也, 猶今人**爲**木牀, 跨驢背, 以負載物也.(『資治通鑑綱目, 卷十一』) → **漢李**固**驅**驢負笈, **註**, 說文**曰**, 驢上負也, 猶今人**以**木牀, 跨驢背, 以負載物也.(『松南雜識』)

390) 부타(負他) : 당나귀나 노새로 짐을 싣는 것.

391) 他. …… **又**凡牛馬載物曰負他, **又集韻**, **唐佐切**, 同馱, **亦畜負物也**.(『康熙字典, 他』) → 凡牛馬載物曰負他. 他同馱.(『松南雜識』)

라고 하였다.

목우유마
木牛流馬[393]

목우(木牛)에 대한 주석은 다음과 같다.

배는 모나고 머리는 굽었으며 다리 하나에 발이 네 개 달렸다. 머리는 목으로 들어가고, 혀는 배에 붙어있다. 많이 실을 수 있지만 멀리 갈 수는 없다. 혼자서는 수십 리를 가고 무리 지어서는 이십 리를 간다. 굽은 것은 소의 머리이고, 쌍으로 된 것은 소의 다리이고, 가로로 된 것은 소의 목이고, 회전하는 것은 소의 발이고, 덮는 것은 소의 등이고, 모난 것은 소의 배이고, 늘어진 것은 소의 혀이다. 굽은 것은 소의 늑골이고, 새거진 것은 소의 이빨이고, 솟은 것은 소의 뿔이고, 가는 것은 소의 가슴걸이이고, 간직된 것은 소의 추축(鞦軸)[394]이다. 이 소는 두 개의 끌채로 조정되는데, 사람이 여섯 자를 가면 소는 사 보(步)를 간다. 신기함이 혀끝에 있는데, 축이 회전한다. 사람이 크게 수고롭지 않고 소도 먹고 마시지 않는다.

유마(流馬)의 제조 방법은 다음과 같다.

늑골은 길이가 세 자 다섯 치이고 넓이는 세 치이며 두께는 두 치 두 푼이며 좌우가 같다. 앞 축 구멍은 머리와 네 치 떨어지게 분묵한다. 반

---

392) 「천거림고정(遷居臨皐亭)」.
  *『松南雜識』에는 "疲馬解馱鞍"으로 되어 있음.

393) 목우유마(木牛流馬) : 촉한(蜀漢)의 제갈량(諸葛亮)이 만든 군량을 운송하는 기계이다.(『삼국지(三國志), 촉지(蜀志), 제갈량전(諸葛亮傳)』의 주석 참조). 『사물기원(事物紀原)』에서 "목우(木牛)는 지금 작은 수레 앞의 끌채를 말하고, 유마(流馬)는 독추(獨推)이다. 민간에서는 강주거자(江州車子)라고 한다"라고 했다.

394) 추축(鞦軸) : 『오주연문장전산고(五洲衍文長箋散稿), 무후목우류마도수변증설(武侯木牛流馬度數辨證說)』에서 말 꽁무늬에 묶는 가죽 띠[尻革]라고 했다.

지름은 두 치이다. 앞다리 구멍은 머리와 네 치 닷 푼 떨어지게 분묵하는데, 길이는 한 치 닷 푼이고 넓이는 한 치이다. 앞 강(杠)의 구멍은 앞다리 구멍과 두 치 일곱 푼 떨어지게 분묵하는데, 구멍의 길이는 두 치이고 넓이는 한 치이다. 뒷 축 구멍은 앞 강(杠)과 한 자 닷 푼 떨어지게 분묵(分墨)하는데, 크기는 앞과 동일하다. 뒷 강(杠)의 구멍과 뒷다리 구멍은 두 치 일곱 푼 떨어지게 분묵(分墨)한다. 후재극(後載剋)은 뒷 강(杠)의 구멍과 네 치 닷 푼 떨어지게 분묵(分墨)한다. 앞 강(杠)은 길이는 한 자 팔 치이고 넓이는 두 치이며 두께는 한 치 닷 푼이다. 뒷 강(杠)과 등판(等版), 방낭(方囊)[395]이 두 개인데, 두께는 팔 푼, 길이는 두 자 일곱 치이고 높이는 한 자 여섯 치 닷 푼이며 넓이는 한 자 여섯 치이다. 각 주머니에는 쌀 스물 세 말이 들어간다. 윗 강(杠)의 구멍에서부터 늑골까지의 거리는 일곱 치가 안 되며 앞뒤는 같다. 윗 강(杠)의 구멍에서부터 아래 강(杠)의 구멍까지 한 자 세 치 떨어지게 분묵하는데, 구멍의 길이는 한 치 닷 푼이고 넓이는 일곱 푼이다. 여덟 개 구멍의 크기는 같다. 앞뒤의 네 다리는 넓이가 두 치, 두께는 한 치 닷 푼이며 모양은 코끼리와 같다. 헌(軒)의 길이는 네 치, 지름의 면적은 네 치 세 푼이다. 구멍의 지름 안의 세 다리와 강(杠)의 길이는 두 자 한 치이고 넓이는 한 치 닷 푼이며 두께는 한 치 네 푼으로 강(杠)과 같다.[396]

---

395) 등판(等版), 방낭(方囊) : 『오주연문장전산고(五洲衍文長箋散稿), 무후목우류마도수변증설(武侯木牛流馬度數辨證說)』에서 "모두 곡식을 담는 주머니인 듯하다"라고 하였다.

396) **亮集載作木牛流馬法**. **曰木**牛**者**, 方腹曲**頭**, 一脚四足, 頭入領中, 舌著於腹, 載多而行**少**, **宜可大用**, **不可小使**, **特**行**者**, 數十里, 羣行**者**, 二十里也. 曲者**爲**牛頭, 雙者**爲牛脚**, 橫者**爲牛**領, 轉者**爲牛足**, 覆者**爲牛**背, 方者**爲牛**腹, 垂者**爲牛**舌, 曲者**爲牛**肋, 刻者**爲牛**齒, 立者**爲牛**角, 細者**爲牛**鞅, 攝者**爲牛**鞦**軸**, 牛**仰**雙轅, 人行六尺, 牛行四步, **載一歲糧**, **日行二十里**, 而人不大勞. **流馬**, **尺寸之數**, 肋長三尺五寸, 廣三寸, 厚二寸**二**分, 左右同. 前**軸**孔分墨, 去頭四寸, 徑中二寸, 前脚孔分墨, 二寸, 去**前軸孔**四寸五分, 廣一寸, 前杠孔, 去前脚孔分墨, 二寸七分, 孔長二寸, 廣一寸, 後**軸**孔, 去前杠分墨, 一尺五分, 大小與前同, 後**脚**孔**分墨**, **去後軸孔**, **三寸五分**, **大小與前同**. **後杠孔**, 去後脚孔分墨, 二寸**七**分, **後載剋**, **去**後杠孔分墨, 四寸五分, 前杠長一尺八寸,

우리나라 무신년(1728)에 역적 이사성(李思晟)[397]이 상상으로 제작하였다. 작은 것은 고양이만하니 움직였고, 큰 것은 개만하니, 움직이지 못하였다고 한다.

운서(韻書)에서 "유마(流馬)는 지금의 독추거(獨推車)이다"라고 하였다.

『묵자(墨子)』에서 이른바 "공수반(公輸般)[398]이 대나무를 깎아 나무까치를 만들어 날리자 사흘 동안 내려오지 않았다"[399]라는 류(類)이다.[400]

廣二寸, 厚一寸五分, 後杠與等板方囊二枚, 厚八分, 長二尺七寸, 高一尺六寸五分, 廣一尺六寸, 每枚受米二斛三斗, 從上杠孔, 去肋下七寸, 前後同, 上杠孔, 去下杠孔分墨, 一尺三寸, 孔長一寸五分, 廣七分八孔, 同前後四脚, 廣二寸, 厚一寸五分, 形制如**象**, 靬長四寸, 徑面四寸三分, 孔徑中三脚, 杠長二尺一寸, 廣一寸五分, 厚一寸四分, **同杠耳**.(『諸葛忠武書, 卷九』) → **註**, 牛方腹曲**脛**, 一**腹**四足, 頭入**領**中, 舌着於腹, 載多而行**小**, **獨行方**數十里, 羣行三十里, 曲者牛頭, **霻**者牛**足**, 横者領, 轉者**脚**, 覆者背, 方者腹, 垂者舌, 曲者肋, 刻者齒, 立者角, 細者鞅, 攝者鞦**軸**, 牛**御**雙轅, 人行六尺, 牛行四步, **妙在舌頭**, **杻轉**而人不大勞. **牛不飮食**, **其造法**, 肋長三尺五寸, 廣三寸, 厚二寸**五**分, 左右同. 前**軸**孔分墨, 去頭四寸, 徑中二寸, 前脚孔分墨, 去**頭**四寸五分, **長一寸七分**, 廣一寸, 前杠孔, 去前脚孔分墨, 二寸七分, 孔長二寸, 廣 寸, 後**軸**孔, 去前杠分墨, 一尺五分, 大小與前同, 後**杠**孔, 去後脚孔分墨, 二寸**二**分, 後杠孔分墨, 四寸五分, 前杠長一尺八寸, 廣二寸, 厚一寸五分, 後杠與等板方囊二枚, 厚八分, 長二尺七寸, 高一尺六寸五分, 廣一尺六寸, 每枚受米二斛三斗, 從上杠孔, 去肋下七寸, 前後同, 上杠孔, 去下杠孔分墨, 一尺三寸, 孔長一寸五分, 廣七分八孔, 同前後四脚, 廣二寸, 厚一寸五分, 形制如**篆**, 靬長四寸, 徑面四寸三分, 孔徑中三脚, 杠長二尺一寸, 廣一寸五分, 厚一寸四分.(『松南雜識』)

397) 이사성(李思晟) : 조선의 무신(?~1728). 숙종 37년(1711)에 훈련원 부정(訓練院副正)으로 송정명(宋正明)과 함께 청국인 살해 사건을 조사했다. 경상도 병마절도사・함경북도 병마절도사 등을 지내고 영조 3년(1727)에 평안도 관찰사 겸병마절도사로 있으면서 삼부초장(三部抄壯)이라는 군제를 실시했으나 이듬해 이인좌의 난 때 이에 가담했다가 참형 당했다.

398) 공수(公輸) : 춘추 시대 노나라의 솜씨 좋은 장인. 공수반(公輸班), 공수반(公輸般), 노반(魯班)이라고도 한다.

399) 公輸**子**削竹木, **以**爲誰成**而**飛**之**, 三日不下.(『墨子, 魯問』) → 公輸削竹木, 爲鵲成飛, 三日不下.(『松南雜識』)

400) 규장각본 『松南雜識』에 의거하여 문장을 재배열하여 번역하였다.

* 동서문화원 영인본 『松南雜識』는 ①"목우(木牛)에 …… 한 치 네 푼으로 강(杠)과 같다." ②"『묵자(墨子)』에서 …… 따위이다." ③"우리나라 무신년(1728)에 …… 움직이지 못하였다고 한다." ④"운서(韻書)에서 …… 라고 하였다"의 순사로 편차되어 있는 바, 규장각본 『松南雜識』보다 문맥이 분명치 못하다.

위료자

尉繚子[401)]

지봉(芝峯) 이수광(李睟光)이 "무경칠서(武經七書)[402)] 가운데 위료(尉繚)가 말한 병법이 가장 혹독하다. 지금 왜인들이 그 병법을 사용한다고 한다"[403)]라고 하였다.

살펴보건대, 『공명이전(孔明異傳)』도 왜(倭)에 있다. 왜가 화공법(火攻法)을 주로 쓰는 것이 여기에서 유래한 듯하다. 무경칠서는 『손자병법(孫子兵法)』·『오자병법(吳子兵法)』·『사마법(司馬法)』[404)]·당 태종과 위공(衛公) 이정(李靖)이 문답한 『이위공문대(李衛公問對)』[405)]·『위료자(尉繚子)』·태공(太公)[406)]의 『삼략(三略)』[407)]·황석공(黃石公)[408)]의 『육도(六韜)』[409)]이니 전부 114편이다.

---

401) 위료자(尉繚子) : 책이름. 5권. 전국 시대 주나라의 위료(尉繚)가 편찬했지만 그에 대한 자세한 사항은 알 수 없다. 위(魏)나라 혹은 제나라 사람으로 귀곡자(鬼谷子)의 제자라고도 한다. 『한지(漢志), 병가(兵家)』에 위료(尉繚) 31편이 있다.

402) 무경칠서(武經七書) : 육도(六韜)·손자(孫子)·오자(吳子)·사마법(司馬法)·삼략(三略)·위료자(尉繚子)·이위공문대(李衛公問對)의 일곱 종류의 병서(兵書)를 가리킨다.

403) 尉繚**子**, 武經七**書之一**, **其書有與梁惠王相問答**, **則逮秦始皇時**, **當過百餘歲矣**, **按始皇紀曰**, **大梁人尉繚來說秦王**, **王用其策云云**, **而再無顯著功業何也**, **其**言兵最酷, 今倭**奴**用其法云.(『芝峯類說, 卷七, 經書部三, 書籍』) → 武七經**中**, 尉繚言兵最酷. 今倭用其法云.(『松南雜識』)

404) 사마법(司馬法) : 춘추 시대 제(齊)나라 사람 사마양저(司馬穰苴)의 병법.

405) 이위공문대(李衛公問對) : 당대의 명장인 이정(李靖)이 병법에 대하여 논한 것을 후대에 기록하여 만든 책. 위공(衛公)은 이정(李靖)의 봉호이다.

406) 『松南雜識』에는 '黃石公'으로 오기되어 있음.

407) 삼략(三略) : 태공망이 지은 병법서. 무경칠서의 하나로 노자(老子)의 사상을 기초로 하여, 정략(政略)·전략(戰略)의 도(道)를 서술하였다. 상략(上略), 중략(中略), 하략(下略)의 세 권으로 되어 있다.

408) 『松南雜識』에는 '太公'으로 오기되어 있음.

409) 육도(六韜) : 주(周)나라 태공망이 지은 병법서. 무경칠서의 하나로 문도(文韜), 무도(武韜), 용도(龍韜), 호도(虎韜), 견도(犬韜), 표도(豹韜)의 6장으로 되어 있다. 6권 60편.

원앙진

鴛鴦陣

『명사(明史)』에서 "척계광(戚繼光)이 원앙진(鴛鴦陣)에서 조총(鳥銃)을 사용하여 왜군을 격파하였다"[410]라고 하였다. 대개 앞줄의 병사가 쌍쌍이 나란히 서서 화약을 재우면 다음 줄이 차례대로 선다. 앞줄의 소(疏)가 총을 쏜 뒤에 뒤로 들어가는데, 앞줄과 뒷줄이 순환하니 바로 소항(疏行)의 수오(首伍)가 이어 받아 보합(保合)하는 것이다.

팔진도

八陣圖

「두헌전(竇憲傳)」[411]에 "「연연명(燕然銘)」에서 '팔진법(八陣法)을 펼치고'라고 하였다"[412]는 말이 있는데 그 주석에서 "병법(兵法)에 팔진도(八陣圖)가 있으니, 제갈량이 그 법을 터득하여 적용해서 실행하였다"라고 하였다.[413]

그 법에는[414] 육십사진(六十四陣)이 있다. 대개 천형십육진(天衡十六陣)은 양 끝에 진을 치고 지축십이진(地軸十二陣)은 중간에 진을 친다. 천전

---

410) 戚繼光, **製**鴛鴦陣, **以**破倭.(『明史, 卷九十一, 志第六十七, 兵三, 海防, 民壯土兵』) →**明史**, 戚繼光, **以**鴛鴦陣**鳥銃**, 破倭**云**.(『松南雜識』)

411) 두헌전(竇憲傳) : 동한의 인물 두헌(竇憲)의 전. 두헌의 자는 백도(白度). 화제(和帝)의 어머니 두태후(竇太后)의 오빠. 화제가 어린 나이에 즉위하자 시중(侍中)이 되었고, 흉노(匈奴)를 토벌하였다.

412) **憲秉遂登**燕然**山**, **去塞三千餘里**, **刻石勒功**, **紀漢威德**, **令班固作銘曰** …… 勒以八陣.(『後漢書, 卷五十三, 竇融列傳, 第十三, 竇憲』) → 燕然銘**云** …… 勒以八陣.(『松南雜識』)

413) 漢書竇憲傳, **班固**燕然銘**曰**, 勒以八陳, **莅以威神**, **章懷太子注曰**, 兵法有八陳**圖**, 則**亮所創**, **盖古**法**也**.(『續後漢書音義, 卷一』) → **後**漢書 竇憲傳燕然銘**云**, 勒以八陳. **註**, 兵法有八陣, 則**孔明得其**法, **推行之**.(『松南雜識』)

414) '綱目注其法' (규장각본 『松南雜識』).
'其法' (동서문화원 영인본 『松南雜識』).

충사진(天前衝四陣)은 오른쪽에 진을 치고 천후충사진(天後衝四陣)은 왼쪽에 진을 친다. 지전충육진(地前衝六陣)은 앞에 진을 치고, 지후충육진(地後衝六陣)은 뒤에 진을 친다.

풍팔진(風八陣)은 천진(天陣)에 해당하고, 운팔진(雲八陣)은 지진(地陣)에 해당하니 도합 팔진(八陣)이다. 천형십육진(天衡十六陣)이 천전충사진(天前衝四陣)과 천후충사진(天後衝四陣)을 아울러 이십사진(二十四陣)이 되고 풍팔진(風八陣)을 합하여 삼십이양(三十二陽)이 된다. 지축십이진(地軸十二陣)과 지전충육진(地前衝六陣)·지후충육진(地後衝六陣)이 이십사진(二十四陣)이 되고 운팔진(雲八陣)을 합하여 삼십이음(三十二陰)이 된다.

유병이십사진(遊兵二十四陣)이 육십사진(六十四陣)의 뒤에 있으니, 무릇 행군(行軍)·합전(合戰)·기만술의 전개·부족한 것을 보충하는 일은 전부 유병(遊兵)에 달려 있다.

천전충사진(天前衝四陣)과 지전충육진(地前衝六陣)이 호랑이의 날개[虎翼]가 되고 풍팔진(風八陣)이 뱀또아리[蛇蟠]가 된다. 병가(兵家)에서는 음(陰)을 우선하기에 오른쪽을 앞으로 여긴다. 또 바람은 호랑이를 좇으며 호랑이와 뱀은 모든 음에 속하는 종류[陰類]이기에 함께 서북쪽에 위치한다.

천후충사진(天後衝四陣)과 지후충육진(地後衝六陣)은 나는 용이 되고 운팔진(雲八陣)이 새의 날개가 된다. 병가(兵家)에서는 양(陽)을 뒤로 생각하기에 왼쪽을 뒤로 여긴다. 또 구름이 용을 좇으며 용과 새는 모두 양에 속하는 종류[陽類]이기에 함께 동남쪽에 위치한다. 하늘·땅·바람·구름을 '사정(四正)'으로 삼고, 용·호랑이·새·뱀을 '사기(四奇)'로 삼으니, 이른바 '팔진(八陣)'이다. 항상 두 진(陣)이 서로 따르며, 한 진(陣)의 속에 또 두 진(陣)이 있어서 한 진(陣)은 싸우고 한 진(陣)은 지키니 안팎이 경중(輕重)의 권도(權道)가 있고, 음양(陰陽)이 강유(剛柔)의 조절이 있으며, 피차간에 허실(虛實)의 자리가 있고, 주객(主客)간에 선후(先後)의 수(數)가 있다.[415)]

지금 깃발을 좌청룡(左靑龍)·우백호(右白虎)·전주작(前朱雀)·후현무(後玄武)로 하는 것은 이를 따랐다고 한다. 생각건대 군대로 팔진을 행하는 것은 진실로 임기응변의 운이 있지만, 돌로 형상하는 것은 의당 조화의 오묘함이 없다. 그러나 제갈량이 어복포(魚復浦)에 어지럽게 쌓은 돌이 오히려 육손(陸遜)[416]을 곤경에 빠트렸고 상산사진(常山蛇陣)[417]의 응하는 형세가 또한 환온(桓溫)[418]에게 전해지니 기이하다.

세상에 전하기를 우리나라의 신경준(申景濬)[419]이 일찍이 이 진법을 이용하여 뜰에 꽃을 심자 개와 닭, 벌레와 새들이 들어오지 못했지만 삼 년이 되도록 아는 사람이 없었다. 하루는 독장수를 불러 독을 사려고 하자 독장수가 홀로 앉아 말하였다.

"어찌 이리도 호사(好事)가 많은가?"

신경준이 그 말뜻을 묻자, "이 꽃을 심은 뜰을 말한 것입니다"라고

---

415) 其法六十四陣. 天衡十六陣居兩端, 地軸十二陣居中間, 天前衝四陣居右, 後衝四陣居左, 地前衝六陣居前 後衝六陣居後, 風八陣附天, 雲八陣附地, 合爲八陣. 天衡, 併前後衝二十四陣, 合風八陣, 爲三十二陽, 地軸併前後衝二十四陣, 合雲八陣, 爲三十二陰, 遊兵二十四陣, 在六十四陣之後, 凡行軍結陣合戰設疑補闕, 全在遊兵, 天地之前衝, 爲虎翼, 風爲蛇蟠, 兵家先陰, 以右爲前, 又風從虎, 虎與蛇, 皆陰類, 同位西北也. 天地之後衝, 爲飛龍, 雲爲鳥翔, 兵家後陽, 以左爲後. 又雲從龍, 龍與鳥皆陽類, 同位東南也. 以天地風雲, 爲四正, 以龍虎鳥蛇爲四奇, 所謂八陣也. 每以二陣相從, 一陣之中, 又有兩陣, 一戰一守, 中外有輕重之權, 陰陽有剛柔之節, 彼此有虛實之地, 主客有先後之數.(『資治通鑑綱目, 卷十五』)

416) 육손(陸遜) : 삼국 시대 오나라 사람. 자는 백언(伯言). 정치에 재능이 있었고 군략(軍略)에 뛰어났다. 손권(孫權)을 섬겨 도독(都督)이 되었다. 형주(荊州)를 공격할 것을 계획하다가 이릉(夷陵)에서 유비(劉備)를 패배시키고 환(皖)에서 조휴(曹休)를 격파하였다. 적오(赤烏) 연간에 승상(丞相)이 되었다. 뒤에 태자의 폐위를 도모하다가 받아들여지지 않자 분사(憤死)하였다.

417) 상산사진(常山蛇陣) : 머리와 꼬리가 서로 호응하여 구원한다는 전설상의 뱀. 이 뱀의 머리를 치면 꼬리가, 꼬리를 치면 머리가 덤비고, 허리를 치면 머리와 꼬리가 함께 응하여 돕는다는 전설에서 유래하여, 수미(首尾)가 상응(相應)하는 진세(陣勢)를 비유한다.

418) 환온(桓溫) : 진(晉)나라의 권신(權臣). 찬탈을 꾀하다 병사(病死)하였다.

419) 신경준(申景濬) : 조선 영조 때의 문신·실학자(1712~1781). 자는 순민(舜民), 호는 여암(旅庵). 「동국여지도(東國輿地圖)」를 완성하여 조선 팔도의 산천 도리(道里)를 밝혔으며, 『훈민정음운해』를 저술하여 한글의 과학적 연구·발전에 공헌하였다.
* 『松南雜識』에는 '申景駿'으로 되어 있음.

하였다. 신경준이 그와 이야기 하려하자 독을 버리고 돌아보지도 않고 가버렸다고 한다. 이 일은 정호(程顥)와 정이(程頤)가 대자사(大慈寺)에서 통을 메우는 사람과 주역(周易)을 이야기한 것[420]과 비슷하다.

육위상통
六衛相統

금남(錦南) 최부(崔溥)[421]가 말하였다.

고려 태조가 처음 육위(六衛)[422]를 설치하고 각 위(衛)에는 삼십 팔 영(領)을 두고 각 영(領)에는 천 명의 병사를 두었는데, 상하가 체제와 계통이 있어서 서로 유지되니 당나라 부(府)·위(衛) 제도를 계승한 것이다.

숙종이 여진(女眞)을 정벌할 것을 생각하고 날마다 병사 조련을 일삼고 별무반(別武班)[423]을 설치하니, 아전·장사치·하인·중들도 모두 예속되었다. 비록 한 때 작은 효과를 보았지만 애당초 옛 제도에는 부합되지는 않았다.

의종(毅宗)과 명종(明宗) 이후로 군정(軍政)이 권신과 간신들에게 모두 귀속되어 나라에는 한 려(旅)나 한 오(伍)의 병졸도 없었으며, 장수라곤 모두 사가(私家)의 장수였고 병사라곤 모두 사가(私家)의 병사였다. 국경

---

420) 『주자어록(朱子語錄)』에 "송나라 때 대자사(大慈寺)에서 통의 테를 메우는 사람이 『주역』에 정통했다. 정호(程顥)와 정이(程頤) 형제가 그를 찾아가 의심난 곳을 물었는데 그는 거침없이 답변하였다. 그의 성(姓)을 물었으나 대답하지 않았다."는 이야기가 있다.

421) 최부(崔溥) : 조선전기의 문신(1370~1452). 자는 수지(受之), 호는 금남(錦南), 본관은 탐진(耽津). 저서에 『표해록(漂海錄)』이 있다.

422) 육위(六衛) : 고려 전기 중앙군 조직인 좌우위(左右衛)·신호위(神虎衛)·흥위위(興威衛)·금오위(金吾衛)·천우위(千牛衛)·감문위(監門衛)를 합쳐 부르는 말이다.

423) 별무반(別武班) : 고려 숙종(肅宗) 9년(1104)에 여진족을 정벌하기 위해 조직한 군대. 도병마사(都兵馬使) 윤관(尹瓘)의 건의로 이루어진 것으로, 예종(睿宗) 2년(1107)에 이 부대를 이끌고 여진족을 정벌하고 성을 설치했다.

에 사고가 빈발하는 지경이 되고서야, 급작스레 병사를 징발해서 중앙과 지방의 문관·무관과 산원(散員)[424]·백정(白丁)·잡색(雜色)[425]·천예(賤隸)·사가의 종을 싹쓸이 하여 용감한 사람이나 겁쟁이를 막론하고 모두 군적에 넣었다. 방(房)의 수에 따라 차등을 두어 장정을 차출하는 일도 있었다. 군정이 제대로 운영되지 않는 것이 한결 같이 이런 지경에 이르니 외적을 막고 나라를 보호하고자 한들 가능하겠는가?

우리 조선도 여전히 사병(私兵)이 있었는데 정종(定宗) 경진년(1400)에 혁파하여 삼군부(三軍府)에 소속시켰다.

오위진법
五衛陣法

『선원보(璿源譜)』에서 "조선 문종(文宗) 신미년(1451)에 오위(五衛)[426]를 설치하여 용양(龍驤)·호분(虎賁)·의흥(義興)·충좌(忠佐)·충의(忠義)라는 호칭을 붙였다. 위(衛)에는 오부(五部)가 있고, 부(部)에는 사통(四統)이 있으며 위장(衛將)·통장(統將)·부장(部將)을 두었다"라고 하였다.

이익(李瀷)이 "진법(陣法) 구편(九篇)과 용겁승패(勇怯勝敗)의 형세 이십팔 변(二十八變)을 만들어서 사졸에게 가르쳤는데, 나중에 점차 폐지되었다"[427]라고 하였다.

---

424) 산원(散員): 고려의 이군(二軍)·육위(六衛)와 도부외(都府外)·의장부(儀仗府) 등에 두었던 정8품의 무관직.

425) 잡색(雜色): 의식이나 큰 행사가 있을 때 여러 가지 잡일을 맡아 하는 일꾼.

426) 오위(五衛): 조선의 태조가 고려의 삼군총제부(三軍摠制府)를 의흥삼군부(義興三軍府)로 개칭하고 종래의 10위군(衛軍)을 중·좌·우군의 3군으로 나눈 뒤, 3군에 속한 10위는 12사로 있다가 문종 1년(1451)에는 5사로, 세조 3년(1457)에는 5위 제도로 개편되었다. 5위는 조선 시대 중앙군의 기간(基幹)으로 군림하였지만 임진왜란 후에는 5군영(軍營)에 그 권세를 물려주고 대폭 축소되어 궁성의 숙위(宿衛)만 맡았다.

427) 作陣法**九篇**, 勇㥘勝敗之勢, 二十八變, 以教士卒, 後漸弛廢.(『星湖僿說, 卷十四, 人事門, 設京營』)→作陣法, 勇㥘勝敗之勢, 二十八變, 以教士卒, 後漸弛廢.(『松南雜識』)

훈련도감
訓練都監

이익(李瀷)이 말하였다.

평양이 수복될 때 이여송(李如松)이 "이번에 와서 사용한 병법은 바로 척계광(戚繼光)의 『기효신서(紀效新書)』의 것인데, 기밀이어서 내어줄 수 없다"라고 하였다. 임금이 역관(譯官)에게 명하여 그 휘하(麾下)에서 사들이게 하고, 도성으로 돌아가 굶주리는 백성 중에서 무거운 것을 잘 들 수 있고 한 길 높이의 담장을 뛰어 넘을 수 있는 자 수천 명을 모집해서 부대를 나누어 연습시키니 몇 달이 지나자 군인의 틀을 갖추게 되었다. 계사년(1593)에 유성룡(柳誠龍)을 도제조(都提調)로 삼았다.[428)]

이것이 훈련도감(訓練都監)[429)]의 시초이니, 두보(杜甫)의 시 "정예병을 훈련시키니 귀신도 움직이네[訓練精兵動鬼神]"[430)]의 구절을 따서 이름을 지었다.

---

428) 癸巳, **設訓練都監**, 柳成龍爲都提調. 平壤之復也, 李如松曰, 今來所用, 乃戚繼光紀效新書而秘不出. 上**令**譯官購得於其麾下. 及還都, 募飢民, 能擧重而超過一丈墻者數千人, 部分演習, 數月成軍容.(『星湖僿說, 第14卷, 人事門, 設京營』) → 平壤之復也, 李如松曰, 今來所用, 乃戚繼光紀效新書而秘不出. 上**命**譯官購得於其麾下. 及還都, 募飢民, 能擧重而超過一丈墻者數千人, 部分演習, 數月成軍容. 癸巳, **以**柳成龍爲都提調.(『松南雜識』)

429) 훈련도감(訓練都監) : 훈국(訓局). 오군영(五軍營) 가운데 가장 먼저 설치되었다. 임란을 계기로 이전의 오위제(五衛制)가 붕괴되고 새로운 군사조직이 필요하자 선조 26년(1593)에 유성룡(柳成龍)의 주장과 명나라 장수 낙상지(駱尙志)의 권유에 따라 척계광(戚繼光)의 『기효신서(紀效新書)』를 참고로 하고, 명나라 군대 절강병(浙江兵)의 훈련법을 습득하기 위해 조직되었다.

430) 「봉기장십시어(奉寄章十侍御)」.

어영

御營

『당서(唐書)』에서 “주전충(朱全忠)[431]이 장정범(張廷範)[432]을 어영사(御營使)로 삼았다”[433]라고 하였다.

우리나라는 인조 갑자년(1624)에 이괄(李适)의 난을 토벌하기 위해서 설치하였다.[434] 살펴보건대 송나라에 어영(御營)[435]이 있었고, 이강(李綱)[436]이 어영사(御營使)[437]가 되었으니, 지금도 그 호칭을 따른다.

---

431) 주전충(朱全忠) : 후량(後梁)의 건국자. 재위 기간은 907~912년. 본명은 주온(朱溫). 묘호는 태조(太祖). 안휘(安徽) 출신. 황소(黃巢)의 난에 동참하여 그의 부장(部將)이 되었지만 형세가 불리함을 간파하고 관군에 항복하여 희종(僖宗)에게서 전충(全忠)이라는 이름을 하사받고 황소의 잔당을 평정한 공으로 양왕(梁王)에 봉해지고 절도사를 겸하는 등 화북 제일의 실력자가 되었다. 그러나 소종(昭宗)을 살해한 뒤 애제(哀帝)를 세우고, 다시 애제로부터 제위를 양수(讓受)받아 양(梁)나라를 세우고 개봉(開封)을 수도로 정한 뒤 당나라를 멸망시켰다.

432) 장정범(張廷範) : 당나라 우인(優人). 주전충(朱全忠)의 총애를 받아 어영사(御營使)가 되었다. 관직은 태상경(太上卿)까지 이르렀다. 나중에 내주 사호 참군(萊州司戶參軍)으로 폄하되었고 하남(河南)의 저자에서 거열형에 처해졌다.

433) 廷範者, 以優人, 爲全忠所愛, 扈東遷爲御營使.(『唐書, 卷二百二十三下, 列傳, 第一百四十八下, 姦臣』) → 全忠, 以**其將**張廷範爲御營使.(『資治通鑑, 卷二百六十四, 唐紀, 八十』) → **朱**全忠, 以張廷範, 爲御營使.(『松南雜識』)

434) 仁祖**朝**, 置**京畿黃海忠淸道統禦左右使**, **二年**甲子**置禦營使**, 懲**李**适**之**變也.(『星湖僿說, 第十四卷, 人事門, 設京營』) → 仁祖, 甲子懲适變**而置**也.(『松南雜識』)

435) 어영(御營) : 어영청(御營廳)의 줄임말.

436) 이강(李綱) : 송나라 소무(邵武) 출신. 자는 백기(伯紀). 병부시랑(兵部侍郎)을 맡고 있을 때, 금나라가 쳐들어오자 싸울 것을 주장하여 견책을 받았지만, 고종(高宗)이 남천하자 가장 먼저 불러 재상으로 삼았다. 군대를 정비하고 국도 회복을 주장했으나, 고종의 뜻이 편안함을 유지하는데 있었고 황잠선(黃潛善) 등이 그를 꺼려하여 얼마 뒤 파직되었다. 졸시는 충정(忠定).

437) 어영사(御營使) : 송나라 고종 건염(建炎) 연간에 설치했다. 천자가 순행할 때를 위하여 설치되는데 재상이 국정을 맡는다.

총융청
摠戎廳

정묘년(1627)에 적의 침입을 받자, 난을 당하였을 때, 소집하면 즉시 달려 올 군대가 없다고 생각하여 설치하니, 바로 경기병사(京畿兵使)이다.[438)]

두보의 시 가운데 "총융이 모두 시중의 단비꼬리를 꽂았네[摠戎皆插侍中貂]"[439)]라는 구절을 따서 이름지었다.

헌종이 내영(內營)[440)]을 설치하면서 총융청[441)]을 폐지하고 총위영(摠衛營)으로 만드니 바로 정조(正祖) 때 장용위(將勇衛)[442)]를 설치한 의도와 같다. 그것의 군향색(軍餉色)[443)]은 무신(武臣) 이응식(李應植)이고 군무색(軍務色)은 문신(文臣) 서희순(徐憙淳)[444)]이다. 대장사또(大將使道)는 임금이 친히 거느리니 또한 명나라 무종(武宗)이 위무대장군(威武大將軍)이라 자칭한 것과 같은 경우이다. 기유년(1849)에 총융청을 다시 복원하였다.

---

438) 丁卯被兵**時**, **大駕入江都**, **人**謂當亂無號召卽赴之軍, **始**置**摠戎廳以領**京畿**右道之軍**.(『星湖僿說, 第十四卷, 人事門, 設京營』) → 丁卯被兵, 謂當亂無號召卽赴之軍, 置**焉**, **卽**京畿**兵使也**.(『松南雜識』)

439) 「제장오수(諸將五首)」.

440) 내영(內營) : 궁중이나 도성 안에 있는 병영(兵營). 조선 시대 총융청(摠戎廳)의 본영으로 남양(南陽)·파주(坡州)·장단(長端)에 있던 외영(外營)에 상대하여 이른 말이다.

441) 총융청(總戎廳) : 조선 인조 2년(1624)에 설치하여 광주(廣州)·양주(楊州)·수원(水原) 등 진(鎭)의 군무를 맡아 서울의 외곽을 경비한 군영. 영조 23년(1747)에 북한산성(北漢山城)의 수비를 맡았으며 헌종 12년(1846)에 총위영(總衛營)으로 고쳐 일컬었다.

442) 장용위(將勇衛) : 조선 중기 5위(衛)의 하나인 충무위(忠武衛)에 두었던 군대.

443) 군향색(軍餉色) : 조선 시대 훈련도감(訓練都監)에 딸린 한 부서. 또는 그 부서에 소속된 벼슬아치. 군량에 관계되는 일을 맡아 보았다.

444) 서희순(徐憙淳) : 조선 후기의 문신(1793~?). 자는 치회(穉晦), 호는 우란(友蘭), 본관은 달성(達成). 헌종 때 대사헌·직제학, 한성부 판윤, 형조·예조·병조의 판서, 좌참찬, 이조·호조의 판서 등을 역임, 철종 때 다시 호조판서를 거쳐 이조판서를 지냈으며, 철종 6년(1855)에 진위진향사(陳慰進香使)로 청나라에 다녀왔다. 시호는 숙헌(肅獻)이다.

통제사
統制使

통제사(統制使)는 임진왜란을 징치(懲治)하면서 설치하였으니, 이순신이 삼도수군통제사(三道水軍統制使)를 겸한 것이 시초이다.[445] 무관들은 남쪽의 통제사(統制使)와 북쪽의 병마사[閫將]를 훌륭하게 여긴다.

영장
營將[446]

인조가 처음 설치했는데, 얼마 뒤에 혁파하였으며, 효종 8년(1657)에 다시 설치하여 북벌을 도모하였다. 지금의 토포사(討捕使)[447]이다.

승통
僧統[448]

임진왜란 때, 사노(寺奴)를 향산(香山)의 중 휴정(休靜)이 거느리게 하였다. 지금 남한산성과 북한산성의 승장(僧將)[449]이 이것이다.[450]

---

445) **置統制使**, **以**李舜臣兼**統**三道水軍.(『星湖僿說, 第十四卷, 人事門, 設京營』)→**懲壬亂而設**, **自**李舜臣兼三道水軍, **始也**.(『松南雜識』)

446) 영장(營將) : 진장(鎭將), 진영장(鎭營將)이라고도 한다. 정3품 관직으로, 중앙의 총융청(摠戎廳)·수어청(守禦廳)·진무영(鎭撫營) 등에 속한 것과 각 도의 감영(監營)·병영(兵營)에 속한 것의 두 계통이 있다. 모두가 겸직이었다.

447) 토포사(討捕使) : 조선 시대 지방의 도적을 잡기 위하여 두었던 벼슬. 명종 16년(1561)에 임꺽정의 무리를 토벌하기 위하여 이를 두었고, 선조 때는 도적이 극심한 고을의 수령을 토포사에 임명하였다. 인조 16년(1638)에는 전국 내륙 지방의 수령들을 토포사로 임명하였고 현종 때는 홍명하(洪命夏)의 건의에 따라 제도화하여 각 지방의 진영장(鎭營將)이 겸임했다.

448) 승통(僧統) : 조선 시대 승군(僧軍)을 통솔하던 승직(僧職)의 하나.

449) 승장(僧將) : 승군의 장수. 임진왜란 때 도총섭(都總攝)을 둔 것이 승장의 시초이며,

군진
軍陣

『신당서(新唐書)』에서 원반천(員半千)[451]이 말하였다.

병가(兵家)에는 세 가지 진(陣)이 있습니다. 성수(星宿)의 고허(孤虛)가 천진(天陣)이고, 산천(山川)의 향배(向背)가 지진(地陣)이며, 군대 편오(偏伍)의 보합(保合)이 인진(人陣)이라고 합니다만, 신은 그렇지 않다고 생각합니다. 군대가 의리(義理)로 출정하면 세차게 때맞춰 내리는 비처럼 하늘의 때를 얻는 것이 천진(天陣)이고, 먹을 것이 풍족하고 지출을 절약하여 한편으로 밭 갈고 한편으로 전쟁을 하여 땅의 이로움(地利)을 얻는 것이 지진(至陣)입니다. 삼군(三軍)의 병사를 동원함에 마치 자제들이 부형을 호위하듯 하여 사람간의 화목(人和)을 얻는 것이 인진(人陣)입니다.[452]

『북사(北史)』에서 허준(許遵)[453]이 "적이 수진(水陣)을 친다면 우리는

그 뒤 강화도 · 남한산성 · 북한산성 등에 두었다.

450) **置僧統**, 以香山僧休靜, 主之. **其徒弟關東惟政湖南處英**, **亦起兵**, **頗有戰功**, 今之南漢僧將, 是也.(『星湖僿說, 第十四卷, 人事門, 設京營』) → **壬亂**, **寺奴**以香山僧休靜, 主之. 今之南**北**漢僧將, 是也.(『松南雜識』)

451) 원반천(員半千) : 당나라 전절(全節) 출신. 본명은 여경(餘慶). 자는 영기(榮期). 와의방(王義方)이 일찍이 그에 대해 "오백 년 만에 나타난 현자이니 그대는 마땅히 그 점을 알리라"라고 말했다. 그러자 이름을 반천(半千)으로 고쳤다. 측천무후 때 공봉(供奉)이 되었다. 예종(睿宗)이 즉위하자 태자우유덕(太子右諭德) 겸숭문관학사(兼崇文館學士)가 되었다. 다섯 임금을 섬기고도 청백(淸白)한 기절(氣節)이 있었다.

452) 半千**進**曰, **臣聞古者**星宿孤虛天陣**也**, 山川向背地陣**也**, 偏伍彌縫人陣**也**, 臣謂不然, **夫**師以義出, 沛若時雨, 得天之時, 爲天陣, 足食約費, 且耕且戰, 得地之利, 爲地陣, 擧三軍士如子弟從父兄, 得人之和, 爲人陣.(『唐書, 卷一百十二, 列傳, 第三十七, 王員韓蘇薛柳馮蔣, 員半千』) → **員**半千曰, **兵家有三陣**. 星宿孤虛天陣. 山川向背地陣, 偏伍彌縫八陣. 臣謂不然. 師以義出, 沛若時雨, 得天之時, 爲天陣, 足食約費, 且耕且戰, 得地之利, 爲地陣, 擧三軍士如子弟從父兄, 得人之和, 爲人陣.(『松南雜識』)

453) 허준(許遵) : 북제(北齊)의 고양(高陽) 출신. 역(易)에 밝고 점을 잘 쳤다. 또한 천문

화진(火陣)을 쳐야 할 것이다"[454]라고 말하였다.

송나라의 인종(仁宗)[455]이 "이정(李靖)[456]이 육화진(六花陣)[457]을 만들었으니 바로 칠군원진(七軍圓陣)이고, 팔진(八陣)은 바로 구군방진(九軍方陣)이다"[458]라고 말하였다.

아! 진법(陣法)이 어찌 군에서만 쓰이겠는가? 물고기는 병서(兵書)를 읽지 않았지만 어려진(魚麗陣)[459]을 쳐서 오(伍)로 편(偏)의 간극을 보합(保合)하고, 새는 무예를 익히지 않았지만 조익진(鳥翼陣)을 쳐서 맹렬히 싸운다. 호랑이와 비휴, 뱀과 말개미는 모두 손자(孫子)와 오자(吳子)를 배워서 능한 것이 아니지만, 천지의 운행과 별들의 얼크러짐, 산천의 싸고 돎, 음양의 향배(向背) 등, 각자 그 형세를 따라 진(陣)을 이룬다.

강감찬(姜邯贊)은 한신(韓信)의 낭사(囊沙)의 계책[460]을 써서 홍건적(紅巾賊)을 격파하였지만, 신립(申砬)은 한신(韓信)의 배수진(背水陣)을 썼다가 도리어 왜적에게 격파되었다.

또한 송왕(宋王)의 경우, 전단(田單)[461]의 화우법(火牛法)을 이용하다가

(天文)과 풍각(風角)에도 밝았다. 점을 치면 항상 신통하게 맞았다.

454) 賊爲水陳, 我爲火陳.(『北史, 卷八十九, 列傳, 第七十七, 藝術上, 許遵』)

455) 『松南雜識』에는 '神宗'으로 오기되어 있음.

456) 이정(李靖) : 당나라 삼원(三原) 출신. 자는 약사(藥師). 서(書)·사(史)에 능통했다. 고조(高祖) 때 행군총관(行軍總管)이 되었다. 태종(太宗)이 즉위하자 형부상서(刑部尙書) 겸검교중서령(兼檢校中書令)이 되었다. 얼마 뒤 돌궐(突厥)을 격파하고 정양(定襄)을 취하고 힐리(頡利)를 사로잡았다. 땅을 개척하여 대국공(代國公)에 봉해졌다. 상서우복야(尙書右僕射)가 된 뒤 벼슬을 사양하고 물러났다. 졸시는 경무(景武)이다.

457) 육화진(六花陣) : 당나라의 이정(李靖)이 제갈량(諸葛亮)의 팔진(八陣)에 근본하여 펼친 진법.

458) 宋**仁**宗曰, 李靖造六花陣, **大抵**八陣, 卽九軍方陣也. 六花, 卽七軍圓陣也.(『韻府羣玉, 六花陣』) → 宋**神**宗曰, 李靖造六花陣, 卽七軍圓陣也. 八陣, 卽九軍方陣也.(『松南雜識』)

459) 어려진(魚麗陣) : 진법의 일종. 전차 25대를 편(偏)으로 만들어 전진 배치하고 5명 단위의 보병인 오(伍)를 뒤에 배치하여 편의 간극을 보합하게 하는 진법이다

460) 낭사(囊沙)의 계책 : 한(漢)의 한신(韓信)이 초(楚)의 용저(龍且)를 유수(濰水)에서 칠 때, 밤중에 몰래 일만여 개의 모래 자루를 만들어 상류를 막은 다음, 용저의 군사를 강으로 유인하여 막았던 둑을 한꺼번에 터서 승리하였던 계책.

461) 전단(田單) : 전국 시대 제나라 임치(臨淄) 출신. 연나라 장수 악의(樂毅)가 쳐들어와

스스로 자기 군대를 몰살시켰으니 대개 병법의 운용방법이 중요할 뿐이다.

우리나라의 장기(長技)란, 문관(文官)은 돈을 아끼지 않고 무관(武官)은 힘을 아끼지 않는 것이기에 오로지 험한 곳에 웅거하여 요로(要路)를 지키고, 들판을 소개(疏開)[462]하고 대비만 하면 동쪽으로는 왜놈을 두려워하지 않을 것이고 북쪽으로는 야인들을 두려워하지 않을 것이고 서쪽으로는 여진족을 두려워하지 않을 것이다. 또한 견고한 갑옷과 예리한 병기가 모두 우리 땅에서 생산되고 육진(六鎭)의 군대는 오랑캐보다 강하고 삼남(三南)의 병사는 왜적에 대해 익숙한데도 임진년(1592)과 병자년(1636)에 왜적과 오랑캐에게 곤경을 겪었던 이유는 무엇인가?

부병
府兵

두목(杜牧)이 말하였다.

군대란 외부에 주둔하면 반란을 하니, 한신(韓信)[463] · 경포(黥布)[464] ·

제나라의 70여개의 성을 함락시켜 거(莒)와 즉묵(卽墨)만이 남게 되자 반간계(反間計)를 써서 악의를 돌려보내고, 성에 있던 소 천여 마리를 모아 뿔에 병기를 매달고 꼬리에 기름을 먹인 꼴을 매달아 불을 붙이고 소들을 성 밖으로 뛰어 나가게 하였다. 소가 불에 놀라고 아파하며 연나라 군대를 향해 돌진하자 연나라 군이 대패하였고 전단은 공로를 인정받아 안평군(安平君)에 봉해졌다.

462) 소개(疏開) : 청야(淸野). 들의 작물을 거두거나 가옥을 철거하여 쳐들어오는 적에게 양식 또는 숙사(宿舍)의 편의를 주지 않는 것.

463) 한신(韓信) : 한(漢)나라 초의 무장(?~B.C. 196). 회음(淮陰) 출신. 진(秦)나라 말 난세에 처음에는 초(楚)나라의 항량(項梁) · 항우(項羽)를 섬겼으나 중용되지 않아 한왕(漢王 : 高祖 劉邦)의 군에 참가했다. 승상 소하(蕭何)에게 인정을 받아 해하(垓下)의 싸움에 이르기까지 한군을 지휘하여 제국(諸國) 군세를 격파, 군사면에서 크게 공을 세움으로써 제왕(齊王)이 되었다가 초왕(楚王)이 되었다. 그러나 한제국(漢帝國)의 권력이 확립되자 유씨(劉氏) 외의 다른 제왕(諸王)과 함께 차차 밀려나, B.C. 201년 회음후(淮

칠국(七國)[465]·안록산(安祿山)[466]이 그 예이다.[467] 내부에 있으면 찬탈을 하니, 왕망(王莽)[468]·동탁(董卓)[469]·조조[470](曹操)·사마의(司馬懿)[471]가 그 예이다.[472] 외부에서 반란하지 않고 내부에서 찬탈하지 않게 하며,

---

陰侯)로 격하되고, B.C. 196년 진희(陳豨)의 난에 통모(通謀)하였다 하여 여후(呂后)의 부하에게 참살당했다.

464) 경포(黥布) : 한나라 초기의 명장이었으나, 한나라 건국 후 초(楚)의 회남왕(淮南王)이 되어 반란을 일으켰다가 주살되었다.

465) 칠국(七國) : 오초칠국(吳楚七國). 한나라 경제(景帝) 때의 일곱 제후국. 오(吳)·초(楚)·교서(膠西)·교동(膠東)·치천(淄川)·제남(濟南)·조(趙)를 이른다. 경제가 조착(鼂錯)의 말에 따라 제후의 봉지(封地)를 깎으려 하자, 경제(景帝) 3년에 오왕(吳王)인 비(濞)가 주동하여 7국의 제후들이 변란을 일으켰다. 그래서 경제는 조착을 죽이는 한편 주아부(周亞夫) 등을 보내 난을 진압하고 오왕을 참하자, 다른 제후들은 모두 자살했다.

466) 안록산(安祿山) : 당나라의 무장(703?~757). 현종의 신임을 받고, 양국충(楊國忠)과 대립하여, 755년에 반란을 일으켜 낙양(洛陽)에서 대연 황제(大燕皇帝)라 칭했으나, 둘째 아들 경서(慶緖)에게 피살되었다.

467) 「원십육위(原十六衛)」에는 간주(間註)로 되어 있는데, 『松南雜識』에는 원문으로 오기되어 있음.

468) 왕망(王莽) : 전한의 정치가(B.C. 45~A.D. 23). 자는 거군(巨君). 자신이 옹립한 평제(平帝)를 독살하고 제위를 빼앗아 국호를 신(新)으로 명명했다. 한(漢)나라 유수(劉秀)에게 피살되었다. 재위 기간은 8~23년.

469) 동탁(董卓) : 후한 말기의 무장. 자는 중영(仲穎). 189년 외척 하진(何進)이 환관을 토멸하고자 할 때 이에 호응하여 군사를 거느리고 낙양(洛陽)으로 향했으나 하진은 도리어 환관에게 죽고, 환관들은 원소(袁紹)의 군대에 몰살되었다. 그러나 동탁은 그대로 낙양에 입성하여 헌제(獻帝)를 옹립하고 정권을 잡았다. 이에 대해 원소를 맹주로 하는 동탁 토벌군이 조직되자, 190년 낙양성을 소각하고 장안(長安)으로 천도했다. 천도 후에도 횡포가 심하였고, 그때문에 사도(司徒) 왕윤(王允)의 모략에 걸려 부장 여포(呂布)에게 살해되었다. 동탁의 사후 장안은 부장들의 다툼으로 혼란이 거듭되었고 헌제는 장안을 탈출, 조조(曹操)에게 보호되어 조조가 중국 천하를 제패하는 계기를 만들었다.

470) 조조(曹操) : 삼국 시대 위나라의 시조(155~220). 자는 맹덕(孟德). 황건의 난을 평정하여 공을 세우고 동탁을 주살한 후 실권을 장악했다. 208년에 적벽(赤壁) 대전에서 유비와 손권의 연합군에게 크게 패하여 중국이 삼분된 후 216년에 위왕(魏王)이 되었다.

471) 사마의(司馬懿) : 삼국 시대 위(魏)나라의 정치가이자 군략가(179~251). 자는 중달(仲達), 묘호는 고조(高祖), 시호는 선황제(宣皇帝). 조상(曹爽)과의 권력투쟁에서 승리하고 승상이 되어 정치의 실권을 그의 손아귀에 넣었다. 위나라 조정 내의 사마(司馬) 가문의 영향력이 지대해졌고 이것이 이후 진나라 건국의 기초가 되었다. 사후에 그의 손자 사마염이 진나라를 건국하자 선제(宣帝)로 추증되었다.

병사들은 대오를 이탈하지 않고 스스로 불에 뛰어드는 걱정이 없으며, 장수는 그 목숨을 보전하여 토사구팽(兎死狗烹)의 깨우침이 없도록 하는 것으로 고금 이래 가장 좋은 제도는 부병제(府兵制)[473]일 것이다.[474]

임경(林駉)[475]이 "한(漢)나라 기병(畿兵)[476]은 처음에 번상(番上)이었으니 지금의 상번승호(上番升戶)가 이것이다. 후에 번상이 상둔(常屯)으로 바뀌었으며, 상둔(常屯)이 원정(遠征)으로 바뀌면서 기병(畿兵)은 폐지되었다. 당나라 기병(畿兵)은 처음에는 부위(府衛)였는데, 부위가 장종(長從)으로 바뀌었고, 장종이 금군(禁軍)[477]으로 바뀌었으니, 지금의 금위영(禁衛營)이 이것이다. 이것이 한나라와 당나라의 기병(畿兵)이 세 번 변한 유래(由來)이다"[478]라고 말하였다.

---

472) 「원십육위(原十六衛)」에는 간주(間註)로 되어 있는데, 『松南雜識』에는 원문으로 오기되어 있음.

473) 부병제(府兵制) : 당나라 및 고려 말 조선 전기에 실시되었던 병농일치(兵農一致)의 병제.

474) 居外則叛, **韓燕七國近者祿山僕固**, **是也**. 居內則簒, 卓莽曹馬**已下**, 是也. 使外不叛, 內不簒, 兵不離伍, 無自焚之患, 將保頸領, 無烹狗之**論**, 古今已還, 法術最**長**, 其**置**府**立衛**乎.(「原十六衛」) → **兵也**, 居外則叛, **韓黥七國祿山**, **是也**. 居內則簒, 莽卓曹馬, 是也. 使外不叛, 內不簒, 兵不離伍, 無自焚之患, 將保頸領, 無烹狗之**論**, 古今已還, 法術最**良**, 其府**兵**乎.(『松南雜識』)

475) 임경(林駉) : 송나라 사람. 자는 덕송(德頌). 여러 서적에 박학하였고, 특히 당대의 전고(典故)에 밝았다. 저서에 『고금원류지론(古今源流至論)』이 있다.

476) 기병(畿兵) : 수도에 주둔하는 병력.

477) 금군(禁軍) : 천자의 궁성을 수비하던 근위군의 총칭. 금군(禁軍)의 호칭은 황제의 거성(居城)을 금리(禁裏) 또는 금중(禁中)이라 부른 데서 붙여졌다.

478) 漢之畿兵, 始爲番上, **至其**後**也**, 番上變爲**常**屯, **常**屯變爲遠征, 而畿兵之制壞矣. 唐之畿兵, 始爲府衛, **至其後也**, 府衛變爲長從, 長從變爲禁軍, **而畿兵之制**, **壞矣**. 此漢唐內兵三變之由也.(『古今源流至論續集, 卷一, 畿兵』) → 漢之畿兵, 始爲番上. **今上番升戶**, **是也**. 後番上變爲**長**屯, **長**屯變爲遠征, 而畿兵之制壞矣. 唐之畿兵, 始爲府衛, 府衛變爲長從, 長從變爲禁軍. **今禁衛營戶**, **是也**, 此漢唐內兵三變之由也.(『松南雜識』)

수군
水軍

고려 공양왕 때에 도당(都堂)에서 "바닷가의 백성들을 소집하여 장정 세 명을 일 호(戶)로 삼아 수군(水軍)을 편성하십시오. 여러 도의 연해안의 토지는 세금을 거두지 말아 수군의 처자식을 부양케 하십시오"라고 아뢰니 그대로 따랐다. 반계 유형원이 "우리나라의 수군은 이때 창설되었다"[479]라고 하였다.

『경국대전(經國大典)』에서 "수군 본래의 인원이 사만 팔천 팔십 명에, 조군(漕軍)[480]이 오천 구백 육십 명이다"[481]라고 하였다.

속오군
束伍軍[482]

반계 유형원이 "속오군(束伍軍)은 임진왜란 때 추가로 설치하였으며, 공사천민(公私賤民)으로 정원을 충당하였다"[483]라고 말하였다.

479) 恭讓王時, 都堂啓曰, 召募海邊人民, 三丁爲一戶, 定爲水軍, 諸道濱海之田, 不收租稅, 以養水軍妻子, 從之. **按**本國**舊無**水軍, **舟師**之設, **蓋**始**於**此.(『磻溪隨錄, 卷之二十三, 兵制攷說, 兵制』) → **麗**恭讓王時, 都堂啓曰, 召募海邊人民, 三丁爲一戶, 定爲水軍, 諸道濱海之田, 不收租稅, 以養水軍妻子, 從之. **磻溪曰**, 本國水軍之設, 始此.(『松南雜識』)

480) 조군(漕軍) : 고려・조선 시대에, 조선(漕船)에 승선하여 조운 활동에 종사하던 선원. 조졸(漕卒)・수부(水夫).

481) **按**大典, **水軍**元額, 四萬八千八百, 漕軍**元額**, 五千九百六十.(『磻溪隨錄, 卷之二, 田制下, 打量出軍出稅式』) → 大典**曰**, 元額, 四萬八千八百, 漕軍, 五千九百六十.(『松南雜識』)

482) 속오군(束伍軍) : 임진왜란의 난국을 타개하기 위하여 명나라 장수 척계광의 『기효신서(紀效新書)』에 나타난 속오법과 삼수기법(三手技法)에 따라 양인(良人)・공사천인(公私賤人)으로 조직하였다.

483) 以公私賤, **爲之**.(『磻溪隨錄, 卷之二十一, 兵制, 諸色軍士』) → **壬亂添設**. 以公私賤, **充定**.(『松南雜識』)

서애(西厓) 유성룡(柳成龍)이 말하였다.

병법에서 가장 중요한 요체는 오직 속오(束伍)에 있다. 이른바 속오(束伍)는 분수(分數)[484]가 이것이다. 선유(先儒)가 "한신의 다다익선(多多益善)은 분수가 분명하였을 따름이다"라고 말하였으며, 『손자』에서 "대병력을 소병력 다루듯 할 수 있음은 분수(分數)가 이것이다"[485]라고 하였다. 속오란, 위(衛)는 부(部)를 통솔하고, 부는 기(旗)를 통솔하고, 기는 대(隊)를 통솔하고, 대는 오(伍)를 통솔하는 류(類)와 같다. 그 방법은 『기효신서(紀效新書)』에 매우 자세히 실려 있다.[486]

아국군액
我國軍額

반계 유형원이 말하였다.

임진왜란 이전에 기병(騎兵)과 보병(步兵)의 정규군은 십팔만 여명이었다. 여기에 호보(戶保)[487]를 합치면 사십만 명이었다.[488]

---

484) 분수(分數) : 인원수를 규정하여 직무(職務)를 분임(分任)하는 일. 군대의 조직 편제를 이른다. 이지(李贄)는 "분(分)은 편비졸오(偏裨卒伍)의 구분을 이르며, 수(數)는 십백천만의 수가 각각 통제함이 있고 대장이 그 강령을 총괄하는 것을 이른다"라고 했다.

485) 孫子**曰**, **凡**治衆如治寡, 分數, 是也.(『孫子, 勢篇』) → 孫子治衆如治寡, 分數, 是也.(『松南雜識』)

486) 西厓**戰守機宜**曰, 兵法喫緊頭腦**唯**在**於束伍**, **所謂**束伍者, 分數, 是也. **故**先儒云, 韓信多多益辦, **只是分數明**. 孫子**曰**, 治衆如治寡, 分數, 是也. **我國將帥 無一知其束伍分數之法而每患軍卒之善潰**, **嗚呼**, **惑之甚也**. **夫束伍者**, 如衛統部, 部統旗, 旗統隊, 隊統伍**之類**, 是也. …… **束伍之**法, 在紀効新書者, 極爲明備.(『磻溪隨錄, 卷二十一, 兵制, 本國古今軍數 附』) → **柳**西涯曰, 兵法喫緊頭腦**惟**在束伍者, 分數, 是也. 先儒云, 韓信多多益辦, 孫子治衆如治寡, 分數明, 是也. 如衛統部, 部統旗, 旗統隊, 隊統伍也. **其**法, 在紀効新書, 極爲明備.(『松南雜識』)

487) 호보(戶保) : 군호(軍戶)에 지급하는 보인(保人). 실제로는 그 보인이 납부하는 쌀과

지금은 정규군이 오만 육천 백 칠십 오 명인데, 호보를 아우르면 십팔만 삼천 이백 오십 팔 명이고, 조군이 육백 칠십 사 명인데, 호보를 아우르면 삼천 이십 육 명이고, 속오·제색군(諸色軍)이 십육만 천 구백 이십 명이다. 지금 정규군과 그 호보, 삼위군(三衛軍)과 그 호솔(戶率)이 또 속오·제색에 중첩되어 모두 이 숫자 안에 들어 있다.[489]

베를 그 군호에 지급함.

488) 倭難**以**前, **軍數**. **京外**騎步正兵, 十八萬餘人. 戶保並**不滿**四十萬.(『磻溪隨錄, 卷之二十一, 兵制, 本國古今軍數 附』)→倭難前, 騎步正兵, 十八萬餘人. 並戶保四十萬.(『松南雜識』)

489) 今正兵, 五萬六千一百七十五人. **戶保幷十八萬三千二百五十八人**. …… 漕軍, 六百七十四人. 戶保幷三千二十六人. 束伍諸色軍, 十六萬一千九百二十人. **今正兵**, **戶保及三衛戶率**, **又疊爲束伍諸色**, **皆重入此數內**.(『磻溪隨錄, 卷之二, 田制下, 打量出軍出稅式』)→今正兵, 十五萬六千一百七十五人. 幷戶保十八萬三千二百五十八人. 漕軍六百七十四人. 幷戶保三千二十六人. 束伍諸色軍, 十六萬一千九百二十人. 今正兵, 戶保及三衛戶率, 又疊爲束伍諸色, 皆重入此數內.(『松南雜識』)

14. 농정류(農政類)

삼농
三農

『산림경제(山林經濟)』[1]에서 말하였다.

산과 늪에는 각기 알맞은 곡식이 있고 지세(地勢)에는 기름진 곳과 척박한 곳이 있다. 산밭에는 생명력이 강한 싹을 심어 바람과 서리를 피하게 하는 것이 좋고, 늪밭에는 생명력이 약한 싹을 심어 꽃이 열매 맺도록 하는 것이 좋다. 기름진 밭에는 만생종(晩生種)을 심는 것이 좋고 척박한 밭에는 조생종(早生種)을 심는 것이 좋다. 기름진 밭

---

1) 산림경제(山林經濟) : 조선 숙종 때 실학자 홍만선(洪萬選)이 엮은 농서 겸 가정생활서. 4권 4책. 필사본. 복거(卜居)·섭생(攝生)·치농(治農)·치포(治圃)·종수(種樹)·양화(養花)·양잠(養蠶)·목양(牧養)·치선(治膳)·구급(救急)·구황(救荒)·벽온(辟瘟)·벽충법(辟蟲法)·치약(治藥)·선택(選擇)·잡방(雜方) 등 16항목으로 구성되어 있다.

에는 만생종뿐만이 아니라 조생종도 해될 것이 없다. 척박한 밭에 만생종을 심으면 반드시 결실을 보지 못한다.[2)]

『주례(周禮), 천관(天官)』의 "삼농(三農)에서 아홉 가지 곡식을 생산한다"의 주석에서 "삼농은 산농(山農)・택농(澤農)・평지농(平地農)이다"[3)]라고 하였으니 지금의 협농(峽農)과 야농(野農)이 이것이다.

정전
井田

반계(磻溪) 유형원(柳馨遠)이 말하였다.

이정(李靖)[4)]과 두우(杜佑)[5)]는 모두 정전(井田)이 황제(黃帝)[6)]에게서

---

2) 山澤有異宜, 地勢有良薄. 山田宜種强苗, 以避風霜, 澤田宜種弱苗, 以求華實. 良田宜種晩, 薄田宜種早, 良田非獨宜晩, 早亦無害, 薄田種晩, 必不成實也.(『山林經濟, 卷一, 治農, 耕播』)

3) 三農生九穀. **鄭司農云, 三農, 平地山澤也.**(『周禮, 卷二, 天官, 冢宰』) → 三農生九穀. **註, 山農, 澤農, 平地農.**(『松南雜識』)

4) 이정(李靖) : 당나라의 문장. 장안(長安) 근처 출신. 처음에는 수(隋)나라를 섬겼으나 반수(反隋)의 군사를 일으킨 이세민(李世民)에게 체포되어, 이세민에게 인정을 받고 그의 부장으로서 군웅평정(群雄平定)에 활약하였다. 이어 행군총관(行軍摠管)이 되어 돌궐에 원정하여, 그 근거지를 공격, 힐리가한을 포로로 잡았고, 또한 토욕혼(吐谷渾)의 침입을 막는 큰 공을 세워 위국공(衛國公)에 봉해지고 태종의 소릉(昭陵)에 배장(陪葬)되었다. 그의 이름을 붙인 『위공병법(衛公兵法)』・『이위공문대(李衛公問對)』는 당대의 대표적인 병서이다.

5) 두우(杜佑) : 당나라의 재상・학자. 자(字)는 군경(君卿). 장안(長安) 출신. 증조부 이래 관료를 지낸 귀족 집안에서 태어나 일찍부터 여러 관직을 역임한 후, 덕종(德宗)・순종(順宗)・헌종(憲宗) 등 3제(帝)에 걸쳐 재상을 지냈다. 그의 시대는 안녹산의 대란이 있은 뒤여서 사회적・정치적으로 변동기에 해당하였으나, 사회의 움직임에 민감하고 정치에 밝았으며, 부국안민(富國安民)을 자기의 사명으로 생각하였다. 사마천 이후 제1의 역사가로 인정받았으며, 저서 『통전(通典)』 200권은 상고(上古)로부터 당의 현종조(玄宗朝)까지 역대의 제도를 9부분으로 분류하여 수록한 역사서로서 오늘날에도

시작된 제도라고 하였다. 그렇지만 경서(經書)에 근거하지 않은 설이다. 기자전(箕子田)만이 지금도 경계(經界)가 완연하여 맹자(孟子)가 이른바 "은인(殷人)은 칠십 묘"[7]라고 한 말과 정확하게 부합된다. 또 '井(정)'자로 밭을 나누는 것은 고대의 제도가 아니고 실제로는 주나라로부터 시작되었다.[8]

지봉(芝峯) 이수광(李睟光)이 말하였다.

정전(井田)이 평양(平壤) 남문(南門) 밖에 있는데 밭 가운데에 우물이 있으니 '기자정(箕子井)'이라고 이름한다. 구암(久庵) 한백겸(韓百謙)[9]이 그 제도를 궁구하고자 은나라와 주나라의 보수(步數)의 차이와 척촌(尺寸)의 길이를 상고해서 묘마다 나누어 계산하여 그 구획(區劃)을 분변하니 매 칠십 묘마다 각각 작은 경계가 되어 세로 가로로 모두 여덟이니, 통틀어 계산하면 예순 네 개의 구획이 하나의 큰 경계가 되어 반듯반듯하게 논길이 몇 리에 뻗친다. 함구문(含毬門)[10]과 정양문

제도사 연구에 중요한 자료이다. 그 밖의 저서로 『통전』의 요점을 쓴 것으로 생각되는 『이도요결(理道要訣)』 등이 있다.

6) 황제(黃帝) : 중국 신화 전설상의 제왕. 『사기(史記)』에 의하면 황제는 이름을 헌원(軒轅)이라고 하며 당시의 천자 신농씨(神農氏)를 대신하여 염제(炎帝) · 치우(蚩尤) 등과 싸워 이겨 천자가 되었다고 한다. 그러나 여러 책자가 황제에 관하여 전하는 바는 다양하여 원래는 '번쩍번쩍 빛나는 천제(天帝)'를 의미하는 '황제(皇帝)'와 같다고 한다. '黃帝'라고 씌어진 경우는 오행(五行)의 중앙인 '토(土)'에 해당하며, 중국 문명의 개조(開祖)로 간주되었다.

7) 殷人七十**而助**.(『孟子, 滕文公上』) → 殷人七十**畝**.(『松南雜識』)

8) **然則**. **按唐**李靖杜佑, 皆以爲井田創於黃帝, 然**是皆**無經據之說. 唯箕子田至今經界宛然, **而**與孟子所論殷人七十畝者, 若合符節.(『磻溪隨錄, 卷五, 田制攷說上, 秦漢以後井田議論』) → 李靖杜佑, 皆以爲井田創於黃帝, 然無經據之說. 唯箕子田至今經界宛然, 與孟子所論殷人七十畝者, 若合符節. **又曰**.(『松南雜識』)

9) 한백겸(韓百謙) : 조선의 문신 · 학자. 본관은 청주(淸州), 자는 명길(鳴吉), 호는 구암(久菴). 민순(閔純)의 문하생. 역학(易學)에 밝아 선조 때 『주역전의(周易傳義)』의 교정을 맡아보았고, 『동국지리지(東國地理志)』를 저술하여 실학의 선구자적 역할을 하였다. 저서로는 『기전고(箕田考)』 · 『구암집(久菴集)』이 있다.

(正陽門)[11] 사이가 가장 분명하다 하여 이에 「정전설(井田說)」을 지어 은나라와 주나라의 토지제도가 동일하지 않음을 밝히니 그가 호고(好古)에 독실함이 이러하였다.[12]

백묘일부

百畝一夫

『노사(路史)』[13]에서 말하였다.

한(漢)나라 조과(趙過)[14]가 말하기를 "후직(后稷)[15]이 묘전(畝田)을 창시하였으니 묘롱법(畝隴法)은 후직(后稷)에서부터 시작되었다"라고 하였다.[16]

---

10) 함구문(含毬門) : 평양성 중성(中城)의 북문(北門).

11) 정양문(正陽門) : 평양성 중성(中城)의 남문(南門).

12) **箕子**井田, 在平壤南門外, 田中有井, 名曰箕子井. 韓久庵百謙, 欲究其制, 乃考殷周步數異同, 尺寸長短, 逐畝折算, 辨其區畫, 則每區七十畝. 各爲小界限, 而縱橫皆**八**, 通計六十四區爲一大界限, 方方正正, 延袤數里, 含毬正陽兩門之間, 最爲分明, 乃作井田說, 以明殷周田制之不同, 其篤於好古如此.(『芝峯類說, 卷二, 地理部, 田』) →井田在平壤南門外, 田中有井, 名曰箕子井. 韓久庵百謙, 欲究其制, 乃考殷周步數異同, 尺寸長短, 逐畝折算, 辨其區畫, 則每七十畝. 各爲小界限. 而縱橫皆**入**通計六十四區爲一大界限, 方方正正, 延袤數里, 含毬正陽兩門之間, 最爲分明, 乃作井田說, 以明殷周田制之不同, 其篤於好古如此.(『松南雜識』)

13) 노사(路史) : 책 이름. 송(宋)나라 때의 나필(羅泌)이 지었다. 전기(前紀)에는 삼황(三皇)과 음강(陰康)・무회(無懷)의 일을 기록하였고, 후기(後紀)에는 국명(國名)과 여러 나라의 성씨・지리를 기록하였다. 나머지는 모두 반박과 고증의 문장이다.

14) 조과(趙過) : 한 무제(漢武帝) 때 수속도위(搜粟都尉)가 되어 대전법(代田法)을 시행했으며, 경운(耕耘)・낙종(落種) 등에 사용되는 농기구를 제작하였다.

15) 후직(后稷) : 농경신(農耕神)으로 오곡의 신이기도 하다. 성(姓)은 희(姬), 이름은 기(棄). 『사기(史記), 주본기(周本記)』에 의하면 유태씨(有邰氏)의 딸로 제곡(帝嚳)의 아내가 된 강원(姜原)이 거인의 발자국을 밟고 잉태하여 아들을 낳았다. 그것이 불길하다 하여 3차례나 내다버렸으나 그때마다 구조되었다 한다. 후에 요제(堯帝)의 농관(農官)이 되고 태(邰 : 陝西省 武功縣 부근)에 책봉되어 후직이 되었다.

16) 『노사(路史)』에는 없는 내용임.

『반계수록(磻溪隨錄)』에서 말하였다.

한 사나이가 받는 밭이 마흔 두락이니 백 묘에 준한 것이다. 살펴보건대, 팔결작부(八結作夫)[17]도 밭을 받는 예이니 지금 밭으로 헤아려보면 고대의 일흔 묘가 일 경(頃)이 되니 벼 스물 여섯 일곱 말 정도를 심을 수 있다. 하(夏)나라의 쉰 묘와 은나라의 일흔 묘를 거쳐 주나라 때에 다시 백 묘가 되었다. 어떤 사람은 "지금 중국의 백 묘는 여든 두락과 가까울 것이다"라고 하였다.[18]

이경 · 육척

二頃六尺

『사기(史記), 소진열전(蘇秦列傳)』에서 "성곽을 등진 밭 이 경"[19]이라고 하였다.

살펴보건대, 『예기(禮記), 왕제(王制)』에는 "팔 척이 일 보"라고 하였다. 사마법(司馬法)[20]에서는 "넓이는 육척이 일 보(步)이고, 일백 보가 일

---

17) 팔결작부(八結作夫) : 전토 8결 분마다 1부(夫)씩으로 하여 그 역가(役價)를 경작자로부터 징수하는 것.

18) 今以田度之, 以古七十畝爲一頃, 則**大約**可種稻二十六七斗**之地**. **亦可容一夫資活, 然如此則不足於養父母育妻子, 凶年饑歲, 民不能無憾矣**. 歷夏殷五十畝七十畝, 而周人更爲百畝**者, 知有以也. 今百畝爲頃, 可種稻四十斗之地. 下種多少, 隨土或異, 此以平野水田爲準, 旣以稻種度之, 則旱田諸穀容下之數, 亦可推矣. 如此然後足以養生送死應公賦立家計矣, 故斷定以此百畝**. 或曰, **此四十斗之地, 亦或未免不足**. 若以今中國百畝, 則幾於八十斗地.(『磻溪隨錄, 卷一, 田制上, 分田定稅節目』) → **一夫所受之田四十斗, 則準百畝, 按八結作夫, 亦受田例**. 今以田度之, 以古七十畝爲一頃, 則可種稻二十六七斗**矣**. 歷夏殷五十畝七十畝, 而周人更爲百畝. 或曰, 若以今中國百畝, 則幾於八十斗地.(『松南雜識』)

19) 負郭田二頃.(『史記, 卷六十九, 蘇秦列傳』)

20) 사마법(司馬法) : 주(周) 왕조로부터 치국의 규범으로 삼아 온 정통적인 병서를 춘추시대 제나라에서 사마(司馬) 벼슬을 지낸 전양저(田穰苴)가 개찬한 것이라고 하나, 아마도 후인의 손으로 완성된 것으로 추정된다. 그 근본이념을 정도(正道)에 두고 권모술

묘이다"[21]라고 하였다. 길이는 백 보가 일 묘이다. 잘라서 모로 만들면 동서남북이 각각 십 보(步)이다.[22]

진한(秦漢) 이후로 이백 사십 보가 묘가 된다. 지금 주척(周尺)은 육(六)을 기준 수로 하니 역시 진나라 법을 따른 것인가?

어떤 이는 "중국의 이 경(頃)은 우리나라의 기준으로 계산하면 이십팔 결이다"라고 말한다.

운서(韻書)에서 말하였다.

> 밭 가운데 도랑[溝]을 '묘(畝)'라고 하고 밭 사이의 길을 '진(畛)'이라고 하고 밭두둑[田陌]의 나물밭[菜田]을 '원[畹]'·'휴[畦]'라 하고, 밭두둑을 '정(町)'이라고 한다.

대전삼견
代田三畎[23]

『고려사』에서 "문종(文宗)이 토지제도[田制]를 확립하여 바꿔가며 경작하지 않아도 되는 밭[不易田]을 상등, 한번 바꿔가며 경작하는 밭을 중등, 두 번씩 가꿔가며 경작하는 밭을 하등으로 삼았다"[24]라고 하였다.

수를 임기응변의 편법으로 채택하고 있는 것은 오자병법과 마찬가지이다. 인본(仁本)·천자지의(天子之義)·정작(定爵)·엄위(嚴位)·용중(用衆)의 5편으로 이루어져 있다. 전양저는 진나라와 연나라의 군대가 제나라를 침략하였을 때, 재상 안영이 경공에게 추천하여 전격적으로 장수로 발탁되었다. 엄한 군령을 시행하여 절도 있는 군대를 만들었으며, 적군을 격파하여 대사마의 벼슬에 올랐다. 흔히 '사마양저'라고 부른다.

21) 司馬法, **以**六尺爲步, 步百**爲**畝.(『事物紀原, 卷九, 農業陶漁部四十五』) → 司馬法, 六尺爲步, 步百畝.(『松南雜識』)

22) **一畝謂徑一步**, 長百步, 折而方之, 則東西南各十步.(『山堂肆考, 卷一百七十, 一畝』) → **經**長百步**爲畝**, 折而方之, 則東西南各十步.(『松南雜識』)

23) 대전(代田): 서한(西漢)의 조과(趙過)가 견전법(畎田法)을 기초로 하여 발전시킨 일종의 윤작법(輪作法). 일 묘의 전지를 삼등분하여 윤작함.

24) 文宗**八年三月判**, **凡田品**, 不易**之地**爲上, 一易**之地**爲中, 再易**之地**爲下.(『高麗史,

『한서(漢書), 식화지(食貨志)』에서 "조과(趙過)가 대전(代田)을 만드니 일 묘(畮)를 세 개의 밭도랑[甽]으로 나누는 것이다"[25]라고 하였는데, 그 주석에 "'견(甽)'은 '견(畎)'의 고자(古字)이다"[26]라고 하였다. 또 "밭두둑의 안 쪽에 파종하여 싹에 잎이 나서 자라면 점차 밭두둑의 김을 매고 그 흙을 무너뜨려 싹의 뿌리를 북돋운다. 『시경(詩經)』에서 '혹은 김을 매고 혹은 북돋운다'[27]라고 하였는데, '운(耘)'은 제초(除草)이고 '자(耔)'는 뿌리를 북돋우는 것이다. 둔덕이 다 없어져서 밭두둑이 평평해지면 뿌리가 깊어져서 바람과 가뭄을 견딜 수 있다"[28]라고 하였다.

반계(磻溪) 유형원(柳馨遠)이 말하였다.

우리나라에는 '묘(畝)'는 있는데 '견(畎)'이 없다. 그런 까닭에 수확이 형편없다. 지금 요동 지역의 밭은 모두 일 묘 삼 견인데, 하루갈이 밭에서 거두어들이는 곡식이 오륙십 휘[斛]라고 한다.[29]

卷七十八, 志三十二, 食貨一』)→文宗**立田制**, 不易**田**爲上, 一易**田**爲中, 再易**田**爲下.(『松南雜識』)

25) 過**能爲**代田一畮三甽.(『前漢書, 卷二十四上, 食貨志, 第四』)→**趙**過代田一畮三甽.(『松南雜識』)

26) **甽壟也**, **音工犬反**, **字或作**畎.(『前漢書, 卷二十四上, 食貨志, 第四』)→**古**畎**字**.(『松南雜識』)

27) 『詩經, 小雅, 甫田』.

28) 播種**於三**甽中, 苗生葉以上, 稍耨隴草, 因隤其土以附苗根. **故其**詩**曰**, 或芸或**芓**, **黍稷儗儗**. 芸除草也, **芓**附根也, **言苗稍壯**, **每耨輒附根比盛暑**, 隴盡**而**根深**能**風**與**旱.(『前漢書, 卷二十四上, 食貨志, 第四』)→播種甽中, 苗生葉以上, 稍耨隴草, 因隤其土以附苗根. 詩**云**, 或芸或**耔者**. 芸除草也, **耔**附根也. 隴盡**甽平**, **則**根深**而耐**風旱**也**.(『松南雜識』)

29) **按**我國**爲田**, 有畝**而**無畎, 是以其收, **率皆**鹵莽. 今**中國田皆有畎**. **聞之遼人**, 遼東田**亦**皆一畝三畎, **以故遼田一日耕**, **比我國田懸小**, **而遼田**一日耕, **豐年能出粟**五六十斛.(『磻溪隨錄, 卷七, 田制後錄攷說上, 務農』)→我國有畝無畎, 是以其收鹵莽. 今遼東田皆一畝三畎, 一日耕**收穀**五六十斛**云**.(『松南雜識』)

지금 삼남(三南)의 '곡궐(谷闕)'은 그것이 전해져 오는 제도인 듯하다.

만전
縵田

『한서(漢書)』의 '만전(縵田)'[30]의 주석에서 "밭도랑을 만들지 않는 것을 이른다. 음은 '만'이다"[31]라고 하였다.

나무를 심지 않는 밭을 '노전(露田)'이라고 한다.

근경
勤耕

『시경(詩經)』에서 "늦고 이른 기장과 피며, 이르고 늦은 콩과 보리로다"[32]라고 하니, '육(穋)'과 '직(稙)'은 지금의 '근경(勤耕)'이다.

『서역전(西域傳)』[33]의 주석에 "곤륜산(崑崙山) 남쪽에는 평지가 습하고 비옥하여 벼를 파종하면 일 년에 네 번 익으며 쌀알이 대단히 크다"[34]라고 하였다.

「오도부(吳都賦)」에서 "나라에서는 두 번째 익은 벼를 세금으로 거두네"[35]라고 하였다.

---

30) 『前漢書, 卷二十四上, 食貨志, 第四』.

31) **師古曰**, **縵田**謂不**爲**甽者**也**, **縵**音莫幹反.(『前漢書, 卷二十四上, 食貨志, 第四』) → **註**謂不甽者, 音莫幹反.(『松南雜識』)

32) 黍稷重穋 稙穉菽麥.(『詩經, 魯頌, 閟宮』)

33) 『사기(史記), 대완열전(大宛列傳)』.

34) **自**崑崙**山**以南, **多是**平地, **而下**濕**土**肥**良**, **多**種稻歲四熟, **留役駝馬**, 米粒**亦**極大.(『史記, 卷一百二十三, 大宛列傳, 第六十三』의 주석) → 崑崙以南, 平地濕肥, 種稻一歲四熟, 米粒極大**云**.(『松南雜識』)
*『松南雜識』에는 출전을 「서역전(西域傳)」으로 밝히고 있음.

35) 國**稅**再熟之稻.(『文選, 卷五, 京都下, 吳都賦』) → 國**收**再熟之稻.(『松南雜識』)

『제민요술(齊民要術)』[36]에서 "벼의 길이가 칠 · 팔 촌(寸)이 되었을 때 묵은 풀이 다시 자라나거든 물에 잠기게 하여 제거하면 풀이 다 죽는다"[37]라고 하였다.

도경화종
刀耕火種

『운곡잡기(雲谷雜記)』[38]에서 말하였다.

원(沅)[39]수와 상(湘)[40]수 사이에는 산이 많아서 농가의 곡식 재배는 대부분 산언덕[岡阜]에서 한다. 숲의 나무를 베어내고 불을 질러 태워 재가 되기를 기다렸다가 파종 하면 반드시 두 배로 수확하니 이른바 도경화종(刀耕火種)이다.

지금 우리나라 산간 마을의 '화속전(火粟田)'이 그것이다.[41]

---

36) 제민요술(齊民要術) : 북위(北魏) 북양태수(北陽太守)였던 가사협(賈思勰)이 편찬한 책. 총 10권. 중국에 현존하는 가장 오래된 종합 농업기술서. 6세기 전반에 간행하였다. 농업기술의 안내서로 오곡 · 야채 · 과수 · 향목(香木) · 상마(桑麻)의 종식법(種植法), 가축의 사육법, 술 · 간장의 양조법 그리고 가공 · 판매 · 조리의 과정에 이르기까지 상세히 기술하고 있다. 참고문헌도 많으며 당시의 학설들을 모았다. 조 · 수수로 대표되는 화북(華北)의 건조농법을 전하는 중요한 자료이며, 12세기 이후 화중(華中)의 벼농사에 관한 책이 나오기까지는 중국의 대표적인 농업기술서였다.

37) **苗**長七八寸, 陳草復起, **以鎌侵**水芟之, 草悉**膿**死.(『齊民要術, 卷二, 水稻』) → **稻**長七八寸, 陳草復起, **浸**水芟之, 草悉死.(『松南雜識』)

38) 운곡잡기(雲谷雜記) : 송나라 장호(張淏)가 지은 책. 총 4권. 원본은 오래전에 산실되었고, 사고전서본은 『영락대전』의 기록을 따라 만든 것이다. 송나라 사람들의 책은 대부분이 번잡하였는데, 장호의 이 책만은 고거학(考據學)으로서 여러 제가들의 책에 대해 확실한 근거를 가지고 의심나는 부분은 분석하고 잘못된 곳은 바로잡았다.

39) 원(沅) : 물 이름. 호남성에 있다. 원수(沅水) 또는 원강(沅江)이라고도 부른다.

40) 상(湘) : 물 이름. 상강(湘江)이라고도 한다. 수원지는 광서성(廣西省) 흥안현(興安縣) 양해산에 있다.

전전 · 화전
畠田火畑

지봉(芝峯) 이수광(李睟光)이 "왜국(倭國)은 밭[田]을 '畠(전)'이라고 하고 논[水田]을 '田(전)'이라고 하며, 화전(火田)을 '畑(전)'이라고 하니 우리나라에서 논을 '답(畓)'이라고 하는 말과 같다. 관직명에 전산전(畠山殿)이 있고, 지명에 전도(畑島)가 있다"[42]라고 한다. 우리나라의 관직명에 숙궁(稤宮)[43]이라는 것도 이와 같다.

화경수누
火耕水耨

「화식열전(貨殖列傳)」에서 "초월(楚越) 지방에서는 불을 놓아 경작을 하고 물을 대어 김을 매는 곳도 있다"[44]라고 하였다.

응소(應劭)[45]가 "풀을 태우고 물을 댄 후에 벼를 심는다. 풀이 나면 곧

---

41) 沅湘間多山, 農**家惟**植粟, **且**多在岡阜. **每欲布種時**, **則先**伐其林木, 縱火焚之, 俟其成灰, 卽布種**于其間**, 如是則**所收**必倍, **蓋史**所謂刀耕火種**也**.(『雲谷雜紀, 卷四』) → 雲谷雜記曰, 沅湘間多山, 農**家**植粟, 多在岡阜. 伐其林木, 縱火焚之, 俟其成灰, 卽布**種**, **如是**則必倍收, 所謂刀耕火種**也**. 今我國山郡**亦如此**, **謂之**火田.(『芝峯類說, 卷二, 地理部, 田』 → 雲谷雜記曰, 沅湘間多山, 農植粟, 多在岡阜. 伐其林木, 縱火焚之, 俟其成灰, 卽布**穀**, 則必倍收, 所謂刀耕火種. 今我國山郡火**粟**田**是也**.(『松南雜識』)
*『지봉유설』에서 『운곡잡기』를 인용한 내용을 『松南雜識』에서 재인용하였다.

42) 倭國謂田爲畠, 謂水田爲田, 火田爲畑, 猶我國以水田爲畓也. **故**官名有畠山殿, **地**名有**畑島云**.(『芝峯類說, 卷二, 地理部, 田』) → 倭國謂田爲畠, 謂水田爲田, 火田爲畑, 猶我國以水田爲畓也. 官名有畠山殿, **亦猶我國官**名有**稤宮也**.(『松南雜識』)

43) 숙궁(稤宮) : 궁방(宮房)의 일을 맡아보는 사람.

44) 楚越之地, **地廣人希**, **飯稻羹魚**, 或火耕而水耨.(『史記, 卷一百二十九, 貨殖列傳』) → 楚越之地, 或火耕而水耨.(『松南雜識』)

45) 응소(應劭) : 동한(東漢)의 여남(汝南) 출신. 자는 중원(仲遠)이다. 박학다식하여 영제(靈帝) 때에 태산태수에 제수되었다. 황건적을 제압한 공이 있다. 『한관예의고사(漢官禮儀故事)』를 저술하여 거기에서 조정의 제도를 많이 취하였다. 또, 『풍속통(風俗通)』과 『중한집서(中漢集序)』도 저술하였다.

바로 제초를 하는데 다시 물을 대어 부으면 풀은 죽고 벼만 자란다. 이것이 이른바 '불을 놓아 경작을 하고 물을 대어 김을 매는 것'이다"라고 하였다.[46] 지금 논에 풀이 무성한 곳에 물을 부으면 풀은 사라지고 벼 싹만이 무성하게 된다.

또 이르기를 "벼 싹의 길이가 한 치쯤 되면 물을 터서 논을 건조시키고, 윗 논에 물을 채우고 불로 벼 싹의 끝을 태운 후에 물을 벼의 뿌리에 대면 반드시 세 배를 수확할 수 있다"고 하였다. 또 "평지의 밭에 벼를 심어서 풀과 싹이 모두 한 치쯤 되면 작은 나뭇가지를 묶어서 끌고 다녀 누르면 풀은 죽고 벼 싹만 자란다. 이것을 '밭벼[田禾]'라고 하니 『육서고(六書故)』에서 이른바 '육도(陸稻)'이다"라고 하였다.

의묘법
醫苗法

『산림경제(山林經濟)』에서 말하였다.

모내기의 시기를 놓치면 파리가 앉은 듯한 점이 생긴다. 우리나라에서는 이를 '파리똥'이라고 한다. 싹 위에 마른풀을 두껍게 깔고 불을 지른 후에 물을 댄다. 새싹이 한 치쯤 자랐을 때 옮겨 심으면 좋다. 조금 물을 붓고 태우면 그 뿌리를 손상시키지 않으니 사흘 뒤에 이앙(移秧)한다.[47]

46) 應劭曰, 燒草下水, 種稻**並**生, 因**悉**芟去, 復下水灌之, 草死獨稻長, 所謂火耕水耨**也**.(『古今事文類聚前集, 卷三十六, 民業部, 農家』) → 應劭曰, 燒草下水, 種稻**草**生, 因芟去, 復下水灌之, 草死獨稻長, 所謂火耕水耨.(『松南雜識』)

47) 有過時蠅點處, 俗**稱**蠅尿. 厚布乾草於苗上, **焚**之後卽灌水, **待其葉間**新芽抽出寸許, **或量宜長短**移種, 則**與趁時揷秧者無異**. **上同**, **一說**, 小灌**水**焚之, 無傷根, 三日後**種之**.(『山林經濟, 卷一, 治農, 稻』) → **秧**有過時蠅點處, 俗**云**蠅尿. 厚布乾草於苗上, **燒**之後卽灌水, 新芽抽出寸許, 移種則**好**. 小灌**而**焚之, 無傷**其**根, 三日後**移**.(『松南雜識』)

도전법 · 이앙법
稻田移秧

「백제본기(百濟本紀)」에서 "다루왕(多婁王)[48]이 명을 내려 도전법(稻田法)을 처음으로 시행하였다"[49]라고 하였다.

임진왜란 이전에는 파종법(播種法)만을 사용하였으니 우리나라에서는 '자채(自蔡)'라고 하였다. 홍수와 가뭄 등의 재해 걱정이 없다. 그러다가 왜적이 와서 이앙법(移秧法)을 가르치니 논[50]이 대부분을 차지하고, 가뭄의 피해도 막심하다고 한다.

『설문해자(說文解字)』에서 "앙(秧)은 모를 심는 것을 이른다"[51]라고 하였다.

소식(蘇軾)의 시에는 "반짝이는 가을 곡식 처음으로 모를 나눠 심는다"[52]라고 하였고,

『요산당외기(堯山堂外記)』의 「여인이앙(女人移秧)」 시에는,

치마는 나비인양 펄럭이며 바람에 돌며 춤추고	裙翻蛺蝶回風舞
손은 잠자리를 배워 바삐 물에 점을 찍는다	手學蜻蜓點手忙

---

48) 다루왕(多婁王) : 백제의 제2대 왕(재위 28~77). 백제의 시조 온조왕(溫祚王)의 원자(元子). 온조왕 28년(10)에 태자로 책봉되었다가 온조왕이 죽자 그 뒤를 이어 즉위하였다. 38년 전국적으로 흉년이 들자 양조(釀造)를 금지하였고, 나라의 동부와 서부를 순시하였다. 여러 차례 침입해온 북방의 말갈족(靺鞨族)을 격퇴하였으며, 56년 우곡성(牛谷城)을 쌓아서 말갈족의 침입에 대비하였다. 한편 신라와도 자주 충돌하였으며, 66년 신라의 와산성(蛙山城)을 점령하는 등 영토를 넓혔다.

49) 下令**國南州郡**, 始作稻田.(『三國史記, 卷二十三, 百濟本紀, 多婁王』) → **多婁王**下令, 始作稻田.(『松南雜識』)

50) 『松南雜識』에는 '田'으로 오기되어 있다.

51) 說文**禾若秧穰也**, 一曰蒔禾謂之秧.(『韻府羣玉, 秧』) → 說文曰, 秧者蒔禾之謂也.(『松南雜識』)

52) **剡剡秋穀**初分秧.(『東坡全集, 卷二十三, 詩六十七首, 游博羅香積寺』) → **谷雨**初分秧.(『松南雜識』)

라고 하였다.

그렇다면 중국의 이앙법은 왜(倭)가 가르친 것이 아니고 오래전부터 있었던 것이다.

또 곡식을 새로 옮겨 심어 잎이 싱싱하지 못한 것을 '쇄언(晒蔫)'이라고 하니, 산곡(山谷) 황정견(黃庭堅)은 시에서 "붉은 석류 햇볕에 달아 시들었네[紅榴日炙蔫]"[53]라고 하였다.

오 묘가 일 쌍
五畝一雙

『운남잡지(雲南雜志)』에서 "민간에서 세 사람이 밭을 갈 때 세 사람이 소 두 마리를 부려서 앞에서는 끌고 중간에서는 누르고 뒤에서는 몰아서 하루 동안 쟁기질하는 것을 '일 쌍(雙)'이라고 한다"[54]라고 하였다.

지봉(芝峯) 이수광(李睟光)이 말하였다.

> 남만(南蠻)에는 논이 많은데 오 묘를 '일 쌍(雙)'이라고 한다. 엄주(弇州) 왕세정(王世貞)[55]이 "두 주먹만한 뿔이 난 송아지를 사서 십 쌍을 개간하였다.(買兩拳角犢墾十雙)"라고 한 말이 이것이다.[56]

---

53) 「화정회고우불출(和庭誨苦雨不出)」.

54) **李京**雲南志, **畧諸夷多水田**, **謂五畝**, **爲一雙**. 俗耕田, 三人使二牛, 前牽中壓後驅, 犁一日, 爲一雙.(『格致鏡原, 卷十, 坤輿類, 田』)→雲南**雜**志**曰**, 俗耕田, 三人使二牛, 前牽中壓後驅, 犁一日, 爲一雙.(『松南雜識』)

55) 왕세정(王世貞) : 1526~1590. 자는 원미(元美), 호는 봉주(鳳州)·엄주산인(州山人). 강소성(江蘇省) 태창(太倉) 출신. 젊을 때부터 문명이 높아 가정칠재자(嘉靖七才子 : 後七子)의 한 사람으로 손꼽혔고, 학식은 그중에서도 제1인자였다. 『엄주산인사부고(州山人四部考)』(174권) 『속고(續稿)』(207권)는 그의 전집이며, 문학·예술론은 『예원치언(藝苑巵言)』에 수록되어 있다.

56) 南蠻多水田, 謂五畝爲一雙, **按王**弇州云, 買兩拳角犢墾十雙, 此也.(『芝峯類說, 卷二, 地理部, 田』)→南蠻多水田, 謂五畝爲一雙, 弇州云, 買兩拳角犢墾十雙, 此也.(『松南雜識』)

앙마
秧馬

소식(蘇軾)의 「앙마가(秧馬歌)」에서,

내 두 다리는 네 발굽이 되어	以我兩足爲四蹄
오리처럼 솟구쳐 뛰고 미끄러진다	聳踊滑汰如鳧鷖[57]

라고 하였는데, 그 주석에서 "무창(武昌)[58]의 농부가 앙마(秧馬)를 타고 모를 묶는데 하루에 천 휴(畦)[59]를 간다"[60]라고 하였다. 우리나라에는 지금 본떠 만든 것이 없다.

답리
踏犂

『정자통(正字通)』에서 "송나라 순화(淳化)[61] 5년(994)에 무윤성(武允成)이 답리(踏犂) 한 개를 바치니 소를 사용하지 않고 사람의 힘으로 움직인다"[62]라고 하였다.

---

57) 『東坡全集, 卷二十二, 詩六十九首, 秧馬歌』.

58) 무창(武昌) : 중국 호북성(湖北省)의 성도(省都)인 무한시(武漢市)의 일부.

59) 휴(畦) : 쉰 이랑. 전답의 오십 묘.

60) **予昔遊**武昌, **見**農夫**皆**騎秧馬. **以楡棗爲腹, 欲其滑, 以楸桐爲背, 欲其輕. 腹如小舟, 昻其首尾, 背如覆瓦, 以便兩髀. 雀躍于泥中, 繫束藁其首, 以**縛秧, 日行千畦.(『東坡全集, 卷二十二, 詩六十九首, 秧馬歌』의 引文) → 武昌農夫, 騎秧馬縛秧, 日行千畦.(『松南雜識』)

61) 순화(淳化) : 송나라 태종의 연호. 990년~994년.

62) 宋**史**, 淳化五年, 武允成獻踏犂一具, 不用牛, 以人力運.(『格致鏡原, 卷四十八, 耕織器物類, 犂』) → 宋淳化五年, 武允成獻踏犂一具, 不用牛, 以人力運.(『松南雜識』)

수차
水車

지봉(芝峯) 이수광(李睟光)이 "위(魏)나라의 마균(馬均)[63]이 처음으로 만들었는데, 대개 밭에 물을 대는 것으로 양만세(楊萬世)가 일본에 가서 그 제작법을 배워 왔다고 한다"[64]라고 하였다.

조선의 효종(孝宗)이 심양(瀋陽)에 있으면서 관개(灌漑)의 편리함을 상세히 보고 정유년(1657)에 그것의 제작법을 묘당(廟堂)에 내려 주고 수차(水車)를 만들게 하였다.

지금은 가뭄에 간혹 사용하여 한발(旱魃)의 재앙을 모면할 수 있다. 중국에서는 화재가 발생하면 고패(轆轤[65])를 사용하여 돌리는데 산더미만한 물이 흐른다고 한다.

우경
牛耕

『사물기원(事物紀原)』[66]에 "조과(趙過)가 보습 3개를 소 한 마리에 달아서 한 사람이 부리는 법을 백성들에게 가르쳤다고 하니 이것이 우경(牛耕)의 시초이다"[67]라는 기록이 있다.

어떤 사람은 "성인(聖人) 문하(門下)의 고제(高弟)인 염백우(冉伯牛)[68]의

63) 마균(馬均) : 삼국 시대 위(魏)나라 사람.

64) **中國水車之制**, 魏馬均始創之. **最有益於**灌田, **可以通行天下**. **頃者**楊萬世往日本, 得其制**而來**.(『芝峯類說, 卷十九, 服用部, 器用』) → 魏馬均始創之. **盖**灌田, **而**楊萬世往日本, 得其制**云**.(『松南雜識』)

65) 고패[轆轤] : 우물 위에서 물을 긷는 기구. 그 제작법은 우물 위에 시렁을 세우고 축을 설치하여 긴 수레바퀴에 관통시킨다.

66) 사물기원(事物紀原) : 송나라 고승(高丞)이 지은 유서(類書). 총 10권.

67) **漢武帝以**趙過**爲搜粟都尉**, 教民**種殖**, **其法**三犁共一牛, 一人將之, **下種挽樓**, **皆取備焉**. **又**牛耕之始, **自趙過也**.(『事物紀原, 卷九, 農業陶漁部, 犁』) → 趙過教民, 三犁共一牛, 一人將之, **此**牛耕之始**也**.(『松南雜識』)

이름이 경(耕)이니 옛날에 소로 경작했음을 알 수 있다"[69]라고 하였는데, 경서(經書)에는 보이지 않고 사서(史書)에는 보이니 후대인의 터무니없는 기록이 아닌 줄 어떻게 알겠는가? 하늘에는 이성(犁星)이 있으니 또한 의심할 만하다.

지봉(芝峯) 이수광(李睟光)이 말하였다.

> 옛날에는 모두 사람이 밭을 갈았다. 우리나라의 역사에서는 신라의 지증왕(智證王) 시절에 처음으로 소로 밭을 갈았다는 기록이 있다.[70] 그러다가 임진왜란 때 소가 거의 없어져서 부녀자가 애써 밭을 가니 배로 힘이 들고 고달팠다. 옛날의 참언(讖言)에 "열 집이 소 한 마리를 같이 쓰고 아홉 여인이 한 명의 남정네를 바라본다"라고 하더니 이때에 이르러 증명이 된 셈이다.[71]

내가 들으니, 열 명의 사나이가 소 한 마리의 힘에 해당하기에 어떤 사람이 밭을 가는데 이미 파낸 흙을 열 명의 사람이 발로 밟아서 마당을 만들었다고 한다.

살펴보건대, 『산해경(山海經)』에서 "후직(后稷)의 동생 태새(台璽)가 숙균(叔均)을 낳으니 이 사람이 처음으로 우경법(牛耕法)을 사용하였다"[72]라고 하였다.

---

68) 염백우(冉伯牛) : 공자의 제자. 이름은 경(耕), 백우(伯牛)는 자.

69) **孔子**弟**子**冉伯牛**司馬牛**, **皆**名耕, **若非用於耕**, **則何取於牛乎**.(『文獻通考, 卷一, 田賦考一, 歷代田賦之制』) → **聖門高**弟冉伯牛名耕, **則古之以牛耕可知**.(『松南雜識』)

70) 三月, 分命州郡主勸農. 始用牛耕.(『三國史記, 卷四, 新羅本紀四, 智證麻立干三年』)

71) **漢趙過始爲牛耕**, 前世**蓋**皆人耕也. **余謂長沮桀溺耦而耕是已**. **然冉耕字伯牛**, **則春秋時亦似用牛耕矣**. **按**東**國**史, **則新**羅智證王時, 始用牛耕. **頃歲**壬**辰倭變後**, 牛畜殆盡, 婦子**力**耕, 其功倍苦. 舊**傳**讖**說**云, 十家共一牛, 九女仰一夫, 至是驗**焉**.(『芝峯類說, 卷十六, 語言部, 雜說』) → 前世皆人耕也. 東史, 羅智證王時, 始用牛耕. **壬亂**, 牛畜殆盡, 婦子**刀**耕, 其功倍苦. 舊讖云, 十家共一牛, 九女仰一夫, 至是驗**云**.(『松南雜識』)

72) 稷之弟**曰**台璽, 生叔均, **叔均**是**代其父及稷**, **播百穀**, 始作耕.(『山海經, 卷十六, 大荒西經』) → 稷之弟台璽, 生叔均, 是始作**牛**耕.(『松南雜識』)

지금 골산짜기의 소는 사람의 말을 알아듣고 암석에서 밭을 가는데, 산을 올라갈 때에는 앞발을 구부리고 산을 내려 올 때는 뒷발을 구부린다.

신옹(申滃)의 시에,

한 쌍의 소가 절벽을 지나가는데 雙牛行絶壁
밭가는 이는 노래처럼 말을 하네 耕者語如歌
한 낮에 집사람이 들밥을 내오니 趁午家人饁
돌아가는 광주리엔 꽃이 가득 꽂혔다 歸筐滿揷花

라고 한 것이 그 예이다.

오곡
五穀

『주례(周禮)』의 "구곡(九穀)"[73]의 주석에서 "피(稷)·쌀벼(秫)·기장(黍)·벼(稻)·삼(麻)·대두(大豆)·소두(小豆)·대맥(大麥)·소맥(小麥)이다"[74]라고 하였다.

양천(楊泉)[75]의 『물리론(物理論)』에서 말하였다.

백곡(百穀) 중에서 기장[粱]은 서직(黍稷)류의 총칭이고 벼[稻]는 물

73) 『周禮, 卷二, 天官冢宰』.

74) 黍稷秫稻麻大小豆大小麥.(『周禮, 卷二, 天官冢宰』의 주석) → 稷秫黍稻麻大小豆大小麥.(『松南雜識』)

75) 양천(楊泉): 오(吳)나라에서 서진(西晉)에 걸친 자연철학자. 만물의 근본인 물에서 갖가지 성질을 지닌 원기(元氣)가 생기고, 그것이 자연현상을 형성한다고 주장하였다. 또한 그 기(氣)의 일원적 자연관(一元的自然觀)으로부터, 육체가 없는 영혼의 존재를 부정하였다. 노장파(老莊派)의 현학(玄學)을 비판하기도 하고, 농·공업기술에 관심을 보이는 등 그 자세 또한 실제적이었다. 주요저서인 『물리론(物理論)』은 천문·지리·공예·농업·의학에 관하여 연구한 것으로 현재는 일부만 전한다.

을 대어 심는 곡식류의 총칭이고 콩[菽]은 여러 가지 콩의 총칭이다. 이 세 가지 곡물이 각각 스무 종이니 모두 합하면 예순 종이다. 채소와 과일도 곡물에 보탤 수 있는데, 각각 스무 종이므로 모두 백 가지 곡물[百穀]이 된다.[76]

『천문지(天文志)』에서는 "하나의 별이 밝지 못하면 하나의 곡물이 풍년이 들지 않는다"라고 한다.

보리[麥]는 오곡의 으뜸인데, 마(麻)라고 쓰기도 한다. 『설문해자(說文解字)』에는 "맥(麥)은 '묻음'이니 두텁게 묻어야 얼어 죽지 않는다"라고 하였다. 『백호통(白虎通)』에서는 "보리는 금(金 : 가을)을 만나야 나기 때문에 추분(秋分) 뒤에 심는다. 화(火 : 여름)를 만나면 죽기 때문에 망종(芒種) 뒤에 추수한다"[77]라고 하였다.

기장[黍]의 색은 붉으니 '맥(麥)'이라고 쓰기도 한다. 피[稷]의 색은 노랗고 맛은 달다. 전설에 의하면 기장과 피는 천지가 개벽한 뒤에 처음 자라난 곡물이라고 한다. 그러므로 제향(祭享)에서는 그들 곡식을 귀하게 여긴다. 또 농관(農官)[78]의 명칭과 사단(社壇)의 짝[79]이 된다고 한다.

벼[稻]의 색은 하얗다. 콩[菽]은 '두(豆)'라고도 하니 검은 색이다.

대체로 곡물의 알갱이가 쪼개지는 것은 '음(陰)'이고 쪼개지지 않는 것은 '양(陽)'이라고 한다.

---

76) 物理論**云**, 粱者黍稷之總名, 稻者漑種之總名, 菽者衆豆之總名, 三穀各二十種, 爲六十**種**. 蔬果之實助穀, 各二十**種**, 爲百穀.(『六家詩名物疏, 卷三十, 國風豳二, 七月篇下, 百穀』) → **楊泉**物理論, **百穀**, 粱者黍稷之總名, 稻者漑種之總名, 菽者衆豆之總名, 三穀各二十種, 爲六十. 蔬果之實助穀, 各二十, **凡**爲百穀.(『松南雜識』)

77) 『백호통(白虎通)』에 나오지 않는 내용임.

78) 농관(農官) : 농사를 장려하는 관리를 가리킨다.

79) 사직단(社稷壇)을 의미함.

즐불은 도손
穧秿稻孫

『제민요술(齊民要術)』에서 말하였다.

범승지(氾勝之)[80]가 "말을 곡식더미로 끌어다가 두어 입 먹이고나서 즉시 말이 밟고 지나가게 하면 종자에 자방충(虸蚄蟲)이 없어진다"라고 하였는데, 그 주석에 "자방(虸蚄)은 익은 벼를 해치는 벌레이다"라고 하였다.[81] 또 "착진도(秨殄稻)는 금년에는 죽었다가 이듬해에 절로 살아나는 것이다"라고 하였는데, 그 주석에서 "殄은 殄(진)의 고자(古字)이다"라고 하였다.[82]

운서(韻書)에서는 '즐불'(穧秿)의 주석에 "벼(禾)가 거듭 나는 것이다"라고 하였고, 『번우잡록(番禺雜錄)』[83]에는 "벼(稻)가 다시 나는 것을 도손(稻孫)이라고 한다"[84]라고 하니, 지금 자도(子稻)라고 하는 말이 이것이다.

벼줄기[禾莖]를 '한(稈)'이라고 하니 『춘추좌전(春秋左傳)』에서 "한 웅큼 벼줄기를 던졌다"[85]라 하고, 산곡(山谷) 황정견(黃庭堅)의 시에서 "약속이 볏짚단[稭稈] 같다"[86]라고 한 말이 그 예이니, 지금의 짚단[藁段]이다. 또

---

80) 범승지(氾勝之) : 한(漢)나라 때의 학자. 범승으로 간략하게 부르기도 하며 농사를 잘 알았다. 저서에 『농서(農書)』 18편이 있다.

81) 氾勝之術曰, 牽馬, 令就穀堆, 食數口, 以馬踐過, 爲種無虸蚄蟲也.(『齊民要術, 卷一, 收種, 第二』)→**虸蚄**, **蟲名**, **害稼**. 齊民要術, 氾勝之**術**曰, 牽馬, 令就穀堆, 食數口, 卽以馬踐過, 爲種無虸蚄蟲也.(『康熙字典, 虸』)→齊民要術**記**, 氾勝之曰, 牽馬, 令就穀堆, 食數口, 卽以馬踐過, 爲種無虸蚄蟲也. **註**, **虸蚄**, **害稼蟲也**.(『松南雜識』)

82) **玉篇**, 古**文**殄字. …… **又齊民要術**, 秨殄稻, 今年死, 來年自生. **曰秨**.(『康熙字典, 卷十五』)→秨殄稻, 今年死, 來年自生**者**. **註**, **殄**古殄字.(『松南雜識』)

83) 번우잡록(番禺雜錄) : 송나라 정웅(鄭熊)이 편찬한 책. 총 3권

84) **吳旦生曰**, **番禺雜錄**, 稻再生**曰**, 稻孫.(『歷代詩話, 卷八十, 癸集下之下, 稻孫』)→稻再生**者**, **謂**稻孫.(『松南雜識』)

85) **或取**一秉稈**焉**.(『春秋左傳, 卷五十二, 昭公, 二十七年』)→春秋傳或投一秉稈, 今左傳昭二十七年作或取一秉秆.(『康熙字典, 稈』)→**左傳投**一秉稈.(『松南雜識』)

86) **捃**束若稭稈.(『山谷外集詩注, 卷二, 奉和王世弼寄上七兄先生用其韻』)→**窘**束如稭稈.(『松南雜識』)

말에게 먹이는 꼴을 짚단[藁段]이라고 하기도 한다.

섞어 심기
和種

『산림경제(山林經濟)』에서 말하였다.

백호마(白胡麻)[87] 서 푼과 만생(晩生) 소두(小豆)[88] 한 푼, 혹은 녹두(菉豆) 한 푼, 호마(胡麻)[89] 한 푼을 섞어 심되 고루 뿌리고 흙을 덮는다.[90]

또 말하였다.

산벼[山稻], 혹은 올벼[早稻] 서 푼, 기장 두 푼, 소두(小豆) 한 푼을 섞어 파종한다. 대개 장마나 가뭄이 들면 곡물들이 그 기후의 변화에 따라 성질대로 자라게 된다.[91]

---

87) 백호마(白胡麻) : 흰깨.
88) 소두(小豆) : 팥.
89) 호마(胡麻) : 참깨.
90) **以**白胡麻三分, 晩小豆一分, **相和種之**. 或**以**菉豆二分, 胡麻一分相和**亦得**. **耕訖作畝**, **以所和種**, 均撒覆土.(『山林經濟, 卷一, 治農, 種芝麻』) → 白胡麻三分, **與**晩小豆一分, 或菉豆二分, 胡麻一分相和**種之**, 均撒覆土.(『松南雜識』)
91) 或旱稻三分, 稷二分, 小豆一分, 相和而種. 蓋**以**歲有水旱, **九**穀隨**歲異宜**, **故交種**, **則不至全失也**.(『山林經濟, 卷一, 治農, 種稻』) → **又山稻**或旱稻三分, 稷二分, 小豆一分, 相和而種, 蓋歲有水旱, 穀隨.(『松南雜識』)

마사
馬沙

『고금주(古今注)』[92)]에서 "이두(貍豆)는 이사(貍沙)를 말하고 호두(虎豆)는 호사(虎沙)를 말하고 마두(馬豆)는 마사(馬沙)를 말한다"[93)]라고 하였는데, 지금은 와전되어 마태(馬太)라고 하는 듯하다.

기장은 익으면 숙이고 보리는 익으면 치켜든다
黍低麥昂

『담수(談藪)』[94)]에서 말하였다.

기장[黍]은 익으면 머리를 숙이고 보리는 익으면 머리를 치켜든다. 기장과 보리를 모두 갖추었기에 숙이고 치켜든다.[95)]

파아
罷亞

『정자통(正字通)』에서 "파아(罷亞)"라고 하였다. 두목(杜牧)[96)]의 시에서,

---

92) 고금주(古今注) : 진(晉)나라 최표(崔豹)가 명물(名物)을 고증하여 엮은 책. 고조선 때의 노래인 「공무도하가(公無渡河歌)」의 배경 설화가 실려 있다. 3권.

93) 貍豆一**名**貍沙. …… 虎豆一**名**虎沙. …… 馬豆一**名**馬沙.(『古今注, 卷下, 草木』) → 貍豆**曰**貍沙, 虎豆**曰**虎沙, 馬豆**曰**馬沙.(『松南雜識』)

94) 담수(談藪) : 송나라의 방원영(龐元英)이 편찬한 책. 1권.

95) 談藪, **王元景大醉**, **楊彥遵曰何大低昂**, **答曰**, 黍熟頭低, 麥熟頭昂, 黍麥俱有, 所以低昂.(『佩文韻府, 卷八之一, 黍熟頭低』) → 談藪曰, 黍熟頭低, 麥熟頭昂, 黍麥俱有, 所以低昂.(『松南雜識』)

96) 두목(杜牧) : 당나라 말기의 시인(803~852). 자는 목지(牧之), 호는 번천(樊川). 두보(杜甫)에 상대하여 소두(小杜)라 부르며, 시풍은 호방하면서도 청신(淸新)하며, 특히

백이랑 파아(罷亞)벼에	罷亞百頃稻
서풍 불자 반이 익었네	西風吹半黃[97]

라고 하였다.

소식(蘇軾)의 시에서는 "푸른 물결에 붉은 파아가 춤추며 뒤척인다[翠浪舞翻紅罷亞]"[98]라고 하였다.

이하(李賀[99])의 시에서 "장창강미(長鎗江米) 익었네[長鎗江米熟]"[100]라고 하였는데, 그 주석에서 "강미(江米)는 강남(江南)에서 공물로 바치는 쌀이니 바로 장요창미(長腰鎗米)[101]이다"[102]라고 하였다.

논보리 · 돌보리 · 돌벼 · 차조
穱穭秜秫

운서(韻書)에서 "'작(穱)'은 벼 심는 밭[稻田]에 심는 보리를 이른다"라고 하였으니, 지금 삼남(三南)의 논보리[畓麥]이다. 「남도부(南都賦)」의 "겨울 찰벼와 여름 논보리[冬秭夏穱]"[103]와 한유(韓愈)의 「납량(納涼)」시에 "찬물 길어다 향기로운 논보리 담그네[汲冷漬香穱]"[104]가 이것이다.

칠언 절구에 뛰어났다. 작품에 「아방궁부(阿房宮賦)」·「산행(山行)」 등이 있다.

97) 『全唐詩, 卷五百二十, 杜牧, 郡齋獨酌』.

98) 『東坡全集, 卷五, 詩一百三首, 登玲瓏山』.

99) 이하(李賀): 당나라 때의 시인(790~816). 자는 장길(長吉). 시작(詩作)에 몰두하여 15세 때에 그 이름이 알려졌으며, 몽환적인 인상과 기이한 분위기의 시로 귀재(鬼才)라는 평을 받았다. 작품에 시집 『이하가시편(李賀歌詩篇)』·『창곡집(昌谷集)』 등이 있다.

100) 『全唐詩, 卷三百九十, 李賀, 始爲奉禮憶昌谷山居』.

101) 장요창미(長腰鎗米): 벼의 품명(品名)으로 장요(長腰), 장요미(長腰米)라고도 한다. 한수(漢水)에서 쌀을 이렇게 부른다.

102) **又**長腰鎗米**別名**, 李賀**憶昌谷山居**詩, 長鎗江米熟. 註, 江米, 江南所貢玉粒.(『康熙字典, 鎗』)→李賀詩, 長鎗江米熟. 註, 江米, 江南所貢玉粒. **卽**長腰鎗米**也**.(『松南雜識』)

103) 후한의 장형(張衡)이 지은 부.(『文選, 卷四, 南都賦』)

104) 『全唐詩, 卷七百九十一, 聯句, 納涼聯句』.

또 자생보리를 '로(穭)'라고 하고, 자생벼를 '니(秜)' 또는 '여(稆)'라고 한다. 동탁(董卓)의 난리에 한(漢)의 신하들이 캐어 먹었다는 돌벼[稆]가 이것이다.

『설문해자(說文解字)』에는 "봄보리(春麥)를 '체(麳)'라고 하고 밀기울[麥皮]을 '부(麩)'라고 한다. 왕겨[米本衣]를 '부(稃)'라고 하며 잡곡은 '려(糲)'이니 '조(糙)'라고도 한다"라고 하였다. 지금 출촉(秫蜀)을 '당(糖)'이라고 하는데, 당(糖)은 본래 사당(沙糖)의 당(餹)이니 잘못된 이름이다.

'옥출(玉秫)'은 바로 옥촉서(玉蜀黍)이니 우리나라에서는 '옥수수(玉垂穗)'라고 한다. 지금 평안도에서는 환곡(還穀)에 쓰인다고 한다.

목화
木禾

『목천자전(穆天子傳)』[105]에서 "흑수(黑水)[106] 언덕에 들보리가 있는데 이른바 목화(木禾)라고 한다"[107]라고 하였으니, 『박아(博雅)』에서 이른바 '복저(伏豬)'이다. 곽박(郭璞)[108]의 찬(贊)에 "아름다운 곡식이 있으니 '목화(木禾)'라고 한다. 애써 심지 않아도 저절로 신령스럽게도 파종된다"[109]라고 하였는데, 그 주석에서 "속서(粟黍)로 길이는 마흔 자이다"라

105) 목천자전(穆天子傳) : 진(晉) 태강(太康) 2년에 급현(汲縣) 사람이 위양왕(魏襄王) 무덤을 도굴하다가 이 책을 발견하였다. 책의 내용은 주(周) 목왕(穆王)이 서쪽으로 놀러 갔을 때의 고사를 담고 있다.

106) 흑수(黑水) : 물 이름.

107) 黑水之阿, 爰有野麥. **爰有荅菫, 西膜之**所謂木禾.(『穆天子傳, 卷四, 古文』) → 黑水之阿, 爰有野麥, 所謂木禾.(『松南雜識』)

108) 곽박(郭璞) : 서진(西晉) 말에서 동진(東晉) 초의 학자·시인(276~324). 자는 경순(景純). 박학하고 시문과 점술에 뛰어나 원제 때 상서랑(尙書郎)으로 임명되었다. 322년에 중신인 왕돈(王敦)이 반란을 일으켜 관군이 패하자 살해되었다. 『목천자전(穆天子傳)』·『초사(楚辭)』·『산해경(山海經)』 등의 주석이 유명하다.

109) 贊曰, **崑崙之陽**, **鴻鷺之阿**, 爰有嘉穀, 號曰木禾, 匪植匪藝, 自然靈播.(『山海經廣注, 卷十一, 海內西經』) → **郭璞**贊曰, 爰有嘉穀, 號曰木禾, 匪植匪藝, 自然靈播.(『松

고 하였다. 지금 중국의 당서고(糖黍藁)는 길이와 크기가 나무만하니 도끼로 찍어다 땔감으로 만든다고 한다.

메밀

蕎麥

『산림경제(山林經濟)』에서 말하였다.

> 씨를 촘촘히 뿌리면 결실이 많고 성글게 뿌리면 결실이 적다. 반이 검어질 때까지 기다렸다가 베어서 거꾸로 세우면 모두 검어진다. 또 뿌려서 심을 때 무와 섞어서 경작하면 둘 다 수확할 수 있다.[110]

『본초강목(本草綱目)』에서는 "줄기는 약한데 훤칠하게 잘 자라고 수확하기 쉽다. 갈아서 밀가루로 만들면 보리와 같다"라고 하였다.

백거이(白居易)의 시에 "메밀에 흰 꽃이 흐드러졌네[蕎麥鋪花白]"[111]가 그 예이다.

지금 가문 해에 대체작물(代替作物)로 파종하니 우리나라에서는 '모밀[木麥]'이라고 한다.

속담에 "봄 보리가 흉년이면 이맥(耳麥)[112]이 풍년들고 가을 보리가 흉년이면 귀맥(鬼麥)이 풍년든다"라고 한다. 귀맥(鬼麥)이란 운서(韻書)에

南雜識』)

110) **蕎麥**, **稠密撒**種, 則結**實**多, 若稀則結子少. **蕎麥**, 雜蘿葍耕之兩得. **其實**半黑**半白**, 刈之倒豎則皆黑.(『山林經濟, 卷一, 治農, 種蕎麥』) → **散種密**, 則結**子**多, 若稀則結子少. **待其**半黑, 刈之倒豎則皆黑. **又散種時**, 雜蘿葍耕之, 兩得**云**.(『松南雜識』)

111) 『白香山詩集, 卷十五, 長慶集十五, 渭邨退居寄禮部崔侍郎翰林錢舍人詩一百韻』.

112) 이맥(耳麥) : 연맥(燕麥). 귀리를 말한다. 볏과의 한해살이풀 또는 두해살이풀. 높이는 60~90cm이며, 잎은 가늘고 길다. 봄에 2~3개의 꽃이 수상(穗狀) 꽃차례로 핀다. 열매는 식용하거나 가축의 먹이로 쓴다. 산지(山地)에 심어 가꾼다. 작맥(雀麥)이라고도 한다.

이른바 '광맥(穬麥)'[113]이다.

모화
牟禾

모화(牟禾)는 근래 서양에서 들어왔다. 그래서 '양도(洋稻)'라고도 한다. 비옥한 땅, 척박한 땅, 건조한 땅, 습한 땅을 가리지 않지만 척박한 땅에서 더 잘 자란다. 보통 벼보다 백 배를 수확할 수 있지만 지력(地力)이 고갈되기에 이것을 한 번 심은 땅에는 십 년 동안 불모지가 된다. 또 닭이나 개가 그것을 먹으면 비대해져서 자라지 않는다고 한다.

도료 · 낭유
荼蓼稂莠

『시경(詩經)』에서 "여귀를 제거하도다[以薅荼蓼]"[114]라고 하였는데, 그 주석에서 "뭍에 나는 것을 '도(荼)'라고 하고 물에서 나는 것을 '료(蓼)'라고 한다"라고 하였다.

한유(韓愈)의 글에 "낭유(稂莠)를 김매지 않는다[稂莠不薅]"[115]라고 하였는데, 낭유(稂莠)는 숙전옹(宿田翁)[116]으로 이른바 곡식 같지만 곡식이 아니다.

『춘추좌전(春秋左傳)』에 "마치 농부가 힘써 잡초를 제거하여 무더기로

113) 광맥(穬麥) : 식물 이름. 보리[大麥]의 일종으로 모양이 보리와 유사하다. 말의 사료로 많이 사용된다.

114) 『詩經, 周頌, 良耜』.

115) 『唐宋八大家文鈔, 卷十一, 昌黎文鈔十一, 碑, 平淮西碑』.
 * 『松南雜識』에는 '稂莠不鋤'로 되어 있다.

116) 숙전옹(宿田翁) : 잡초의 이름.

난 풀을 베어 버리 듯한다"[117]라고 하였다.

또 주허후(朱虛侯) 유장(劉章)[118]의 「경전가(耕田歌)」[119]에서,

깊이 밭 갈고 촘촘히 씨 뿌렸건만	深耕穊種[120]
돋아난 싹이 성글어지려고 하네	立苗欲疏
옳은 종자 아니면	非其種者
김매어 없애야지	鉏而去之[121]

라고 하였다. 『집운(集韻)』에서 "속담에 '곡식을 얻고자 하면 말귀[馬耳][122]를 김매라'라고 하였다"[123]라고 하였는데, 그 주석에서 "'鏃'의 음은 착이다. 혹은 착서(鋜鋤)로 쓰기도 한다"[124]라고 하였다.

구전
區田

범승(氾勝)의 글에서 "탕(湯) 임금 시절에 7년간 가뭄이 들었는데 이윤

117) **如**農夫之務去草**焉**, 芟夷蘊崇之.(『春秋左傳, 卷三, 隱公六年』) → 農夫之務去草, 芟夷蘊崇之.(『松南雜識』)

118) 유장(劉章) : 한(漢) 고조(高祖)의 손자.

119) 경전가(耕田歌) : 가곡의 이름. 『사기(史記), 제도혜왕세가(齊悼惠王世家)』에서 "주허후 유장(劉章)이 관직을 얻지 못해 분개하고 있었을 때였다. 일찍이 연회석에서 여후(呂后)를 모신 적이 있었다. …… 술자리가 무르익을 무렵, 가무 판이 벌어졌다. 잠시 후 유장이 '청컨대 태후를 위하여 경전가(耕田歌)를 부르게 해주십시오'라고 하였다. 그러자 여후가 유장을 아이로 취급하며 웃으면서 말하길 '오히려 너의 부친이나 경전(耕田)을 알지, 너는 왕자로 태어났는데 네가 어찌 경전을 알겠는가?'라고 하였다. 그러자 유장이 이 노래를 불렀다"고 한다.

120) 『松南雜識』에는 '深耕**溉**根'으로 되어 있다.

121) 『史記, 卷五十二, 齊悼惠王世家, 第二十二』.

122) 말귀[馬耳] : 잡초의 종류.

123) 諺曰, 欲得穀, 馬耳鏃.(『集韻, 鏃鋜』)

124) 集韻, **測角切**, 音娕, **鋤也**. 諺曰, 欲得穀, 馬耳鏃. **賈思勰說**或作鋜.(『康熙字典, 鏃』) → 集韻, 諺曰, 欲得穀, 馬耳鏃. **註**, **鏃**音娕. 或作鋜**鋤**.(『松南雜識』)

(伊尹)이 구전법(區田法)을 만들어 백성들에게 거름 주고 파종하고 물을 날라 붓고 농사짓는 법을 가르쳤다"라고 하였다.[125)]

가사협(賈思勰)이 "구전(區田)은 거름으로 좋은 땅을 만들 수 있기에 밭이 모두 좋을 필요가 없다. 또 주변의 땅[旁地]을 경작하지 않는 것은, 지력(地力)이 거의 고갈되어서이다"[126)]라고 하였다.

밭 사이의 길을 뚫는 것은 농사에 해가 된다.

『산림경제(山林經濟)』에서 말하였다.

무릇 오곡(五穀) 중에 상순(上旬)에 파종하는 것은 온전히 수확하고 중순(中旬)에 파종하는 것은 중등으로 수확하고 하순(下旬)에 파종하는 것은 하등으로 수확한다.[127)] 또 밭을 관리하는 법은 가을에 밭을 갈아 겨울을 넘기는 것이 제일 좋다.[128)]

병작

竝作

『한서(漢書)』에서 "부호(富豪)가 침탈(侵奪)하여 밭의 소출을 나누고[分田]금을 겁탈하며 소작을 준다[刦假]"[129)]라고 하였는데, 그 주석에 "겁(刦)은 부자가 그 세금을 겁탈하여 침범하고 기만하는 것이다. '가(假)'는 가

---

125) 氾勝之書, **區種法曰**, 湯有旱**災**, 伊尹作**爲**區田, 教民糞種負水澆稼.(『齊民要術, 卷一, 種穀, 第三』)→氾勝之書**曰**, 湯有**七年之**旱, 伊尹作區田**法**, 教民糞種負水澆稼.(『松南雜識』)

126) 區田以糞氣爲美, **非**必**須**良田**也**. …… **區田**不耕旁地, 庶盡地力.(『齊民要術, 卷一, 種穀, 第三』)→區田以糞氣爲美, **不**必**皆**良田. **又**不耕旁地, 庶盡地力.(『松南雜識』)

127) 凡五穀, 上旬種者全收, 中旬中收, 下旬下收.(『山林經濟, 卷一, 治農, 耕播』)→凡五穀, 上旬種者全收, 中旬**種者**中收, 下旬**種者**下收.(『松南雜識』)

128) 治田**之**法, 秋耕過冬爲上.(『山林經濟, 卷一, 治農, 耕播』)→治田法, 秋耕過冬爲上.(『松南雜識』)

129) 豪民侵陵, 分田刦假.(『前漢書, 卷二十四上, 食貨志, 第四』)

난한 사람이 부자의 밭을 빌리는 것이다"[130]라고 하였다. 『석의(釋義)』에 "밭의 소출을 나누는 것[分田]은 가난한 사람이 밭이 없어서 부자의 밭을 경작하여 그 소출을 나누는 것이다"[131]라고 하였다.

지금의 이른바 '권탈(權頉)'과 '총진(摠陳)'이 '겁(劫)'이고, '분전(分田)'과 '병작(竝作)'이 '가(假)'이다. 우리나라는 임진왜란 이후에 비로소 자신과 타인이 밭의 소출을 나누어 가진 까닭에 '왜타작(倭打作)'이라고 하였으니, 지금 '병작(竝作)'의 시초이다.

도관
導官

『한서(漢書), 백관공경표(百官公卿表)』에서 "소부(少府)[132]에 도관(導官)과 탕관(湯官)이 있다"[133]라고 하였는데, 그 주석에서 "탕관(湯官)은 떡[餠餌]을 주관하고 도관(導官)은 쌀의 선택을 수관한다"[134]라고 하였으니, 지금의 사도시(司導寺)[135]이다.

---

130) 假**亦**謂貧人**賃**富人之田也. 劫**者**, 富人劫奪其稅, 侵欺之也.(『前漢書, 卷二十四上, 食貨志, 第四』의 주석) → 劫**謂**富人劫奪其稅, 侵欺之也. 假謂貧人**僨**富人之田也.(『松南雜識』)

131) 分田, **謂**貧者無田, **而**取富**人**田耕**種**, **共**分**其**所**收**也.(『前漢書, 卷二十四上, 食貨志, 第四』의 주석) → 分田, 貧者無田, 取富**者**田耕, **其**分所**取**也.(『松南雜識』)

132) 소부(少府) : 고대 중국의 재무관청(財務官廳). 전한(前漢) 시대에는 제실재정(帝室財政)을 맡아 황제의 가산적(家産的) 수입(收入 : 주로 山海池澤으로부터의 수입)을 관할하였다. 후한(後漢) 이후 국가 재정을 관장하는 대사농(大司農)에게 그 주요 임무가 흡수되었고, 궁정에서 사용하는 기물(器物)이나 공예품을 제작하는 관청이 되었다. 당나라 때에는 5감(監)의 하나로, 다수의 공장(工匠)을 모아 공방(工房)에서 제품을 만들게 하여 이를 진상하였다. 남송(南宋) 시대부터 폐지되고 임무가 공부(工部)로 넘어갔다.

133) 少府**秦官**, **掌山海池澤之稅**, **以給共養**. **六丞屬官**, **有尙書符節太醫太官**湯官導官.(『前漢書, 卷十九上, 百官公卿表』) → 少府**有**湯官導官.(『松南雜識』)

134) 湯官主餠餌, 導官主擇米.(『前漢書, 卷十九上, 百官公卿表』의 주석)

135) 사도시(司導寺) : 조선 시대 궁중의 쌀과 곡식 및 장(醬) 등의 물건을 맡은 관청. 고려 시대는 비용사(備用司)가 이 일을 맡아보다가 충렬왕 때 요물고(料物庫)로 고쳤는

토원책
兎園冊

『오대사(五代史)』[136]에서 "풍도(馮道)[137]가 토원책자(兎園冊子)를 내렸다"[138]라고 하니, 지금의 '추수기(秋收記)'[139]로 본래는 양(梁)나라 효왕(孝王)의 정원 이름이다.

데, 조선 시대에 들어와 태조 1년(1392) 7월에 요물고를 두고 사(使 : 종5품) 1명, 부사(副使 : 종6품) 1명, 주부(主簿 : 종8품) 2명 등을 두었다. 태종 10년(1401) 7월 공정고(供正庫)로 고쳤다가, 세종 4년(1422) 9월에 도관서(官署)로 고쳤으며, 세조 6년(1460) 5월 이를 없애고 사선서(司膳署)에 합쳤다가, 1467년 4월 사선서가 사옹원(司饔院)에 합쳐지면서 다시 도관서를 두게 된 뒤 『경국대전』에는 사도시로 이름을 고쳐 올렸다.

136) 오대사(五代史) : 중국의 사서(史書)로 『구오대사(舊五代史)』와 『신오대사(新五代史)』의 총칭. 각각 중국의 24사(二十四史) 중의 하나이다. 『구오대사』는 송(宋)나라의 설거정(薛居正) 등이 태종(太宗)의 칙명을 받들어 924년(태조 7)에 완성한 것으로, 907년의 당나라 멸망으로부터 그 뒤 60년 사이에 일어났다가 없어진 후량(後梁) · 후당(後唐) · 후진(後晉) · 후한(後漢) · 후주(後周) 등의 다섯 왕국에 대한 사적을 기록한 152권을 말한다. 또 『신오대사』는 송나라 인종(仁宗) 때 구양수(歐陽修) 등이 춘추(春秋)의 필법(筆法)으로 편찬한 것으로, 후량의 태조로부터 후주의 공제(恭帝)에 이르기까지의 사적을 기록한 75권을 말한다. 그 밖에 송나라 조정에서 이 2가지 책과 달리 별도로 편찬한 『오대사』가 있다.

137) 풍도(馮道) : 오대 시대의 관료. 자는 가도(可道). 하북성(河北省) 헌현(獻縣) 출생. 당나라 말기에 연(燕)나라의 유수광(劉守光)을 섬기고, 유수광이 패한 뒤 진(晉)나라의 본거지인 태원(太原)으로 피신하였다. 여기에서 환관인 감군사(監軍使) 장승업(張承業)을 알게 되어 중요서류를 기초하는 일에 종사하였다. 923년 후당(後唐)의 장종(莊宗)이 즉위하자 한림학사에 임명되었다. 명종(明宗) 때에는 그 박학다식과 원만한 인격을 인정받아 재상으로 발탁되었다. 다섯 왕조(후당 · 후진 · 요 · 후한 · 후주) 11천자를 섬기며 30년 동안 고관을 지냈고, 재상을 지낸 것만도 20년이 넘었다.

138) 馮道 …… 遺下兎園冊**爾**.(『五代史, 卷五十五, 雜傳, 第四十三』) → 馮道遺下兎園冊**子**.(『松南雜識』)

139) 추수기(秋收記) : 추수를 하는 작인(作人)의 이름. 땅의 면적, 곡식의 종류 및 수량 따위를 기록한 장부.

보
洑

범성대(范成大)[140]의 『오선록(吳船錄)』에 '노가보(魯家洑)'와 '장풍보(長風洑)'[141]라는 말이 있는데, '보(洑)'란 호수(水泊)의 명칭이다.

『삼여췌필(三餘贅筆)』[142]에 "절강(浙江) 지역에는 물이 부족하여 인가(人家)에서는 대부분 산 위에 수문(水門)을 설치하고 물을 저장해 두었다가 가뭄이 들면 수문을 열어 밭에 관개(灌漑)를 하니 그것을 '패(沛)'라고 한다"[143]라고 하였다.

벽골제
碧骨堤

주자의 소(疏)에 "만약 촌(村)마다 보(保)마다 각각 저수지의 이로움이 있게 한다면 민간(民間)에는 영원히 유리걸식하거나 굶어 죽는 우환이 없을 것이고 국가도 영원히 견감(蠲減)[144]과 조제(糶濟)의 비용이 없어질 것입니다"[145]라고 하였다. 또 "굶주린 백성을 구휼할 수 있는 기발한

---

140) 범성대(范成大) : 남송의 시인. 남송 4대가의 한 사람. 자는 치능(致能), 호는 석호거사(石湖居士). 오현(吳縣 : 蘇州) 출신. 29세에 진사(進士)가 되고 지방관을 거쳐, 뒤에 재상(宰相)의 지위인 참지정사(參知政事)에 이르렀다. 황제의 신임이 두터웠고, 금(金)나라에 사절로 갔을 때 부당한 요구에 굴하지 않고 소신을 관철하여, 사가(史家)들의 찬양을 받았다. 청신(淸新)한 시풍으로 전원의 풍경을 읊은 시가 유명하다. 저서에 『석호거사시집』 34권, 『석호사』 1권이 있고, 그밖에 기행문도 있다.

141) 『松南雜識』에는 『오선록(吳船錄), 권하(卷下)』에 '노가보(魯家洑)'는 세 번 나오는데, '장풍사(長風洑)'는 나오지 않고 '장풍사(長風沙)'만 네 번 나온다.

142) 삼여췌필(三餘贅筆) : 명나라 도앙(都卬)이 편찬한 책. 총 2권.

143) 三餘贅筆, 浙中, …… **此地**少水, 人家多**於**山上置閘蓄水, 遇旱歲, 開以灌田, 名之曰沛, **取沛然之義也**.(『藝林彙考, 卷八, 廡序類』) → 三餘贅筆, 浙中少水, 人家多于山上置閘蓄水, 遇旱歲, 開以灌田, 名之曰沛.(『康熙字典, 沛』) → 三餘贅筆**曰**, 浙中少水, 人家多**于**山上置閘蓄水, 遇旱歲, 開以灌田, 名之曰沛.(『松南雜識』)

144) 견감(蠲減) : 조세 따위의 일부를 면제하여 줌.

계책이 없으니 수리(水利)를 강구(講求)하는 것보다 못합니다”[146]라고 하였다.

『통전(通典)』[147]에서는 “한(漢)의 마진(馬臻)[148]이 회계(會稽)의 태수가 되어 감호(鑑湖)에 제방을 쌓고 구천여 경(頃)에 관개(灌漑)하였다”[149]라고 하였다.

반계(磻溪) 유형원(柳馨遠)이 말하였다.

> 호남(湖南)에 만약 벽골제(碧骨堤)・황등제(黃登堤)・눌제(訥堤)를 수축(修築)하면 노령(蘆嶺)[150] 아래로는 흉작이 없을 것이다. 세 곳 중에서 벽골제의 규모가 가장 크다. 신라 흘해왕(訖解王) 이십 일 년에 처음으로 축조하여 고려 때 증수(增修)하니 길이는 육만 팔백여 척(尺)이고 둘레가 칠만 칠천여 보(步)로 다섯 개의 수로가 있어서 모두 물이 흘러 구천 팔백 사십 결(結)의 밭에 관개(灌漑)를 하였다. 그러다가 인종(仁宗)이 병이 나자 무당의 말을 듣고 그것을 터 버렸다. 조선조에 비록 중수(重修)하였지만 복원할 수가 없었고 지금은 이미 쓸모없이

---

145) 令逐村逐保, 各有陂塘之利**如此**, 則民間永無流離餓**莩**之患, 而國家亦永無蠲減糶濟之費矣.(『晦菴集, 卷十七, 奏狀, 奏救荒事宜畫一狀』) → **若**令逐村逐保, 各有陂塘之利, 則民間永無流離餓**殍**之患, 而國家亦永無蠲減糶濟之費矣.(『松南雜識』)

146) 朱子曰, …… 賑饑無奇策, 不如講求水利.(『性理大全書, 卷六十九, 治道四, 賑恤』)

147) 통전(通典) : 당나라의 재상 두우(杜佑 : 735~812)가 편찬한 제도사(制度史). 총 200권. 766년에 착수하여 30여 년에 걸쳐 초고가 완성되고, 그 후에도 많은 보필(補筆)이 있었던 것으로 추정된다. 이 책은 북송(北宋)의 송백(宋白) 등의 『속통전(續通典)』, 남송(南宋)의 정초(鄭樵)의 『통지(通志)』, 원(元)나라 마단림(馬端臨)의 『문헌통고(文獻通考)』 등에 큰 영향을 끼쳤다.

148) 마진(馬臻) : 후한(後漢) 때의 관료. 영화(永和) 연간에 회계(會稽) 태수가 되어 회계산 음양현(陰兩縣) 경계에 중경호(中鏡湖)를 만들었다. 제방을 쌓고 물을 대니 수심이 한 길 남짓이었다.

149) 馬臻爲會稽**太**守, **始立鏡**湖築塘, **周廻三百十里**, **灌**田九千餘頃.(『通典, 卷二, 食貨二, 水利田』) → **漢**馬臻爲會稽守, **於鑑**湖築塘, **漑**田九千餘頃.(『松南雜識』)

150) 노령(蘆嶺) : 전북 정읍시와 전남 장성군 북이면(北二面) 사이의 도계(道界)를 이루는 고개.

버려졌으니 인종은 천명(天命)을 모른다고 할 만하다.[151]

수산제
守山堤

밀양(密陽)에 있다. 김방경(金方慶)[152]이 수산제를 수축하고 밭에 관개(灌漑)하여 일본을 정벌할 때 사용할 군량미를 준비하였다.

중방제
重房堤

해풍군(海豊郡)[153]에 있다. 고려 때에는 중방비보(重房裨補)라고 하였다.

---

151) 今觀金堤之碧骨堤, 全羅忠淸之名爲湖南湖西, 由於此堤, 古阜之訥堤, 益山全州之間黃登堤, 皆是陂堤之巨者, 有大利於一方. 前古極一國之力成築, 今皆廢缺, 所缺者不過數十丈許, 計其功不過千人一旬之力, 比之初築, 不啻萬分之一, 無一人建議, 深可歎惜. 若使此三堤貯爲千頃之陂, 則蘆嶺以上, 永無凶年, 而湖南民物可比蘇杭矣. 蘆嶺以上永無凶年, 則於一國亦大爲萬世之利矣. 一國租稅, 出於湖南者居半. 秉國計者宜所當深思也. 此外則扶安之白石串, 光州之缺, 密陽之守山堤, 平壤之缺, 如此之類, 皆當訪問興築.(『磻溪隨錄, 卷三, 田制後錄上, 堤堰』)→湖南若修築碧骨黃登訥堤, 則蘆嶺以下, 無凶歉矣. 三者之中, 碧骨堤其最大也. 羅訖解王二十一年, 始築之, 高麗增修, 長六萬八百餘尺, 周七萬七千餘步, 有五渠皆跨水, 漑田九千八百四十結. 及仁宗有疾, 聽巫言決之. 我朝雖重修, 不能復. 今已廢棄, 仁宗可謂不知天命矣.(『松南雜識』)

*『반계수록』의 내용이 『松南雜識』와 많은 차이가 있다.

152) 김방경(金方慶) : 고려의 명장·정치가(1212~1300). 자는 본연(本然), 시호는 충렬(忠烈). 신라 경순왕의 후손, 한림학사 효인(孝印)의 아들. 고종 때 음보로 16세에 산원(散員)이 되어 식목녹사(式目錄事)를 겸하고, 감찰어사를 거쳐 서북면 병마판관(西北面兵馬判官)에 이르렀다. 이때에 몽고병의 침입으로 주민들과 함께 위도(葦島)에 들어가 저수지를 만들고 제방을 쌓는 등 농토를 개간하여 농사를 짓게 했다.

153) 해풍군(海豊郡) : 해풍(海豊)은 경기도 개풍군(開豊郡)의 옛 지명으로 본래 고구려의 정주를 고려 충선왕 때 해풍군으로 개칭하였다. 그 후 1442년 덕수현과 합하여 풍덕으로 고쳤으며, 1930년에 개성의 개자와 풍덕의 풍자를 따서 개풍군(開豊郡)으로 하였다.

상국제
相國堤

모재(慕齋) 김안국(金安國)[154]이 영남(嶺南)의 관찰사가 되어 비안(比安)[155]을 순시하다가 축조했기에 '안국제(安國堤)'라고 한다.

허공제
許公堤

조선의 허만석(許晩石)이 연기(燕岐)[156]의 현감으로 있을 때 축조하였다. 네 개의 큰 못이 모두 밭에 관개하도록 축조되었기에 호수라는 이름이 붙었다.

양전주척
量田周尺

『경국대전(經國大典)』[157]에서 "전지(田地)의 측량은 이십 년마다 시행하는 것을 규정으로 정한다"라고 하였다.

---

154) 김안국(金安國) : 조선 중기의 문신 · 학자(1478~1543). 자는 국경(國卿), 호는 모재(慕齋), 시호는 문경(文敬). 정국의 형 김굉필의 문인. 성리학뿐만 아니라 천문, 주역, 농사, 국문학 등에도 조예가 깊었다.

155) 비안(比安) : 경상북도 의성군(義城郡)에 속해있는 지명으로 비옥(比屋)과 안정(安貞) 두 현(縣)의 합명(合名).

156) 연기(燕岐) : 충청남도 동쪽 끝에 있는 군.

157) 경국대전(經國大典) : 조선 시대에, 통치의 기준이 된 최고의 법전(法典). 고려 말부터 조선 성종 초년까지 100년간에 반포된 법령, 교지(敎旨), 조례(條例) 및 관례 따위를 망라한 것이다. 세조 때 최항(崔恒), 노사신(盧思愼), 강희맹(姜希孟) 등이 집필을 시작하여 성종 7년(1476)에 완성하고, 16년(1485)에 간행하였다. 그 후에도 여러 차례 보완되었으나 기본 골격은 유지한 채 왕조 말기까지 계속 적용되었다. 6권 3책의 활자본(活字本).

『고려사』에서 "문종(文宗) 때에 양전(良田)의 보수(步數)는 사방 삼십 삼 보(步)를 일 결(結)로 삼았다"[158]라고 하였다.

반계(磻溪) 유형원(柳馨遠)이 말하였다.

지금 전지(田地)를 측량하는 주척(周尺)[159]은 『가례도본(家禮圖本)』의 주척(周尺)과 비교하면 아홉 푼(分)이 짧고, 『상례비요(喪禮比要)』[160]의 주척(周尺)과 비교하면 일곱 푼이 짧고, 지금 훈련원(訓練院)[161]의 보수 주척(步數周尺)과 비교하면 두 푼이 길다. 지금 제정한 경법(頃法)에서는 이 자를 사용한다. 여섯 자가 일 보(步)이고 백 보(步)가 일 묘(畝)이고 백 묘(畝)가 일 경(頃)이니 일 경(頃)의 토지는 사방 백 보(步)가 된다. 여러 책에 기재된 내용을 검토해보면 주척(周尺)의 길이가 다르니 민생(民生)의 괴로움과 즐거움, 병사의 많고 적음이 오로지 여기에 달

---

158) **二十三年**, **定**量田步數, **田**一結, 方三十三步.(『高麗史, 卷七十八, 志三十二, 食貨一, 田制』) → **文宗時**, 量田步數, 方三十三步, **爲**一結.(『松南雜識』)

159) 주척(周尺) : 자의 한 가지. 曲尺의 여섯 치 6푼(약 20㎝)을 한 자로 삼음. 주로 토지・도로의 측정과 사격장의 보법(步法) 등에 사용함.

160) 상례비요(喪禮比要) : 조선 후기의 학자 신의경(申義慶)이 찬술한 상례(喪禮) 지침서. 목판본, 2권 1책이며 연세대학교 도서관에 소장되어 있다. 『주자가례(朱子家禮)』를 주로 하고, 그 밖의 고금 제가(諸家)의 예설(禮說)을 참고로 하여 초상(初喪)에서 장제(葬祭)까지의 모든 의식을 요령있게 적어놓았다. 신의경이 저술한 것을 김장생(金長生)이 교정 증보하였고, 다시 김집(金集)이 교정하여 인조 26년(1648)에 간행하였다. 책머리에는 사당(祠堂)・신주(神主)・의금(衣衾)・쇠질(衰)・오복(五服)・상구(喪具)・발인(發靷)・성분(成墳)・입비(立碑)・수조(受弔)・진찬(進饌) 등의 도설(圖說)을 실었다. 권두에 광해군 12년(1620)에 쓴 김장생의 서문과 1648년에 쓴 김집의 서문이 있고, 책 끝에 1621년에 쓴 신흠(申欽)의 발문이 있다.

161) 훈련원(訓練院) : 조선 시대에 병사의 무재(武才)시험, 무예의 연습, 병서(兵書)의 강습을 맡아보던 관청. 1392년 조선의 개국과 더불어 서울 동대문운동장 부근의 명철방(明哲坊)에 설치하여, 처음에는 훈련관(訓鍊觀)이라 하다가 세조 13년(1467) 훈련원으로 개칭하였다. 창설 당시에는 사(使) 1명, 군자좨주(軍諮祭酒)・사마(司馬) 각 2명, 참군(參軍) 4명, 녹사(錄事) 6명 등의 관원을 두었는데, 『경국대전』에는 지사(知事 : 정2품) 1명, 도정(都正 : 정3품) 2명, 정(正 : 정3품) 1명, 부정(副正 : 종3품)・첨정(僉正 : 종4품)・판관(判官 : 종4품)・주부(主簿 : 종6품)・참군(參軍 : 정7품)・봉사(奉事 : 종8품) 각 2명과 서원(書員) 3명, 고직(庫直) 1명, 사령(使令) 6명, 방직(房直) 1명, 군사(軍士) 7명, 종각직(鐘閣直) 1명, 타종군(打鐘軍) 3명을 두도록 규정하였다.

려있다.[162] 또 무릇 밭 열여섯 경은 일자(一字)[163]를 모두 천자문(千字文)으로 순서를 매겨서 전적(田籍)을 고치되, 의당 주자(朱子)의 「경계장(經界狀)」에서 '진·술·축·미(辰·戌·丑·未)에 해당하는 해를 규정으로 삼은 것' 같이하여 공사호적(貢士戶籍)의 자·오·묘·유(子·午·卯·酉)를 규정으로 삼는 것과는 달리하는 것이 옳다.[164]

살펴보건대, 지금의 주척(周尺)은 네 자 다섯 치 일곱 푼 다섯 리(釐)이다. 일등전(一等田)은 만 자를 일 결(結)로 삼고 천 자를 십 복(卜)으로 삼고 백 자를 일 복으로 삼고 십 자를 한 묶음(束)으로 삼고 일 척을 일 리(利)로 삼는다. 한 묶음에 차지 않으면 계산하지 않으니 대개 손 한 움큼이 일 속이고, 열 속이 한 짐[負]이니 바로 복(卜)이며, 백 짐[負]이 일 결(結)이다.

---

162) **此乃**今量田尺**所用周尺**, **今量田尺**, **以此周尺計造**. 較家禮圖本周尺, 長九分弱, 較喪禮備要**圖本**周尺, 長七分弱, 較今訓鍊院步數周尺, 長二分. **今**定頃法用此尺, 用此尺, 六尺爲步, 百步爲畝, 百畝爲頃, 則一頃之地, 爲方百步. 今按諸本所載周尺, 長短不同, 民生苦樂, 兵衆多寡, 專在於此, **必須詳審**, **務得其當**.(『磻溪隨錄, 卷二, 田制下, 打量出軍出稅式』) → 今量田周尺, 較家禮圖本周尺, 長九分弱, 較喪禮備要周尺, 長七分弱, 較今訓鍊院步數周尺, 長二分. 今定頃法用此尺, 用此尺, 六尺爲步, 百步爲畝, 百畝爲頃, 則一頃之地, 爲方百步. 按諸本所載周尺, 長短不同, 民生苦樂, 兵衆多寡, 專在於此.(『松南雜識』)

163) 일자(一字) : 일자호(一字號), 한 글자로 매긴 번호. 특히 지번(地番)을 정할 때에 천자문의 자순에 따라 한 글자씩 따서 큰 지번을 매기는 것. 큰 지번 안에서 다시 작게 나누는 것은 일(一)·이(二)·삼(三) 등으로 매김.

164) 凡田十六頃一字, 皆以千字文爲次第, **其餘田亦通融計以頃法**, **如今編字例**. **凡**改田籍, 當以辰戌丑未年爲式, **蓋**貢士戶籍, 以子午卯酉年, **則**不**與**同**年**可也.(『磻溪隨錄, 卷之一, 田制上, 分田定稅節目』) → 凡田十六頃一字, 皆以千字文爲次第, 改田籍, 當以**朱子經界狀**辰戌丑未年爲式, **與**貢士戶籍, 以子午卯酉年, 不同可也.(『松南雜識』)

종려나무 그물로 밭을 덮어서 측량하다
棕網覆田

잡서(雜書)에서 말하였다.

종려나무 껍질로 새끼를 꼬아 그물을 만들고 그물의 눈은 반드시 백 개로 한정하는데 그물눈은 네 면을 각각 여섯 자로 만든다. 여섯 자를 '보(步)'라고 하니 전지를 측량할 때 이 그물을 밭에 덮어 씌워 하나의 그물눈을 한 묶음[束]으로 삼으면 백 개의 그물눈은 열 짐[負]이 될 것이다. 종려나무 껍질은 질기기 때문에 구부려 줄일 수 없으니 조작할 여지가 없다.

한유(韓愈)의 시에 이른바,

채소싹은 사일(社日)[165]이 가까워지면 좋고	蔬甲喜臨社
농부는 너그러운 세금을 즐거워한다	田毛樂寬征[166]

라고 하였다.

균전
均田

반계(磻溪) 유형원(柳馨遠)이 말하였다.

---

165) 사일(社日) : 춘분 및 추분 전후의 가장 가까운 무일(戊日). 사(社)는 땅귀신을 의미한다. 춘추로 두 번 있는데 봄의 것을 춘사일(春社日), 가을 것을 추사일(秋社日)이라 한다. 춘사일은 입춘 후 제 5무일로, 3월 17~26일에 있으며, 추사일은 입추 후 제 5무일로, 9월 18~27일에 들게 된다. 제비는 춘사에 날아와서 봄을 알리고, 추사에 떠나 가을을 알린다고 한다. 여자는 바느질을 멈추고, 남자는 일을 쉬며, 이웃과 함께 나무 밑에 제수를 차려놓고 지신(地神)과 농신(農神)에게 제사를 지낸다.

166) 『全唐詩, 卷七百九十一, 聯句, 韓愈, 城南聯句』.

뜻을 지닌 이가 우리나라에서 정전법(井田法)을 시행하고자 하였지만 산과 계곡의 땅에는 정전(井田)의 경계를 만들기 어렵고, 공전(公田)의 채지(采地)는 의심스럽고 구애되는 일이 있어서 어렵다.[167]

대개 균전(均田) 제도는 후위(後魏)에서 기원하여 후주(後周)와 제(齊), 수(隋)나라 때 시행되기도 하고 폐지되기도 하다가 당나라 때 이르러 비로소 완비되었다.[168]

원진(元稹)[169]에게 균전도(均田圖)가 있었다.[170]

당나라 때의 균전제가 고대의 의의와 가까워서 고려 때에 그것을 사용하여 부강(富强)을 이룩할 수 있었다. 그러나 그 법은 전지(田地)를 위주로 하지 않고 사람을 근본으로 하여 호적(戶籍)에 올라 있는 장정(壯丁)에게 전지를 지급하였다. 그런데 등급을 나눌 때 단서 조항이 많아서 전지를 지급할 때 사람은 많은데 전지는 적고, 전지는 많은데 사람은 적거나, 현재는 남아돌지만 뒤에는 부족하고, 지금은 부족하지만 뒤에는 남아도

---

167) **然後之**有志者, **莫不**欲行**之於今**, 而**以**山溪之地, 井界難成, 公田采地, 事有疑礙爲難.(『磻溪隨錄, 卷一, 田制上, 分田定稅節目』) → 有志者, 欲行**井田於我國**, 而山溪之地, 井界難成, 公田采地, 事有疑礙爲難.(『松南雜識』)

168) **按**均田之制, 起於後魏, 而後周齊隋, 或擧或墜, 至唐**其制**始備.(『磻溪隨錄, 卷六, 田制攷說下, 後魏北齊隋唐田制』) → **蓋**均田之制, 起於後魏, 而後周齊隋, 或擧或墜, 至唐始備.(『松南雜識』)

169) 원진(元稹) : 당나라의 문학가. 자는 미지(微之). 하남성(河南省) 사람. 어려서 집안이 가난하여 각고의 노력으로 공부하였으며, 일찍이 관직에 나가 15세의 나이로 명경과(明經科)에 급제하여 감찰어사(監察御史)가 되었다. 직간을 잘하여 환관과 수구적인 관료의 노여움을 사서 귀양을 갔다가, 나중에 구세력과 타협하여 공부시랑(工部侍郎), 동평장사(同平章事) 등의 벼슬을 지냈다. 한때 군신과의 갈등으로 유배되기도 하였다. 831년 무창군절도사(武昌軍節度使)로 재임하던 중 병사하였다. 백거이(白居易)와 함께 신악부운동(新樂府運動)을 주도하였다. 백거이보다 나이는 어렸지만 시가 일찍 알려져 원재자(元才子) 또는 원・백(元白)으로 불렸으나, 문학적 재능이 백거이를 능가하지 못한데다가 정치상의 변절 때문에 원진의 명성은 그리 높지 못했다. 『원씨장경집(元氏長慶集)』 60권이 있고, 소설집으로 『앵앵전(鶯鶯傳)』이 있다.

170) **纔見**元稹均田圖, **便慨然有意**.(『磻溪隨錄, 卷五, 田制攷說上, 秦漢以後井田議論』) → 元稹**有**均田圖.(『松南雜識』)

는 폐단이 없지 않았다. 그래서 뒤에 폐지될 수밖에 없었다.[171]

결로 전지를 한정하다
結以限田

『한서(漢書)』에 동중서(董仲舒)[172]가 한전(限田)의 실행을 건의하고 사단(師丹)[173]이 그것을 시행하고자 한 기록이 있다.

지금 이미 일 자 오 결(一字五結)[174]을 한정으로 삼고 동서(東西)로는 범표(犯標)[175]를 경계로 삼는다. 또 작부(作夫)[176]는 한 사람 당 여덟 결을 세금 납부의 주된 기반으로 삼아서 하공(夏貢)과 진맥(秦陌)의 전지로 의거할 수 있으면, 거의 은나라의 철법(徹法)[177]과 주나라의 정전법(井田

---

171) **唐世均田之制**, 亦近古意, 麗祖用之, 以致富强. 然其法不以地爲主, 而以人爲本, **故**籍丁給田, 差科多端. 給田之際, 不無人多地少地多人少**之弊**, **旣給之後**, **又不無**今剩後欠今欠後剩之弊. **此**所以**難處**, **而**後必廢壞也.(『皤溪隨錄, 卷一, 田制上, 分田定稅節目』) → 亦近古意, 麗祖用之, 以致富强, 然其法不以地爲主, 而以人爲本, 籍丁給田, 差科多端. 給田之際, 不無人多地少地多人少, 今剩後欠今欠後剩之弊. 所以後必廢壞也.(『松南雜識』)

172) 동중서(董仲舒) : 한나라의 학자. 하남성(河南省) 광천현(廣川縣) 출신. 일찍부터 『공양전(公羊傳)』을 익혔으며 경제(景帝) 때는 박사가 되었다. 장막(帳幕)을 치고 제자를 가르쳤기 때문에 그의 얼굴을 모르는 제자도 있었다. 3년 동안이나 정원에 나가지 않았을 정도로 그는 학문에 정진하였다. 무제(武帝)가 즉위하여 크게 인재를 구하므로 현량대책(賢良對策)을 올려 인정을 받고, 전한의 새로운 문교정책에 참획(參劃)하게 되었다. 오경박사(五經博士)를 두게 되고, 국가 문교의 중심이 유가(儒家)에 통일된 것은 그의 헌책(獻策)에 힘입은 바가 크다. 그러나 뒤에 자신의 학설로 말미암아 투옥되는 등 파란 많은 생애를 보냈다. 저서로 『동자문집(董子文集)』·『춘추번로(春秋繁露)』 등이 있다.

173) 사단(師丹) : 한나라 때의 관료. 동무(東武) 사람. 자는 중공(仲公)이며, 시를 잘 지었다.

174) 일자오결(一字五結) : 논밭 다섯 결 마다 천자문(千字文)의 자호(字號)를 붙이는 것.

175) 범표(犯標) : 침범하지 못하도록 경계를 표시하여 세운 푯말.

176) 작부(作夫) : 결세(結稅)를 거두어들이는 방법의 한 가지. 여덟 결을 한 부(夫)로 계산함.

177) 철법(徹法) : 주대(周代)의 조세법. 『맹자(孟子), 등문공(滕文公), 상(上)』에 다음과 같은 기록이 있다. "하후씨(夏后氏)는 50묘(畝)에 공법(貢法)을 썼고, 은(殷)나라 사람은 70묘에 조법(助法)을 썼으며, 주(周)나라 사람은 100묘에 철법(徹法)을 썼으니, 그 실제는 모두 10분의 1이니, 철(徹)은 통한다는 뜻이요, 조(助)는 빌린다는 뜻입니다.

法)을 시행할 수 있을 것이다. 단, 백성 한 집이 매입할 수 있는 전지는 일 자(字), 곧 오 결(結)로 한정한다. 혹 땅은 좁고 세금이 과다한 경우에 그 백성이 관리와 함께 측량하는 것을 허락한다면 그 주변의 전지는 넓은데 세금이 과소한 경우와 자연 균등하게 될 것이다. 혹 전지(田地)는 척박한데 세금이 과중한 경우도 측량하여 등급을 나누는 것을 허락한다면 그 주변의 전지는 비옥한데 세금이 가벼운 경우가 자연스럽게 바로잡힐 것이다. 그러면 가난한 사람과 부자(富者)가 서로 적절하게 되고 비옥한 전지와 척박한 전지가 각각 반이 되어 한(漢)나라 때와 어긋나지 않을 것이니, 한전에 대한 의논은 그 제도가 고대와 거의 근사하여 지금 시행하게 할 수 있다. 지금 논에는 육등(六等)이 없고 밭에는 일등(一等)이 없는 것은 수원(水源) 때문이다. 또 밭에 재해가 들었을 때 세금을 감면해 주지 않는 것은 사람이 공력을 들이지 않았기 때문인데, 역시 농사를 권장하는 하나의 계책이다.

고려의 전지 제도
麗朝田制

반계(磻溪) 유형원(柳馨遠)이 말하였다.

태조(太祖)가 당나라의 제도를 본받아 개간한 밭을 거두어 들여 비옥하고 척박함에 따라 등급을 나누어서 문무백관(文武百官)으로부터 부병(府兵)[178]과 한인(閑人)[179]에 이르기까지 모두 차등 지급하니 이를

178) 부병(府兵) : 당제(唐制)에서 부병은 지방 절충부(折衝府)에 소속된 군인을 말하며, 이들이 교대로 중앙에 번상하였다. 당의 부병제는 균전제에 입각하여 농민들에게 토지를 균급해주고 그 균전농민들을 대상으로 하여 조용조를 수취하거나 군역을 부담하게 하였다.

179) 한인(閑人) : 고려 시대에 과거에 합격하고도 보직을 받지 못한 준관리와 공음전시(功蔭田柴)의 혜택을 받지 못하는 6품 이하의 하급관리 자제들이었다. 그러나 한인의

'구분전(口分田)'이라고 한다. 경종(景宗)이 처음으로 직관(職官)[180]의 전시과(田柴科)[181]를 제정하니 집집마다 사람마다 풍족하고 관부(官府)의 창고에 저장된 곡식은 붉게 썩을 정도였다. 명종(明宗)과 의종(毅宗) 이후로 권신(權臣)과 간신(奸臣)이 국권(國權)을 농락하고 원나라가 강제로 징수하니, 호구(戶口)는 날로 줄어들고 판적(版籍)[182]이 분명하지 못하게 되었다. 전시과(田柴科)가 폐지되고 사전(私田)이 되어 권문세가가 앞 다투어 겸병하여 밭이 동서남북의 길 따라 이어졌고, 산과 내를 표지로 삼았으며, 양민(良民)들은 모조리 대가(大家)에 편입되고 국가는 날로 침체되었다.[183]

신분에 관해서는 몇 가지 이견이 있다.

180) 직관(職官) : 일정한 실직(實職)을 가진 관원(官員).

181) 전시과(田柴科) : 고려 때 현직 관리나 군인, 공신, 또는 각 관아에 그 관급(官給)에 따라 토지와 땔나무를 댈 임야를 나누어 주는 제도. 경종 원년(976)에 처음으로 제정된 뒤 여러 차례의 개정을 거쳐 문종 30년(1076)에 완비됨. 원칙적으로 세습이 아니나 공신에게 주는 공음전시(功蔭田柴)나 공해전시(公廨田柴)는 대를 물리게 하였다.

182) 판적(版籍) : 호구(戶口)를 기록한 책.

183) **高麗田制**, **大抵**倣唐制, 括墾田, 數分膏瘠, 自文武百官至府兵閑人, 莫不科授, **身沒並納之於公**, **唯府兵年滿二十始受**, **六十而還**, **有子孫親戚則遞田**, **丁身有疾者亦許遞田無者籍監門衛**, **七十後給口分田五結收餘田**. **無後身死者及戰亡者妻**, **亦皆給**口分田. …… 景宗始定職官田柴科, **亦不論官階**, **定以人品**. …… **麗史論曰太祖旣一三韓**, **首正田制**, **分給臣民**, **國有定制**, **士庶安業**, **文宗恭儉節用**, 家給人足, 太倉**之粟**, 紅腐**相因**. **毅明**以降, 權奸擅國, **逮事**胡元, 誅求**無厭**, **科斂萬端**, 戶口日耗, **叔季失德**, 版籍不明, 田柴之科廢而爲私田. 勢家世族爭相兼並, 田連阡陌, 標以山川, 良民盡入於巨室, 而國以陵夷.(『磻溪隨錄, 卷六, 田制攷說下, 高麗田制』) → **太祖**倣唐制, 括墾田, 數分膏瘠, 自文武百官至府兵閑人, 莫不科授, **是謂**口分田. 景宗始定職官田柴科, 家給人足, 太倉紅腐. **明毅**以降, 權奸擅國, 胡元誅求, 戶口日耗, 版籍不明, 田柴之科廢而爲私田. 勢家世族爭相兼並, 田連阡陌, 標以山川, 良民盡入於巨室, 而國以陵夷.(『松南雜識』)

흙 맛을 보고 세금을 정하다
嘗土定稅

조선 세종 계해년(1443)에 연분법(年分法)[184]을 정하여 밭을 여섯 등급으로 나누고 해[年]는 아홉 등급으로 나누었다.[185]

세상에 전하기를 "홍계희(洪啓禧)[186]가 광주(廣州)를 다스릴 때에 흙의 맛을 보고 밭의 등급을 측량하였다. 혹은 큰 전지인데도 세금을 감면해 주고 작은 전지인데도 세금을 더하니 세금 징수법이 균등하게 되고 백성들은 원망하는 말을 하지 않았다"라고 한다.

살펴보건대, 『서경(書經), 홍범(洪範)』에서 "흙의 맛[土味]이 달아 이에 농사짓는다"[187]라고 하였다. 그러나 흙이 짠 밭이 상등(上等)이다. 지금은 사람의 오줌으로 밭에 거름을 주는데, 오줌의 맛이 짜기 때문이다. 흙이 신 밭이 최하등이니, 곡식알을 맺지 못하기 때문이라고 한다.

『회남자(淮南子), 남명훈(覽冥訓)』에서 "여와(女媧)가 갈대 재를 쌓아 홍수[淫水]를 막았다"[188]라고 하였는데, '음수(淫水)'는 평지에서 솟는 물이다. 그러므로 지금 습한 밭에 재로 거름을 주는 이유는 재가 물을 막을

---

184) 연분법(年分法) : '전분육등'은 토지의 비옥도를 기준으로, '연분구등'은 그해의 풍흉을 기준으로 그 등급에 따라 양척의 장단을 달리하는 규정이다. 이 연분법은 농작의 풍흉을 9등분으로 나누고 토지의 비옥을 6등으로 구분하여 각 등마다 세율을 정하였다. 이 법은 각 읍의 권농관(勸農官)들이 담당지역의 농작상황을 조사, 판정하여 수령에게 올리면 수령은 다시 현지 답사를 한 후 이를 확정하여 감사에게 보고하는 감사는 다시 호조에 통보함으로써 비로소 시행을 보게 되었다.

185) **在**世宗**十三年, 改用貢法**. …… **二十六年, 更定其制**, 田分六等, 年分九等.(『磻溪隨錄, 卷六, 田制攷說下, 國朝田制附』) → **我**世宗**癸亥, 定年分法**, 田分六等, 年分九等.(『松南雜識』)

186) 홍계희(洪啓禧) : 조선 영조 때의 문신(1703~1771). 자는 순보(純甫), 호는 담와(淡窩), 본관은 남양(南陽), 시호는 문간(文簡). 1750년 병조판서로 균역법(均役法) 시행에 힘쓰고, 이조판서 · 한성부판윤을 역임하였다. 저서로 『삼운성휘(三韻聲彙)』 등이 있다.

187) 水曰潤下, 火曰炎上, 木曰曲直, 金曰從革, 土爰稼穡. 潤下作鹹, 炎上作苦, 曲直作酸, 從革作辛, 稼穡作甘.(『尙書, 卷十一, 周書, 洪範』) → 土味甘, 爰稼穡.(『松南雜識』)

188) **於是**女媧**錬五色石, 以補蒼天, 斷鼇足, 以立四極, 殺黑龍, 以濟冀州**, 積蘆灰, **以**止淫水.(『淮南子, 覽冥訓』) → 女媧積蘆灰, 止淫水.(『松南雜識』)

수 있기 때문이다. 대개 지금 기름진데도 한 마지기[一斗] 땅의 소출이 세 짐[負]에 불과하고 비록 척박하여도 한 짐을 지나지 않는다면 흙의 맛을 보지 않더라도 세금이 균등해질 것이다. 민간에서는 콩을 종자 자루 위에 놓는 것을 꺼리니, 벼가 나지 않을 경우에는 모를 심고 콩으로 거름을 만들어 주면 벼가 잘 자란다고 한다.

『산림경제(山林經濟)』에서 "보리 종자 한 말에 소금 한 되를 섞어서 하룻밤을 묵혔다가 심으면 거름을 주지 않더라도 두 배로 수확한다"[189] 라고 하였다.

수예
樹藝

『주례(周禮)』에서 "대사도(大司徒)의 직무는 첫째가 농사[稼穡]이고 둘째가 나무 가꾸는 것[樹藝]이다"[190]라고 하였다.

고려 때 성종(成宗)이 주현(州縣)의 곡식을 심지 못할 만큼 토질이 나쁜 땅에는 뽕나무·밤나무·옻나무·닥나무를 땅의 성질에 따라 심도록 독려케 하였다. 또 인종(仁宗)은 백성들로 하여금 절기에 따라 뽕나무를 심게 하고 옻나무·닥나무·밤나무·잣나무·배나무·대추나무 등 과일 나무는 각각 그 알맞은 시기에 심도록 하여 이익이 생기도록 하였으니, 역시 고대의 제도에 의거하여 그렇게 하도록 명령한 것이다.[191]

---

189) **麰**種一斗, 和鹽一升種之, **勝於糞灰**.(『山林經濟, 卷一, 治農, 種大麥』) → **牟**種一斗, 和鹽一升, **宿一夜**種之, **不糞壤而倍收云**.(『松南雜識』)

190) 大司徒**之**職, …… 一曰稼穡, 二曰樹藝.(『周禮, 卷十, 地官, 司徒』) → 大司徒職, …… 一曰稼穡, 二曰樹藝.(『松南雜識』)

191) 周禮**大司徒, 以土宜之法, 辨十有二土之名物, 以相民宅, 而知其利害, 以阜人民, 以蕃鳥獸, 以毓草木, 以任地事, 辨十有二壤之物, 而知其種以教稼穡樹藝. 又曰**大司徒**頒**職**事邦國都鄙, 以登萬民**, 一曰稼穡, 二曰樹藝. …… **按**高麗成宗**時**, 令**諸道**州縣地品不成田畝, 桑栗漆楮, 隨地之性, 勸課栽植. 又仁宗**時**令民隨節植桑, 至於漆楮栗栢梨棗菓木, 各當其時栽以興利, 則亦是因古制而爲之令者也.(『磻溪隨錄, 卷七, 田

둔전

屯田

『정자통(正字通)』에서 말하였다.

한나라・진(晉)나라 때에는 둔병(屯兵)[192]을 장수가 통솔하고 당나라 때에는 민둔(民屯)[193]을 관(官)이 통솔하고 송나라 때에는 영전(營田)[194]을 백성이 통솔하였다. 명나라 초기에는 관둔(官屯)・민둔(民屯)・병둔(兵屯)・상둔(商屯)[195]・복둔(腹屯) 변둔(邊屯) 등 여러 법을 겸하여 시행하였다. 영락 연간(永樂年間 : 1403~1424)에 한 도(都)의 관리마다 기군(旗軍) 열한 명을 따로 조발(調發)하여 농사를 짓도록 명령을 내리니 그것을 '양전(樣田)'이라고 부른다. 수확한 낱알의 많고 적음에 근거하여 그해의 풍년과 흉년, 군사들의 근면과 나태를 변별(辨別)한다. 비록 백만 명의 군사를 먹이더라도 민간의 쌀 한 톨도 허비하지 않으니 병법(兵法)에 이른바 "둔전(屯田)의 한 섬이 운반해 오는 스무 섬에 해당한다"는 말이다.[196]

制後錄攷說上, 樹藝』)→周禮, 大司徒職, 一曰稼穡, 二曰樹藝. 高麗成宗, 令州縣地品不成田畝, 桑栗漆楮, 隨地之性, 勸課栽植. 又仁宗令民隨節植桑, 至於漆楮栗栢梨棗菓木, 各當其時栽以興利, 則亦是因古制而爲之令者也.(『松南雜識』)

192) 둔병(屯兵) : 둔전병(屯田兵)의 준말. 군사적 중요 지대나 군사가 오래 머물러야 할 곳에 주둔하여 둔전답(屯田畓)을 경작하던 병졸. 평시에는 토지를 경작하고 전시에는 전투원으로 동원되었음.

193) 민둔(民屯) : 징모(徵募)된 일반주민이 경작에 종사하는 것을 말하며, 내지(內地)에 주로 설치된다. 그 대표적인 것으로는 196년에 위(魏)나라의 조조(曹操)가 하남성(河南省)의 허(許)지방에서 시작하여 그 후 각 주에 확대시킨 제도이다. 이것은 각 주・군에 전농중랑장(典農中郎將)・전농교위(典農校尉) 등의 전관(田官)을 두고 그 관리 하에 징발된 농민으로 하여금 황무지를 개간 경작하게 한 뒤, 수확물의 50%(자기 소유의 농우를 사용할 경우) 또는 60%(官牛를 사용할 경우)를 징수하는 제도였다.

194) 영전(營田) : 당・송대의 민둔은 영전(營田)이라고도 하며, 영전은 군둔(軍屯)을 의미하는 경우도 있다.

195) 상둔(商屯) : 명나라 때 개중법(開中法 : 鹽法의 하나) 하에서 상인(商人)들이 실시한 특수한 둔전.

노비

爐鞴

『운서(韻書)』의 주석에 "불에 바람을 불어 넣는 가죽주머니이니, '排[배, 풀무]'라고 쓰기도 한다"[197]라고 하였는데, 『주서(周書)』[198]의 "위숙유(韋叔裕)[199]가 가죽풀무[皮排]로 불었다"[200]라는 말이 이것이다. 두시(杜詩)[201]에는 "물풀무[水排]를 만들어 농기구를 주조하였다"[202]고 하였다.

농기구

農器

『한서(漢書)』에서 "전구(田鉤)는 호미[鋤]"라고 하였고, 『운서(韻書)』에서 "강(橿 : 호미자루)은 호미자루[鋤柄]이다"라고 하였다.

두보(杜甫)의 시중에 "긴 낫자루! 긴 낫자루! 소박한 나무자루여![長鑱

---

196) **屯田**, 漢晉率兵屯領以師, 唐率民屯領以官, 宋率營田以民. **屯田以兵所扗置務諸兵民皆相雜其間沿革得失利害之故載扗掌故可考也計久遠獲全利莫如趙充國之于金城留步士萬人屯田擊先零條上屯田十二事宣帝從之**, 明初兼行官屯民屯兵屯商屯腹屯邊屯諸法. **卽古寓兵于農之意**. **永**樂時, 著令每一都司, 另撥旗軍十一名耕種, 號樣田. 據所收了粒多寡, 以辨別歲之豐凶, 軍之勤惰, 雖養軍百萬, 不費民間一粒, 兵法所謂屯田一石, 可當轉輸二十石**也**.(『正字通, 田』) → 漢晉率兵屯領以師, 唐率民屯領以官, 宋率營田以民. 明初兼行官屯民屯兵屯商屯腹屯邊屯諸法. 永樂時, 著令每一都司, 另撥旗軍十一名耕種, 號樣田. 據所收子粒多寡, 以辨別歲之豐凶, 軍之勤惰, 雖養軍百萬, 不費民間一粒, 兵法所謂屯田一石, 可當轉輸二十石.(『松南雜識』)

197) **鞴**, 吹火韋囊**衣**, 亦作排 (『韻府羣玉, 鞴』) → 吹火韋囊, 亦作排 (『松南雜識』)

198) 『松南雜識』에는 '南史'로 되어 있다.

199) 위숙유(韋叔裕) : 북주(北周)의 장군. 두릉(杜陵) 사람. 자는 효관(孝寬). 경사를 섭렵하였고 장수로서 공이 많았다. 시호는 양(襄).

200) 孝寬 …… 以皮**鞴**吹之.(『周書, 卷三十一, 列傳, 第二十三, 韋孝寬』) → **韋**孝寬以皮**排**吹之.(『松南雜識』)

201) 두시(杜詩) : 동한(東漢)의 관료. 자는 군공(君公). 광무제(光武帝) 때 남양태수(南陽太守)를 지냈는데 근검하고 백성을 사랑하여 고을을 잘 다스렸다.

202) 造作水排鑄爲農器.(『後漢書, 卷六十一, 杜詩傳』)

長鑱白木柄]"[203]라는 구절이 있다.

한(漢)나라 고시(古詩)에서 "팔구월에는 허리에 낫을 차네[腰鎌八九月]"[204] 라고 하였다.

당나라 때 노래에 "써래로 끌어 모은 시어사[杷推侍御史]"[205]라는 시구가 있으니, 지금의 '네이빨써래[四齒耙]'이다.

가의(賈誼)[206]의 소(疏)에 "호미와 써래를 빌린다"[207]라고 하였는데, '우(耰)'를 우리나라에서는 '써래[西乙乃]'라고 한다.

'사(柌)'는 『옥편(玉篇)』에서 "음은 '사'이니 낫자루이다"라고 하였다.

'가(柯)'는 도끼자루이니 『시경(詩經)』에서 "도끼자루를 베고 도끼자루를 벰이여. 그 법이 멀리 있지 않도다[伐柯伐柯, 其則不遠]"[208]라고 한 말이 이것이다.

『급취편(急就篇)』[209]의 '팔파(捌杷)'의 주석에서 "이[齒]가 없으면 '팔(捌 : 고무래)'이고 이가 있으면 '파(杷 : 발고무래)'이니, 모두 곡물을 밀고 당기고 끌어 모을 수 있다"[210]라고 하였다. 팔(捌)은 추팔(椎捌)[211]이니 바로

---

203) 『杜詩詳註, 卷八, 乾元中寓居同谷縣作歌七首』.

204) 『古詩紀, 卷二十, 漢第十, 無名氏, 古樂府』.

205) **杷推**侍御史. 『類說, 卷四十, 稽神異苑, 杷推椀脫』→**欋椎**侍御史.(『松南雜識』)
* 무후(武后)가 선발 절차를 무시하고 관리를 마구 선발한 것을 기롱한 노래임.

206) 가의(賈誼) : 전한(前漢) 문제(文帝) 때의 문인 · 학자(B.C. 200~B.C. 168). 낙양(洛陽) 출신. 시문에 뛰어나고 제자백가에 정통하여 문제의 총애를 받아 약관으로 최연소 박사가 되었다. 1년 만에 태중대부(太中大夫)가 되어 진(秦)나라 때부터 내려온 율령 · 관제 · 예악 등의 제도를 개정하고 전한의 관제를 정비하기 위한 많은 의견을 상주하였다. 그러나 주발(周勃) 등 당시 고관들의 시기로 장사왕(長沙王)의 태부(太傅)로 좌천되었다. 4년 뒤 복귀하여 문제의 막내아들 양왕(梁王)의 태부가 되었으나 왕이 낙마하여 급사하자 이를 애도한 나머지 1년 후 33세의 나이로 죽었다. 저서에 『신서(新書)』 10권이 있으며, 진(秦)의 멸망 원인을 추구한 「과진론(過秦論)」은 널리 알려져 있다.

207) 借**父耰鉏**.(『前漢書, 卷四十八, 賈誼傳』)→借**鋤耰**.(『松南雜識』)

208) 『詩經, 國風, 豳, 伐柯』.

209) 급취편(急就篇) : 전한(前漢) 말기의 사유(史游)가 편찬한 문자교본(文字教本). 『급취장(急就章)』이라고도 한다. 당시의 상용 한자 약 1,900자를 31장으로 나누고, 물명(物名)과 인명 등을 3자구 또는 7자구로 배열한 후 각운(脚韻)을 달아 암송하기 편리하게 만들었다. 그 압운(押韻)은 음운사(音韻史) 연구에도 좋은 자료가 된다. 이런 종류의 완존(完存)하는 책 중 가장 오래된 것이다.

고무래[丁]이다.

'탑파(搭巴)'는 삼지확(三枝钁 : 세가지괭이)으로 또 철파자(鐵杷子)이다. 우리나라에서는 소시랑(小時仰 : 쇠스랑)이라고 한다. 대개 우리나라 말로 땅을 파는 것[掘地]을 '파다[巴]'라고 한다.

'첨궐(尖厥)'은 우리나라에서 '괭이[光里]'라고 한다.

'험(杴)'은 삽(鍤) 또는 초(鍬)이니 바로 "유령(劉伶)이 삽(鍤)을 매고 다녔다"[212]는 것이다.

'준화(濬鏵)'는 지금의 가래[可乃]이다.

'화자(鏵子)'는 쟁기(耒) 앞의 쇠조각이다.

'전자(輾子)'는 우리나라의 번지판(樊遲板)[213]이다. 전설에 의하면 공자의 제자 번지(樊遲)가 농사를 배우면서 만들었다고 한다.

'양장(颺場)'은 지금의 풍석(風席)[214]이니, 「백양시(柏梁詩)」[215]에 "묵은 곡식 만석을 키로 까분다[陳粟萬石颺以箕]"[216]가 이것이다.

'연가(連枷)'는 지금의 탈곡 기구이다. 양웅(揚雄)의 『방언(方言)』에 "섭수(欇殳)는 첨(僉)이다"[217]라고 하였는데, 그 주석에 "연가(連枷)이니 탈곡하는 것이다"[218]라고 하였으니, 지금의 '도리깨[枷子]'이다. 오랑캐의 기

---

210) **捃穫秉把插**捌杷. …… 無齒爲捌, 有齒爲杷, 皆所以推引聚禾穀也.(『急就篇, 卷三』) → 捌杷. **註**, 無齒爲捌, 有齒爲杷, 皆所以推引聚禾穀也.(『松南雜識』)

211) 『松南雜識』에는 '椎杌'로 되어 있다.

212) 劉伶 …… **常乘鹿車**, **携一壺酒**, **使人**荷鍤**而隨之**, **謂曰**, **死便埋我**.(『晉書, 卷四十九, 列傳, 劉伶』) → 劉伶荷鍤**也**.(『松南雜識』)

* 유령은 진(晉)나라 때 죽림칠현(竹林七賢)의 한 사람으로, 술을 대단히 좋아하였는데, 어디서나 자신이 죽으면 바로 그 자리에 묻으라는 뜻에서 항상 종자(從者)에게 삽을 지고 따르게 했다.

213) 번지판(樊遲板) : '번지'를 가차하였다. 논밭의 흙을 고르는 데 쓰는 농기구의 한 가지이다.

214) 풍석(風席) : 무엇을 널어 말리는 데 쓰는 거적, 멍석, 맷방석 따위를 통틀어 이르는 말.

215) 『松南雜識』에는 '栢梁臺詩'라고 되어 있다.

216) 『古詩紀, 卷十一, 漢第一, 武帝, 栢梁詩』.

217) 僉, **宋魏之間**, 謂**之**欇殳.(『方言, 卷五』) → 攝殳謂僉.(『松南雜識』)

218) **今**連枷, **所以**打穀者.(『方言, 卷五』의 주석) → 連架, 打穀者.(『松南雜識』)

병은 쇠도리깨로 병장기를 만든다.

'두(篼)'는 '궤분(簣畚)'이니 우리나라말로 '삼태기[蔘駄]'이다. '참(蔘)'은 주석에서 "새끼를 꿰맨 것이다"라고 하였다.

또 '파아(把兒)'는 우리나라말로 '갈퀴[葛箕]'이다.

'종다래끼[簍斗]'[219]는 씨를 떨어뜨리는 기구이다.

'관도점(攢稌簟)'은 '멍석[網席]'이다.

'남(籃)'은 우리나라말로 '바구니[巴具里]'이다.

'두레박틀[桔槔]'[220]은 지금의 '용두(龍斗)'이다.

'견(筧)'은 우리말로 '홈[扈音]'이다.

'도기(桃旗)'는 '곡패(穀牌)'를 말한다.

'전루(田漏)'는 일을 재촉하기 위하여 북을 치는 것이다.

'일 승(繩)'은 발 팔십 일 촌(寸)이고 '일 항(餉)'은 반나절갈이 밭이다.

『시경(詩經)』에서 "곧 낫으로 수확함을 보리라[奄觀銍艾]"[221]라고 하였는데, 그 주석에서 "수확하는 낫이니 지금의 짧은 낫과 같다"[222]라고 하였다.

'괭이[钁]'는 『자치통감강목(資治通鑑綱目)』의 주석에 "큰 괭이[大鉏]"라고 하였다. 관동(關東)의 방언으로는 '노작(鹵斫)'이라고 한다.

어공
御供

반계(磻溪) 유형원(柳馨遠)이 말하였다.

---

219) 종다래끼 : 작은 바구니. 다래끼보다 작으며 양쪽에 끈을 달아 허리에 차거나 멜빵을 달아 어깨에 메기도 한다.

220) 두레박틀 : 한 끝에는 두레박, 한 끝에는 돌을 매달아 물을 퍼내게 만든 틀.

221) 『詩經, 周頌, 臣工』.

222) **銍**, 穫禾短鎌也.(『詩經, 周頌, 臣工』) → 穫**鐵**, **似今**短鎌.(『松南雜識』)

중국에서는 일년간 임금에게 바칠 물건과 지출할 비용을 계산해서 왕실의 수요로 정한 쌀과 돈은 그 갑절의 가격으로 넉넉히 쳐서 고정적으로 조달하는 사람에게 지급한다. 지금의 공물주인(貢物主人)[223]이 하는 일과 같은데 바로 본원(本院 : 司饔院)으로 들인다. 장과 젓갈 따위는 본원(本院 : 司饔院)에서 정갈하게 제조하는데 각각의 주무 담당자가 있으니, 장인(醬人)·해인(醢人) 같은 종류로, 관원이 살펴 시행한다.[224]

진상
進上

반계(磻溪) 유형원(柳馨遠)이 말하였다.

율곡(栗谷) 이이(李珥)가 선조에게 아뢰기를 "지금 이른바 진상(進上)은 꼭 상공(上供)[225]에 모두 부합되지는 않습니다. 자질구레한 물건까지 모조리 바치지 않는 것이 없고 물과 뭍에서 나는 물건을 남김없이 찾아내 긁어모으지만 바로 임금의 반찬으로 올릴만한 것을 선택한다면 또 얼마 없을 것입니다"라고 하였다. 역대의 역사에는 '진상(進上)'이란 두 글자가 없다. 비록 당나라 덕종(德宗)[226]때의 사사로운 헌상(獻

---

223) 공물주인(貢物主人) : 나라에 공물을 먼저 바치고 나중에 값을 타내는 사람. 이를 위해서 공계(貢契)를 만들고 그 계원이 됨.

224) **依**中朝**制**, 商量一歲御供支用之物, 以御需所定米錢, 優其倍蓰之價, 給定貿納人. 如今貢物主人之爲, 而直納本院, 如醬醢之類, **則**自本院精造**藏貯以用**, 各有主者, 如醬人醢人之類, 而官員檢擧之.(『磻溪隨錄, 卷十五, 職官之制上, 京官職』) → 中朝, 商量一歲御供支用之物, 以御需所定米錢, 優其倍蓰之價, 給定貿納人. 如今貢物主人之爲, 而直納本院, 如醬醢之類, 自本院精造, 各有主者, 如醬人醢人之類, 而官員檢擧之.(『松南雜識』)

225) 상공(上供) : 궁중에서 필요한 경비.

226) 덕종(德宗) : 당나라의 제9대 황제(재위 779~805). 성명은 이괄(李适). 대종(代宗)의

上)도 재화와 비단에 불과하였다. 『통전(通典)』에 "고구려가 옥저(沃沮)를 복속(服屬)시키고 바다 속의 물고기와 소금 등 음식물을 천리 밖에서 져 나르게 하였다"라고 기록되어 있다. 우리나라는 지난 악습을 씻어내고 혁신하였으면서도 오히려 모두 바꾸지 못한 것이 있다.[227]

대동
大同

『명사(明史)』에서 "신종(神宗)[228] 때에 방상붕(龐尙鵬)[229]이 절강(浙江)의 안찰사가 되어 처음으로 일조편법(一條鞭法)[230]을 만들었다.[231] 그 법은

장자. 당나라의 후반기는 덕종 연간으로부터 시작되었다. 안사(安史)의 난을 당하자 천하병마총수로서 사조의(史朝義)를 토벌하고 764년에 황태자가 되었다. 제8대 황제 대종이 죽자 779년 황제로 즉위하였고, 그 이듬해 재상 양염(楊炎)의 의견을 받아들여 종래의 조용조제(租庸調制)를 폐지하고 양세법(兩稅法)을 시행하여 재정충실을 꾀하였다. 또한 세력을 떨치던 각 지방의 번진(藩鎭 : 절도사)들을 진압하려 하였으나 산동(山東)·하북(河北)·하남(河南)·회서(淮西) 등의 유력한 번진들이 잇달아 반란을 일으켜 실패하고, 군비조달을 위하여 설정한 각종 잡세가 민중의 원한을 사서 재정도 궁핍해졌다.

227) 栗谷告**于**宣**祖**曰, 今**之**所謂進上者, 非必盡合於上供也. 細瑣之物, 莫不畢獻, 水陸之産, 搜括無餘, 而眞擇其可進于御膳者, 則亦無幾焉. …… **是以**歷代史記, **未嘗有**進上二字, 雖**以**唐德宗之**私己好斂**, **史譏其宣索**私獻, **而其所獻者**, **亦**不過貨帛而已. …… 通典, 記高勾麗役屬沃沮, 責出海中魚鹽食物, 千里擔負致之. **此亦可以見其俗矣**. **蓋中國則其初經聖王經制**, **故雖當汙濁之世**, **猶有可言者**, **本國則其初只是夷裔之習**, **故**雖**以**本朝之洗新前陋, 尙有未盡變者**矣**.(『磻溪隨錄, 卷三, 田制後錄上, 經費』) →栗谷告宣**廟**曰, 今所謂進上者, 非必盡合於上供也. 細瑣之物, 莫不畢獻, 水陸之産, 搜括無餘, 而眞擇其可進于御膳者, 則亦無幾焉. 歷代史記, **無**進上二字, 雖唐德宗之私獻, 不過貨帛而已. 通典記高勾麗役屬沃沮, 責出海中魚鹽食物, 千里擔負致之. 雖本朝之洗新前陋, 尙有未盡變者**也**.(『松南雜識』)

228) 신종(神宗) : 북송(北宋)의 제6대 황제(재위 1067~1085). 성명은 조욱(趙頊). 영종(英宗)의 장자. 신종의 정치는 급진적이어서 실패한 것도 많았으나 나라의 체제를 바로잡고 국가 권력의 확립에 기여하였다.

229) 방상붕(龐尙鵬) : 명나라의 관료. 남해(南海) 사람. 자는 소남(少南).

230) 편법(鞭法) : 명나라 후기부터 청나라 초기까지 중국에서 시행된 세역(稅役) 제도. 세역의 화폐수입 확보와 징세사무의 간소화를 위해 잡다한 항목으로 나누어져 있던 전

주현(州縣)의 부역(賦役)을 총괄하여 하나의 조항으로 아울러 만든 것이다. 묘(畝)를 계산하여 은자(銀子)를 징수하되 관서(官署)에서 판단한다"라고 하였다. 그래서 백성들은 여러 역세(役稅)의 번다한 명목을 알지 못하고 서리(胥吏)와 이장(里長)들도 농간을 부리거나 멋대로 침탈할 여지가 없으니 대개 지금의 대동법(大同法)과 같다.

우리나라는 삼백 육십 고을을 설치하였으니 하늘의 삼백 육십 도(度)를 본뜬 것으로 수라의 진상을 한 고을이 하루씩 맡으면 일 년을 다 마칠 수 있다. 멀리 떨어진 고을은 격기[役只][232]가 이미 큰 폐단이 되었고 일용(日用)도 불편한 점이 많다. 세종 정사년(1437)에 전라도와 경상도에 공법(貢法)[233]을 처음으로 시행하였고 광해군 무신년(1608)[234]에 선혜법(宣惠法)[235]을 경기도에 시행하였다. 효종 신묘년(1651)에는 잠곡(潛谷) 김육(金堉)[236]이 대동법(大同法)의 시행을 건의하여 경저(京邸)[237]에 공물원

부(田賦)와 요역을 각각 하나로 정비해서 납세자의 토지소유 면적과 정구수(丁口數)에 따라 결정된 세액을 은으로써 일괄 납부하게 하니, 이를 일조편법이라 한다. 일조편법 하에서는 하세(夏稅)·추세(秋稅)의 합산 은액(銀額)이 일률적으로 토지에 부과되었고 요역은도 모두 지세(地稅)인 지은(地銀)의 부가세가 되어 세역 모두 전토(田土)를 부과 대상으로 하는 경향으로 진전되어 결국 청나라 때에 들어와 지정은(地丁銀) 제도로 발전하였다. 따라서 일조편법은 국가의 기본적 조세부과 대상이 호(戶)에서 전토(全土)로 이행해 가는 과정에서 세와 역의 징세 기술면의 일대 개혁이었다고 할 수 있다.

231) 龐尙鵬 …… 按浙江, **民苦徭役**, **爲擧行**一條鞭法.(『明史, 卷二百二十七, 列傳, 第一百十五, 龐尙鵬』) → **神宗時**, 龐尙鵬按浙江**也**, **始創**一條鞭法.(『松南雜識』)

一條鞭法**者**, 總括**一**州縣**之**賦役, …… **凡額辦派辦京庫歲需**, **與存留供億諸費**, **以及土貢方物**, **悉併于**一條, **皆**計畝徵銀, 折辦於官. **故謂之一條鞭**, **立法頗爲簡便**.(『明史, 卷七十八, 志, 第五十四, 食貨二, 賦役』) → **其法**, 總括州縣賦役, **幷爲**一條, 計畝徵銀**子**, 折辦於官.(『松南雜識』)

232) 격기[役只]: 음식을 차려 남을 대접한다는 말.

233) 공법(貢法): 세종 때에 규정한 조세 제도. 전분(田分) 6등, 연분(年分) 9등법에 의하여 조세(租稅)를 거두었음.

234) 선혜법은 1608년에 시행되었는데, 이때는 광해군 무신년이 아니라 선조의 재위 마지막 해인 무신년이다.

235) 선혜법(宣惠法): 광해군 때 대동법(大同法)이 변경된 이름.

236) 김육(金堉): 조선 후기의 문신·학자(1580～1658). 자는 백후(伯厚), 호는 잠곡(潛谷), 본관은 청풍(淸風). 기묘명현(己卯名賢)의 한 사람인 김식(金湜)의 고손자. 이이(李珥)에게 수학한 흥우(興宇)의 아들. 조호익(曺好益)의 문인. 대동법 실시·수차 사용·화

역(貢物員役)[238]을 두어 각 고을에서 결(結)마다 쌀을 징수하여 납부하는데, 국가의 수요에 응해 원역(員役)이 진상하고 선혜청에서 쌀로 찾아오니 이것을 '대동법(大同法)'이라고 한다. 비록 국가의 체면에는 손상이 있으나 백성들은 그것을 대단히 편하게 생각한다.

반계(磻溪) 유형원(柳馨遠)이 말하였다.

> 백성에게 토지를 맡기고 공물을 생산케 하는 것이 비록 옛 법에 맞지만 지금 법제로 만들면 폐단의 발생을 면할 수 없다. 서울의 관청에서는 각 읍(邑)에 나누어 정해주고 각 읍(邑)에서는 각 면(面)의 백성들에게 나누어 징수하니 명색이 한결같지 못하고 물품은 균등하기 어렵다. 여기에서 서울의 서리는 읍(邑)의 아전에게 갈퀴질을 하고 읍의 아전은 면의 차인(差人)에게 갈퀴질을 하고 면의 차인은 백성들에게 갈퀴질을 한다. 그러므로 균등하고 폐단이 없는 대동법보다 좋은 것이 없다.[239]

폐 통용·역법의 개선 등을 주장하였다. 18세기 실학의 선구자라고 할 수 있다. 저서에 『구황촬요(救荒撮要)』·『잠곡필담』가 있다.

237) 경저(京邸) : 경저리(京邸吏)가 사무를 보는 곳. 경저리는 서울에 있으면서 지방 관청의 서울에 관한 일을 대행하여 보는 사람.

238) 공물원역(貢物員役) : 공물 처리를 담당하는 서리(胥吏).

239) 任土作貢, 雖稱古法, 今之爲制, 則未免生弊, 莫如大同之均平無弊. **蓋貢物縱使定之一以土宜**, 京司分定**於**各邑, 各邑分徵**於**各面民戶, 名色不一, 物品難齊. 於是京吏刀蹬於邑吏, 邑吏刀蹬於面差, 面差刀蹬於齊民.(『磻溪隨錄, 卷三, 田制後錄上, 經費』) → 任土作貢, 雖稱古法, 今之爲制, 則未免生弊. 京司分定各邑, 各邑分徵各面民戶, 名色不一, 物品難齊. 於是京吏刀蹬於邑吏, 邑吏刀蹬於面差, 面差刀蹬於齊民. **故**莫如大同之均平無弊**也**.(『松南雜識』)

결전

結錢

『선원보(璿源譜)』240)에서 말하였다.

고려말에 호포법(戶布法)을 시행하다가 조선 태종 경인년(1410)에 혁파하였다. 영조 때 국가의 예산이 부족하여 호포법을 의논하였는데, 홍계희(洪啓禧)가 인호(人戶)는 만들어지고 허물어짐이 무상하지만 전결(田結)은 영원히 존재한다고 생각하여 전세(田稅)와 대동세(大同稅) 외에 결전법(結錢法)의 시행을 상주하였다. 일 결(結)마다 오십 일 문(文)씩 징수하되 일 문(文)은 관색가(貫索價)로 만들어 부비(浮費)로 충당하게 하면 비록 더 거두더라도 실은 호포의 대신이라는 것이다.

근래에 조정에서는 다시 쌀을 징수하고 군미(軍米)의 번(番)을 줄이자고 논의하니 결작미(結作米)241)라고 한다.

---

240) 선원보(璿源譜) : 왕족의 족보. 즉, 전주 이씨·경주 김씨·김해 김씨 등의 족보. 여기서는 전주 이씨의 족보를 이름.

241) 결작미(結作米) : 조선 후기 토지에 부과한 지세(地稅). 토지에 부과한 세금에는 쌀로 징수하는 결작미와 화폐로 징수하는 결전(結錢)이 있었다. 이러한 제도는 1750년(영조 26)에 시행된 균역법(均役法)의 문제점을 해결하기 위해 1751년에 마련되었다. 즉 1750년에 반포된 균역법에는 감소된 군포(軍布)의 수입을 보충하는 방안 중 하나로 분정(分定)이 제시되었다. 그러나 이는 양민의 피폐를 가속시키는 결과만 가져왔다. 그래서 분정의 폐지가 논의되었고, 이로 인해 발생하는 연간 약 30만 냥의 세입 감소를 메우기 위해 결작세의 시행을 추진하였다. 1752년에는 균역법 제정에 참여한 홍계희(洪啓禧 : 1703~1771)에 의해 결미절목(結米節目)이 마련되었다. 이에 평안도·함경도를 제외한 6도의 토지에 1결당 쌀 2말 또는 전 5전(錢)을 징수하도록 하였다. 그러나 6도 중에서도 개성부와 강화부 내의 토지에는 결작을 부과하지 않았으며, 수원부와 광주부의 결작은 각 부에서 사용하게 하였다.

환곡
還穀

『동사(東史)』[242]에서 말하였다.

한(漢) 영제(靈帝) 때에 고구려의 고국천왕(故國川王)[243]이 출행을 나갔다가 곡(哭)을 하는 사람을 보고 그 연유를 물었다. 그는 "품을 팔아 어머니를 봉양하였는데 올해는 흉년이 들어 품을 팔 수가 없습니다"라고 대답하였다. 왕이 "나의 죄이다"라고 말하며 후한 물품을 하사하고, 국가의 곡식을 방출하여 백성들에게 빌려주고 겨울에 갚게 하는 법을 정하였다.[244]

『삼국사기(三國史記)』에는 "유리왕(儒理王)[245]이 나라 안을 순행하다가

---

242) 동사(東史) : 조선 후기의 학자 이종휘(李種徽)가 쓴 한국 역사서. 3권. 이종희의 문집인 『수산집(修山集)』에 들어 있다. 한국사 서술에서 최초로 본기(本紀)·세가(世家)·열전(列傳)을 중심으로 하는 기전체의 형식을 완전히 갖추어 고대부터 고려까지 서술하였다. 이것은 대부분의 조선의 유학자들이 대개 가치평가를 앞세우는 강목법(綱目法)을 따르던 것과 대비된다.

243) 고국천왕(故國川王) : 고구려 제9대 왕(재위 179~197). 이름은 남무(男武)·이이모(伊夷謨). 신대왕(新大王)의 둘째 아들. 국양왕(國襄王)이라고도 한다. 비(妃)는 제나부(提那部) 우소(于素)의 딸이다. 신대왕이 죽은 뒤, 대신들의 추대를 받아 왕위에 올랐다. 184년 한나라 요동태수(遼東太守)의 침입을 좌원(坐原)에서 막아 싸워서 대승하였다. 191년 을파소(乙巴素)를 국상(國相)으로 등용하여 현정(賢政)을 베풀고, 을파소를 천거한 안류(晏留)를 대사자(大使者)로 삼았다. 194년 진대법(賑貸法)을 실시하여 백성들의 빈곤을 덜어주었다. 고국천왕 때를 계기로 왕위계승방법이 형제상속에서 부자상속으로 바뀌었다.

244) 故國川王**時**, **王畋于質陽**, 見哭者, 問**之**. 曰, **臣貧窮**, **常以**傭力養母, 今**歲**不登, 無**所於**傭, **不得升斗之食**, **以是哭**. 王曰, **孤爲民父母**, **使民至於此**, 孤之罪也. **給以衣食**, **仍命所司**, **訪鰥寡孤獨老病貧乏不能自存者**, **賑恤之**. **又令每歲自三月至七月**, 出官穀**以賑**貸百姓, **稱家口多少**, 至冬**月**還輸, 以爲**恒**式.(『修山集, 卷十二, 東史志, 食貨志』)→**漢靈帝時**, **高句麗**故國川王**出**, 見哭者, 問**故**. **對**曰, 傭力養母, 今**年**不登, 無**以**傭. 王曰, 孤之罪也. **厚賜之**, 出官穀貸百姓, 至冬還輸, 以爲式.(『松南雜識』)

245) 유리왕(儒理王) : 신라 제3대 왕(재위 24~57). 성 박(朴). 노례이사금(弩禮尼師今)이라고도 한다. 남해차차웅(南解次次雄)·운제부인(雲帝夫人)의 태자(太子). 남해차차웅이

어떤 노파가 얼고 주린 모습을 보고서 옷과 음식을 하사하고 진대(賑貸)를 의논하였다"[246]라고 하는데, 지금은 '환상(還上)'이라고 한다. 조선은 그 법을 계승하여 전란이 생기면 군량미로 삼고 평상시에는 백성의 양식으로 삼는다. 매 섬마다 쥐나 참새가 먹어 소모되는 한 말 닷 되를 더하여 받아들이고, 적모(糴耗)[247]는 감영(監營)·통영(統營)·병영(兵營)·수영(水營) 네 영(營)의 녹봉으로 삼는다. 서리들이 훔쳐 먹는 경우가 많아서 빈 섬을 백성들에게 주거나 혹은 돈을 사용하기에, 당·송의 청묘법(青苗法)[248]에 가까우니 그것을 '불원석(不願石)'이라고 한다.

방촌(尨村) 황희(黃喜)[249]가 임종할 때에 "우리나라의 규모(規模)가 대략 정해졌지만 아전의 녹봉이 제정되지 않아 국가의 곡식은 모두 아전에게 포탈(逋脫)되고 노비는 종모법(從母法)[250]이 적용되어 인재가 나오

죽자 덕망이 높은 매제 탈해(脫解)에게 왕위를 양보하다가, 군신(群臣)들의 추대로 즉위하였다. 28년 「도솔가(兜率歌)」를 지었으며, 32년 6부(部)의 이름을 고치고 이(李)·최(崔)·손(孫)·정(鄭)·배(裵)·설(薛)의 성(姓)을 내렸다.

246) 『삼국사기』 신라 유리왕조(儒理王條)에 『松南雜識』와 유사한 내용은 있지만, '진대(賑貸)'를 언급하지는 않았다. 따라서 '진대'의 기원은 고구려 고국천왕조(故國川王條)의 기록을 출전으로 삼아야 한다.

247) 적모(糴耗) : 곡식을 받아들일 때 소모되는 양을 미리 계산하여 더 받아들이는 곡식.

248) 청묘법(青苗法) : 왕안석(王安石)의 신법(新法)의 일환으로 실시된 농민에 대한 저리(低利)금융정책. 청묘법은 종전의 상평창(常平倉) 제도에 수정을 가하여 농민에 대한 농업자금의 지원, 이자획득을 통한 국가재정의 수익 증대, 농업자금의 전대를 통한 다량의 군량(軍量) 확보 등 다목적을 지닌 것이나, 표면상으로는 대지주의 고리대로부터 빈농을 구제하기 위한 사회정책적인 저리금융정책을 표방하며 실시되었다. 그러나 국가는 적정한 가격으로 전대에 의한 매점 등으로 물자구입의 곤란과 재정지출의 낭비를 감수하지 않으면 안 되었다.

249) 황희(黃喜) : 조선 시대의 명신(1363~1452). 본관은 장수(長水), 자는 구부(懼夫), 호는 방촌(尨村), 초명은 수로(壽老). 개성(開城) 출신. 고려가 망하자 두문동에 은거했으나, 이성계(李成桂)의 간청으로 태조 3년(1394) 성균관학관으로 세자우정자(世子右正字)를 겸임, 그 후 직예문춘추관(直藝文春秋館)·사헌감찰(司憲監察)·우습유(右拾遺)·경기도도사(京畿道都使)를 역임했다. 1449년 벼슬에서 물러날 때까지 18년간 영의정에 재임하면서 농사의 개량, 예법의 개정, 천첩(賤妾) 소생의 천역(賤役) 면제 등 업적을 남겨 세종의 가장 신임받는 재상으로 명성이 높았다. 또한, 인품이 원만하고 청렴하여 모든 백성들로부터 존경을 받았으며, 시문에도 뛰어나 몇 수의 시조 작품도 전해진다. 시호는 익성(翼成). 저서에 『방촌집(尨村集)』이 있다.

지 않고 화전(火田)을 금지하지 않아 좋은 논이 불모지가 되었다"라고 하였다.

남명(南冥) 조식(曺植)이 "조선은 서리 때문에 나라를 망치니 몹시 통탄할 만하다"라고 하였다. 속담의 "강은 흘러도 돌은 굴러가지 않는다"라는 말이 이것이다.[251]

곡총
穀總[252]

반계(磻溪) 유형원(柳馨遠)이 말하였다.

평상시(平常時) 평년작(平年作)일 경우에 총 세미(稅米)[253]는 황두(黃豆)가[254] 도합 삼십여 만 섬[石], 곧 사십 오만 휘[斛][255]이다. 서북 두 도(道)[256]의 본도에 비축해 둔 것을 제외한 여섯 도의 세미(稅米) 이십육만 섬을 서울에 조운(漕運)으로 보낸다. 그 안에서 영남의 왜료미(倭料米)[257] 팔천여 섬은 동래(東萊)로 보내며, 조세를 베로 환산[作布][258]

---

250) 종모법(從母法) : 조선 시대 노비 소생의 신분과 역(役) 및 주인을 결정하는 데 모계(母系)를 따르게 한 법.

251) **曹**南冥**云**, 朝鮮以吏胥亡國, 可謂痛切. **至于今日, 吏胥之害滋甚, 爲官者朝更暮遞, 席不暇暖, 而胥輩從少至老, 任事自若, 操縱伸縮, 專在其手, 非止絶簿書盜財物而已**. 俗謂江流石不轉**以**此.(『芝峯類說, 卷十六, 語言部, 雜說』) → 南冥**曰**, 朝鮮以吏胥亡國, 可謂痛切. 俗謂江流石不轉, 此**也**.(『松南雜識』)

252) 곡총(穀總) : 국고(國庫)에 들어오는 곡식의 총액.

253) 세미(稅米) : 조세(租稅)로 바치던 쌀.

254) 황두(黃豆) : 누른빛이 나는 콩의 한 가지.

255) 휘[斛] : 곡. 열 말.

256) 서북의 두 도(道) : 평안도, 함경도를 이름.

257) 왜료미(倭料米) : 왜관(倭館)에 주재하는 왜인들의 생활을 돕기 위하여 지급하는 쌀.

258) 작포(作布) : 쌀 한 섬에 베 3필 반, 콩 한 섬에 베 2필 반, 삼수미(三手米) 1섬에 베 3필 등.

하여 납부하는 곳도 있다.

지금 평년작의 총 세미는 십 구만 오천여 섬이니, 곧 이십 구만 이천 오백여 휘이다. 서북 두 도의 이만 삼천여 섬을 본도에 비축한 것을 제외한 여섯 도의 세금 십 칠만 이천여 섬을 서울에 조운으로 보낸다. 그 안에는 왜료미(倭料米)와 조세를 베로 환산하여 납부한 것이 포함된다. 국가의 제도상 전세(田稅)는 모두 서울에 조운으로 보내고, 공물(貢物)·진상(進上)·수령의 봉록(俸祿)·지방의 예산은 모두 전세에 포함시키지 않는다. 그래서 의례 백성들에게 중복 징수하게 마련이다. 이런 까닭에 군현(郡縣)이 각각 그 규정을 달리하고 부담의 경중(輕重)에 일정한 표준이 없다. 백성이 일 결(結)의 토지에서 납부하는 세금은 적은 경우에는 스물세 말이고 많은 경우에는 팔구십 말로, 세입(稅入)이 이와 같다.

대개 모든 관원의 봉록(俸祿)은 자급(自給)하기에 부족하고 전국의 아전들은 전혀 일정한 급여가 없어서 각자 힘들게 일하여 생활비를 비는데, 모두 공무(公務)를 빙자하여 사욕(私慾)을 챙기며 뇌물을 받고 수탈하는 속에서 기생(寄生)한다. 근세(近世)에 이르러 백성들이 허다히 피폐할 뿐만 아니라 조세(租稅)의 징수에서도 결탁하여 간악한 짓을 하고 정치는 하급 아전들에게 장악되어 제멋대로 훔치고 포흠(逋欠)하는 폐단이 전보다 심하다. 전결(田結)[259]은 더욱 탈루(脫漏)되고 일정하게 거두어 들이는 세금[常稅]도 점점 줄어든다.

일찍이 중국의 경우를 살펴보니 명나라는 세미(稅米)가 삼천 육백 팔만 오천여 섬인데 그중에서 사백만 섬은 조운(漕運)으로 경창(京倉)[260]에 보냈다. 비단이 이십만 오천여 필이고 생사(生絲)가 십구만 칠천여 근이고 면화(綿花)가 이십 사만 육천 오백여 근이고 면포(綿布)가 십삼만 팔백여 필이고 은(銀)이 이백 사십 구만여 양(兩)이다. 그런데 모를 일이 있다.

---

259) 전결(田結) : 지난날, 논밭에 대하여 물리던 세금.
260) 경창(京倉) : 조선 시대에, 서울의 한강 가에 있던 각종 창고(倉庫).

황무지를 개간한 전토는 그 실상을 얻을 수 있는데도 그 과세(科稅)는 옛날에 비하면 십분의 일에 지나지 않으니 정말 어떻게 된 일인가? 또 지금의 말(斗)과 섬(石)의 크기가 옛날의 배이다.[261]

대구는 환모가 없다
大邱無耗

『오대사(五代史)』에 "후주(後周)의 세종(世宗)[262]이 조운(漕運)을 하다가

261) 平時平年, 總稅米, 黃豆合三十餘萬石, 卽四十五萬餘斛. 除西北兩界留本道外, 六道稅二十六萬餘石, 漕至京. 此內嶺南倭料米八千餘石, 則輸東萊, 又有作布上納處, **下倣此**. 今平年總稅十九萬五千餘石, 卽二十九萬二千五百餘斛. 除兩界二萬三千餘石留本道外, 六道稅十七萬二千餘石, 漕至京. 此內有倭料**米**及作布上納者. 國制田稅, 率皆漕京, 貢物進上及守令所俸外方所用, 皆出田稅之外, 故例爲疊徵於民. 是以郡縣各異其規, 輕重又無常準. 民之費出一結之地, 輕或二三十斗, 重者八九十斗, 而其稅入則如此. 蓋百官之祿, 不足以自給, 八方吏隷, 全無常祿, 而各自拮据以資, 皆是寄食於憑公營私納賄漁獵之中**也**. 至於近世則非但民戶多耗, 種**種**徵斂, 因緣行奸, 政在下吏任意偸脫之弊, 尤甚於前. 田結益漏, 常稅漸縮. 常考中國明朝**總**稅米三千六百八萬五千餘石, 其中四百萬石漕至京倉. 絹二十萬五千餘疋, 絲十九萬七千餘斤, 綿花二十四萬六千五百餘斤, 綿布十三萬八百餘疋, 銀一百四十九萬餘兩. 未知其荒墾頃畝, 能得其實, 而其科稅比古什一, 果如何也. 又今斗石之大, 倍於古矣.(『磻溪隨錄, 卷二, 田制下, 打量出軍出稅式』)→平時平年, 總稅米, 黃豆合三十餘萬石, 卽四十五萬餘斛. 除西北兩界留本道外, 六道稅二十六萬餘石, 漕至京. 此內嶺南倭料米八千餘石, 則輸東萊, 又有作布上納處. 今平年總稅十九萬五千餘石, 卽二十九萬二千五百餘斛. 除兩界二萬三千餘石留本道外, 六道稅十七萬二千餘石, 漕至京. 此內有倭料及作布上納者. 國制田稅, 率皆漕京, 貢物進上及守令所俸外方所用, 皆出田稅之外, 故例爲疊徵於民. 是以郡縣各異其規, 輕重又無常準. 民之費出一結之地, 輕或二三十斗, 重者八九十斗, 而其稅入則如此. 蓋百官之祿, 不足以自給, 八方吏隷, 全無常祿, 而各自拮据以資, 皆是寄食於憑公營私納賄漁獵之中. 至於近世則非但民戶多耗, 種**租**徵斂, 因緣行奸, 政在下吏任意偸脫之弊, 尤甚於前. 田結益漏, 常稅漸縮. 常考中國明朝稅米三千六百八萬五千餘石, 其中四百萬石漕至京倉. 絹二十萬五千餘疋, 絲十九萬七千餘斤, 綿花二十四萬六千五百餘斤, 綿布十三萬八百餘疋, 銀一百四十九萬餘兩. 未知其荒墾頃畝, 能得其實, 而其科稅比古什一, 果如何也. 又今斗石之大, 倍於古矣.(『松南雜識』)

262) 세종(世宗) : 중국 오대의 후주(後周) 제2대 황제(재위 954~959). 이름은 시영(柴榮). 태조(太祖) 곽위(郭威)의 양자. 태조가 죽은 뒤 34세에 즉위하였으며, 오대의 여러 황제

곡물의 손실이 생겨 죄를 입었기에 매 휘마다 한 말의 소모분을 지급하였다"는 기록이 있다.

『후한서(後漢書), 풍연전(馮衍傳)』에서 "굶주리는 사람이 먹을 것이 없다[飢者毛食]"[263]라고 하였는데, 주석에서 "황하 이북에서는 '無(무)를 '毛[무]'라 한다"라고 하였다.[264] '毛'는 '耗'와 같으니 우리나라에서는 소모분을 더하여 백성들에게서 징수하는데 오직 대구(大邱)만은 환모(還耗)[265]가 없다. 서침(徐沉)[266]이 달성(達城)에 살 때 점쟁이[望氣者]가 "성에 왕의 기운(王氣)이 있으니 나라에 헌납하고 그 땅을 비우면 나라에서 장차 관작(官爵)으로 보상을 할 것이니, 사양하시고 다만 달성의 환모(還耗)를 면제해 달라고 요청하십시오"라고 하였기 때문이다.

주희(朱熹)의 사창법(社倉法)[267]에는 쌀 한 섬에 이식미(利息米)가 두 말인데 조금 흉년이 들면 그 이식의 반을 감하고 크게 기근이 들면 모두 면제해 주니, 관부(官府) 상평창(常平倉)의 쌀[常平米]을 대부(貸付)하기 때문이다. 모두 14년 만에 이식(利息) 쌀을 마련해서 관부(官府)에 상환한다.

중에서 가장 걸출하였다고 전한다. 직속 상비군인 전전사(殿前司) 및 시위사(侍衛司)를 강화하고 여러 왕조의 통일사업에 착수하여 양자강(揚子江) 이북을 거의 통일하였고, 북방의 요(遼)나라를 공격하여 위협하였다. 내정적(內政的)으로는 농정(農政)에 유의하여 권농(勸農)에 힘쓰는 한편, 국내의 민전(民田)·호구(戶口)를 조사하여 균세법(均稅法)을 시행하고 조세(租稅) 부담의 공평을 도모하였으며,『대주형통(大周刑統)』·『대주통례(大周通禮)』 등을 편찬케 하여 국가체제를 정비하였다. 그러나 황제의 자리에 오른지 불과 6년 만에 병사하였으므로, 그 정책의 중요한 것은 송나라의 태조 조광윤(趙匡胤)에게 답습되었다. 즉, 송나라의 여러 정책의 발단은 거의 세종의 정책에서 비롯된 것이라고 할 수 있다.

263) 『後漢書, 卷五十八上, 桓馮列傳, 馮衍傳』.

264) 河朔, 謂無曰毛.(『康熙字典, 毛』)

265) 환모(還耗) : 환곡(還穀)을 수납할 때 원곡(元穀) 외에 새·쥐 등에 의한 손실을 채우는 뜻으로 한 섬에 한 말 씩 더 징수하는 것.

266) 서침(徐沈)을 배향한 구암서원(龜巖書院) 비석에 의하면, 세종 때 성을 쌓기 위해 남산동 국가 소유 부지와 교환할 것을 제안 받은 서침이 환지를 사양한 대신, 당시 대구 사람들이 빌려먹은 관곡의 이자를 한 섬에 닷 되씩 감해 줄 것을 청원해 성사시켰다. 달성을 국가에 헌납한 혜택을 대구 읍민이 고루 입은 것이다.

267) 사창법(社倉法) : 주희가 장손평(長孫平)의 의창법(義倉法)과 왕안석(王安石)의 청묘법(靑苗法)을 참작하여 기근을 구제하기 위해 제정한 법이다.

그 뒤로는 매 섬마다 다만 모미(耗米)[268] 세 되만을 징수할 따름이다.

광주에는 자문이 없다
光州無尺

적세법(糴稅法)[269]에서 아전이나 백성들이 서로 주고받는 표(標)를 자문(尺文)[270]이라고 한다. 오직 광주(光州)만 척(尺)이 없으니 그 풍속이 대개 오래되었다.

지출은 붉은 색, 수입은 검은색
朱出墨入

후주(後周)의 소작(蘇綽)[271]으로부터 시작되었으며 송나라 범충(范冲)[272]

---

268) 모미(耗米) : 조선조 시대의 환곡(還穀)・세곡(稅穀)의 이식미(利息米). 각 고을의 창고에서 환곡(還穀)을 환상(還上)할 때에 말[斗]이 축나거나 창고에서 자연 손실되는 것을 보충하기 위하여 모미(耗米)라는 명목으로 십분의 일을 첨가하여 받았으며 세곡도 이에 준하였다. 원래는 원곡(元穀)에 대한 이식이지만 보관 중에 발생하는 삼소를 보충한다는 의미에서 이식미라고 하지 않고 모미(耗米)라고 함. 환모(還耗)・모곡(耗穀)・비모(費耗)・작서모(雀鼠耗).

269) 적세법(糴稅法) : 환곡에 관한 법을 말한다. 환곡법이란 국가에서 봄에 곡식을 백성들에게 나누어 주어 구황(救荒)을 하고, 가을에는 약간의 이자(利子)를 보태어 받아들이는 법을 말한다.

270) 자문[척문, 尺文] : 조세・수수료・부과금 등을 받고 교부하는 영수증, 또는 지방 관청에서 조세를 호조(戶曹)에 바치고 받은 영수증.

271) 소작(蘇綽) : 북조(北朝) 시대 주(周)나라의 학자. 무공(武功) 사람. 자는 영작(令綽). 박학다식하고 문장에 능하였으며 산술(算術)에 더욱 조예가 깊었다. 문안(文案)의 양식을 제정하여 지출을 붉은색으로 쓰고 수입은 검은 색으로 썼다고 한다. 저서에 『불성론(佛性論)』・『칠경론(七經論)』 등이 있다.

272) 범충(范冲) : 송나라의 문신. 자는 원장(元長). 소흥(紹興 : 1152~1163) 연간에 신종(神宗)과 철종(哲宗)의 실록을 수찬하였다. 한림시독학사(翰林侍讀學士)를 여러 차례 지냈다. 성품이 의리와 선행을 좋아하였다.

의 『주묵사(朱墨史)』[273]도 여기에서 나왔다. 지금의 이문(吏文)은 실로 이것을 본뜬 것이다.

문서 말미의 '準(준)'자는 송나라 때 아전배들이 구준(寇準)[274]의 이름을 기휘(忌諱)하여 다만 '㇕'을 그린 것을 그대로 따른 것이다. 또 일사[一夕]의 '夕'의 음은 사이니 勺(작)의 와자(訛字)가 아니다. 사찰미(謝察微)의 『산경(算經)』에서 "십 진(塵)이 사(沙)[275]이고 십 사(沙)가 '섬(纖)'이다"[276]라고 했으니 '夕'의 와자이다.

구황

救荒

여조겸(呂祖謙)[277]이 말하였다.

대저 구황(救荒)정책은 선왕(先王)의 미리 준비하는 정치가 최상이

273) 주묵사(朱墨史) : 송나라 때의 범충(范冲)이 『신종실록(神宗實錄)』을 수찬하면서 붉은색 글씨로 기록하니, 세상에서 이 책을 『주묵사(朱墨史)』라 불렀다고 한다.
* 冲之修神宗實錄也, 爲考異一書, 明示去取, 舊文以墨書, 刪去者以黃書, 新修者以朱書, 世號朱墨史.(『宋史, 卷四百三十五, 列傳第一百九十四, 儒林五, 范冲』)

274) 구준(寇準) : 송나라의 재상. 자는 평중(平仲). 섬서성(陝西省)인 화주(華州) 하익(下邽) 출생. 태평흥국 4년(979) 진사에 급제, 대리평사(大理評事)·추밀원직학사(樞密院直學士) 염철판관(鹽鐵判官) 등을 역임하였다. 경덕 1년(1004) 재상이 되어 거란(契丹)의 침입 때 많은 공을 세웠다. 그 후 내국공(萊國公)에 봉해져 구래공(寇萊公)이라고도 하였다. 시호(諡號)는 충민(忠愍).

275) 사(沙) : 소수점 이하 제8위.

276) 謝察微算經, 十塵爲沙, 十沙爲纖.(『康熙字典, 沙』)

277) 여조겸(呂祖謙) : 남송의 학자. 자는 백공(伯恭). 호는 동래(東萊). 절강성(浙江省) 금화(金華) 출신. 상서우승(尙書右丞) 호문(好問)의 손자로 태어나면서부터 아버지와 할아버지의 책을 접할 수 있었으며, 훌륭한 스승과 친구들을 만나 주자(朱子)·장남헌(張南軒)·육상산(陸象山) 등과 더불어 강학(講學)에 힘써 대성하였다. 주자와 육상산 두 사람의 아호사(鵝湖寺)에서의 회합을 주선하기도 하였다. 그 뒤 주자와 함께 북송 도학자의 어록(語錄)을 편집하여 『근사록(近思錄)』을 찬하였다. 저서에 『동래좌씨박의(東萊左氏博議)』 25권, 『여씨가숙독시기(呂氏家塾讀侍記)』 32권 등이 있다.

고, '이리(李悝)[278]의 정치[李悝之政]'를 시행하는 것이 그 다음이고, 쌓아두어 고루 나누어 줄만한 곳이 있거든 그들로 하여금 유통시켜 백성을 옮기고 식량을 옮기는 것이 또 그 다음이고, 미음과 죽을 끓여 구휼하는 것이 최하책이다.[279]

송나라 법을 살펴보면, 공사를 벌이고 사람을 모집하니, 농전(農田)·수리(水利), 성황(城隍)·도로(道路)·제방(堤防)·토목공사·나무심기·숲 조성의 종류가 이것이다. 굶주린 사람은 노동력으로 벌어먹으니 치부책에 기록하는 폐단이 없고 뒷날 상환할 폐단도 없으며 나라에는 진휼(賑恤)하는 은혜가 있고 이윤을 창출하는 방도가 있다. 의지할 데 없는 노약자·불구자·부녀자들은 식구대로 무상 지급한다.[280]

---

278) 이리(李悝) : 전국 시대 위(魏)의 정치가. 문후(文侯)를 섬겼으며 지력(地力)을 극도로 이용할 수 있는 방법을 백성들에게 가르쳤다. 또 평적법(平糴法)을 만들어 쌀값이 비싸면 사람을 고통스럽게 하고 쌀값이 싸면 농사를 해친다고 생각하여 쌀을 사들이는 사람으로 하여금 한 해의 농사를 상중하의 평균으로 만들어 여유분으로 부족분을 보충하게 하였다. 그래서 기근이나 가뭄 수해를 당해도 쌀값이 비싸지지 않고 백성들은 안정되었다. 그의 정책으로 위나라는 부강해졌다.

279) 東萊**呂氏**曰, …… 大抵荒政, **統而論之**, 先王有預備之政, 上也. **使**李悝之政**修**, 次也. **所在**蓄積有可均處, 使之流通, 移民移粟, 又次也. **咸無焉**, 設糜粥, 最下也.(『文獻通考, 卷二十六, 國用考四, 賑恤』)→**呂**東萊曰, 大抵荒政, 先王有預備之政, 上也. **修**李悝之政, 次也. 蓄積有可均處, 使之流通, 移民移粟, 又次也. 設糜粥, 最下也.(『松南雜識』)

280) 呂**氏**東萊曰大抵荒政, **統而論之**, 先王有預備之政, 上也. 修李悝之政, 次也. 蓄積有可均處, 使之流通, 移民移粟, 又次也. **咸無焉**, 設糜粥最下也. …… 按宋法, **諸灾傷地**, **分有**興工役**可以**募人**者**. 如農田水利及城隍道路**隕**岸土工種植林木之類. …… **其**老弱殘疾婦女無依之類, 計口白給. **其餘則廣募飢民**, **優給雇價**, **築堤堰以興水利**, **如此則救灾興利**, **一擧兩得**. **民之**饑者, 食**於**其力, **故**無圖錄之弊, 無後償之憂.(『磻溪隧錄, 卷七, 田制後錄攷說上, 常平義倉救荒』)→呂東萊曰, 大抵荒政, 先王有預備之政, 上也. 修李悝之政, 次也. 蓄積有可均處, 使之流通, 移民移粟, 又次也. 設糜粥最下也. 按宋法, 興工役募人, 如農田水利及城隍道路隄岸土工種植林木之類, **是也**. 饑者, 食其力, 無圖錄之弊, 無後償之弊. **國有賑濟之惠**, **有興利之道矣**. **若**老弱殘疾婦女無依之類, 計口白給.(『松南雜識』)

사창
社倉

『신당서(新唐書)』[281]에서 "사창(社倉)에서 부족분을 진휼하여 보태주니 묘세(畝稅)는 두 되이다"[282]라고 하였다.

『수서(隋書)』에서 말하였다.

> 장손평(長孫平)[283]이 민간에 매년 가을 집집마다 조와 보리 한 섬 이하를 가난한 사람과 부자가 차등 있게 내서 마을에 비축하여 흉년에 대비토록 하고, '의창(義倉)'으로 명명하자고 주청하였다.[284]

대개 한(漢)의 상평창법(常平倉法)에서 나왔는데 당 중종(中宗) 때에 이르러서 공사(公私) 간에 궁핍하면 의창(義倉)에서 대출하여 지출 사용했기 때문에 온 천하의 의창(義倉)이 그대로 소멸되었다.

반계(磻溪) 유형원(柳馨遠)이 말하였다.

> 사창(社倉)은 본래 인민(人民)에게 과업(課業)을 권면하고 여유 물자를 조절하여 흉년을 대비케 하는 것이다. 의당 해당 사(社)[285]에 설치하여 그 사(社)에서 관장하게 해야지, 옮겨서 주읍(州邑)의 비축으로

---

281) 『松南雜識』에서는 출전을 『당대기(唐大紀)』라고 하였다.

282) **其凶荒則有**社倉, 賑給不足, **則徙民就食. 諸州尙書左丞戴冑建議, 自王公以下, 計墾田秋熟所在, 爲義倉, 歲凶以給民, 太宗善之, 乃詔**畝稅二升.(『新唐書, 卷五十一, 食貨志, 第四十一』) → 社倉, 賑給不足, 畝稅二升.(『松南雜識』)

283) 장손평(長孫平) : 수나라의 문신. 자는 처균(處均). 탁지상서(度支尙書) · 공부상서(工部尙書) 등을 역임하고 의창을 설치한 것으로 유명하다.

284) 長孫平, …… 奏令民間, 每秋, 家出粟麥一石**已**下, 貧富差等, 儲之閭**巷**, 以備凶年, **名**曰義倉.(『隋書, 卷四十六, 列傳第十一, 長孫平』) → 長孫平奏令民間, 每秋, 家出粟麥一石**以**下, 貧富**爲**差等, 儲之閭**里**, 以備凶年, 曰義倉.(『松南雜識』)

285) 사(社) : 조선조 때 행정 단위의 하나. 주(州) · 현(縣)의 아래, 동(洞) · 리(里) · 촌(村)보다는 높은 행정 단위.

만들어서는 안 된다. 우리나라의 환상(還上)[286]은 군대와 국정을 위한 비축이니, 의당 성읍(城邑)에 비축하고 관부(官府)에서 관리해야지 지방의 면(面)에 분산해 두어서는 안 된다.[287]

지금은 공연히 '창(倉)'이라는 이름만 있을 뿐이지 실제로는 백성의 기름을 짜내니, 만약 사창(社倉)·의창(義倉) 두 가지의 이름대로 행하여 상평법(常平法)과 조적법(糶糴法)을 사용한다면 비록 요(堯) 임금 때의 홍수와 탕(湯) 임금 때의 가뭄과 같은 재앙이 들더라도 '택홍(澤鴻)'[288]과 '곡퇴(谷蓷)'[289]를 읊는 일이 없을 것이다.

또 다음과 같이 말하였다.

서울을 둘러싼 사방 삼십 리에 공전(公田)을 구획해 만들어 매매를 금지하고 백성들과 함께 경작하여 왕세(王稅)[290]를 호부(戶部)로 보내고 이자를 불려 관리의 봉록을 만든다. 비록 사패전(賜牌田)[291]이라도 오직 이자를 불리는 것만을 허용하고 세금을 면제해 주지는 않는다.

---

286) 환상(還上): 봄에 받은 환곡을 가을에 바치던 일. 환자(還子).

287) **按**社倉, 本以勸課人民, 節有餘, 備凶歉者也. 宜置於當社, 令其社中掌之, 不當移爲州邑之儲也. **此與今**本國還上, **其本自別所謂還上**, 軍國之儲也, 當貯於城邑, 官府管之, 不宜散置於外面也.(『磻溪隨錄, 卷七, 田制後錄攷說上, 常平義倉救荒』) → 社倉, 本以勸課人民, 節有餘, 備凶歉者也. 宜置於當社, 令其社中掌之, 不當移爲州邑之儲也. 本國還上, 軍國之儲也, 當貯於城邑, 官府管之, 不宜散置於外面也.(『松南雜識』)

288) 택홍(澤鴻): 『시경(詩經), 소아(小雅), 홍안(鴻雁)』. 유민(流民)이 자신들의 신세를 슬피 우는 기러기에 비유한 시.

289) 곡퇴(谷蓷): 『시경(詩經), 왕풍(王風), 중곡유퇴(中谷有蓷)』. 흉년의 비탄을 노래한 시.

290) 왕세(王稅): 나라에 바치던 조세.

291) 사패전(賜牌田): 사패(賜牌)는 왕족이나 공신에게 전지(田地)나 노비를 하사할 때 딸려 주던 문서로 토지나 노비의 소유 기한 등을 규정한 것이다. 사패를 딸려 하사한 토지를 사패전(賜牌田) 또는 사전(賜田)이라 하고, 노비를 사패 노비라 하였다. 수조권(收租權)으로서 지급되던 사패전의 소유권은 1대한(一代限)과 3대 세습의 2종류가 있어 이를 사패에 규정하여 '가전영세(可傳永世)'의 문구가 있으면 3대 세습, 없으면 1대 후에 모두 국가에 반환하도록 규정하였으나 이 규정은 고려 이후 지켜지지 않아 사패의 규정은 실효를 거두지 못했다.

지방 읍(邑)의 경우는 대소(大小)를 나누어 또한 그와 같이 하되 촌민(村民)들이 경작해 먹는 것을 허가하지 않고 오직 읍민(邑民)들만이 농사짓게 한다. 또 환곡법을 폐지하고 상평창을 축조한다. 변경(邊境) 군(郡)의 경우는 조충국(趙充國)[292]의 둔전(屯田)[293] 건의를 이용하면 또한 국가를 부유하게 만들고 군대를 강하게 만드는 하나의 계책이 된다.

공부
貢賦

반계(磻溪) 유형원(柳馨遠)이 말하였다.

삼대(三代)에는 모두 십분의 일로 나누어서 그 하나를 취하였으니 대개 전지(田地)에 따라서 세금을 징수한 것이다. 진(秦)나라 때에는 전지는 놓아두고 사람에게 세금을 징수한 까닭에 전지의 수가 차지 않더라도 그 세금은 반드시 갖추어졌다. 진(晉)나라 무제(武帝) 때에는 호조법(戶調法)을 제정하여 장정이 있는 집에서는 해마다 명주 세 필(匹), 솜 세 근(斤)을 납부하였다. 대개 전지는 놓아두고 사람에게 세금을 물리는 것은 진(秦)시황이 처음으로 만들고 진(晉)나라 무제(武帝)가 완성하니, 만세(萬世) 악법(惡法)의 시초이다.[294]

---

292) 조충국(趙充國) : 한(漢)나라 때의 장군, 상방(上邦) 출신. 자는 옹손(翁孫)이다. 영평후(營平侯)에 봉해졌을 때, 서강족(西羌族)이 배반하였다. 이때 충국의 나이가 70쯤 되었을 때였는데, 조서를 받고 금성(金城)에 이르러 그들을 격파하였다. 그리고는 병사들을 쉬게 해주며 전답에 주둔[둔전(屯田)]시켜 개간에 힘쓰게 하다가 다시 일으켜 돌아왔다. 병사들을 전답에 머무르게 하여 개간하도록 하였으니 후세에서 매우 추숭하였다.

293) 둔전(屯田) : 병사들이 주둔하면서 전답을 개간하는 것.

294) **夏之貢殷之助周之藉**, 皆十而取一, 蓋因地而稅也. 秦則**不然**, 捨地而稅人, 故地數未盈, 其稅必備. …… 晉武**帝平吳之後**, 制戶調之式, 丁男之戶, 歲輸絹三匹綿三斤. …… **按**捨地稅人, 創於秦政, 而成於晉武, 萬世弊法之始也.(『磻溪隨錄, 卷七, 田制後錄攷說上, 賦稅』) → **三代**皆十**一**而取一, 蓋因地而稅也. 秦則捨地而稅人, 故地數未

우리나라의 제도는 논 한 섬지기에서 쌀 네 말[斗], 밭 한 섬지기에서 황두(黃豆) 네 말을 징수하니 세금은 너무 가볍지만 대동세(大同稅[295])와 아전이 포흠(逋欠)한 환곡(還穀)을 아울로 한 결(結)에 첨부하여 돈을 징수하니 어떤 경우는 이삼십 양(兩), 사오십 양(兩)이 되어 백성들이 편안히 살 수 없기에 난리가 일어나는 원인이 된다.

어떤 이는 "상답(上畓) 한 두락에 겉벼 두 말 두 되를 징수하고 상전(上田) 한 두락에 조와 콩을 두 말 두 되 징수하고 중전(中田)은 한 말 닷 되를, 하전(下田)은 일곱 여덟 되를 징수하면 백성들에게는 관대한 정치가 될 것이고 국가는 더 부강해질 것이다"라고 하였다.

병사와 농부의 분리
兵農之分

양시(梁時)[296]가 "황제(黃帝)로부터 구승법(丘乘法)[297]을 만들어 군정(軍政)을 담당하게 하였다"[298]라고 말하였다.

주나라의 정전법(井田法)에 이르러서는 승마제(乘馬制)[299]가 있었으니

盈, 其稅必備. 晉武制戶調之式, 丁男之戶, 歲輸絹三匹綿三斤. 蓋捨地稅人, 創於秦政, 而成於晉武, 萬世弊法之始也.(『松南雜識』)

295) 대동세(大同稅) : 조선 시대 대동법에 따라 거두던 세금.

296) 양시(梁時) : 북송 말의 유학자. 자는 중립(中立). 호는 구산(龜山). 복건성(福建省) 장락(將樂) 출생. 이정자(二程子 : 정호・정이)의 도학을 전하여 낙학(洛學 : 이정자의 학파)의 대종(大宗)이 되었으며, 그 학계(學系)에서 주자(朱子)・장식(張栻)・여조겸(呂祖謙) 등 뛰어난 학자가 많이 배출되었다. 저서에 『구산집(龜山集)』 42권, 『구산어록(龜山語錄)』 4권, 『이정수언(二程粹言)』 2권 등이 있다.

297) 구승법(丘乘法) : 구승(丘乘)이란 고대 토지구획의 명칭이다. 『주례(周禮), 지관(地官), 초인(稍人)』의 주석에 "구승(丘乘)이란 4구(丘)가 전(甸)이 되는 것을 말한다."라고 하였다. 또, 소(疎)에 "4정(井)이 읍(邑)이 되고, 4읍(邑)이 전(甸)이 되며, 전(甸)에서 장곡(長穀) 일승(一乘)이 소출되는 까닭에 구승(丘乘)이라 한다"라고 하였다. 또, 『예기(禮記), 교특생(郊特牲)』의 주석에 "구(丘)는 16정(井)이고, 4구(丘)는 64정(井)이니 이를 전(甸) 혹은 승(乘)이라 한다"라고 하였다.

298) 自黃帝立丘乘之法, 以寓軍政.(『性理大全書, 卷六十九, 治道四, 論兵』)

대개 농부 속에 병사를 갈무리하여 현관(縣官)에 지급을 바라는 폐단이 없었고, 병사 속에 농부를 갈무리하여 전투와 외침의 방어에 유리하였다.

당나라의 장열(張說)[300]이 숙위(宿衛)[301]할 병사의 모집을 주청하여 장종숙위(長從宿衛)를 만들고 광기(彍騎)라고 부르면서부터 병사와 농부의 분리가 시작되었다.[302] 이후로 태평세대는 항상 며칠 안 된다.

군정
軍丁

『당서(唐書), 식화지(食貨志)』에서 "밭이 있으면 '조(租)'가 있다"[303]라고 하였으니 지금의 전세(田稅)이고, "몸이 있으면 '용(庸)'이 있다"[304]라고 하였으니 지금의 신역(身役)이고, "집이 있으면 '조(調)'가 있다"[305]라고 하였으니 지금의 결전(結錢)[306]으로 호포(戶布)[307]를 대신한 것이다. 『한서(漢書)』에서 이른바 "고을 관리가 조세(租稅)로 먹고 입는다"[308]라

299) 승마제(乘馬制) : 고대 군부(軍賦)의 제도를 말한다. 『한서(漢書), 형법지(刑法志)』에 "전(甸)은 64정(井)에 해당하는데, 융마(戎馬) 4필과 병거(兵車) 1승(乘), 소 12두(頭), 무장군사 3인, 병졸 72인, 창과 방패를 구비한다"라고 하였다. 이것을 일러 승마(乘馬)의 법이라고 한다.

300) 장열(張說) : 당 현종(玄宗) 때의 명신·문장가. 연국공(燕國公)에 봉해졌다.

301) 숙위(宿衛) : 성문을 지키며 경계하는 것.

302) **宰相**張說, **乃請一切**募士宿衛, …… **號**長從宿衛. …… **明年**, **更**號**曰**彍騎, **分隷諸衛六番**, 兵農之分, **自此**始.(『磻溪隨錄, 卷二十三, 兵制攷說, 制兵』) → **自唐**張說, 請募士宿衛, **爲**長從宿衛. 號彍騎, **後**兵農之分, 始**矣**.(『松南雜識』)

303) 有田則有租.(『新唐書, 卷五十二, 食貨志, 第四十二』)

304) 有身則有庸.(『新唐書, 卷五十二, 食貨志, 第四十二』)

305) 有**家**則有調.(『新唐書, 卷五十二, 食貨志, 第四十二』) → 有**戶**則有調.(『松南雜識』)

306) 결전(結錢) : 결작전(結作錢)을 말한다. 조선조 때의 세금의 하나. 21대 영조 27년(1751)에 징병 면제의 대상(代償)으로 징수하는 양포(良布)를 반감한 데서 생긴 국고의 손실을 보충하기 위하여 전결의 부가세로 받는 돈.

307) 호포(戶布) : 조선조 때 봄·가을에서 집집에서 받는 구실.

308) 縣官**當**食租衣稅**而已**.(『前漢書, 卷二十四下, 食貨志第四下』) → 縣官食租衣稅.(『松南雜識』)

는 말이 이것이다.

당나라 때의 법에 사람의 노동력을 사용하는 것은 일 년에 스무날이고 윤달이 든 경우에는 이틀을 더하며, 부역을 하지 않는 자는 하루에 비단 세 자를 바치니 '용(庸)'이라고 한다.[309] 양염(楊炎)[310]의 양세법(兩稅法)[311]이 나오자 조(租)·용(庸)·조(調)는 폐지되었다.

우리나라는 군정(軍政)이 가장 공평하지 않은데다가 우리나라의 풍속이 구차하고 나태하여 아침에 벌어 저녁에 먹기에, 생활에는 하루의 저축도 없고 마음에는 일 년의 계획이 없다. 그래서 군포(軍布)[312]를 내는 역(役)이 날로 계산하면 남지만 달로 계산하면 부족하거늘 하물며 해로

---

309) 用人之力, 歲二十日, 閏加二日, 不役者, 日**爲**絹三尺, **謂之**庸.(『新唐書, 卷五十一, 食貨志, 第四十一』)→用人之力, 歲二十日, 閏加一日, 不役者, 日絹三尺, **曰**庸.(『松南雜識』)

310) 양염(楊炎) : 당나라의 재상. 섬서성(陝西省) 봉상(鳳翔) 출신. 문장에 뛰어났으며, 여러 관직을 역임한 뒤 대종조(代宗朝)의 재상 원재(元載)와 가깝게 지냈다. 그 뒤 원재가 실각하자 그도 지방으로 좌천되었으나, 덕종(德宗)이 즉위한 뒤 다시 재상으로 발탁되어 재정개혁을 추진하였다. 즉, 일시적으로 환관에게 관리하도록 한 조세수입을 국고로 회수하게 하여 재무를 정상화하였으며, 이어 양세법(兩稅法)을 제안해 실행에 옮겼다. 이러한 중앙 재정의 재건책은 번진(藩鎭) 세력의 반발을 불러일으켰고, 그가 원재 사건의 보복으로 유안(劉晏)을 죽이자 여러 번(藩)으로부터 원성이 높아져, 덕종은 노기(盧杞)를 재상으로 등용하여 사태를 진압시켰다. 그는 노기에 의해 애주(崖州 : 海南島)로 좌천되었다가 곧 살해되었다.

311) 양세법(兩稅法) : 중국의 조세제도(租稅制度). 수·당 시대에 완성된 조용조법(租庸調法)은 균전제(均田制)에 의해서 보증된 자급자족적인 소농경제(小農經濟)에 대응한 것이었다. 그러나 당나라 중기에 이르러 상품경제와 대토지 소유자가 발전하여, 농민층은 유산자(有産者)와 무산자로 분해되는 등 사회는 급격히 변화하였다. 따라서 이런 사회구조의 변화에 적용될 수 없게 된 조용조법을 폐지해서 신설한 것이 양세법이다. 이미 조용조법 시대에 양세법의 선구(先驅)라 할 지세(地稅)·호세(戶稅) 등의 자산세(資産稅)가 시행되어 점차 그중요도가 가중되었다. 안사의 난 이후 국가의 재정회복을 꾀하던 덕종(德宗)은 780년 양염(楊炎)의 건의에 따라 세제(稅制)의 전면적 개혁을 단행하였다. 그 요점은 ① 토착(土着)·신전입(新轉入)의 구별 및 연령을 구별하지 않고 현거주지(現居住地)의 자산에 따라서 징수함, ② 요역을 폐지하고 전납(錢納)을 원칙으로 함, ③ 국가의 지출총액에서 과세액을 산출함, ④ 여름·가을 2기로 나누어 징수(이것이 양세법 명칭의 유래)함 등인데, 토지 사유의 자유를 국가가 승인한 것을 뜻한다. 이후 명나라가 일조편법(一條鞭法)을 실시할 때까지 역대 세법의 원칙이 되었다.

312) 군포(軍布) : 조선 시대의 군정(軍丁)에게 역(役)을 면제해주는 대가로 받던 베.

계산함에 있어서랴? 의당 한(漢)나라 주발(周勃)의 자제들이 돈을 내어 천경(踐更)[313]한 예에 의거하여 벼슬아치와 과거 합격자는 제외하고 예순 살은 늙었기에 물러가게 하고 열여섯 살은 장정에 충원한다. 매달 각각 군포(軍布)를 돈 이십 일 문(文)으로 내게 하되 일 문(文)은 경비로 삼으면 백성들은 역(役)을 피하는 폐단이 없고 관(官)은 요역(徭役)을 가볍게 해주는 은혜가 있을 것이다. 이것을 '군적세(軍糴稅)'라고 하니, 삼대정(三大政)[314] 중에서 가장 중요하다. 그러나 성왕(聖王)이 출현하면 전정(田政)은 한나라의 한전제(限田制)를 취하고 군정(軍政)은 당나라의 부위제(府衛制)[315]를 쓰고 환정(還政)은 한나라의 상평창(常平倉)과 조적법(糶糴法)을 사용하고 선비들은 향공법(鄕貢法)[316]을 쓴 뒤에라야 이상적인 정치가 될 것이다.

수실법
手實法

『신당서(新唐書)』[317]에서 "모든 마을에는 수실법(手實法)이 있으니 연말에 백성의 나이와 전지의 넓이를 모두 기록하여 향장(鄕帳)을 만든다"[318]라고 하였으니 지금의 '가좌성책(家座成冊)'[319]이다.

---

313) 천경(踐更) : 한대의 제도. 병졸로서 징발된 자가 금전으로 사람을 사서 대신 보내는 제도.

314) 삼대정(三大政) : 조선 후기 국가재정의 근간을 이루었던 전정(田政)·군정(軍政)·환정(還政)을 일컫는 말.

315) 부위제(府衛制) : 당나라에서 실시하였던 부병제(府兵制). 부병(府兵)들이 경사(京師)에 와서 숙위(宿衛)하므로 부위제라고도 한다. 당나라 때의 부병은 종신토록 복역하고, 정벌하는 일이 있을 때에는 각자 별기(別騎)와 군량을 마련해서 출정하며, 정기적으로 경사에 숙위하거나 변경에 수자리를 섰다.

316) 향공법(鄕貢法) : 당(唐)나라 때부터 시작된 인재 선발 제도로, 학교에서 뽑힌 사람을 생도(生徒)라 하고, 지방 주현(州縣)의 장관이 선발하여 서울로 보내어 시험을 치르게 한 사람을 향공이라 하였다.

317) 『松南雜識』에는 『당육전(唐六典)』으로 되어 있다.

팔도원장
八道元帳

『자치통감강목(自治通鑑綱目)』의 "계장(計帳)"의 주석에 "해마다 그 수를 계산해서 치부책을 만들어 삼사(三司)[320]에 보고하는 것"[321]이라고 하였다.

반계(磻溪) 유형원(柳馨遠)이 말하였다.

지금 전결(田結)은 병술년 조에 경기도는 밭이 일만 일천 육백 구십 사 결에 세(稅)가 삼천 일백 십 팔 섬이고, 논은 일만 일백 사십 오 결에 세(稅)가 이천 구백 칠십 이 섬이다. 충청도는 밭이 육만 일천 삼백 사십 사 결에 세(稅)가 일만 육천 삼백 오십 팔 섬이고, 논이 육만 삼천 이백 팔십 일 결에 세(稅)가 일만 팔천 삼백 십 삼 섬이다. 전라도는 밭이 육만 구천 육백 칠십 이 결에 세(稅)가 이만 일천 사백 오 섬이고, 논이 십삼만 칠백 육십 오 결에 세(稅)가 삼만 팔천 이백 팔십 일 섬이다. 경상도는 밭이 구만 오천 사십 팔 결에 세(稅)가 일만 팔천 오백 구십 이 섬이고, 논이 구만 사천 오백 이십 육 결에 세(稅)가 삼만 칠백 오십 일 섬이다. 강원도는 밭이 오천 사백 육 결에 세(稅)가 일천 사백 사십 이 섬이고, 논이 이천 팔백 오십 결에 세(稅)가 칠백 오십 구 섬이다. 황해도는 밭이 삼만 오천 오십 칠 결에 세(稅)가 구천 삼백 사십 팔 섬이고, 논이 구천 일백 팔십 일 결에 세(稅)가 이천 사백 사십 팔 섬이다. 평안도는 밭이 사만 이천 팔백 사십 사 결에 세(稅)가 육천 오백 이십 사 섬이고, 논이 사천 칠백 십 칠 결에 세(稅)가 일천 삼백 오십 팔 섬이다. 함경

---

318) 凡里有手實, 歲終, 具民之年與地闊**陿**, 爲鄕帳.(『新唐書, 卷五十一, 食貨志第四十一』) → 凡里有手實**法**, 歲終, 具民之年與地闊**狹**, 爲鄕帳.(『松南雜識』)

319) 가좌성책(家座成冊) : 가좌책(家座冊). 가호(家戶)의 내력과 재산 등을 등록한 장부.

320) 삼사(三司) : 중국 송나라 때에, 이재(理財)를 맡아보던 세 관아. 염철(鹽鐵), 호부(戶部), 탁지(度支)를 이른다.

321) 計帳謂歲計其數, 造帳以申三司者.(『資治通鑑, 卷二百八十二, 後晉紀三』의 주석)

도는 밭이 사만 사천 칠백 칠십 이 결에 세(稅)가 일만 일천 구백 삼십 구 섬이고, 논이 이천 삼십 사 결에 세(稅)가 오백 사십 섬이다. 팔도의 밭은 모두 삼십육만 오천 팔백 이십 일 결이고, 논은 삼십만 팔천 사백 칠십 이 결에 총 세액은 십구만 오천 이백여 섬이다.

임진왜란 이전에는 전국의 전결(田結)이 일백 오십 일만 오천 오백여 결이고, 하삼도(下三道)[322]는 총합이 일백만 구천 칠백여 결이고, 오도(五道)의 총합은 오십만 오천 팔백여 결이다. 지금 개간한 밭이 육십팔만여 결로 대략 이와 같은데 서리배들이 훔치고 포탈한 것이 오도(五道)의 경우 평상시에도 장부에 기재되어 있지 않았던데다가 병자호란 전후에 또 전지를 계산하지 않고 문란하게 포탈하는 짓이 더욱 심하였다.[323]

---

322) 하삼도(下三道) : 충청도 · 경상도 · 전라도.

323) **卽**今時**起**田結**數**. 丙戌年條, 京畿, 田一萬一千六百九十四結, 稅三千一百十八石, 畓一萬一百四十五結, 稅二千九百七十二石. 忠淸道, 田六萬一千三百四十四結, 稅一萬六千三百五十八石, 畓六萬三千二百八十一結, 稅一萬八千三百十三石. 全羅道, 田六萬九千六百七十一結, 稅二萬一千四百五石, 畓十三萬七百六十五結, 稅三萬八千二百八十一石. 慶尙道, 田九萬五千四十八結, 稅一萬八千五百九十二石, 畓九萬四千五百二十六結, 稅三萬七百五十一石. 江原道, 田五千四百六結, 稅一千四百四十二石, 畓二千八百五十結, 稅七百五十九石. 黃海道, 田三萬五千五十七結, 稅九千三百四十八石, 畓九千一百八十一結, 稅二千四百四十八石. 平安道, 田四萬二千八百四十四結, 稅六千五百四二十四石, 畓四千七百十七結, 稅一千三百五十八石. 咸鏡道, 田四萬四千七百七十二結, 稅一萬一千九百三十九石, 畓二千三十四結, 稅五百四十石. 八道通共田三十六萬五千八百二十**七**結, 畓三十萬八千四百七十二結, 通稅十九萬五千二百餘石. **卽二十九萬三千五百餘斛**, **逐年結負 或有增減**, **而**大約如此. **然**皆**是**書員輩**任意**偸**脫**者, 五道則**乙亥亦不量田**. 丙**子**亂後, **文書又皆闕失**, 紊**亂**尤甚.(『磻溪隨錄, 卷六, 田制攷說下, 國朝田制附』) → 今時田結. 丙戌年條, 京畿, 田一萬一千六百九十四結, 稅三千一百十八石, 畓一萬一百四十五結, 稅二千九百七十二石. 忠淸道, 田六萬一千三百四十四結, 稅一萬六千三百五十八石, 畓六萬三千二百八十一結, 稅一萬八千三百十三石. 全羅道, 田六萬九千六百七十二結, 稅二萬一千四百五石, 畓十三萬七百六十五結, 稅三萬八千二百八十一石. 慶尙道, 田九萬五千四十八結, 稅一萬八千五百九十二石, 畓九萬四千五百二十六結, 稅三萬七百五十一石. 江原道, 田五千四百六結, 稅一千四百四十二石, 畓二千八百五十結, 稅七百五十九石. 黃海道, 田三萬五千五十七結, 稅九千三百四十八石, 畓九千一百八十一結, 稅二千四百四十八石. 平安道, 田四萬二千八百四十四結, 稅六千五百四二十四石, 畓四千七百十七結, 稅一千三百五十八石. 咸鏡道, 田四萬四千七百七十二結, 稅一萬一千九百三十九石, 畓二千三十四結, 稅五百四十石. 八道通共田三十六萬五千八

총괄하여 논하면 중국은 땅이 크고 넓기 때문에 의식(衣食)의 자원이 분산되어 있지만 우리나라는 땅이 작고 좁기 때문에 의식의 생산이 모여 있기에, 사람으로서 오장(五臟)을 갖추고 있고 물건으로서 전체를 구현한 셈이라고 말할 만하다. 또 삼남(三南)[324]은 재물의 창고이고 양서(兩西)[325]는 무기고이다. 그러기에 낭비를 없애고 나태함을 쓸어버리고 사치를 금지하고 검소하게 하며 수입을 헤아려 지출을 해야 한다. 우리 성왕의 정치를 존중하고 우리 땅에서 생산되는 물건을 사용하며 우리의 호걸을 거두어들이고 우리의 산천(山川)을 지켜야 한다. 그러면 광대한 외국이라도 우리나라를 어떻게 할 수 없을 것이며 협소한 우리나라도 외국에 대해서 어떻게 할 수 없을 것이다. 만년이라고 해서 오래되었다고 말할 수 없으며 백세(百世)라고 해서 장구하다고 말할 수 없다. 하늘이 혹시 중국의 밖, 대양(大洋)의 동쪽에 태평스러운 우리나라의 기틀을 따로 구획한 것인가?

살펴보건대 현재의 결(結)은 경기도가 삼만 삼천 이십 일 결(結)이고, 충청도가 십일만 이천 구백 칠십 이 결(結)이다. 전라도가 이십이만 일천 육백 십육 결(結)이고, 경상도가 십구만 일천 팔백 팔십 구 결이고 황해도가 칠만 육천 오백 삼십 결(結)이고, 강원도가 일만 일천 칠백 구십 육 결(結)이다. 함경도는 경신년의 총액과 같고 평안도는 임술년의 총액과 같다.

百二十一結, 畓三十萬八千四百七十二結, 通稅十九萬五千二百餘石. 壬倭前, 通國田結, 一百五十一萬五千五百餘結, 下三道, 合一百萬九千七百餘結, 五道合五十萬五千八百餘結. 今墾田六十八萬餘結, 大約如此. 皆書員輩偸漏者, 五道則平時帳籍無存, 而丙胡亂前後, 亦不量田, 紊脫尤甚.(『松南雜識』)

324) 삼남(三南) : 충청도 · 경상도 · 전라도

325) 양서(兩西) : 황해도 · 평안도.

15. 어렵류(漁獵類)

북도는 사냥, 남도는 고기잡이
北獵南漁

『아희원람(兒戲原覽)』에서 “사냥은 삼대(三代)에서부터 이미 행해졌다. 봄 사냥은 ‘수(蒐)’, 여름 사냥은 ‘묘(苗)’, 가을 사냥은 ‘선(獮)’, 겨울 사냥은 ‘수(狩)’이다”라고 하였다.

『시자(尸子)』[1]에서 “수인씨(燧人氏) 시대에는 천하에 물이 많아서 사람들에게 고기잡이를 가르쳤다”[2]라고 하였다.

우리나라의 함경도 육진(六鎭)[3]에서는 사냥을 업(業)으로 삼고 남해의

---

1) 시자(尸子) : 노(魯)나라 사람. 상앙의 문객(門客)이었으나, 잡가(雜家)에 속한다. 상앙의 변법은 모두 시자의 연구와 토론을 거쳐서 이루어졌다고 하며, 그가 죽은 후 사천(四川)으로 도망가서 저술에 힘썼다. 저서로 『시자(尸子)』가 있다.

2) 尸子曰, 燧人之世, 天下多水, 教人以漁.(『淵鑑類函, 卷三百五十八, 產業部四, 漁釣一』)

3) 육진(六鎭) : 조선 시대에, 지금의 함경북도 북변(北邊)을 개척하여 설치한 여섯 진

여러 포구에서는 고기잡이를 생업으로 삼는다.

세상에서 하는 말에, "냇물 고기는 강물 고기만 못하고 강물 고기는 바다 고기만 못하다"라고 하였다.

썰매
雪馬

성호(星湖) 이익(李瀷)이 "육진(六鎭)에서는 어린아이들이 말을 타고 달리고 부녀자들은 강한 활을 당긴다. 겨울에는 썰매[雪馬]를 타고서 손으로는 곰과 호랑이를 찌른다"[4]라고 하였으니 대개 썰매는 사냥수레[軨]로, 그것의 전신(前身)은 엽거(獵車)이다. 긴 창을 들고 짐승을 쫓는데, 눈 위를 빨리 내달리면 나는 새도 미칠 수 없으며, 짐승을 찌르고 나서야 멈춰 선다.

해동청
海東青

불경(佛經)에 "새매가 신라를 지나갔다"[5]라고 하였다.

지봉(芝峯) 이수광(李睟光)이 말하였다.

해동청(海東青)은 송골매[鶻] 종류이지 매[鷹]의 종류는 아니다. 등주(登州)[6] 해안에 송골매가 있으니 고려에서 날아서 건너갔기 때문에

(鎭). 세종 때 둔 것으로, 경원 · 경흥 · 부령 · 온성 · 종성 · 회령의 진을 이른다. ≒ 동북 육진.

4) 六鎭**距京師二千餘里**, 童丱躍馬, 婦女挽强, 冬乘雪馬, 手刺熊虎.(『星湖僿說, 卷八, 人事門, 生財』) → 六鎭, 童丱躍馬, 婦女挽强, 冬乘雪馬, 手刺熊虎.(『松南雜識』)

5) 鷂子過新羅.(『湛然居士集, 卷一, 和耶律繼先韻三首, 其三』)

그런 이름이 붙었다. 우리나라에서는 송골매를 해동청(海東靑)이라고 부른다.[7]

살펴보건대 『요사(遼史)』에서 "황제께서 금(金)에 해동청(海東靑)을 공물로 요구하였다"[8]라고 한 기록이 이것이다.

홍각범(洪覺範[9])의 시에,

아름다운 시구는 천하의 이백보다 묘하고	麗句妙於天下白
높은 재주는 해동청처럼 준걸스럽다	高才俊似海東靑[10]

라고 하였다.

우리나라의 노래에 "산지니[山陳鷹],[11] 수지니[水陳鷹],[12] 해동청, 보라매[甫羅鷹[13]]"라고 하였는데 보라(甫羅)는 바로 추황(秋黃)이다.

---

6) 등주(登州) : 중국의 부(府) 이름. 한(漢)나라 때의 동래군(東萊郡) 지역에 당나라 때 등주(登州)를 설치하였다.

7) **按小說曰**, 登州海岸, 有鶻, 自高麗飛渡, **號海東靑**. **然則**海東靑乃鶻類, 非鷹族也. **又按元史**, **文宗時**, **賜太平王燕帖木兒海東白鶻靑鶻各一云**, **今**俗以松鶻爲海東靑, **蓋是**.(『芝峯類說, 卷二十, 禽蟲部, 鳥』) → 海東靑乃鶻類, 非鷹族也. 登州海岸, 有鶻, 自高麗飛渡, **故得名**. 俗以松鶻爲海東靑.(『松南雜識』)

8) **準布**貢海東靑**鶻三十連**.(『遼史, 卷三, 本紀第三, 太宗上』) → **天祚責**貢海東靑**於金**.(『松南雜識』)

9) 홍각범(洪覺範) : 송나라의 승려.

*『松南雜識』에는 '洪覺性'으로 오기되어 있다.

10)『詩話總龜後集, 卷四十四, 釋氏門』.

11) 산지니[山陳鷹] : 산 속에서 자라 오랜 해를 묵은 매나 새매. 산진(山陳). 산진매.

12) 수지니[水陳鷹] : 사람의 손으로 길들인 매나 새매. 수진(手陳).

13) 보라매[甫羅鷹] : 그해에 난 새끼를 길들여서 사냥에 쓰는 매.

응주
鷹紂

『옥편(玉篇)』에서 “응주(鷹紂)는 ‘과(裹)’이다”라고 하였으니, 이른바 “모용수(慕容垂)[14]는 마치 매가 끈[絛]과 조롱[籠]을 삼가는 것과 같다”[15]라는 것이다.

‘박랍(撲拉)’은 매가 시렁 위에 서는 것을 말한다.

‘요풍(撩風)’은 매의 왼쪽 날개이다.

‘와령(窩翎)’은 세 번째 날개이다.

‘과주(抓柱)’는 움켜쥐는 것을 말한다.

‘두모(抖毛)’는 깃을 떨치는 것을 말한다.

농탈
籠脫

『광아(廣雅)』에서 “요(鷂 : 새매)이니 바로 신풍(晨風)이다”라고 하였다. 이는 또 ‘송아(鵒兒)’이니 『운회(韻會)』에는 “대견(鴘鵑)이다”라고 하였다.

우리나라에서는 ‘조롱탈(鳥籠脫)’이라고 하는데, 사냥꾼이 그것을 길들여 메추라기를 잡는다.

연암(燕巖) 박지원(朴趾源)은 “나리달번두(喇里達蕃頭) 사람이 진상한 채요(彩鷂)는 호랑이를 잡을 수 있다고 한다”[16]라고 하였다.

---

14) 모용수(慕容垂) : 오호 십육국 시대 후연(後燕)의 제1대 왕으로 재위 기간은 326~396년. 자는 도명(道明), 시호는 무성황제(武成皇帝). 전연(前燕) 모용황의 다섯째 아들로, 동진(東晉)의 침입을 격퇴하는 공을 세웠으나 숙부의 시기를 받아 전진(前秦)으로 망명하였다. 386년에 전진으로부터 독립하여 후연을 세웠다.

15) 慕容垂**曰**, …… **譬如養鷹飢**, **則附人**, **每聞風飆之起**, **常有陵霄之志**, **正宜**謹其絛籠.(『資治通鑑, 卷一百五, 晉紀二十七, 烈宗孝武皇帝上之下』) → 慕容垂, **猶鷹**謹其絛籠**也**.(『松南雜識』)
* ‘絛’가 ‘응주(鷹紂)’와 같다는 의미.

치예
雉翳

이하(李賀)[17] 시의 주석에 "제나라 사람은 그물로 꿩을 잡을 때 쑥잎을 덮어 숨기니 '애여장(艾如張)'이라 한다"[18]라고 하였다.

운서(韻書)의 '푸지개[翿][19]'의 주석에서 "꿩 잡는 가리개[射雉翳]이다"라고 하니 지금 산골짜기의 '차예(遮翳)'가 이것이다.

각응
角鷹

『본초강목(本草綱目)』에서 말하였다.

> 각응(角鷹)은 매[鷹]의 별명이니, 이시진(李時珍)[20]은 "정수리 위에 털뿔이 있기에 그렇게 이름한다"라고 하였다.[21]

당시(唐詩)에 "각응(角鷹)이 처음 내려오니 가을 풀이 성글다[角鷹初下秋草稀]"[22]라고 하였다.

---

16) 喇里達番頭人, 進彩鷂**一架**, **青翅蝴蝶一雙**. **鷂**能擒虎.(『燕巖集, 卷十四, 別集, 熱河日記, 口外異聞, 彩鷂蝴蝶』) → 喇里達番頭人, **所**進彩鷂, 能擒虎**云**.(『松南雜識』)

17) 이하(李賀) : 당나라 때의 시인(790~816). 자는 장길(長吉). 시작(詩作)에 몰두하여 15세 때에 그 이름이 알려졌으며, 몽환적인 인상과 기이한 분위기의 시로 귀재(鬼才)라는 평을 받았다. 작품에 시집 『이하가시편(李賀歌詩篇)』·『창곡집(昌谷集)』 등이 있다.

18) 齊人網雉, 用艾葉遮藏, 曰艾如張, 李賀**有艾如張**詩.(『韻府羣玉, 艾如張』) → 李賀詩**註**, 齊人網雉, 用艾葉遮藏, 曰艾如張.(『松南雜識』)

19) 푸지개 : 병장기를 은폐하기 위한 덮개.

20) 이시진(李時珍) : 명나라의 약학자. 자는 동벽(東壁). 저서로는 『본초강목(本草綱目)』·『기경팔맥고(奇經八脈考)』·『빈호맥학(瀕湖脈學)』이 있음.

21) 鷹, **釋名角鷹鵴鳩**. 時珍曰, **鷹以膺擊**, **故謂之鷹**, **其**頂有毛角, 故**曰角鷹**.(『本草綱目, 卷四十九, 禽之三』) → 鷹**一名也**. **李**時珍曰, 頂**上**有毛角, 故**名之**.(『松南雜識』)

22) 왕창령(王昌齡)의 「관렵(觀獵)」.

경견
扃絹

『주례(周禮), 추관(秋官)』의 주석에서 "호장(弧張)은 동부(罿罦)[23]의 등속이니 짐승을 잡아 가두는 것[扃絹]이다"[24]라고 하였다. '시씨(翨氏)'[25]의 주석에 "비단 속에 먹을 것을 넣어 두고 새가 내려오면 그 발을 잡아당긴다"[26]라고 하였다.

함정
陷穽

『중용(中庸)』에서 "함정(陷阱) 속에 몰아 넣는다"[27]라고 하였다.
『후한서(後漢書)』에서 말하였다.

송균(宋均)[28]이 구강(九江)의 태수가 되었을 때의 일이다. 예부터 이 지방은 호랑이로 인한 피해가 많았기에 항상 사람을 모아 함정(檻穽)을 만들었다. 송균이 "강수(江水)·회수(淮水) 지역에 맹수가 많은 것은 강북(江北)에 닭과 돼지가 많은 것과 같다"라고 하였다.[29]

---

23) 동부(罿罦) : 수레 위에 쳐서 새를 잡는 그물.
24) 弧張罿罦之屬, 所以扃絹禽獸.(『周禮, 卷三十六, 秋官司寇下』)
25) 『松南雜識』에는 '翼氏'로 오기되어 있다.
26) **翨**氏**掌攻猛鳥**, **各以其物**, **爲媒而掎之**. **注**, **猛鳥鷹隼之屬**. 置其所食之物**於**絹中, 鳥來下則掎其**脚**.(『周禮, 卷三十六, 秋官司寇下』) → **翼**氏, **註**, 置其所食之物**于**絹中, 鳥來下則掎其**足**.(『松南雜識』)
27) **驅而**納諸**罟擭**陷阱之中.(『中庸, 第七章』) → 納諸陷阱之中.(『松南雜識』)
28) 송균(宋均) : 후한 때의 관료. 안중(安衆) 출신. 자는 숙상(叔庠). 하내태수(河內太守)를 지내면서 치적이 있었다.
29) **遷**九江**太守**, **郡**多虎暴, **數爲民患**, 常募設檻穽, **而猶多傷害**. 均**到下記屬縣**曰, **夫虎豹在山**, **黿鼉在水**, **各有所托**. **且**江淮之有猛獸, 猶北土之有雞豚也.(『後漢書, 卷七十一, 第五鍾離宋寒烈傳, 第三十一, 宋均傳』) → **宋均爲**九江, **舊**多虎暴, 常募設檻穽. 均曰, 江淮之有猛獸, 猶北土之有鷄豚也.(『松南雜識』)

사냥개
獵狗

『설문해자(說文解字)』에서 "새가 달아날 때 냄새를 맡고서 그 자취를 아는 것이 개다. 그러므로 '臭(취)'자는 '犬(견)'자를 따른다"라고 하였다. 혹자는 "코로 냄새를 감지하기 때문에 '自(자)'자를 따른다"라고 하였다. 또 "모든 냄새의 총칭이다"라고 하였다.[30)]

『서경잡기(西京雜記)』에서 "뛰어난 개로는 청조(靑曹)・백망(白望) 등이 있다"[31)]라고 하였다.

지금 사냥꾼들이 고기에 주리게 하여 그 놈들을 길들이면, 혹은 동굴로 들어가 짐승을 잡으며 물로 들어가 수달을 물어 오기도 하니 우리나라에서는 '사냥개[山靈介]'라고 한다.

도주공[32)]의 물고기 기르는 법
陶朱養魚

『종어경(種魚經)』에서 말하였다.

육묘(六畝)의 전지로 못을 만들고 못에는 아홉 개의 주(洲)를 만들고 주(洲)에는 아홉 개의 섬을 만든다. 그리고 알을 품은 잉어로 길이 세 자 되는 놈 스무 마리와 숫 잉어 네 마리를 이월 상순(上旬)에 못에 넣고

---

30) 說文, 禽走, 臭而知其迹者, 犬也, 故從犬. **徐鍇曰**, **以**鼻知臭, 故從自. **廣韻**, 凡氣之總名.(『康熙字典, 臭』) → 說文**曰**, 禽走, 臭而知其迹者, 犬也, 故**臭**從犬. **一云**, 鼻知臭, 故從自. **又**凡氣之總名**也**.(『松南雜識』)

31) 茂陵少年李亨好馳, 駿狗逐狡獸, 或以鷹鷂逐雉兎, 皆爲之佳名. 狗則有脩毫釐睫, 白望靑曹之名.(『西京雜記, 卷四』) → 俊狗有靑曹白望之屬.(『松南雜識』)

32) 도주공(陶朱公) : 춘추 시대 월(越)나라의 모사(謀士) 범려(范蠡)의 별칭. 자는 소백(少伯). 구천(句踐)을 도와 오(吳)를 멸망시켰다. 후에는 대부호의 대칭으로 사용됨.

물소리가 나지 않게 한다. 물고기를 멀리 다니게 하면 살이 찌니 날마다 돌로 만든 아홉 개의 섬을 돌게 하면 하루에 천리를 갈 수 있다.[33]

산곡(山谷) 황정견(黃庭堅)의 시에 "물고기가 천리길 가듯 스승을 따라 도를 배운다[從師學道魚千里]"[34]라고 한 말이 이것이다.

또 2월 경자일(庚子日)에 물고기를 던져 넣어 물고기가 삼백 육십 마리가 되면 교룡(蛟龍)이 그 놈들의 우두머리 노릇을 하다가 비바람이 불면 날아간다. 4월·6월에 각각 거북이 한 마리를 던져 넣으면 그것을 지킬 수 있으니 거북은 신수(神守)이기 때문이다.[35]

혹자는 "연을 심으면 물고기가 번성하지 못하는 이유는 연 줄기에 부딪쳐 눈을 다치기 때문이다"라고 말을 하니, 소식(蘇軾)의 시에 "자줏빛 마름이 아가미를 뚫으니 처참하다"[36]라고 한 말이 이것이다.

---

33) **以**六畝地爲池, 池**中**有九洲, **多蓄藻荇水草**, **壘折爲之**, 求懷子鯉**魚**, 長三尺者二十頭, 牡鯉**魚長三尺者**四頭, **以**二月上**庚**日, 納池**水**, 令**水**無聲, **魚必生**.(『說郛, 卷一百七, 養魚經』) → **以**六畝地爲池, 池有九洲, 求懷子鯉**魚**長三尺者二十頭, 牡鯉四頭, 二月上旬日, 納之池, 令無聲, 凡**魚**遠行則肥, **池聚石作**九島, **魚**繞**之**, **日**行千里.(『韻府羣玉, 陶朱養魚』) → 種魚經曰, 六畝地爲池, 池有九洲. **洲有九島**. 求懷子鯉, 長三尺者二十頭, 牡鯉四頭, 二月上**旬**日, 納**之**池, 令無聲. 凡遠行則肥, 日繞九島, 行可千里.(『松南雜識』)

34) 『山谷集, 卷五, 古詩七十首, 王稚川旣待官都下有所盼未歸予戲作林夫人款乃歌二章與之竹枝歌本出三巴其流在湖湘耳欸乃乃湖南歌也』.

35) 以二月上庚日, 納池水, 令水無聲, 魚必生, 至四月納一神守, 六月納二神守, 八月納三神守, 神守者, 鱉也, 所以納鱉者, 魚二萬三百六十, 則蛟龍爲之長, 而魚將飛去, 納鱉則魚不復去, 在池中周繞九洲無窮, 自謂江湖也.(『說郛, 卷一百七, 養魚經』) → 陶朱公養魚經曰, 凡種魚, 池中作數洲, 令魚循環無窮, 如在江海. 每二月上庚日, 取鯉魚有子者, 投池中. 至四月六月八月, 各投一神守, 神守者鱉也. 魚至三百六十頭, 則有蛟龍長之, 因風雨則飛去. 惟鱉守之, 則不能去.(『類說, 卷十三, 樹萱錄, 魚有三百六十頭則有蛟龍長之』) → 又云二月庚子, 投池中, 魚至三百六十頭, 卽有蛟龍長之, 風雨則飛去, 四月六月八月, 各投一龜則能守之.(『韻府羣玉, 陶朱養魚』) → 又二月庚子, 投魚, 魚至三百六十頭, 卽有蛟龍長之, 風雨則飛去. 四月六月, 各投一龜, 則能守之, 以龜神守也.(『松南雜識』)

36) 紫荇穿顋氣慘悽.(『東坡全集, 卷二, 詩八十三首, 渼陂魚』)

고깃깃
罧

『이아(爾雅)』에서 “고깃깃[罧][37]은 바로 섶을 물 속에 쌓아서 물고기를 잡는 것이다”[38]라고 하였다. 지금은 돌을 쌓아 고깃굴을 만들고 그물을 빙 둘러서 잡기도 한다.

작살
扠

『주례(周禮)』의 “별인(鼈人)이 물고기와 자라를 작살로 잡는다”[39]의 주석에 “작살로 진흙 속을 찔러 잡는다”[40]라고 하였다.

소식(蘇軾)의 「설시(雪詩)」[41]에서 “얼음 밑의 찬 물고기를 밤에 작살질할 만하네[氷下寒魚夜可扠]”라고 하였으니, 우리나라에서는 작살(斫殺)이라고 한다.

초왕망
楚王網

옛날에 초나라 왕이 처음으로 그물을 만드니 주머니 같았다. 그것을

---

37) 고깃깃 : 섶나무를 물 속에 쌓아 고기가 모이게 하여 잡는 장치.

38) **槮謂之涔, 注, 今之作槮者, 聚**積柴**木於**水中, **魚得寒入其裏藏隱, 因以薄圍捕**取**之**.(『爾雅, 卷四, 釋宮, 第五』)→**罧卽**積柴水中, 取**魚也**.(『松南雜識』)

39) 鼈人**掌取互物, 以時簎**魚鼈**龜蜃**.(『周禮, 卷四, 天官冢宰, 第一』)→鼈人**籍**魚鼈.(『松南雜識』)

40) **簎謂**以杈刺泥中, 搏取之.(『周禮, 卷四, 天官冢宰, 第一』의 주석)→以杈刺泥中, 搏取之.(『松南雜識』)

41) 원제목은 「사인견화전편이수(謝人見和前篇二首)」. 『說郛』에서 제목을 ‘雪詩’라고 하였음.

물에 던져 배에 타고 끌고 가는데 지금은 와전되어 '조왕망(曹王網)'이라 한다. 대부도(大阜島)[42]에서는 오로지 이 그물로만 숭어[秀魚]를 잡는다.

지주조
踟蛛釣

어부가 사발 만하게 강 얼음을 뚫고 던져 넣어 물고기를 잡는 것이 마치 거미가 나비를 잡는 모양 같기 때문에 그런 이름이 붙었다. 또 물고기는 불을 보면 모여들기 때문에 밤에 잡는 경우가 많다. 또 게도 그와 같다. 갯가 사람들은 장막을 만들고 밤을 새운다.

산곡(山谷) 황정견(黃庭堅)의 시에서 "여울을 비추며 게를 잡는다[照灘擒郭索]"[43]라고 한 말이 이것이다.

물고기 잡는 도구
捕魚之具

『회남자(淮南子)』에서 "조(罩)[44]로 고기를 잡을 때는 누르고 증(罾)[45]으로 고기를 잡을 때는 들어 올리니, 그 방법은 달라도 물고기를 잡는 것은 매한가지이다"[46]라고 하였다.

또 "토끼를 잡으면 덫을 잊고 물고기를 잡으면 통발을 잊는다"[47]라고

---

42) 대부도(大阜島) : 경기도 안산시 대부동에 속하는 섬.

43) 『山谷集, 卷十一, 律詩八十一首, 德孺五丈和之字詩韻難而愈工輒復和成可發一笑』.

44) 조(罩) : 가리. 닭의 어리나 통발 모양으로, 가는 대 쪽으로 엮어 앞면에 구멍을 내고 속에 먹이를 넣어서 물에 엎어 놓아 고기가 들어간 후에 들어 내는 도구.

45) 증(罾) : 네 귀퉁이를 대 같은 것으로 매고 물 속에 가라 앉혔다가 급히 들어 올려 물고기를 잡는 도구.

46) 罩者抑之, **罜**者擧之, 爲之**異**, 得魚一也.(『淮南子, 卷十七, 說林訓』) → 罩者抑之, **罾**者擧之, 爲之**難易**, 得魚一也.(『松南雜識』)

하였는데, 통발[筌]은 거룻배 같으니 바로 '호(扈)'[48]이며 또 '록(簏)'[49]이다.

『시경(詩經)』의 "통발에 물고기가 잡히니[魚麗于罶]"[50]의 주석에 "과부가 물고기를 잡는 도구이다"[51]라고 하였다.

'촉고(數罟 : 촘촘한 그물)'는 바로 『맹자(孟子)』의 "촘촘한 그물을 웅덩이에서 사용하지 않는다"[52]에서 말한 것이다.

'난패(攔牌)'는 어기(魚磯)[53]이고 '작망(綽網)'은 반두(攀斗)[54]이다. 또 '기(鐖 : 낚시미늘)'는 '역망(逆鋩)'이니, 『회남자(淮南子)』[55]에서 "장인이 만든 연기(連鐖)[56]이다"[57]라고 하였다. 『집운(集韻)』에서 "미늘이 없는 낚시 바늘로는 고기를 잡을 수 없다"[58]라고 한 말이 이것이다.

'부저(浮苴)'[59]는 낚시의 부표(浮標)이다.

낚시하는 곳은 '조대(釣臺)'라고 한다. 범중엄(范仲淹)[60]의 시에서 "운

---

47) **筌者所以在魚**, 得魚**而**忘筌, **蹄者所以在兎**, 得兎**而**忘蹄.(『莊子, 卷九, 外物, 第二十六』) → 得兎忘蹄, 得魚忘筌.(『松南雜識』)

48) 호(扈) : 물고기를 잡는 도구.

49) 록(簏) : 대나무를 엮어 만든 도구.

50) 『詩經, 小雅, 魚麗』.

51) **罶**, **曲梁也**, 寡婦之**笱**也.(『詩經, 小雅, 魚麗』의 주석) → 寡婦**取魚**之**具**也.(『松南雜識』)

52) 數罟不入污池.(『孟子, 梁惠王上』)

53) 어기(魚磯) : 낚시줄을 드리울 수 있는 물가의 바위.

54) 반두(攀斗) : 양쪽 끝에 가늘고 긴 막대로 손잡이를 만든 그물. 주로 얕은 개울에서 물고기를 몰아 잡는다.

55) 『淮南子, 齊俗』.

56) 연기(連鐖) : 기발(鐖發). 기계를 작동하게 하는 기관(機關).

57) 工匠之爲連鐖.(『淮南子, 卷十一, 齊俗訓』)

58) 無**餌**之**釣**, 不可以得魚.(『淮南子, 卷十七, 說林訓』) → **鐖**, **淮南子**, 無**鐖**之**鉤**, 不可以得魚.(『集韻, 卷一』) → 集韻, 無鐖之鉤, 不可以得魚.(『康熙字典, 鐖』) → 集韻, 無鐖之鉤, 不可以得魚.(『松南雜識』)

59) 부저(浮苴) : 낚시찌. 낚싯줄에 매어 물 위에 뜨게 만든 가벼운 물건. 부표(浮標).

60) 범중엄(范仲淹) : 북송(北宋) 때의 정치가・학자. 강소성(江蘇省) 소주(蘇州) 출신. 자는 희문(希文), 시호는 문정(文正). 인종(仁宗)의 친정(親政)이 시작되자 부름을 받아 중앙에서 간관(諫官)이 되었다. 그러나 그 무렵 곽황후(郭皇后)의 폐립문제를 놓고 찬성파인 재상 여이간(呂夷簡)과 대립했기 때문에 다시 지방으로 쫓겨났다. 그 뒤로 구

대가 조대인양 높다"[61]라고 한 말이 이것이다.

세간에서는 "우리나라는 십 분의 오가 물이고 십 분의 사는 산이고 십 분의 일이 들이니, 강과 바다, 내와 못, 산과 숲, 골짜기와 들의 이로움을 겸하여 독차지하였다고 할 만하다"라고 말한다. 만약 어부가 봄에 물고기 잡고 여름에는 농사를 지으며, 사냥꾼이 가을에 추수하고 겨울에는 사냥을 한다면 벼와 기장, 물고기와 짐승을 이루다 먹을 수 없을 것이다. 이것을 생각하지 못하고 오로지 소・돼지・닭・개만을 먹으며 어부는 농사짓지 않고 사냥꾼은 수확하지 않으며 술을 마시고 투전(鬪牋)을 일삼으니 모두 무한량(武閑良)[62]・발피(撥皮)[63]이다.

게다가 고기 잡는 기구로 강도를 사로잡고 짐승을 포획하는 도구로 억센 적을 사로잡을 수 있으니 외적을 방비하는 재료가 아닌 것이 없다. 오로지 그것을 가르치는 기술이 어떠하며 그것을 사용하는 방법이 어떠한지에 달려 있을 따름이다.

양수(歐陽修)・한기(韓琦) 등과 함께 여이간 일파를 비난하였으며, 자기들 스스로 군자의 붕당(朋黨)이라고 자칭하여 경력당의(慶曆黨議)를 불러일으켰다.

61) 雲臺爭似釣臺高.(『范文正別集, 卷一, 古詩, 釣臺詩』)

62) 무한량(武閑良): 건달. 본래는 조선 후기, 무과의 급제자로서 전직이 없던 사람. 일정하게 하는 일 없이 먹고 놀던 양반의 말단 계층.

63) 발피(撥皮): 국어사전에는 '발피(潑皮)'로 되어 있다. 일정한 직업이 없이 쓸데없는 소리나 하고 못된 짓만 일삼으며 돌아다니는 부랑배 같은 무리를 말한다.

16. 실옥류(室屋類)

백성의 거처를 정함
奠民居

『동사(東史)』에서 "단군(檀君)이 팽오(彭吳)에게 명하여 국내의 산천을 다스려 백성의 거처를 정하였다"[1]라고 하였으니, 지금 '전가기(奠家基)'[2]의 시초이다.

산을 의지하고 풀로 지붕을 덮음
依山茨屋

『당서(唐書), 신라전(新羅傳)』에서 "산골짜기에 의지하여 거주하는데

1) **當九年之水**, 命彭吳, **定高**山**大**川, **至于牛首**, 奠**厥**民居.(『修山集, 卷十一, 東史本紀, 檀君本紀』)→**檀君**命彭吳, **治國內**山川, **以**奠民居.(『松南雜識』)
2) 전가기(奠家基) : 집터를 정함.

풀로 집의 지붕을 덮는다"[3]라고 하니, 무궁화를 엮어 오두막을 지으며 대나무를 엮어 삽짝을 만든 것의 시초인 듯하다.

『한서(漢書)』의 주석에서 말하였다.

> 문산(汶山)[4]의 저족(氐族)과 강족(羌族)[5]과 염족(冉族)과 방족(駹族)[6]은 산을 의지하여 거주하는데 돌을 쌓아서 집을 만드니 부도(浮圖)[7]와 비슷하다. 사다리를 사용하여 오르내리는데 위에는 재화를 간수하고 가운데에는 사람이 거처하고 아래에는 뒷간으로 가축을 키운다.

초옥
草屋

『당서(唐書)』에 "고구려는 오직 왕만이 집에 기와를 이고 나머지는 모두 풀을 인다"라고 하였다. 지금 개성의 부잣집이 초가(草家)인 것은 본래 여기에서 유래한다. 또 "신라 사람들은 궁실(宮室)을 지을 때 산 느릅나무를 사용하지 않는다"라고 하였다.

용구
龍具

『한서(漢書)』에서 "왕장(王章)의 우의(牛衣)"[8]라고 하였는데, 그 주석에

---

3) 依山谷, 以草茨屋.(『唐書, 卷二百二十, 列傳, 第一百四十五, 東夷』) → 依**居**山谷, 以草茨屋.(『松南雜識』)
4) 문산(汶山) : 산 이름. 즉 민산(岷山)을 말한다.
5) 저(氐)・강(羌) : 중국의 서북쪽에 거주하던 고대 종족.
6) 염(冉)・방(駹) : 중국의 서남쪽에 거주하던 고대 종족.
7) 부도(浮圖) : 승려의 사리나 유골을 봉안한 묘탑.

서 "속칭 '용구(龍具)'이니 삼을 엮어서 만든다"[9]라고 하였다.

지금 대개 지붕 위의 용구새(龍具薹)[10]가 그것이다.

무덤 같은 흙집
土室如冢

『한서(漢書)』에서 "마한(馬韓) 사람들은 흙집을 만드는데 모양은 무덤 같으며 문을 열어 위에 둔다"[11]라고 하였으니, 우리나라의 흙집은 오래된 듯하다.

『시경(詩經)』에서 "기와구들, 이중구들, 흙집에 거처한다"[12]라고 하였는데, 주석에서 "도(陶)는 요(窯)이다"[13]라고 하였으니, 지금의 숯가마와 같다. 우리나라 말로는 '땅움[地窨]'이니 진(秦)나라 사람들이 말하는 '토공(土空)'이 이것이다.

벌집
蜂窠

소식(蘇軾)의 시에 "벌집에 이 삶을 붙이려 하겠는가"[14]라고 하였는

---

8) 章**疾病無被**, **臥**牛衣**中**.(『前漢書, 卷七十六, 趙尹韓張兩王列傳, 第四十六』) → **王**章牛衣.(『松南雜識』)

9) **師古曰**, **牛衣**編**亂**麻爲之, **卽今**俗**呼爲**龍具**者**.(『前漢書, 卷七十六, 趙尹韓張兩王列傳第四十六』의 주석) → 俗**謂**龍具, 編麻爲之.(『松南雜識』)

10) 용구새(龍具薹) : 가차이다. 용마름이라고도 한다. 초가의 용마루나 토담 위에 덮는 이엉을 말한다.

11) 馬韓人, …… 作土室, 形如冢, 開戶**在**上.(『後漢書, 卷一百十五, 東夷傳, 第七十五』) → 馬韓人, 作土室, 形如冢, 開戶**向**上.(『松南雜識』)

12) 陶復陶穴.(『詩經, 大雅, 緜』)

13) 陶窯**竈**也.(『詩經, 大雅, 緜』) → 陶窯也.(『松南雜識』)

14) 肯向蜂窠寄此生.(『東坡全集, 卷十五, 贈葛葦』)

데, 그 주석에서 말하였다.

옛날에 죽음을 피하려는 자가 벌집 속에 혼을 숨기니 귀신이 찾아 낼 수가 없었다고 한다.[15]

임진왜란 때 낙천근(駱千斤)[16]이 가마솥을 머리에 쓰고 평양으로 들어왔는데, 왜놈들이 모두 인가를 헐고 굴을 파고 거처하였기에 멀리서 바라보면 마치 벌집과도 같았다. 대개 왜인들은 온돌이 없기에 우리 땅에 들어와서는 추위에 고통스러웠던 것이다.

기와집
瓦室

지봉(芝峯) 이수광(李睟光)이 말하였다.

『사기』에서 "걸(桀)이 기와집을 만들었다"[17]라고 하였다. 『박물지(博物志)』[18]에는 "하나라 걸(桀)왕 이전에는 모두 띠풀집이었는데 요

---

15) 有**學**逃**生**死**法**者, **乃詐**死, 寄**魘魄于**蜂窠中, 鬼**卒**尋**之**, **了**不**可得**.(『東坡全集, 卷十五, 贈葛葦』의 주석) → **古**有逃死者, 寄**魂於**蜂窠中, 鬼尋不**見云**.(『松南雜識』)

16) 낙천근(駱千斤) : 임진왜란 때 좌참장(左參將)의 직위로 조선에 원병 나온 명장(名將) 낙상지(駱尚志)의 근력이 다른 사람 보다 뛰어나 천근이나 되는 물건을 들어 올렸으므로 붙은 별명임.

17) 桀爲瓦室.(『史記, 卷一百二十八, 龜策列傳』)

18) 박물지(博物志) : 서진(西晉)의 학자 장화(張華)가 저술한 책. 신선(神仙)과 이상한 인간, 동식물에 관한 기록을 주로 하고 거기에 민간전설 등이 곁들여 있다. 당초에는 400권으로 만들어졌으나 문장이 길고 기괴한 부분이 너무 많다는 당시의 황제 의견에 따라 10권으로 줄였다고 한다. 민간전설을 기록한 부분은 많지 않지만 술에 취해서 1,000일을 계속 잤다는 이야기, 당대(唐代)의 전기(傳奇) 소설의 바탕을 이루는 원숭이와 인간의 교합(交合) 등의 이야기가 실려 있다. 이야기들이 모두 단편적이기 때문에 문학적 가치는 거의 같은 시대의 설화집인 『수신기(搜神記)』에는 미치지 못한다. 현재

(堯)는 특히 지붕의 띠를 가지런히 자르지 않았다"라고 하였다.[19]

살펴보건대, 고대에는 구멍과 들에서 거처하였는데 유소씨(有巢氏)[20]가 증(橧)[21] 엮는 법을 가르쳤고 고황씨(古皇氏)가 오두막 짓고 문(門)을 다는 법을 가르쳤고 황제(黃帝)가 궁실(宮室)을 지었다.

소식(蘇軾)의 시에서 "기와는 찬 빛을 희롱하고 원앙와(鴛鴦瓦)는 달 아래 누웠다"[22]라고 하였다.

『정자통(正字通)』에서 말하였다.

기와의 제도는 하나가 아니어서 한나라 무제(武帝)의 신옥(神屋)은 구리로 기와를 만들고 그 외면은 옻칠을 하였다. 대진국(大秦國)[23]의 궁전은 수정으로 기와를 만들었고 당나라와 괵국(虢國) 부인집의 기와는 모두 단단한 나무를 사용하였다.[24]

당시(唐詩)에 "원앙와(鴛鴦瓦) 싸늘한데 서리꽃이 묵직하다[鴛鴦瓦冷霜華重]"[25]라고 하였다. 원앙이란 쌍(雙)을 의미한다. 작은 암키와를 '동

전해지는 『박물지』는 송나라 때 발간된 것과 명나라 때 발간된 두 가지 다른 책이 있는데, 모두 한때 분실되었던 원본을 다시 엮은 것이다.

19) 史**記曰**, 桀爲瓦室, 博物志**亦**云, **桀作瓦蓋**, **卽此觀之**, 夏桀以前, **宮室**皆茅茨也. **惟**堯**以**不剪**故稱耳**.(『芝峯類說, 卷十九, 宮室部, 宮殿』) → 史**云**, 桀爲瓦室, 博物志云, 夏桀以前, 皆茅茨也. 堯**特**不剪.(『松南雜識』)

20) 유소씨(有巢氏) : 중국 고대의 전설적인 성인. 새가 보금자리를 만들고 사는 것을 보고 사람에게 집을 짓는 것을 가르쳤다 함.

21) 증(橧) : 장작이나 섶나무를 높이 쌓고 위에서 기거하는 일종의 집.

22) 瓦弄寒蟾**鴛**臥月.(『東坡全集, 卷二十九, 夜直秘閣呈王敏甫』) → 瓦弄寒蟾**鴦**臥月.(『松南雜識』)

23) 대진국(大秦國) : 로마.

24) **後世**瓦制**不古**, **其類**非一. 漢武**故事**, **起**神屋以銅爲瓦, 漆其外. **又吳國傳**, 大秦**國王**宮殿, 水精爲瓦. **又明皇雜錄**, 虢國夫**人**, **恩寵傾一時**, **奪韋嗣**, **立宅以廣其居**, **後復歸韋氏**, **因大風折屋墜堂**, **上不損**, **視之**, 瓦皆堅木**也**.(『正字通, 瓦』) → 瓦制非一. 漢武神屋, 以銅爲瓦, 漆其外. 大秦宮殿, 水精爲瓦. **唐**虢國夫瓦皆堅木.(『松南雜識』)

25) 백거이(白居易)의 「장한가(長恨歌)」.

(甋)'이라고 한다.

『집운(集韻)』에서 "'개(瓂)'는 숫키와"라고 하였다.

수리기와
鷲瓦

「서도부(西都賦)」에서 "위에는 고릉(觚棱)[26]인데 금작(金爵)[27]이 깃들었네"[28]라고 하였다.

고려 충렬왕(忠烈王)의 새 궁전의 수리기와[鷲瓦]는 아마도 금작(金雀)의 종류인 듯하다.

청기와
青瓦

『계척집(鷄跖集)』[29]에서 "유리기와[琉璃瓦]를 일명 '표와(縹瓦)'라고 한다"라고 하였고, 유도(劉陶)의 시에서 "연청색으로 기와를 만든다[縹靑以爲瓦]"라고 하였으니,[30] 지금의 '청기와[青瓦]'가 이것이다.

『당서(唐書)』에서 "남만(南蠻) 표국(驃國) 도리파왕(闍利婆王)의 거처는 금(金)으로 벽돌을 만들고 은기와로 기붕을 덮었다"[31]라고 하였다.

---

26) 고릉(觚棱) : 궁궐 지붕 위 모퉁이의 모난 기와등성마루.
27) 금작(金爵) : 구리로 주조한 봉황.
28) 上觚棱而棲金**爵**.(『文選, 卷一, 賦甲, 西都賦』) → 上觚棱而棲金**雀**.(『松南雜識』)
29) 계척집(鷄跖集) : 송나라 왕자소(王子韶)가 편찬한 책.
30) 琉璃瓦, 一名縹瓦, 劉陶詩, 縹碧以爲瓦, 雞跖**傳**.(『韻府羣玉, 縹瓦』) → 雞跖**集曰**, 琉璃瓦, 一名縹瓦, 劉陶詩, 縹碧以爲瓦.(『松南雜識』)
31) 居以金爲甓, **廚**覆銀瓦.(『唐書, 卷二百二十二下, 列傳, 第一百四十七下, 南蠻』) → **南蠻驃國闍利婆王**, 居以金爲甓, 覆**以**銀瓦.(『松南雜識』)

와구
瓦溝

『육서고(六書故)』에서 "'령(瓴)'은 암키와이니 오목한 면이 위로 향하는 것이다. 암키와[仰瓦]는 수키와[覆瓦]의 흐르는 물을 받으니 이른바 와구(瓦溝)이다"라고 하였다.[32)]

소식의 「설시(雪詩)」에서 "눈 깜짝할 사이에 와구(瓦溝)로 어지러이 흘러간다"[33)]라고 한 말이 이것이니, 지금의 기와골[瓦谷]이다.

노
獿

『한서(漢書), 양웅전(揚雄傳)』에서 "노인(獿人)이 죽으면 장석(匠石)[34)]은 도끼질을 멈추고 함부로 깍지 않는다"[35)]라고 하였는데, 그 주석에서 말하였다.

복건(服虔)은 "'노(獿)'는 고대의 솜씨 좋은 미장이이다"라고 하였고, 안사고(顔師古)는 "'기(墍)'는 진흙을 올려 바르는 것이고 '노(獿)'는 평평하게 문지르는 것이니 미장이를 '노인(獿人)'이라고 한다"라고 하였다. '獿'의 음은 '노'이다.[36)]

---

32) 六書故, 瓴牝瓦, 仰蓋者, 仰瓦受覆瓦之流, 所謂瓦溝.(『康熙字典, 瓴』) → 六書故**曰**, 瓴牝瓦, 仰蓋者, 仰瓦受覆瓦之流, 所謂瓦溝.(『松南雜識』)

33) 歷亂瓦溝**裁**一瞥.(『東坡全集, 卷十九, 詩六十四首, 聚星堂雪』) → 歷亂瓦溝**才**一瞥.(『松南雜識』)

34) 장석(匠石) : 도끼장이인 석(石).

35) 獿人亡, 則匠石輟斤, 而不敢妄斲.(『前漢書, 卷八十七下, 揚雄傳下』)

* 노인(獿人)은 넓은 옷깃과 큰 소매가 달린 옷을 입고 미장이질을 하여도 전혀 옷이 더럽혀지지 않을 정도로 미장이질에 능하였다. 그러던 어느 날 진흙이 코끝에 튀었는데 장석(匠石)에게 도끼를 휘둘려 흙을 깎아 달라고 하였으니 그가 도끼에 능함을 알았기 때문이다. 노인(獿人)이 죽자 장석이 도끼질을 멈추고 감히 함부로 깍지 않았다고 한다.

지금의 앙토장(仰土匠)[37]이다.

고무
高廡

지금 산골짜기에서 집을 지을 때 먼저 고무(高廡)를 만들고 그 위에 서까래를 얹어 호랑이의 침입과 화재를 막는다고 한다. 진작부터 겹방[複室]으로 바람과 추위를 막았으니 바로 천화판(天花板)[38]의 종류이다.

당시(唐詩)에서 "성머리의 북소리 꽃가지를 흔들고, 자리에서 주먹으로 쳐서 솔방울을 잡는다"[39]라고 하였다.

주초
柱礎

운서(韻書)에서 "기둥을 바치는 돌[楹石磉]"이라고 하였으니, 바로 상서태부(尙書太傅)가 이른바 '석승(石承)'[40]이다.

---

36) 服虔曰, **獿**古之善塗墍者也. …… 師古曰, 墍**卽今之**仰泥也, **獿**抆拭也, **故**謂塗者, 爲**獿**人. **獿**音**乃高反, 又音乃回反**.(『前漢書, 卷八十七下, 揚雄傳下』의 주석) → 服虔曰, **獿**古之善塗墍者也. 師古曰, 墍仰泥也, **獿**抆拭也, 謂塗者, 爲**獿**人. **獿**音**鐃**.(『松南雜識』)

37) 앙토장(仰土匠) : 앙토장이. 앙토란 '치받이'로 집의 천장 산자 안쪽에 바르는 흙을 말한다.

38) 천화판(天花板) : 소란반자로 반자틀에 소란을 대고 반자널을 얹은 반자.

39) 城頭椎鼓傳**花枝**, **席**上搏拳握松子.(『御定全唐詩, 卷七百九十六, 無名氏』) → 城頭椎鼓傳**火板**, **廊**上搏拳握松子.(『松南雜識』)
*『松南雜識』에는 '花枝'를 '火板'으로 오기하였다. '火板'은 아마도 '花板'을, '花板'은 '天花板'을 가리키는 듯하다. 즉 조재삼은 '天花板'을 언급하기 위해서 위의 시를 인용한 듯하다. 그러나 원시를 오기함으로써 표제어와 무관한 인용이 되고 말았다.

40) 尙書大傅, **曰大夫有石材, 庶人有**石承.(『事物紀原, 卷八, 舟車帷幄部, 四十, 礎』) → 尙書大傅**所謂**石承.(『松南雜識』)

『비아(埤雅)』에서 "장강(長江)과 소상강(瀟湘江), 이절(二浙)[41] 지역에서는 매화가 노랗게 되려고 할 때 주춧돌이 모두 땀을 흘리고 열기가 쪄 올라 비가 온다"[42]라고 하였다.

『술이기(述異記)』에서 "오왕(吳王) 사당(射堂)[43]의 주춧돌은 모두 엎드린 거북이 모양이다"[44]라고 하였는데, 지금 주춧돌의 거북이 형상은 바로 준치(蹲鴟)[45]이다.

부연
婦椽

『설문해자(說文解字)』에서 "진(秦)나라에서는 '옥연(屋椽)'이라고 하고 주(周)나라에서는 '최(榱)'라고 하고 제(齊)나라·노(魯)나라에서는 '각(桷)'이라고 한다"라고 하였다.[46]

「서도부(西都賦)」에서 "지붕을 바친 마룻대 높다랗다[荷棟桴而高驤]"라고 하였다.

다음과 같은 이야기가 전한다.

> 옛날에 어떤 목수가 관청을 짓다가 술에 취해서 서까래를 몽땅하게 자르고 말았다. 그는 벌을 받을까 겁을 냈는데 그의 아내가 말하

---

41) 이절(二浙) : 송대 행정 구획상의 절강동로(浙江東路)와 절강서로(浙江西路). 현재 절강성 전역과 강소성(江蘇省) 이남 지역.

42) **今**江湘二浙, **四五月之間**, 梅欲黃**落**, **則水潤土溽**, 礎**壁**皆汗, 蒸鬱成雨.(『埤雅, 卷十三, 釋木, 梅』) → 江湘二浙, 梅欲黃**時**, **柱**礎皆汗, 蒸鬱成雨.(『松南雜識』)

43) 사당(射堂) : 고대(古代)에 활을 쏘던 건물.

44) 吳王射堂, **堂之**柱礎, 皆如伏龜.(『述異記, 卷上』) → 吳王射堂, 柱礎皆如伏龜.(『松南雜識』)

45) 준치(蹲鴟) : 다리 기둥 아래 횡목이 모래 속으로 들어가 있는 것.

46) 說文, 秦名爲屋椽, 周謂**之**榱, 齊魯謂**之**桷.(『康熙字典, 榱』) → 說文, 秦名爲屋椽, 周謂榱, 齊魯謂桷.(『松南雜識』)

였다.

"짧은 서까래 위에 다시 긴 서까래를 얹으면 처마가 높이 들려 환할 것입니다." 그리하여 그 목수는 죄는커녕 후한 상을 받았다.

그래서 '부연(婦椽)'이라고 한다.

그렇지만 '桴'·'浮'·'婦'는 음이 모두 같으니 일 만들기 좋아하는 자의 말인 듯하다.

처마

簷牙

「아방궁부(阿房宮賦)」[47]에서 "처마가 높이서 쪼다"[48]라고 하였다.

조정

藻井

『풍속통(風俗通)』에서 "당전(堂殿) 위에 조정(藻井)[49]을 만들어 동정성(東井星)[50]을 형상하니 바닷말[藻]은 불을 진압하려는 목적이다"[51]라고 하였다. 지금 옥판(屋板)에 만드는 '井'자가 그것이다.

---

47) 아방궁부(阿房宮賦) : 두목(杜牧)이 지은 부 작품.

48) **詹**牙高啄.(『樊川集, 卷一, 阿房宮賦』) → **簷**牙高啄.(『松南雜識』)

49) 조정(藻井) : 기정(綺井)이라고도 한다. 지붕 밑이나 위층 바닥 밑을 편평하게 하여 치장한 각 방의 천장에 작은 기둥을 사방으로 교차시켜 만든 것으로 우물의 뼈대처럼 생겼다. 속칭 천화판(天花板)이라 한다. '조(藻)'는 무늬를 넣는다는 의미이다. 우리말로는 우물반자·격자천장·조정반자·화반자 등이 있다.

50) 동정성(東井星) : 이십 팔 수의 스물 둘째 별자리.

51) **又藻井**, 風俗通, 堂殿上作藻井, 以象東井, 藻以厭火.(『康熙字典, 井』) → 風俗通**曰**, 堂殿上作藻井, 以象東井, 藻以厭火.(『松南雜識』)

또 「위도부(魏都賦)」[52]에서 "비단 같은 조정(藻井)은 시원시원하게 줄지어 있는데, 꽃받침은 아래로 매달려 있다"라고 하였는데, 주석에서 "옥판(屋板)에 우물[井] 모양을 만들고 단청(丹靑)으로 수식하기를 비단[綺]처럼 한 것이다"라고 하였다.[53]

사랑

斜廊

『용비어천가(龍飛御天歌)』의 주석에서 "중문(中門)의 가로지른 행랑으로 손님을 접대하는 곳"이라고 하였으니, 우리나라말로는 '사랑(斜廊)'이라고 한다. 또 운서(韻書)에서 "익(廙)은 행옥(行屋)이다"라고 하였으니, 지금의 좌우 익랑(廙廊)[54]을 '행랑'(行廊)이라고도 한다.

당협

堂頰

소식(蘇軾)의 시에 "중화당 아래 동남쪽 곁방[中和堂上東南頰]"[55]이라고 하였는데, 그 주석에서 "궁실(宮室)의 방을 '협(頰)'이라고 하니 마치 사람의 뺨과 같다"[56]라고 하였다. 지금의 곁방[夾房]이다.

---

52) 위도부(魏都賦) : 좌사(左思)의 작품.

53) 又**綺井**, **左思**魏都賦, 綺井列疏以懸蔕. 註, 屋板爲井形, 飾以丹靑, 如綺也.(『康熙字典, 井』) → 又魏都賦, 綺井列疏以懸蔕. 註, 屋板爲井形, 飾以丹靑, 如綺也.(『松南雜識』)

54) 익랑(廙廊) : 대문에 왼쪽, 오른쪽에 잇대어 지은 행랑.

55) 『東坡詩集註, 卷十八, 予前後守倅餘杭凡五年 秋夏之間 蒸熱不可過 獨中和堂東南頰下瞰海門 洞視萬里 三伏常蕭然也 紹聖元年六月 舟行赴嶺外 熱甚 忽憶此處而作是詩』.

56) 宮室之房曰頰, 猶人**之**頤頰也.(『東坡詩集註, 卷十八, 予前後守倅餘杭凡五年 秋夏之間 蒸熱不可過 獨中和堂東南頰下瞰海門 洞視萬里 三伏常蕭然也 紹聖元年六月

『의례(儀禮)』에서 "천자를 위하여 준비하는 옥궤(玉几)[57]는 천자가 자리로 들어가기를 기다렸다가 다시 동쪽의 협실 앞에 진설한다"[58]라고 하였는데, 그 주석에서 "정침(正寢)의 동서쪽 방을 모두 '상'(箱)이라고 하니 상자(箱子) 모양과 흡사함을 의미한다"[59]라고 하였다.

벽대
壁帶

『한서(漢書)』에서 "소양궁(昭陽宮)의 문지방은 모두 구리로 덧싸고 황금으로 도금하였다"[60]라고 하였는데, 그 주석에 "체(切)는 문지방이다"[61]라고 하였다.

반고(班固)의 부(賦)에서 "금항(金釭)[62]에 구슬이 박혀 있다"[63]라고 하였는데, 그 주석에 "벽대(壁帶)"라고 하였으니 지금의 "청릉화(青菱花)로 벽을 바르고 황릉화(黃菱花)로 띠를 만든다"라는 말은 여기에서 나왔다.

舟行赴嶺外 熱甚 忽憶此處 而作是詩』의 주석) → 宮室之房曰頰, 猶人頤頰也.(『松南雜識』)

57) 옥궤(玉几): 옥으로 장식한 안석.

58) **記**, **几**俟于東箱.(『儀禮注疏, 卷十, 覲禮第十』) → 俟于東箱.(『松南雜識』)

59) **師古曰**, 正寢之東西室, 皆曰箱, 言似箱篋之形.(『康熙字典, 箱』) → **註**, 正寢之東西室, 皆曰箱, 言似箱篋之形.(『松南雜識』)

60) **居**昭陽**舍**, **其中庭彤朱**, **而殿上髤漆**, 切皆銅沓冒黃金塗.(『前漢書, 卷九十七下, 外戚列傳, 第六十七下, 孝成帝趙皇后』) → 昭陽**宮**, 切皆銅沓冒黃金塗.(『松南雜識』)

61) **師古曰**, 切門限也.(『前漢書, 卷九十七下, 外戚列傳, 第六十七下』의 주석) → **註**, 切門限也.(『松南雜識』)

62) 금항(金釭): 고대의 궁실에서 벽 사이의 가로 댄 나무 위의 장식물.

63) 金釭**銜**璧.(『文選, 卷一, 賦甲, 西都賦』) → 金釭**御**璧.(『松南雜識』)

횃대

椸枷

『예기(禮記)』에서 "남자와 여자는 횃대를 같이 사용하지 않는다"[64]라고 하였으니 지금의 옷을 거는 횃대[架]이다.

난간

闌干

운서(韻書)에서 말하였다.

난(闌)은 판간(板間)을 이르니 설령지(薛令之)[65]의 시에서 "목숙(苜蓿)[66]의 긴 난간[苜蓿長闌干]"[67]이라고 한 말이 이것이다.[68]

양격

亮隔[69]

『이소경(離騷經)』[70]에서 "망호(網戶) 주철(朱綴)"[71]이라고 하였는데, 그

---

64) 男女不同椸枷.(『禮記注疏, 卷二十八, 內則』)

65) 설령지(薛令之) : 당나라 때의 인물. 장계(長溪) 출신. 자는 진군(珍君) 또는 신룡진사(神龍進士)이다. 개원(開元) 초기에 좌보궐겸태자시독(左補闕兼太子侍讀)이 되었으나 병으로 사양하고 귀향하였다. 현종이 그가 가난하다는 것을 듣고 유사에게 명령하여 그해의 조세를 주도록 하였다. 숙종이 즉위하여 태자를 위해 불렀을 때는 설령지가 이미 죽었을 때였다. 숙종은 그의 청렴함을 가상히 여겨 그가 살던 고을에는 '염촌(廉村)'이란 이름을, 물에는 '염계(廉溪)'라는 호칭을 내려주었다.

66) 목숙(苜蓿) : 콩과의 일년초. 우마(牛馬)의 사료로 쓰임.

67) 「자도(自悼)」 원시에서는 나물 투성이인 밥상을 비유하였다.

68) 闌板間**曰闌干, 又横斜皃. 曹植詩, 月落參横北斗闌干**, 薛令之詩, 苜蓿長闌干.(『韻府羣玉, 闌干』) → 闌板間**之謂也**, 薛令之詩, 苜蓿長闌干.(『松南雜識』)

69) 양격(亮隔) : 빛이 투과되는 바둑판 무늬의 긴 창문.

주석에서 "문에 네모 눈금을 새겨 파서 새 그물 모양을 만든 것"이라고 하였으니, 지금의 '창격(窓隔)'이 이것이다.

영창
影窓

영조 때 이은(李溵)[72]이 처음으로 만들었다고 한다. 밀랍을 창에 발라 햇볕이 비춰 들어 밝게 한 것이다.

또 불경에서 이른바 "해가 창문으로 나가는가? 창문이 해로 나가는가?"이다.

규두
圭竇

『예기(禮記)』에서 "필문(篳門)[73]과 규두(圭竇)[74]"[75]라고 하였는데 운서(韻書)에서 "규(圭)는 규(窐 : 시루구멍)이니 증공(甑孔)으로 바로 옹기바라지

---

70) 『楚辭, 招魂』.

71) 網戶**朱**綴.(『楚辭章句, 卷九, 招魂章句第九』) → 網戶**珠**綴.(『松南雜識』)
 * 망호(網戶) : 그물 형태로 꽃무늬를 조각한 창문.
 * 주철(朱綴) : 변폭(邊幅) 위의 붉은 색 장식물. 『松南雜識』에는 '珠綴'로 오기되어 있음.

72) 이은(李溵) : 조선 정조(正祖) 때의 문신(1722~1781). 자는 치호(稚浩), 호는 첨재(瞻齋), 시호는 충목(忠穆). 본관은 덕수(德水). 이주진(李周鎭)의 아들이다. 영조 35년(1759) 문과에 급제. 동왕 40년에 사직(司直)이 되고 이어 대사헌(大司憲)·이조 판서를 지냈다. 동왕 48년에 우의정에 이어 좌의정에 올라는데, 정광충(鄭光忠)의 탄핵으로 파직되었다가 다시 좌의정이 되었다. 정조 때 좌의정에 이어 우의정으로 올랐다, 정조 원년(1777)에 사은사(謝恩使)로 청(淸)나라에 가서 『고금도서집성(古今圖書集成)』 오천여 권을 구득하여 귀국하였다.

73) 필문(篳門) : 싸리문.

74) 규두(圭竇) : 담을 뚫어 홀 모양으로 만든 작은 문.

75) **篳**門圭**竇**.(『禮記注疏, 卷五十九, 儒行』) → **蓽**門圭**竇**.(『松南雜識』)

[甕牖]이다"라고 하였다.

조오돌

竈五突

『설문해자(說文解字)』에서 "'㸒'은 '黑(흑)'의 본자(本字)이니 불[炎]이 㓁로 솟아 나오는 모습을 따른다"라고 하였고, 주석에 "㓁는 囪(창)과 같으니 조돌(竈突 : 굴뚝)이다"라고 하였다.

『증운(增韻)』에서 "사물 중에 그을음만큼 검은 것이 없기에 㓁를 따른다"라고 하였다.[76]

노중련(魯仲連)이 "부뚜막에 굴뚝을 다섯 개 만들면 분산되어 나가는 연기가 많다"[77]라고 한 것이다.

구탈

甌脫[78]

『사기, 흉노열전(匈奴列傳)』에서 "동호(東胡)와 흉노 사이에 천여 리의 버려진 땅이 있는데, 각각 그 변경에 살면서 흙집을 짓고 척후(斥候)를 한다"[79]라고 하니 마치 지금의 복숙사(伏宿舍)와 같다.

---

76) 說文, 黑本字, 從炎上出㓁. **徐鉉曰**, 㓁與囪同, 竈突也. 增韻, 物之黑者, 莫如煙煤, 故從㓁.(『康熙字典, 㸒』)→說文, 㸒黑本字, 從炎上出㓁. **註**, 㓁與囪同, 竈突也. 增韻, 物之黑者, 莫如煙煤, 故從㓁.(『松南雜識』)

77) 竈五突, 分煙者**衆也**, 魯連子**云**.(『古今事文類聚續集, 卷十, 居處部, 庖竈』)→魯連子**曰**, 竈五突, 分煙者.(『松南雜識』)

78) 구탈(甌脫) : 변경에 척후의 목적으로 설치한 흙집.

79) 東胡**王愈益驕**, **西侵**. 與匈奴**閑**, **中**有棄地, **莫居**, 千餘里, 各居其邊, 爲**甌脫**.(『史記, 卷一百十, 匈奴列傳, 第五十』)→東胡與匈奴, **間**有棄地, 千餘里, 各居其邊爲**土室候望**.(『松南雜識』)

지금 방을 '구들[甌突]'이라고 하는데, 산골 사람들은 '곡홀(曲忽)'이라고 한다. 대개 '돌(突)'·'홀(忽)'은 모두 '탈(脫)'의 와음(訛音)이다.

항난상
炕煗床

운서(韻書)에서 "항(炕)은 바로 북쪽 지방의 난상(煗床)이다"[80]라고 하니 지금 중국에서 온돌을 '캉[炕]'이라고 부르는 말이 이것이다.

혹자는 "온돌(熅突)은 연기굴[煙窟]을 없게 만드는 기술이니 방의 몇 칸 구들을 태극 모양으로 빙빙 돌려 간격을 만들고 진흙과 회로 발라서 한 점의 연기도 서로 통하지 못하게 한다. 한 가운데에 큰 옹이를 묻고 물을 담아두면 보름에 한 번만 불을 때도 오히려 따뜻하다"라고 한다.

제액
題額

『삼보황도(三輔黃圖)』[81]에서 "미앙궁의 화려한 서까래 벽당"이라고 하였는데 그 주석에 "벽당(璧璫)은 선제(璇題)이니 옥으로 서까래 머리를 수식한 것이다. 일설에는 구슬로 와당을 장식한 것이다"[82]라고 하니 지금의 제액(題額)인 듯하다.

---

80) **又正字通**, 北地煗牀**曰炕**.(『康熙字典, 炕』) → **炕卽**北地 煗牀.(『松南雜識』)

81) 삼보황도(三輔黃圖) : 지리류(地理類)의 책. 총 6권, 자자를 알 수 없으나 대체로 육조 때 나온 것을 당나라 때 수정한 것으로 보인다.

82) 未央宮華榱璧璫, 璧璫卽璇題, 以玉飾椽頭也, 一曰以璧飾瓦之當, 黃圖.(『韻府羣玉, 璧璫』) → 黃圖**曰**, 未央宮華榱璧璫, **註**, 璧璫卽璇題, 以玉飾椽頭也, 一曰以璧飾瓦之當.(『松南雜識』)

풍경

風箏

『운부군옥(韻府群玉)』에서 "첨령(簷鈴), 또는 철마(鐵馬)"라고 하였으니, 지금의 '풍금(風琴)'이다. 우리나라에서는 '풍경(風磬)'이라고 한다. 지금 날개 서까래에 매달아 바람을 살피는 것이다.

부시

罘罳[83]

『박아(博雅)』에서 "부시를 병(屛)이라고 한다"[84]라고 하였다.

『한서(漢書)』에는 '곡각(曲閣)'[85]이라고 하였다.

소효(蘇鶚)는 "부(罘)는 뜨다[浮]의 의미이고 시(罳)는 실이다. 실로 짠 무늬가 가볍고 성글며 부허(浮虛)한 모양이다"[86]라고 하였다.

『자허부(子虛賦)』의 "그물을 산에 두루 쳤다[罘網彌山]"[87]에서 "새그물을 의미한다"라고 하였다.[88]

지금은 전각(殿閣)에 구리그물로 새가 서식하는 것을 막는다.

---

83) 부시(罘罳) : ① 척후와 방어의 용도로 사용하기 위하여 문 밖이나 성각(城角) 위에 설치하던 그물 모양의 구조물. ② 새를 막기 위하여 처마나 창문 위에 설치하던 그물. ③ 방 안의 병풍.

84) 廣雅, **罘罳**謂之屛.(『康熙字典, 屛』) → 廣雅謂之屛.(『松南雜識』)

85) 『前漢書, 卷四, 文帝紀, 第四』의 주석.

86) **唐**蘇鶚曰, …… 罘浮**也**, 罳絲也, **謂**織絲之文輕疎浮虛之貌.(『韻府羣玉, 罳』) → 蘇鶚曰, …… 罘浮罳絲也, 織絲之文, 輕疎浮虛之貌.(『松南雜識』)

87) 『文選, 卷七, 子虛賦』.

88) **相如**子虛賦, 罘網彌山, **此亦**謂羅鳥之網.(『韻府羣玉, 罳』) → 子虛賦, 罘網彌山, 謂羅鳥之網.(『松南雜識』)

유리행전
琉璃行殿

『위서(魏書)』에서 “태조(太祖)가 유리행전(琉璃行殿[89])을 짓고 백 명을 수용하였다”[90]라고 하였다. 또 건륭황제(乾隆皇帝)도 유리행전을 지어 열하(熱河)에 가라앉혀 놓고 피서를 하였다. 우리나라의 사신이 때마침 도착하자 천자가 초대하기에 들어가 알현하니 자리에서 잉어와 붕어가 뛰고 있었다. 우리나라의 사신이 놀라서 부채를 팽개치고 들어갔다고 한다.

『당서(唐書)』에서 말하였다.

> 불름국(拂菻國)[91]이 매우 더워서 물을 끌어다가 땅속을 흘러 집을 빙 두르게 하였다. 그것을 보는 사람은 집 위에서 샘물이 울리는 소리를 들을 수 있을 뿐이다. 사방 처마에서는 폭포인양 물방울이 날리고 물결이 쏟아져 격류가 서늘한 바람을 만든다.[92]

---

89) 행전(行殿) : 왕이 국도(國都)의 왕궁 밖에서 머물던 별궁. 행궁(行宮)이라고도 한다. 피서(避暑)·피한(避寒)·요양을 위해 짓거나 경승지(景勝地)에 짓기도 하였지만, 통치력의 효과적인 파급을 위해 지방의 요지에 지어 돌아가면서 머물기도 하였다.

90) **能鑄石爲五色琉璃, 於是採礦山中, 於京師鑄之, 旣成光澤, 乃美於西方來者, 乃詔**爲行殿, 容百**餘**人.(『魏書, 卷一百二, 列傳第九十, 西域』) → **太祖**爲**琉璃**行殿, 容百人**云**.(『松南雜識』)

91) 불름국(拂菻國) : 동로마제국과 그것에 속하는 서아시아 지중해 연안 일대에 존재하였던 국가.
*『松南雜識』에는 ‘拂麻國’으로 오기되어 있음.

92) 拂**菻**國, …… **至於**盛暑**之節**, **人厭囂熱**, **乃**引水潛流, **上**徧**於**屋**宇**, **機制巧密**, **人莫之知**. 觀者, 惟聞屋上泉鳴, **俄見**四簷飛溜懸波如瀑, 激**氣**成涼風, **其巧妙如此**.(『舊唐書, 卷一百九十八, 列傳, 第一百四十八, 西戎』) → 拂**麻**國, 盛暑引水, 潛流遍屋, 觀者, 惟聞屋上泉鳴, 四簷飛溜懸波如瀑**布**, 激成涼風.(『松南雜識』)

관풍행전
觀風行殿

『수서(隋書)』에서 "우문개(宇文愷)가 만들었다. 이합(離合)되게 만들었으니 아래에는 수레바퀴와 굴대를 설치하여 순식간에 밀어 움직이니 신공(神功)이 있는 듯하여 놀라지 않는 이가 없었다"[93]라고 하였으니, 이춘함(移春檻[94])이나 택승정(擇勝亭[95])의 종류이다.

비행전
飛行殿

왕가(王嘉)의 『습유기(拾遺記)』에서 말하였다.

> 비행전은 황제 수레[輦]의 이름이다. 한나라 성제(成帝)가 저녁에 나들이하는 것을 좋아하여 비행전(飛行殿)을 만드니 사방 한 길로 지금의 연(輦)과 같다. 우림군(羽林軍[96])의 병사를 선발하여 수레를 지고 내달리면 황제는 연 위에서는 빠른 속도를 느끼며,[97] 안에서는 우레 같은 소리를 들으니 일명 운뢰궁(雲雷宮)이다.[98]

---

93) **又**造**觀風行殿**, **上容侍衛者數百人**, 離合爲之, 下施輪軸, 推移倏忽, 有若神功, **戎狄見之**, 莫不驚駭, **帝彌悅焉**.(『隋書, 卷六十八, 列傳第三十三, 宇文愷』) → **宇文愷**造**爲**, 離合爲之, 下施輪軸, 推移倏忽, 有若神功, 莫不驚駭.(『隋書, 卷六十八, 列傳, 第三十三, 宇文愷』)

94) 이춘함(移春檻) : 움직이는 화함(花檻)으로 당나라 양국충(楊國忠)이 제작하였다.

95) 택승정(擇勝亭) : 소식이 여음(汝陰) 태수로 있을 때 장막으로 만들었다는 정자.

96) 우림군(羽林軍) : 금위군(禁衛軍).

97) 帝於輦上, **覺其行快速**, 聞其中.(『拾遺記』) → 帝於輦上, 聞其中.(『松南雜識』)

98) 漢成帝, …… 好夕出遊, 造飛行殿, 方一丈, 如今之輦. 選**期門**羽林**之**士, 負**之**以趨, 帝於輦上, **覺其行快疾**, **耳中**若**聞**風雷**之**聲, **言其行疾也**, 名曰雲雷宮.(『拾遺記, 卷六』) → **輦名**, 漢成帝好夕出遊, 造飛行殿, 方一丈, 如今之輦. 選羽林士, 負以趨, 帝於輦上, **聞其中**若風雷聲, 名曰雲雷宮.(『松南雜識』)

청사
廳事[99]

『거가필용(居家必用)』에서 말하였다.

『예기(禮記)』에서 "성인은 남쪽을 향하여 천하의 일을 듣는다"[100] 라고 하였다. 한(漢)나라·진(晉)나라 이래로 '聽事(청사)'라고 쓰다가 육조(六朝) 때 처음으로 '广'을 덧붙였다.[101]

『송사(宋史)』에서 말하였다.

이항(李沆)이 집에 청사(廳事)를 짓고 "태축(太祝)[102]이 예를 받는다" 라고 하였다.[103]

왕우칭(王禹偁)의 시에 "잔디 푸르른 청사에 예부터 귀뚜라미 울었네 [綠莎廳事舊鳴蛬]"[104]라고 하였다.

작청
作廳

당나라 법제에 여러 군이 장수와 벼슬아치를 호궤(犒饋)하는 것을 '순

---

99) 청사(廳事) : 사무를 처리하는 관공서의 건물.

100) 聖人南面而聽天下.(『禮記注疏, 卷三十四, 大傳』)

101) **廳**. 禮**記曰**, 聖人南面而聽天下, 漢晉以來, 作聽事, 六朝始加**亠**.(『居家必用, 府號』) →禮**云**, 聖人南面而聽天下, 漢晉以來, 作聽事, 六朝始加**广**.(『松南雜識』)

102) 태축(太祝) : 관명(官名), 독축관(讀祝官).

103) **沆笑曰**, **居**第**當傳子孫**, **此爲宰相**廳事**誠隘**, **爲**太祝奉禮.(『宋史, 卷二百八十二, 列傳, 第四十一, 李沆』) →**李文靖治**第廳事**曰**, 太祝奉禮.(『松南雜識』)

104) 「송시간의임하중부(送柴諫議任河中府)」.

설(旬設)'이라고 한다. 그래서 청사(廳事)를 설청(設廳)이라고 한다. 지금 각 읍(邑)의 '작청(作廳)'은 '설청(設廳)'의 와자(訛字)인 듯하다.

흙계단
土階

『금관지(金官志)』105)에서 "수로왕이 갓 즉위하여 임시 궁궐을 지었을 때 흙계단이 세 자였다"라고 하였다.

『삼국사기(三國史記)』의 주석에서 "궁실의 제도가 비록 진골(眞骨)의 집이라고 하더라도 계단을 세 층으로 만들지 못하였다"라고 하였다. 살펴보건대 요(堯) 임금의 계단이 세 층이었는데 한나라는 아홉 층 계단 위에 섬돌이 있었다.

울타리
藩籬

『시경(詩經)』에서 "울타리이며, 담이며"106)라고 하였다.

「가의전(賈誼傳)」에서 "장성을 쌓아 변경을 지킨다[築長城而守藩籬]"107) 라고 하였는데, 『사기색은(史記索隱)』에 "강남(江南)에서는 갈대 울타리를 '파리(笆籬)'라고 한다"라고 하였다.

『광운(廣韻)』에서는 "파(笆)는 가시가 있는 대 울타리이다"라고 하였다.108)

---

105) 금관지(金官志) : 금관(金官)의 군지(郡誌). 금관은 경상남도 김해군(金海郡)의 신라 시대 이름.

106) **价人**維藩, **大師**維垣.(『詩經, 大雅, 板』) → 維藩, 維垣.(『松南雜識』)

107) **藩也**, **漢書作籬**, 賈誼傳, 築長城而守藩籬.(『韻府羣玉, 籬』) → 賈誼傳, 築長城而守藩籬.(『松南雜識』)
 *『한서, 가의전』이 아니라 『前漢書, 卷三十一, 陳勝項籍列傳』에 나오는 내용이다.

낙성연
落成宴

『춘추좌전(春秋左傳)』에서 “초자(楚子)가 장화대(章華臺)를 만들고 제후와 낙성연(落成宴) 열기를 원하였다”[109]라고 한 기록이 이것이다. 그 주석에서 “락(落)은 시작이다”라고 하였다.

『회남자(淮南子)』에서 “큰 집이 완성되면 제비와 참새가 서로 축하한다”[110]라고 하였으니, 지금 집이 완성된 것을 축하하는 일을 ‘낙성연(落成宴)’이라고 한다.

고동을 보고 문을 만듦
見蠡設門

『이아익(爾雅翼)』에서 “공수반(公輸般)이 고동이 머리를 내미는 것을 보고 발로 건드리자 고동이 움츠러들어 그 문을 닫아버리니 끝내 열 수 없었다. 그래서 그것을 본떠서 문(門)을 만들었다”[111]라고 하니 바로 『단연록(丹鉛錄)』에 말한 “초도(椒圖)[112]는 소라와 비슷한데 닫기를 좋아하는 성질이 있기에 문고리에 설치한다”[113]라는 것이 이것이다.

---

108) 廣韻, 有刺竹籬也, **史記**索隱, **今**江南謂葦籬曰笆籬.(『康熙字典, 笆』) → 索隱, 江南謂葦籬曰笆籬. 廣韻, **笆**有刺竹籬也.(『松南雜識』)

109) 楚子成章華之臺, **願**與諸侯落之.(『春秋左傳, 卷四十四, 昭公七年』) → 楚子成章華之臺, 與諸侯落之.(『松南雜識』)

110) 大厦成而燕雀相賀.(『淮南子, 卷十七, 說林訓』)

111) **或曰**, 公輸般見蠡出頭, **潛**以足畫之, 蠡引閉其戶, 終不可開, 因**傚**之, 設**于**門戶, **欲使閉藏, 當如此, 固密也. 今門戶猶以蠃爲鋪首, 古之遺制**.(『爾雅翼, 卷三十一, 釋魚, 蠃』) → 公輸般見蠡出頭, 以足畫之, 蠡引閉其戶, 終不可開, 因**效**之, 設**爲**門戶.(『松南雜識』)

112) 초도(椒圖) : 용의 아홉 마리 새끼 중 아홉 번째.

113) **龍生九子, 不成龍, 各有所好**. …… **九曰**椒圖, **形**似螺蚌, 性好閉, **故**立**於**門鋪.(『升菴集, 卷八十一, 龍生九子』) → 椒圖似螺蚌, 性好閉, 立門鋪.(『松南雜識』)

문비의 야차
門扉夜叉

당시(唐詩)에서,

아홉 겹 하늘의 문 높고 높은데	天門九重高崔嵬
창공에서 황금무더기를 깎아 낸다	淸空鑿出黃金堆
야차(夜叉)가 문을 지켜 낮에도 열지 않고	夜叉[114]守門晝不啓
한 밤에 초제(醮祭)를 지내야 한 밤에 연다	夜半醮祭夜半開[115]

라고 하였다. 지금 그림으로 그리는 귀신인 야차(夜叉)는 바로 울지경덕(蔚遲敬德)[116]과 단지충(段志冲)[117]이다. 어떤 이는 "도도(桃都)의 울루(鬱壘)[118]와 신도(神荼)"라고 한다.

오두벌열
烏頭閥閱

『정자통(正字通)』에서 "정월 초하루에 벼슬아치는 그 문에 오두벌열

114) 야차(夜叉) : 불교에서, 얼굴 모습이나 몸의 생김새가 괴상하고 사나운 귀신을 이르는 말. 신통력을 가졌으며 사람을 괴롭힌다고 함.

115) 노동(盧仝)의 「억금아산침산인 이수(憶金鵞山沈山人 二首)」.

116) 울지경덕(蔚遲敬德) : 당나라의 명장. 태종(太宗)이 잠저(潛邸)에 있을 때부터 수행하며, 두건덕(竇建德) · 왕세충(王世充) · 유흑달(劉黑闥) 등을 정벌하였다. 부하를 지극히 사랑하였으나 자부심이 너무 강해 재상, 대신들을 깔보며 모욕을 가하다가 태종의 준열한 꾸지람을 들은 뒤 기질을 고쳤다고 한다.
*『松南雜識』에는 '尉遲敬德'으로 오기되어 있음.

117) 단지충(段志冲) : 당나라 태종 때의 인물.

118) 울루(鬱壘) : 중국의 전설에 나오는 문신(門神). 백귀(百鬼)를 지배한다는 형제 귀신 가운데 하나로, 동해의 도삭산(度朔山)에 있는 복숭아나무 밑에 있다고 하며 그 상을 문에 붙여 액막이로 삼기도 한다.

(烏頭閥閱)을 만든다"라고 하였고, 『책부원구(冊府元龜)』[119]에서 "벌(閥)과 열(閱)[120]은 두 기둥간의 거리가 한 길이고 끝에는 와통(瓦筒)[121]을 설치하니 오두(烏頭)라고 한다"라고 하였다.[122]

지금의 오두작설(烏頭綽楔)[123]이 이것이다.

옥수는 멀리 보기를 좋아한다
屋獸好望

『단연록(丹鉛錄)』에서 "치문(鴟吻)[124]은 성질이 멀리 바라보기를 좋아한다"[125]라고 하였다. 『송사(宋史)』의 "천서(天書)가 치미(鴟尾)로 내려왔다"라고 한 말이 이것이니, 지금의 옥수(屋獸)이다.

---

119) 책부원구(冊府元龜) : 북송(北宋)의 왕흠약(王欽若) · 양억(楊億) 등이 진종(眞宗)의 명을 받들어 1005년에 편집에 착수, 1013년에 완성한 책. 1,000권. 고대로부터 오대(五代)까지의 역대 정치에 관한 사적을 당시 현존하던 각종 서적에서 광범위하게 채집, 제왕부(帝王部)에서 외신부(外臣部)에 이르기까지 31개 부문으로 분류 열기(列記)하였다. 이와 같은 형식을 유서(類書)라고 하는데, 『문원영화(文苑英華)』 · 『태평어람(太平御覽)』 등과 더불어 북송조에 편찬된 대표적인 유서이다. 특히 당(唐) · 오대(五代)에 관한 부분은 사료적 가치가 매우 크다.

120) 벌(閥)은 벼슬아치 집 대문의 왼쪽 기둥을 이르고, 열(閱)은 벼슬아치 집 대문의 오른쪽 기둥을 말한다.

121) 와통(瓦筒) : 반원통형(半圓筒形)의 기와.

122) 元朝**品制**, 有爵者, 其門爲烏頭閥閱. 冊府元龜, **言**閥閱二柱相去一丈, **柱**端置瓦筒, 號爲烏頭.(『正字通, 閥』) → 元朝, 有爵者, 其門爲烏頭閥閱. 冊府元龜, 閥閱二柱相去一丈, 端置瓦筒, 號爲烏頭.(『松南雜識』)

123) 오두작설(烏頭綽楔) : 문 양쪽에 세워서 효행과 선행을 표시하는 나무.
*『松南雜識』에는 '烏頭雀楔'로 오기되어 있음.

124) 치문(鴟吻) : 용의 아홉 마리 새끼 중 하나.

125) **二曰螭**吻, **形似獸性**, 好望, **今屋上獸頭**, **是也**.(『升菴集, 卷八十一, 龍生九子』) → **鴟**吻, **性**好望.(『松南雜識』)

홍마목
紅馬木

「마원열전(馬援列傳)」[126]에서 "무제(武帝) 때에 말 감정을 보는 사람 동문경(東門京)이 동마법(銅馬法)[127]을 만들어 헌상하자 황제가 조서를 내려 그것을 노반문(魯班門) 밖에 세우게 하였다. 그래서 노반문의 이름을 금마문(金馬門)으로 바꾸었다"[128]라고 하였다.

지금 대궐문 밖의 홍마목(紅馬木)이 이것이다.

행마는 울짱나무
行馬枑木

『통감(通鑑)』에서 "위(魏)가 양표(楊彪)에게 광록대부(光祿大夫)를 제수하여 문에 행마(行馬)를 실치하고 관리를 두게 하여 우대하게 하였다"[129]라고 하였는데, 그 주석에서 "행마(行馬)는 호목(枑木)으로 나무를 얽어 문을 차단하는 것이니 바로 관청문의 차목(叉木)이다"라고 하였다. 또 지금 관문(官門)을 반드시 붉은 색으로 바르는 것은 바로 구석(九錫)[130]의 붉은 문[朱戶]이기 때문이다. 그래서 정승은 황각주문(黃閣朱門)에 거처한다.

---

126) 『松南雜識』에는 '公孫弘傳'으로 오기되어 있음.

127) 동마법(銅馬法) : 말의 골상법(骨相法)에 근거하여 동으로 만든 말 모형.

128) **孝**武**皇**帝時, **善**相馬者東門京, **鑄**作銅馬法**獻之**, **有詔**立**馬**於魯班門外, **則**更名**魯班門曰**金馬門.(『後漢書, 卷五十四, 馬援列傳』) → 武帝時, 相馬者東門京, 作銅馬法, 立於魯班門外, 更名金馬門.(『松南雜識』)

129) 拜光祿大夫, **秩中二千石**, **朝見位次三公**, **又**令門施行馬, 置吏**卒**以優崇之.(『資治通鑑, 卷六十九, 魏紀一, 世祖文皇帝上』) → **魏**拜**楊彪**光祿大夫, 令門施行馬, 置吏以優崇之.(『松南雜識』)

130) 구석(九錫) : 고대에 천자가 제후나 대신(大臣)에게 하사하던 아홉 가지 기물, 거마(車馬) · 의복(衣服) · 악칙(樂則) · 주호(朱戶) · 납폐(納陛) · 호분(虎賁) · 궁시(宮矢) · 부월(鈇鉞) · 거창(秬鬯).

문을 닫을 때는 '유아'를 부른다
閉門孺兒

지봉(芝峯) 이수광(李睟光)이 말하였다.

변진(邊鎭)[131]에서 문을 닫을 때에는 반드시 '유아(孺兒)'라고 부른 다음에 자물쇠를 잠그니 유래가 오래되었다.

다음과 같은 전설이 있다.

옛날에 유아(孺兒)라는 이름의 장군이 있었다. 그가 전쟁에 나갔다가 문(門)에 채 이르지 못하고 죽었다. 그러자 사람들이 그를 애도하여 문을 닫을 때마다 그의 이름을 먼저 부르니 대개 초혼(招魂)의 의미에서 유래하였다고 한다.[132]

열쇠와 자물쇠
鍵閉

『예기(禮記)』에서 "맹동(孟冬)에는 열쇠와 자물쇠를 수리하고"[133]라고 하였는데, 그 주석에 "'건(鍵)'은 열쇠이고 '폐(閉)'는 자물쇠이다"[134]라고 하였다.

'건(鍵)'은 문짝 뒤에 두 개의 나무를 세우고 상단을 뚫어 구멍을 만든 것이고, '폐(閉)'는 관문(關文)을 잠그려고 할 때 구멍 속에 집어넣는 것이다.

---

131) 변진(邊鎭) : 변경을 지키는 군영(軍營).

132) 邊鎭閉門時, 必**連**呼孺兒然後下鑰, 古也. 世傳昔有將名孺兒者出戰, 未及門而死, 人哀之, 每當閉門, **必**呼其名, 蓋出於招魂之義云.(『芝峯類說, 卷十七, 雜事部, 故實』) →邊鎭閉門時, 必呼孺兒然後下鑰, 古也. 世傳昔有將名孺兒者出戰, 未及門而死, 人哀之, 每當閉門, **先**呼其名, 蓋出於招魂之義云.(『松南雜識』)

133) 孟冬**之月**, …… 脩鍵閉.(『禮記, 卷十七, 月令』) → 孟冬, 脩鍵閉.(『松南雜識』)

134) 鍵牡閉牝也.(『禮記, 卷十七, 月令』의 주석)

한유(韓愈)의 글에 "지도리 · 문지방 · 빗장 · 문설주[椳闑店楔]"[135]라고 하였는데, 그 주석에서 "'빗장(店)'은 '호모(戶牡)'이다"라고 하였다.

「염이가(扊扅歌)」[136]의 주석에 "문모(門牡)이니 염이(剡移)로 쓰기도 한다"라고 하였으니, 지금의 '횡장목(橫藏木)'이다.

한(漢)나라 속담에 "궁문(宮門)에는 창랑근(倉琅根)"[137]이라고 하였는데 그 주석에 "창랑근은 동환(銅鍰)이니 지금의 문고리[門環]이다"라고 하였다.

어약

魚鑰

『설문해자(說文解字)』에서 "관하모(關下牡)이다"[138]라고 하였다.

「오행지(五行志)」의 주석에 "모(牡)는 자물쇠를 여는 것이다"[139]라고 하였다.

소식(蘇軾)의 시에서 "물고기자물쇠를 채우지 않으니 밤이 길기도 하다"[140]라고 하였는데 그 주석에서 "물고기는 눈을 감지 않는 속성을 취하여 그 모양으로 자물쇠를 만든다"[141]라고 하였다.

---

135) 「진학해(進學解)」.

136) 염이가(扊扅歌) : 고대의 거문고 곡조명. 백리해(百里奚)가 초나라에서 남의 소를 키우는 일을 하고 있을 때 진(秦) 목공(穆公)이 그의 현명함을 듣고 다섯 마리의 양가죽으로 속전(贖錢)을 바치고 진(秦)의 재상으로 발탁하였다. 그의 옛 아내는 승상부에서 품팔이는 하고 있었는데 당(堂) 위에서 음악을 짓자 며느리가 거문고를 타며 노래를 불렀다고 한다.

137) **木門**倉琅根, **謂**宮門**銅鍰**.(『前漢書, 卷二十七, 中之上, 五行志, 第七, 中之上』의 주석) → **漢諺**宮門倉琅根.(『松南雜識』)

138) 關下牡也.(『說文解字, 卷十二上, 鑰』)

139) 牡是出籥者.(『前漢書, 卷二十七, 中之上, 五行志, 第七, 中之上』의 주석) →牡是出籥者.(『松南雜識』)

140) 魚鑰未收淸夜永.(『東坡詩集註, 卷十七, 與述古自有美堂乘月夜歸』) → 魚鑰未收**愁**夜永.(『松南雜識』)

141) **縝鑰必以魚者**, 取**其**不瞑**目**, **守夜之義**.(『東坡詩集註, 卷十七, 與述古自有美堂乘月夜歸』의 주석) → 取**魚**不瞑, **故管鑰象焉**.(『松南雜識』)

『황정경(黃庭經)』에서 "옥열쇠 · 금자물쇠는 언제나 완전하고 견고하다"라고 하였다.[142] 또 진황(陳晄)이 아내와 단 둘이 절에서 살다가 나라의 부름을 받자 절 방에 아내를 가두고 열쇠를 중에게 맡겼다고 하니 열쇠에 관한 말은 오래전부터 있었다.

『시경(詩經)』에 "쇠고리와 고삐[143]를 도금 하였도다[鋈以觼軜]"[144]라고 하였는데 그 주석에서 "고리에 혀가 있다"[145]라고 하였다.

『장자(莊子)』에서는 "빗장이나 자물쇠를 단단히 하고 노끈으로 잡아맨다"[146]라고 하였는데, 그 주석에서 "鐍(휼)은 상자 앞의 잠그는 곳이다"라고 하였다.

흥인지문
興仁之門

지금의 동대문(東大門)이다. 전설에 동쪽이 치우치게 허한 까닭에 '之' 한 글자를 더하고 다시 곡성(曲城)[147]을 쌓았다고 한다.

『상산야록(湘山野錄)』[148]에서 말하였다.

송나라 태조(太祖)가 조보(趙普)[149]에게 물었다.

---

142) **又鑰匙**, 黃庭經, 玉匙金鑰常完堅.(『康熙字典, 匙』) → 黃庭經**云**, 玉匙金鑰常完堅.(『松南雜識』)

143) 고삐 : 세 마리 말이 끄는 수레에서 바깥 쪽 말의 안쪽 고삐.

144) 『詩經, 秦風, 小戎』.

145) **觼**環**之**有舌**者**.(『詩經, 秦風, 小戎』의 주석) → 環有舌.(『松南雜識』)

146) **必攝**緘縢**固扃**鐍.(『莊子, 胠篋』) → **扃**鐍緘縢.(『松南雜識』)

147) 곡성(曲城) : 굽이지게 쌓은 성벽, 곱성.

148) 상산야록(湘山野錄) : 『松南雜識』 원문에는 '야(野)'자가 '잡(雜)'자로 오기되어 있는데, 이는 『운부군옥(韻府群玉)』의 기록을 따랐기 때문이다. 이 책은 송나라 때의 중 문형(文瑩)이 편찬한 것으로 북송의 여러 가지 일들을 기록하였다.

149) 조보(趙普) : 송 태조(太祖)와 태종(太宗)을 보필한 명재상.

"주작문(朱雀門)의 편액에 무엇 때문에 '之'자가 필요한가?"

조보가 대답하였다.

"어조사(語助辭)입니다."

그러자 태조가 말하였다.

"'之'·'乎'·'者'·'也'와 같은 어조사가 무슨 도움이 되겠는가?"[150)]

살펴보건대 문(門)의 편액에 '之'자를 쓴 것은 오래전부터이다.

편액이 세로로 걸린 숭례문
崇禮立揭

지금의 남대문이다. 여러 문의 편액(扁額)은 모두 가로로 걸었건만 유독 이 문만은 세워 걸었으니 "예에 선다[立於禮][151)]"라는 의미이다. 전설에 의안대군(義安大君)[152)]이 편액을 쓸 때, "나라의 정문(正門)에 편액을 쓰는 일이니 공경히 하지 않을 수 없다"라고 하여 사흘간 나물만 먹고 글씨를 썼다. 중국의 사신이 남대문의 편액을 보고는 "너희 나라에는 명필(名筆)이 없는가? 이것은 중의 글씨로구나"라고 하였다. 그렇게 말한 연유를 묻자 "고기 기운이 없다"라고 답하였다고 한다.

---

150) 太祖**皇帝將殿外城幸朱雀門**, **親自規畫**, **獨趙韓王普**, **時從幸**, **上指門額**, 問普**曰**, 何**不祇書**朱雀門須**著**之字**安用**. 普**對**曰, 語助. 太祖**大笑**曰, 之乎者也, 助得甚事.(『湘山野錄, 卷中』)→**趙大**祖問**趙**普, 朱雀門**額何**須之字, 普曰, 語助, 太祖曰, 之乎者也, 助得甚事.(『韻府羣玉, 也』)→**宋**太祖問**趙**普, 朱雀門**額何**須之字. 普曰, 語助. 太祖曰, 之乎者也, 助得甚事.(『松南雜識』)

151) 子曰, 興於詩, 立於禮, 成於樂.(『論語, 泰白』)

152) 의안대군(義安大君) : 환조대왕(桓祖大王)의 후실 김씨의 아들로 이름은 화(和).

숙정문
肅靖門[153]

세간에서 하는 말에 북청문(北淸門)에는 초루(譙樓)[154]가 없고 문(門)만 있다고 한다.

월암(月巖) 이광려(李匡呂)[155]의 시에 "흙을 얹어 문을 만들었다[戴土以爲門]"라고 하였다. 전설에 이 문이 북한산(北漢山)으로 들어가는 비밀 통로라고 한다. 그 문이 항상 닫혀 있기 때문에 '북청문 앞에 전 벌리기[北淸門開廛]'라는 말이 있으니, 팔리지 않음을 의미한다.

연조문
延詔門

모화관(慕華館)[156]의 모래마당 길 가운데 쌍주문(雙柱門)을 세웠는데 문짝은 없고 단문(端門)의 쌍성(雙星)[157]을 형상하여 황제의 조칙을 맞아

---

153) 숙정문(肅靖門) : 서울의 북대문. 북한산 동쪽 산마루턱의 성북구 성북동 계곡 끝자락에 자리잡고 있다. 조선 개국 5년만인 1396년에 완공되었으나 당시 풍수가 최양선(崔楊善)이 "동쪽, 서쪽 봉우리는 정궁인 경복궁의 양 팔과 같아 닫아 두어야 한다"라고 건의하여 축조한지 18년 만인 1413년에 폐쇄하였다.

154) 초루(譙樓) : 문루(門樓).

155) 이광려(李匡呂) : 조선 후기의 학자. 본관은 전주(全州). 자는 성재(聖載). 호는 월암(月巖)·칠탄(七灘). 학행으로 천거되어 참봉에 임명된 적이 있을 뿐 관직에 나아가지 않았다. 호조판서 경직(景稷)의 후손으로서 당색으로는 소론에 속한다. 친척인 광사(匡師) 등과 함께, 조선의 대표적인 양명학자인 정제두(鄭齊斗)의 학문을 이어받은 강화학파(江華學派)의 일원이었다. 문집으로 『이참봉집』을 남겼다.

156) 모화관(慕華館) : 태종 7년(1407) 개성의 영빈관(迎賓館)을 모방하여 서대문 밖에 건립, 모화루(慕華樓)라 하였다. 세종 11년(1429) 규모를 확장·개수하고 나중에 모화관이라 고쳤다. 연산군 8년(1502)에는 사신 영접에 여악(女樂)을 사용하였다. 사신이 올 때는 왕세자가 모화관에 나가 맞아들였으며, 돌아갈 때는 백관이 모화관 문 밖에 서 있다가 정중하게 보냈다. 청일전쟁 뒤 폐지되었으며, 건양 1년(1896) 독립협회(獨立協會)에서 영은문 자리에 독립문을 세우고 이를 독립관이라 고쳐, 독립정신을 고취하는 회관으로 사용하였다.

들인다. 속칭 '연주문(聯柱門)'이라고 하는 것을 청나라가 쳐들어온 후로 '영은문(迎恩門)'으로 개칭하니, 중국의 사신을 '천사(天使)'에서 '칙사(勅使)'로 고쳐 부르는 것과 같다.

종루
鐘樓

『여씨춘추(呂氏春秋)』에서 "명당(明堂)은 쑥을 엮어 궁의 기둥을 만들고 '호궁(蒿宮)'이라고 불렀다"[158]라고 하였다.

지봉(芝峯) 이수광(李睟光)이 "세상에 전하는 말로, 종루(鐘樓[159])는 싸리나무[杻]로 마룻대를 만들었다"[160]라고 하였으니, '뉴각(杻閣)'이라는 이름이 마땅하다.

해왕문
海王門

지금 통영원(統營院)의 문이니 대개 『관자(管子)』의 "제해왕(齊海王)[161]"의 의미에서 유래하였다.

---

157) 태미원(太微垣)과 남번(南藩) 두 별에서 동쪽을 좌집법(左執法), 서쪽을 우집법(右執法)이라고 하며 좌우집법의 사이를 단문(端門)이라고 부른다.

158) **故**明堂**茅茨**蒿柱.(『呂氏春秋, 卷二十, 恃君覽第八, 召數』) → 明堂**結**蒿**爲宮**柱**名蒿宮**.(『松南雜識』)

159) 종루(鐘樓) : 서울특별시 종로구 종로 2가에 소재. 보신각종을 걸어 놓기 위해 만든 것으로 정면 5칸, 측면 4칸이다. 조선 시대 한양에 종을 처음 건 것은 태조 7년(1398)으로, 광주(廣州)에서 주조한 종을 청운교(青雲橋) 서쪽 종루에 걸었다.

160) 世傳**平時**鐘樓**棟爲**杻木**云**.(『芝峯類說, 卷十九, 宮室部, 宮殿』) → 世傳鐘樓**以**杻木**爲棟**.(『松南雜識』)

161) 『관자(管子), 해왕(海王)』에 "海王之國, 謹正鹽筴"라는 말이 있으니 제나라가 바다의 유리한 조건을 이용하여 왕업(王業)을 이룬다는 의미이다.

좌포청아문
左捕廳衙門

바로 고려조의 순마소(巡馬所)[162]이다. 우리나라의 옛 법례(法例)에 문관(文官)의 각종 집무처의 제액(題額)에는 모두 '아(衙)' 자를 썼으니 당나라 '남아(南衙)'[163]의 의미에서 유래한 것이다.

무관(武官)은 비록 대장(大將)의 거처라도 편액에 '청(廳)' 자를 쓴다. 장붕익(張鵬翼)[164]이 그것을 분하게 생각하였는데, 좌포장(左捕將)[165]이 되자 장교와 포졸을 거느리고 '아(衙)' 자를 크게 써서 세로로 걸었다. 그래서 청(廳) 중에 아문(衙門)은 오로지 이곳뿐이다.

어별교
魚鼈橋

고구려의 역사에서 "주몽(朱蒙)이 금와(金蛙)의 아들들에게 핍박을 받자 달아나 엄표수(淹淲水)에 이르렀는데 다리가 없었다. 주몽이 '나는 천제(天帝)의 아들이며 하백(河伯)의 사위이다. 쫓는 자들이 다다르니 어찌할꼬?'라고 기도하였다. 그러자 물고기와 자라들이 다리를 만들었다"[166]라고 하였다. '원타교(黿鼉橋)'라고도 한다.

---

162) 순마소(巡馬所) : 고려 후기에 원의 간섭을 직접적으로 받게 되면서 몽고의 제도에 따라 민간의 감시 통제와 치안 유지를 위하여 설치하였다.

163) 남아(南衙) : 당의 금위군(禁衛軍)은 남아(南衙)와 북아(北衙)로 나누었음.

164) 장붕익(張鵬翼) : 본관은 인동(仁同), 자는 운거(雲擧), 시호는 무숙(武肅). 어영대장 · 포도대장 · 한성부판윤 · 훈련대장 · 형조판서를 역임하였다.

165) 좌포장(左捕將) : 좌포도대장(左捕盜大將)의 준말. 조선 시대 때 좌포도청의 으뜸 벼슬로 종2품의 무관직(武官職).

166) 朱蒙**乃與烏伊摩離陜父等三人爲友**, 行至淹水, **一名盖斯水**, **在今鴨東北**. **欲渡**無梁, **恐爲追兵所迫**, **告水**曰, 我是天帝子, 河伯外**孫**, **今日逃走**, 追者垂及, **如**何. 於是, 魚鼈**浮出**成橋, **朱蒙得渡**.(『三國史記, 卷十三, 高句麗本紀, 第一, 始祖, 東明聖王』) →朱蒙**爲金蛙諸子所忌**, 行至淹**淲**水, 無梁, **祝**曰, 我是天帝子, 河伯外**甥**, 追者垂及,

탁타교
槖駝橋

『고려사(高麗史)』에서 거란이 사신을 파견하여 낙타(槖駝) 오십 필을 보냈는데 고려의 태조가 그 무도함에 노하여 만부교(萬夫橋)[167] 아래에 묶고 굶겨 죽였다.[168] 그래서 그 다리의 이름을 탁타(槖駝)라고 하니 호주교(湖州橋)의 모양이 낙타와 유사해서 그런 이름이 붙은 것과는 다르다.

취적교
吹笛橋

유득공(柳得恭)[169]의 시에서 "취적교 가에서 푸른 빛 밟고 간다[吹笛橋邊踏青去]"[170]라고 하였는데, 그 주석에서 "개성의 서쪽에 있으니 옛날에 신선이 피리를 불던 곳이다"라고 하였다.

奈何. 於是, 魚鼈成橋.(『松南雜識』)

167) 만부교(萬夫橋) : 개성에 있는 다리 이름.

168) **壬寅二十五年冬十月**, 契丹遣使**來**, **遣**槖駝五十匹, **王以契丹嘗與渤海連和, 忽生疑貳, 背盟殄滅, 此甚**無道, **不足遠結爲隣, 遂絶交聘, 流其使三十人于海島**, 繫**槖**駝萬夫橋**下**, **皆**餓死.(『高麗史, 卷二, 世家二, 太祖二年』) → 契丹遣使, **送**槖駝五十匹, **麗祖怒其無道**, 繫**之**萬夫橋, 餓死.(『松南雜識』)

169) 유득공(柳得恭) : 조선 정조 때의 실학자(1749~?). 자는 혜풍(惠風)·혜보(惠甫), 호는 영재(泠齋)·영암(泠庵). 사가(四家)의 한 사람으로, 벼슬은 규장각 검서·풍천 부사에 이르렀다. 박지원의 문하생으로 실사구시의 한 방법으로 산업 진흥을 주장하였다. 저서에 『영재시초(泠齋詩抄)』·『발해고(渤海考)』 등이 있다.

170) 「송경잡절(松京雜絶)」.
* 『松南雜識』에는 이덕무(李德懋)의 시로 오기되어 있다.

선죽교
善竹橋

두보(杜甫) 시의 주석에서 "주(周)나라 말기에 장홍(萇弘)[171]을 촉(蜀)에서 죽이니 푸른 핏빛이 땅으로 스며들어 푸른 흙이 되었기에 청니방(靑泥坊)이라 한다"라고 하였다.[172]

개성에는 선죽교(善竹橋)가 있으니 바로 포은(圃隱) 정몽주(鄭夢周)[173]가 살해당한 곳으로 핏방울이 아직도 돌에 스며서, 새 것인 양 얼룩덜룩하다.

농암(農巖) 김창협(金昌協)의 시에,

> 지금도 장홍의 피가 남아 있는지 의심스럽고 　至今疑有萇弘血
> 영원한 슬픔은 예양이 숨었던 다리와 같다[174] 　終古悲同豫讓橋[175]

라고 하였다. 또 각(閣) 안에는 정충비(精忠碑)가 있는데 여전히 눈물 같은 물기가 흐르기에 '읍비(泣碑)'라고 한다. 전설(傳說)에 살해당할 때 피가 돌 위를 적시자 바로 대나무가 자라난 까닭에 다리의 이름을 그렇게 붙였다고 한다.

---

171) 장홍(萇弘) : 주(周)나라 경왕(敬王) 혹은 영왕(靈王) 때의 대부. 공자가 그에게 악(樂)을 물었다고 한다. 진(晉)나라 범중항씨(范中行氏)의 난리가 일어났을 때 진(晉)나라 사람들의 항의를 받고 죽임을 당하였다.

172) 杜**草堂詩**, 周末殺萇弘於蜀, 血碧色入地, 化爲碧**玉**, **數里內土皆靑色**, **故蜀有**靑泥坊.(『韻府羣玉, 靑泥坊』)→杜**註**, 周末殺萇弘於蜀, 血碧色入地, 化爲碧**土**, **謂**靑泥坊.(『松南雜識』)

173) 정몽주(鄭夢周) : 고려 말기의 충신. 유학자(1337~1392). 초명은 몽란(夢蘭)·몽룡(夢龍), 자는 달가(達可), 호는 포은(圃隱). 오부학당(五部學堂)과 향교를 세워 후진을 가르치고, 유학을 진흥하여 성리학의 기초를 닦았다. 명나라를 배척하고 원나라와 가깝게 지내자는 정책에 반대하고, 끝까지 고려를 받들었다. 문집에 『포은집(圃隱集)』이 있다.

174) 예양(豫讓)이 진(晉)나라 지백(智伯)의 원수를 갚기 위하여 다리 아래 숨어 조양자(趙襄子)를 살해하려다가 도리어 목숨을 잃은 고사를 이름.

175) 「선죽교(善竹橋)」.

만세교

萬歲橋

함흥(咸興)의 군자하(君子河) 위에 나무다리가 있으니 길이는 오 리(里)로 만세교(萬歲橋)라고 이름한다.

남석교

南石橋[176]

주변(朱弁)[177]이 "공리(功利)가 크고도 넓은 것은 대부분 중의 차지가 되었다. 대개 부처는 자비와 연민으로 만물을 이롭게 하는 것으로 마음을 삼는데 교량(橋梁)이 또 팔복전(八福田)[178] 중의 하나이다"라고 말하였다.[179]

지금 청주(淸州)의 남문(南門) 밖 돌다리도 전설에는 중이 만들었다고 한다. 그러나 비기(碑記)에는 "한(漢)나라 선제(宣帝) 오봉(五鳳) 원년(B.C. 57)에 처음 축조하였다"라고 하였으니 바로 신라가 개국한 해이다. 또 평양(平壤) 구제궁(九梯宮) 터의 청운교(靑雲橋)와 백운교(白雲橋)도 고구려 동

---

176) 남석교(南石橋) : 충청북도 청주시 상당구 석교동에 매몰되어 있는 다리. 신라 때 건조된 것으로 전해진다. 장(長)나루식으로 이어놓은 다리는 제방(堤防)을 교두(橋頭)로 하여 길이 3.2m, 너비 4.7m의 교안(橋岸)을 돌로 쌓고 개천 위에 대석(臺石)을 넣은 다음, 그 위에 1~2개의 돌기둥을 4곳에 세우고, 그 위에 가석(架石)을 놓았다. 교각(橋脚)에 4개의 장귀틀을 놓고 변탕을 하여 청판돌을 3줄로 깐 가구식 석교(架構式石橋)이다.

177) 주변(朱弁) : 송나라 무원(婺源) 출신. 자는 소장(少章), 호는 관여거사(觀如居士). 저서에 『빙유집(聘遊集)』·『서해(書解)』 등이 있다.

178) 팔복전(八福田) : ① 공경·공양하거나 자비를 베풀어 복을 심는 여덟 가지 밭. 곧, 부처·성인(聖人)·스님·화상(和尙)·아사리(阿闍梨)·아버지·어머니·병든 사람. ② 복 받을 원인이 되는 여덟 가지의 좋은 일. 곧, 길가에 우물을 파는 일, 물가에 다리를 놓는 일, 험한 길을 닦는 일, 부모에게 효도하는 일, 삼보(三寶)를 공경하는 일, 병자를 구원하는 일, 가난한 사람에게 밥을 주는 일, 누구에게나 공양하고 보시하는 큰 법회를 베푸는 일.

179) **近世以來**, **其**功利之大且廣者, 多爲浮屠氏所有, 蓋佛以慈憫利物爲心, 而橋梁又居八福田之一. **朱弁橋記**.(『古今事文類聚續集, 卷十, 居處部, 橋』) → **朱弁曰**, 功利之大且廣者·多爲浮屠氏所有, 蓋佛以慈憫利物爲心, 而橋梁又居八福田之一.(『松南雜識』)

명왕 때 축조되었다.

효불효교
孝不孝橋

신라 때 칠형제의 어머니가 서방질하는 곳이 냇물 남쪽에 있었는데 그녀는 자식들이 잠들기를 기다렸다가 그곳으로 달려갔다. 그 아들들이 서로 말하기를 "어머니가 밤에 물을 건너서 가시니 자식의 마음이 편안하랴?"라고 하고는 돌다리를 만들자 어머니가 참회하고 행실을 고쳤다. 당시 사람들은 그 다리를 '효불효교(孝不孝橋)'[180]라고 하였다.[181]

귀교
鬼橋

『동국여지승람(東國輿地勝覽)』에서 말하였다.

신라 진지왕(眞智王)[182]이 사량부(沙梁部)에 사는 도화낭(桃花娘)이

180) 어머니에게는 효성, 돌아가신 아버지에게는 불효가 된다는 내용의 전설. 경상북도 경주시 지역에 전승하는 이야기로, '효불효교(孝不孝橋) 전설', '경주칠교(慶州七橋) 전설', '칠성교(七星橋) 전설'이라고도 한다. 『동국여지승람』 권2 경주 교량조에 수록되어 있고, 『한국구비문학대계』 경주 월성편에 2편이 채록되었는데, 각 편의 내용에 약간의 차이가 있다.

181) **孝不孝橋, 在府東六里. 世傳新**羅時有七子之母, 所私在水南, 伺其子寢, 往奔之. 其子相謂曰, 母涉水夜行, 於子心安乎. 乃作石橋, 母慙而改行. 時人名其橋曰, 孝不孝.(『新增東國輿地勝覽, 卷二十一, 慶尙道, 慶州府, 橋梁』) → 羅時有七子之母, 所私在水南, 伺其子寢, 往奔之. 其子相謂曰, 母涉水夜行, 於子心安乎. 乃作石橋, 母慙而改行. 時人名其橋曰, 孝不孝.(『松南雜識』)

182) 진지왕(眞智王) : 신라 제25대 사륜왕(舍輪王)의 시호. 성은 김이며, 왕비는 기오공(起烏公)의 딸 지도부인(知刀夫人)이다. 576년에 왕위에 올랐는데 실정(失政)과 주색(酒色)에 탐닉한 까닭에 즉위 4년 만에 폐위(廢位)되었다.

아름답다는 소문을 듣고 그와 사랑하고 싶었다.

도화낭이 말하였다.

"남편이 있으니 다른 남자는 안됩니다."

왕이 말하였다.

"남편이 죽으면 되겠느냐?"

"그렇습니다."

그 뒤에 왕이 죽고 도화낭의 남편도 죽었는데 이듬해에 왕이 완연히 살아있을 때의 모습으로 와서 마침내 도화랑과 사랑을 나주고 아들을 낳으니 그가 비형(鼻荊)이다. 진평왕(眞平王)이 그를 거두어 길렀는데 비형(鼻荊)은 날마다 귀신들과 어울려 놀았다.

진평왕이 비형에게 말하였다.

"귀신의 무리 중에도 혹여 신하로 삼을 만한 자가 있느냐?"

"길건(吉建)이란 자는 일을 맡겨봄직 합니다."

길건은 과연 충직하였는데 뒤에 여우로 변하여 도망가 버렸다 왕이 비형을 시켜 찾게 하였는데 귀신 무리들이 비형이 왔다는 소식을 듣고는 모두 흩어졌다.

이 때문에 경주의 풍속에는 '비형(鼻荊)' 자를 써서 문에 붙이는 집이 많았다.

대개 신라 두두리(豆豆里)[183)]의 시초이다.[184)]

---

183) 두두리(豆豆里) : 도깨비, 귀신.

184) 第二十五舍輪王, 謚眞智大王, 姓金氏, 妃起烏公之女知刀夫人. 大建八年丙申卽位, 御國四年, 政亂荒淫, 國人廢之. 前此, 沙梁部之庶女, 姿容艶美, 時號桃花娘. 王聞而召致宮中, 欲幸之, 女曰, 女之所守, 不事二夫. 有夫而適他, 雖萬乘之威, 終不奪也. 王曰, 殺之何. 女曰, 寧斬于市, 有願靡他. 王戲曰, 無夫則可乎. 曰可. 王放而遣之. 是年, 王見廢而崩. 後三年, 其夫亦死. 浹旬忽夜中, 王如平昔, 來於女房曰, 汝昔有諾, 今無汝夫可乎. 女不輕諾, 告於父母, 父母曰, 君王之敎, 何以避之. 以其女入於房, 留御七日, 常有五色雲覆屋, 香氣滿室, 七日後忽然無蹤. 女因而有娠, 月滿將産, 天地振動, 産得一男, 名曰鼻荊. 眞平大王聞其殊異, 收養宮中. 年至十五, 授差執事, 每夜逃去遠遊, 王使勇士五十人守之, 每飛過月城, 西去荒川岸上, 率鬼衆遊. 勇士伏林中窺伺, 鬼衆聞諸寺曉鐘各散, 郎亦歸矣. 軍士以事來奏, 王召鼻荊曰, 汝領鬼遊,

지금 돌다리가 있는데 비형이 축조한 것이기에 귀교(鬼橋)라고 한다.

살펴보건대, 『제지기(齊地記)』에서 "진시황이 다리를 만들 때 바다신이 돌을 몰아왔다"라고 하였다.185)

또 소식(蘇軾)의 시 「진외정(塵外亭)」의 주석에서 말하였다.

공주(贛州)에 마조암(馬祖巖)이 있다. 마조(馬祖)가 암자(菴子)를 지을 때 산귀신이 역사(役事)를 거들자 마조가 "저 산귀신에게 간파되었다"라고 하였다.186)

信乎. 郎曰, 然. 王曰, 然則, 汝使鬼衆, 成橋於神元寺北渠. 荊奉勅, 使其徒鍊石, 成大橋於一夜, 故名鬼橋. 王又問, 鬼衆之中, 有出現人間輔朝政者乎. 曰有吉達者, 可輔國政. 王曰, 與來. 翌日荊與俱見, 賜爵執事, 果忠直無雙. 時, 角干林宗無子, 王勅爲嗣子, 林宗命吉達創樓門於興輪寺南, 每夜去宿其門上, 故名吉達門. 一日吉達變狐而遁去, 荊使鬼捉而殺之. 故其衆聞鼻荊之名, 怖畏而走. 時人, 作詞曰, 聖帝魂生子, 鼻荊郎室亭. 飛馳諸鬼衆, 此處莫留停. 鄕俗帖此詞以辟鬼.(『三國遺事, 卷一, 紀異 , 桃花女鼻荊郎』) → 三國遺事, 眞智王, 聞沙梁部桃花娘之美, 召致宮中, 欲幸之. 娘曰, 妾有夫, 雖死靡他, 王戱曰, 無夫則可乎. 曰可. 是年王薨. 後二年, 娘夫亦死. 浹旬夜, 王如平生. 到娘室曰, 女昔有諾, 今無夫, 可乎. 留御七日, 忽然不見, 娘遂有娠, 生子名曰鼻荊. 眞平王收養宮中. 年十五, 每夜飛過月城 西至荒川岸, 與鬼衆遊, 聞諸寺曉鐘而散, 王使勇士伺之, 知其然. 問荊曰, 汝領鬼遊, 信乎. 曰然. 曰然則, 汝使鬼衆, 成橋於神元寺北渠. 鼻荊使其徒鍊石, 一夜成大橋, 因名鬼橋. 王又問, 鬼中有出現人間, 輔朝政者乎. 曰有吉達者可. 翌日荊與俱見, 王賜爵執事, 果忠直無雙, 時, 角干林宗無子, 王命爲嗣, 林宗令吉達創樓門於興輪寺, 名吉達門. 一日吉達變狐而遁, 荊使鬼捉殺之. 自後其衆聞鼻荊之名, 怖畏而走. 時人作詞曰, 聖帝魂生子, 鼻荊郎室亭. 飛馳諸鬼衆, 此處莫留停. 州俗至今帖此詞于門 以辟鬼 此東京豆豆里之始.(『新增東國輿地勝覽, 卷二十一, 慶尙道, 慶州府, 古蹟』) → 羅眞智王, 聞沙梁部桃花娘之美, 欲幸之. 娘曰, 夫在靡他, 王曰, 夫死則可乎. 曰然. 其後王薨. 娘亦哭其夫. 翌年王宛如生時. 遂幸于娘, 生子曰鼻荊. 眞平王收而養之. 鼻荊日與鬼衆遊, 眞平王謂鼻荊曰, 鬼徒惑有可臣者否, 曰吉達者可任之. 果忠直, 吉達後變狐而逃, 王使鼻荊索之, 鬼徒聞鼻荊來, 皆散, 是以慶州之俗多寫鼻荊字, 貼之門上. 盖東京豆豆里之始也.(『松南雜識』)

185) 齊地記, **秦**始皇**造觀日**橋, **欲渡海**, 海神**爲之**驅石.(『佩文韻府, 韻藻登岸』) → 齊地記, 始皇**作**橋, 海神驅石.(『松南雜識』)

186) **贑**有馬祖**岩**, 祖**欲**築庵, 山鬼**爲**助役, **一夜築垣合**, 祖**云**, 被這**小**鬼看破. 坡塵外亭**注**.(『韻府羣玉, 山鬼築垣』) → 坡塵外亭, **註**, **贛**有馬祖**巖**, 祖築庵, 山鬼助役, 祖**曰**, 被這**山**鬼看破.(『松南雜識』)

예교

曳橋

『명사(明史)』에서 "유정(劉綎)[187]이 예교(曳橋)의 성채(城砦)를 탈환하였다"[188]라고 하였는데 그 주석에 "순천(順天)에 있다. 조선 사람들은 왜(倭)를 '예(曳)'라고 부르기 때문에 '예교(曳橋)'[189]라고 한다"라고 하였다.

소사교

素沙橋

『택리지(擇里志)』에서 말하였다.

임진왜란 때 명나라 장수 양호(楊鎬)[190]가 달단(韃靼)[191] 장수 해생(解生)으로 하여금 철기(鐵騎)[192] 사친 기를 거느리고 재주 부리는 원

187) 유정(劉綎) : 명나라 장수. 자는 성오(省吾). 강서성(江西省) 출신. 사천부총병(四川副總兵)이 되었으며, 임진왜란이 일어나자 이듬해 원병 5천을 이끌고 참전하였다. 정유재란 때 남원에서 패전했다는 소식이 전해지자, 배편으로 강화도를 거쳐 입국하였다. 전세를 확인한 뒤 돌아갔다가, 이듬해 제독한토관병어왜총병관(提督漢土官兵禦倭總兵官)이 되어 대군을 이끌고 와서 도와주었다. 예교(曳橋)에서 왜군에게 패전, 왜군이 철병한 뒤 귀국하였다. 광해군 11년(1619) 조선・명나라 연합군이후금(後金) 군사와 싸운 부차(富車) 전투에서 전사하였다.

188) 劉綎**攻**奪曳橋.(『明史, 卷三百二十, 列傳, 外國一, 朝鮮』) → 劉綎奪曳橋**砦**.(『松南雜識』)

189) 예교(曳橋) : 전라남도 순천(順天) 망해대(望海臺)의 옛이름. 망해대는 조선 선조 30년(1597) 왜장 소서행장(小西行長)이 머물던 곳으로, 본시 왜교(倭橋)라 불렀는데, 전음(轉音)되어 예교(曳橋)로 불리어졌다.

190) 양호(楊鎬) : 하남성(河南省) 출신. 선조 30년(1597) 정유재란 때 경략조선군무사(經略朝鮮軍務使)가 되어 총독 형개, 총병(摠兵) 마귀(麻貴), 부총병 양원(楊元) 등과 함께 참전하였다. 울산의 도산성(島山城) 전투에서 크게 패하였는데 이를 승리로 보고하였다가 들통나 파면되었다.

191) 달단(韃靼) : 타타르. 우랄산맥 서쪽, 볼가강과 그 지류인 카마강 유역에 사는 투르크어계(語系)의 종족.

192) 철기(鐵騎) : 철갑으로 무장한 기병(騎兵).

숭이 수백 마리를 데리고 소사교(素沙橋) 아래에 잠복하게 하였다. 왜군이 오는 것을 멀리서 바라보고 원숭이를 풀어놓자 원숭이가 말을 타고서 채찍을 잡고 왜군의 진영으로 돌진하였다. 왜에는 본래 원숭이가 없기에 왜군은 그것을 처음 보는 터였다. 사람같이 생겼지만 사람이 아니고 짐승같이 생겼지만 짐승도 아닌지라 어리둥절하고 있을 즈음에 철기(鐵騎)가 그들을 유린하였다.[193]

주교
舟橋

운서(韻書)에서 "배로 만든 다리를 조(艁)라고 한다"[194]라고 하였다.

『이아(爾雅)』에서 "천자는 조주(造舟)로 건넌다"라고 하였는데, 그 주석에 "배를 나란히 연결하여 만든 다리"라고 하였다.[195]

『설문해자(說文解字)』에 "'艐'의 음은 '종'이다"라고 하였는데, 주석에서 "배가 모래에 박혀 나가지 않는다는 뜻이다"[196]라고 하였다.

『단국사주기(段國沙州記)』에서 "토곡혼(吐谷渾)[197]이 황하(黃河) 위에 다리를 만들었는데 구란(句欄)[198]을 매우 야단스럽게 장식하였다"라고 하였으니 구란(句欄)[199]이라는 명칭이 여기에서 유래하였다.[200]

---

193) 『擇里志, 忠淸道』에서 생략 인용하였음.

194) 以舟爲橋曰**艁**.(『韻府羣玉, 艁』) → 以舟爲橋曰**艁**.(『松南雜識』)

195) 天子造舟, 注, 比船爲橋.(『爾雅, 卷七, 釋水, 第十二』)

196) 說文, 船著不行也.(『康熙字典, 艐』)

197) 토곡혼(吐谷渾) : 원래는 사람이름이었는데, 나중에 나라이름이 되었다. 그 선친은 본래 요동의 선비족으로 위진(魏晉) 시대에 종족들을 거느리고 강을 건너 귀화하였다. 그에게 두 아들이 있었는데, 첫째가 토곡혼이고 둘째가 약락괴이다.

198) 구란(句欄) : 다리의 난간.

199) 구란(句欄) : 송・원 시대 기악(伎樂)과 연극의 공연장, 사방에 난간을 둘렀음.

200) 段國沙州記, 吐谷渾於河上作橋, **謂之河厲**, **長一百五十步**, 勾欄甚嚴飾. 勾欄之名始**見**此.(『升菴集, 卷五十八, 勾欄』) → 段國沙州記, 吐谷渾於河上作橋, 勾欄甚嚴飾. 勾欄之名始此.(『松南雜識』)

지금 선창(船廠)에는 '艅(종)'자 깃발로 배의 수척(艘隻)을 표시한다.

반계(磻溪) 유형원(柳馨遠)이 "무릇 배를 운행할 때는 법에 따라 '종(艅)'을 만들어야 한다"[201]라고 한 말이 이것이다.

『고려사』에서 "정종(靖宗)이 임진강의 다리를 만드니 인마(人馬)가 평지를 걸어가는 것 같았다"[202]라고 하였다.

조선의 주교(舟橋)는 정종(正宗)의 화성(華城) 행차에서 유래하였으니, 노량(鷺梁)에 여러 척의 배들을 사슬처럼 묶은 뒤 판자를 깔아 치도(馳道)[203]를 만들었다.

『설문해자』에 "초나라 사람들은 다리를 '이(圯)'라고 한다"[204]라고 하였다.

배다리를 '부교(浮橋)'라고 한다.

주변(朱弁)의 기(記)에서 말하였다.

"조주(造舟)로 다리를 만들었다[造舟爲梁]"[205]는 내용이 『시경(詩經)』에 보이고 '杠(강 : 외나무다리)'·'榷(각 : 외나무다리)'·'徛(기 : 징검다리)'·'彴(작 : 돌다리)'이 제자서(諸子書)와 사서(史書)에 섞여 나온다. 다리에 이름을 붙인 것은 상(商)나라 때 시작되어 『주서(周書)』에 나타나다가 진(秦)·한(漢)에 미쳐서는 지명을 앞에 붙이거나 물 이름을 그대로 따라서 불렀다.[206]

---

201) 凡行船, 依法作艅**以行**.(『磻溪隨錄, 卷三, 田制後錄上, 漕運』) → 凡行船, 依法作艅.(『松南雜識』)

202) **先是津無船橋, 行人爭渡, 多致陷溺, 命有司**作**浮**梁, **自此**人馬如履平地.(『高麗史, 卷六, 世家六, 靖宗』) → **靖宗**作**臨津**梁, 人馬如履平地.(『松南雜識』)

203) 치도(馳道) : 빨리 달릴 수 있도록 만든 도로.

204) **東**楚謂橋爲圯.(『說文解字, 卷十三下, 土, 圯』) → 楚**人**謂橋爲圯.(『松南雜識』)

205) 造舟爲梁.(『詩傳大全, 卷十六, 大雅, 大明』)

206) 造舟爲梁, 見於詩, 而杠榷徛彴雜出於子史, 若橋之爲名, 則始於商, 而**獨**著於周書. 逮秦漢, 乃各冠以地, 或因水而稱. 朱弁**橋**記.(『古今事文類聚續集, 卷十, 居處部, 橋』) → 朱弁記**曰**, 造舟爲梁, 見於詩, 而杠榷徛彴雜出於子史, 若橋之爲名, 則始於商, 而著於周書. 逮秦漢, 乃各冠以地, 或因水而稱.(『松南雜識』)

교량의 네 기둥

橋梁四柱

『시자(尸子)』에서 "요(堯) 임금이 '비방(誹謗)의 나무'를 세웠다"라고 하였다.

위소(韋昭)는 "정치가 잘못될까 걱정하여 나무에 쓰게 하였더니 후대에는 그것을 계승하여 장식으로 만들었다"라고 하였다.

지금 궁궐의 담과 교량 머리의 '네 기둥 나무[四柱木]'가 이것이다.[207]

외나무다리

獨木橋

『한서(漢書)』에서 "술을 전매(專賣)하다"[208]라고 하였는데 그 주석에서 "나무를 걸쳐놓고 물을 건너는 것"[209]이라고 하였다.[210]

『이아(爾雅)』에는 "석강(石杠)이다"[211]라고 하니 '약작(略彴)'이다.

『맹자(孟子)』에서 말한 "도강(徒杠)"[212]이 이것이다.

손곡(蓀谷) 이달(李達)[213]이 지은 「독목교(獨木橋)」[214]라는 시가 있다.

"원수는 외나무다리에서 만난다"라는 우리나라 속담이 있다.

---

207) 尸子云, 堯立誹謗之木. 韋昭云, 慮政**有**缺失, 使書于木, 後代遂因以爲飾, 今宮牆橋梁頭四柱木, 是也.(『康熙字典, 誹』)→尸子云, 堯立誹謗之木. 韋昭云, 慮政缺失, 使書于木, 後代遂因以爲飾, 今宮牆橋梁頭四柱木, 是也.(『松南雜識』)

208) 榷酒酤.(『前漢書, 卷六, 武帝紀』)

209) **韋昭曰, 以**木渡水**曰榷**.(『前漢書, 卷六, 武帝紀』의 주석)→**横**木渡水.(『松南雜識』)

210) 외나무 다리를 통해서만 강을 건널 수 있듯이 이익을 독점함을 이른다.

211) 石杠**謂之徛**.(『爾雅注疏, 卷四, 釋宮』)→石杠.(『松南雜識』)

212) 『孟子, 離婁下』.

213) 이달(李達) : 조선 선조 때 한시의 대가. 자는 익지(益之), 호는 손곡(蓀谷). 최경창·백광훈과 함께 당시(唐詩)에 능하여 '삼당(三唐)'이라 불렸다.

214) 독목교(獨木橋) : 문집에는 없는 작품임.

철판교
鐵板橋

중국 황성(皇城)에 큰 강을 가로 지르는 다리가 있다. 무지개와 같으며 이름은 철판교(鐵板橋)라고 한다. 대개 한겨울에 얼음이 두껍게 얼자 그 위에 모래를 뿌리고 쇠를 녹여 두껍게 부었는데, 얼음이 녹자 다리가 완성되었다고 한다.

취송(翠松) 조수삼(趙秀三)[215]의 시에서,

철판교 머리에 푸른 물결 일렁이고	鐵板橋頭漾綠波
궁궐의 담엔 가는 버들 꽃 비껴있네	宮墻斜出細楊花
느른한 종이 크고 붉은 옥투구 쓰고서	大紅玉兜懶奴子
한가히 몽고왕의 흰 낙타를 씻긴다	閑洗蒙王白槖駝[216]

라고 하였다.

후관루
候館樓

『주례(周禮)』에서 "유인(遺人)[217]은 교리(郊里)의 창고를 관장하여 빈객

---

215) 조수삼(趙秀三) : 조선 후기의 학자. 본관은 한양, 자는 지원(芝園), 호는 추재(秋齋). 문장과 시에 천재적 재질이 있어 여섯 차례에 걸쳐 중국을 내왕하면서, 시명(詩名)을 날렸고 중국어에도 능했다. 83세에 사마시(司馬試)에 합격하여 세인의 격찬을 받았다. 그는 풍도(風度)·시문(詩文)·공령(功令)·의학(醫學)·혁기(奕棋)·자묵(字墨)·강기(强記)·담론(談論)·복택(福澤)·수고(壽考)의 십복(十福)을 갖춘 사람으로 불리었고, 글씨도 잘 썼다. 저서로는 『추재시초(秋齋詩抄)』·『추재기이(秋齋紀異)』 등이 있다.

216) **銕**板橋頭**暎**綠波, 宮墻斜出**瑞香**花, 大紅**氈笠蠻**奴子, 閑洗蒙王白槖駝.(『秋齋集, 卷二, 詩, 銕板橋』) → **鐵**板橋頭**漾**綠波, 宮墻斜出**細楊**花, 大紅**玉兜懶**奴子, 閑洗蒙王白槖駝.(『松南雜識』)

217) 유인(遺人) : 주(周)나라 때의 관직 명칭. 지관(地官)에 속한다. 시혜(施惠)·휼양(恤

과 여행자를 접대한다. 오십 리마다 저자를 두고 저자에는 후관(候館)을 둔다"[218]라고 하였으니, 바로 지금의 이른바 역사(驛舍)[219]의 우정(郵亭)이다.

반계(磻溪) 유형원(柳馨遠)이 "옛 역마을[站] 자리에 원(院)[220]을 두고 원전(院田)[221]을 두었다. 이른바 원(院)이라는 것은 한갓 주인이 없게 만들어서 길가에 집을 비워두기 때문에 항상 허물어진 것이 많다"[222]라고 하였다.

장승
長栍

『설문해자(說文解字)』에서 "'환(桓)'은 역참(驛站)에 세워두던 표지[亭郵表]이다"[223]라고 하였다. 혹은 화표(華表)라고 하니 바로 "요동(遼東)의 화표주(華表柱)"[224]가 이것이다.

養)·장제(賑濟)의 일을 관장한다.

218) 遺人, 掌**邦之委積**, **以待施惠**. **鄉**里之委積, **以恤民之囏阨**, **門關之委積**, **以養老孤**, **郊里之委積**, **以待賓客**, **野鄙之委積**, 以待羈旅, **縣都之委積**, **以待凶荒**. …… 五十里有市, 市有候館, 候館有積.(『周禮注疏, 卷十三, 地官司徒下』) → 遺人, 掌**郊**里之委積, 以待**賓客**羈旅, 五十里有市, 市有候館, 候館有積.(『松南雜識』)

219) 역사(驛舍) : 중앙 관청의 공문을 지방 관청에 전달하며 외국 사신의 왕래와 관리의 여행 또는 부임 때 마필(馬匹)을 공급하던 역(驛)으로 쓰는 건물을 말한다.

220) 원(院) : 고려·조선 시대에, 역(驛)과 역 사이에 두어, 공무를 보는 벼슬아치가 묵던 공공 여관. ≒ 원우(院宇).

221) 원전(院田) : 조선 시대에, 각 원(院)에 나누어 주어 그 소출로 각 원의 경비를 충당하게 하던 토지. ≒ 원위전(院位田), 원주전(院主田).

222) **或曰**, **本國自**舊站處有院, 且有院田, **而此不定院田何也**. **曰既設站店**, **則不當復有站院**. **且**所謂院者, 徒作無主, 空宇於道次, 故常多毁廢**不久**, **其意雖善**, **而本失事理之當者也**.(『磻溪隨錄, 卷一, 田制上, 分田定稅節目』) → 舊站處有院, 且有院田. 所謂院者, 徒作無主, 空宇於道次, 故常多毁廢.(『松南雜識』)

223) 亭郵表**也**.(『說文解字, 卷六上, 木, 桓』) → **桓是**亭郵表.(『松南雜識』)

224) 遼東華表柱.(『韻府羣玉, 令威鶴』)

"위(魏)나라 문제가 일 리(里)마다 다섯 자짜리 구리표지[銅表]를 세워 이(里)의 수를 기록하게 하였다"225)라고 하니, 지금 장승에 이수(里數)를 쓰는 것의 시초이다.

『춘추좌전(春秋左傳)』의 "행률(行栗)"226)도 이후(里堠)227)이다.

『백공육첩(白孔六帖)』에서 "십 리마다 장정(長亭), 오 리마다 단정(短亭)"228)이라고 하였다.

살펴보건대, 『예기(禮記)』에서는 "다섯 집이 린(隣)이고 다섯 린(隣)이 리(里)이다"229)라고 하였고, 『풍속통(風俗通)』에서는 "십 궤(軌)가 리(里)이다"230)라고 하였다. 『춘추공양전(春秋公羊傳)』의 주석에서는 "여섯 자가 보(步)이고 삼백 보가 리(里)이다"231)라고 하였으니 모두 다르다.

우리나라 사람의 시에,

천고의 영웅 초 패왕의 영혼인가	千古英雄楚覇靈
오강을 건널 때 면목없어 다만 형체만 남겼네	渡江無面只存形
당년에는 음릉 길 잃고 후회하더니	當年悔失陰陵道
오랫동안 행인에게 길 알려주네	長向行人指去程232)

---

225) 魏文帝**迎薛靈芝, 大道之傍**, 一里置一銅表五尺, 以志里數.(『古今事文類聚續集, 卷三, 居處部, 里置銅表』) → 魏文帝**令**一里置一銅表五尺, 以志里數.(『松南雜識』)

226) 杞人郳人從趙武魏絳, 斬行栗.(『春秋左傳, 襄公九年』)

227) 이후(里堠) : 이후(里候). 이정표의 기능을 하도록 길가에 쌓아둔 흙무더기.

228) **長亭短亭**. 〈**十里五里長亭短亭, 言**十里一長亭, 五里一短亭.〉(『白孔六帖, 卷九, 館驛』) → 十里長亭, 五里短亭.(『松南雜識』)

229) 五家爲鄰, 五鄰爲里.(『禮記, 卷五十六, 問喪』)

230) 風俗通, **五家爲軌**, 十軌爲里.(『康熙字典, 里』) → 風俗通**云**, 十軌爲里.(『松南雜識』)

231) **古者**六尺爲步, 三百步爲里.(『春秋公羊傳, 卷二十六, 定公十二年』의 주석) → 六尺爲步, 三百步爲里.(『松南雜識』)

232) **辛評事慶衍年十二, 自白川上京, 路遇明詔使, 驛子奪辛所騎, 辛窘甚. 步及天使晝停, 訴之, 天使異其姿貌玉潔. 指路上長丞曰, 爾能賦此, 當畀汝騎. 辛請韻, 天使命韻云云. 辛卽對曰**, 楚**伯千秋尙有**靈, 渡江**无**面只存形, 當年**恨**失陰陵道, 長向行人指去程, **天使大驚嗟賞**.(『燕巖集, 卷十四, 別集, 熱河日記, 避暑錄』) → **千古英雄**楚**覇**靈, 渡江**無**面只存形, 當年**悔**失陰陵道, 長向行人指去程.(『松南雜識』)

라고 하였다.

소설(小說)의 '개로방상(開路方相)'이 그것이다. 지금은 나무로 장군의 모양을 만들어 세우기 때문이다.

성황당
城隍堂

길가 돌무더기에 길가는 사람들이 침을 뱉는데, 다음과 같은 전설이 있다.

> 신라 시대에 지나가는 사람은 반드시 죽기에 모두들 꺼려서 피해 가는 길이 있었다. 취한 나그네가 저물녘에 그곳에 이르자, 한 미인(美人)이 맞아들이고는 웃으며 돌 틈으로 안고 들어갔다. 그러자 금으로 만든 대(臺)와 은으로 만든 대궐이 나타났고, 그녀는 맛난 술과 음식으로 권하였다. 그대로 동침을 하였는데, 나그네가 술김에 얼굴에 침을 뱉으니 미인이 죽었다. 나그네가 술에서 깨어보니 자신이 누워 있는 길가의 어지럽게 널린 돌 사이에 커다란 지네 한 마리가 거꾸러져 있을 뿐이었다. 그 뒤로 이 성황당에서 사람이 죽는 우환이 사라졌다. 그래서 나그네는 반드시 침을 뱉었고, 마침내 풍속이 되었다고 한다.

대개 지네는 사람의 침을 맞으면 죽는다. 그래서 지금 '침 먹은 지네[食涎蜈蚣]'233)라는 말이 있다. 또 길가는 사람들은 대부분 돌을 던져 무더기를 만든다.

---

233) 침 먹은 지네[食涎蜈蚣] : 할 말이 있어도 못하고 있거나 겁이 나서 기를 펴지 못하고 꼼짝 못하는 사람을 비유적으로 이르는 말.

나의 시에,

저것이 허다히 이름 없는 물건을 받아들이기에	緣渠多受無名物
어찌 행인이 더럽게 침 뱉는 짓을 금하겠는가?	那禁行人鄙唾之

라고 하였다.

『동국여지승람(東國輿地勝覽)』에서 "신장절공(申壯節公)[234]이 죽어서 곡성(谷城)[235]의 성황신(城隍神)이 되었다"[236]라고 하였다.

주식점
酒食店

『주례(周禮)』[237]에서 "사규(四圭)[238]에 받침이 있나[四圭有邸]"[239]라고 하였다.

당시(唐詩)에서,

닭소리 들리는 초가 여관에 달 밝은데	鷄聲茅店月
판교의 서리에 인적 남았네	人跡板橋霜[240]

234) 신장절공(申壯節公) : 고려 시대의 개국 공신인 신숭겸(申崇謙). 평산(平山) 신씨의 시조로, 왕건을 추대하여 왕으로 세우고 태조 10년, 견훤의 군사와 싸우다 전사하였다.

235) 곡성(谷城) : 현(縣)의 이름. 지금의 전라남도 곡성군 곡성읍 지역에 있었다.

236) **世傳崇謙**死, 爲**縣**城隍**之**神.(『新增東國輿地勝覽, 卷三十九, 全羅道, 谷城縣, 人物』) → **申壯節公**死, 爲**谷城**城隍神.(『松南雜識』)

237) 『주례(周禮), 춘관(春官)』.

238) 사규(四圭) : 고대에 귀족이 하늘에 제사 지낼 때 사용하던 예기(禮器). 한 덩이의 옥으로 중앙에는 벽(璧)을 만들고 사면으로 끝이 각진 홀을 세운다.

239) 四圭有邸.(『周禮, 卷二十, 春官宗伯第三』)
＊본 항목과 무관한 예시로, '저(邸)'를 집으로 오독한 듯하다.

240) 온정균(溫庭筠)의 「상산조행(商山早行)」.

라고 하였다.

우리나라에는 예로부터 여관[店]은 없고 원(院)이 있었다. 행인이 곡식을 싸들고 길을 나섰다가 빈 원(院)에서 제 손으로 취사하고 잠을 잤다. 고려의 숙종(肅宗)이 돈을 유통시키려고 주식점(酒食店)을 열도록 명한 것이 가게의 시초이다. 지금은 원(院)이 없어졌는데도 여전히 주막(酒幕)을 원이라고 일컬으니, 요로원(要路院)·장호원(長湖院) 같은 예가 매우 많다.

『광운(廣韻)』에서 "푸른 주막깃발[帘]은 술집의 망자(望子)[241]이다"[242]라고 하였으니, 지금 술집 문의 푸른 기[青帘][243]와 주등(酒燈)은 모두 여기에서 유래하였다.

또 「식화지(食貨志)」에서 "화로 한 개를 텄다"[244]라고 하였다.

주석에서 "흙을 쌓아 화로를 만들고 술그릇을 앉히니 쇠로 주조한 화로 같다"[245]라고 하였으니, 지금 경성의 술집[酒肆]이 이것이다.

풍패루

豊沛樓[246]

조선 태조(太祖)의 함흥(咸興) 옛 집으로, 한(漢)나라 고조(高祖)의 풍패(豊沛)[247]라는 이름에서 의미를 취하여 누각의 이름을 지었다.

---

241) 망자(望子) : 점포(店鋪) 앞에 걸어둔 깃발로 일반적으로는 주기(酒旗)를 이름.

242) 廣韻, 青帘酒家望子.(『康熙字典, 帘』)

243) 『松南雜識』에는 '青巾'으로 되어 있음.

244) 率開一盧以賣.(『前漢書, 卷二十四下, 食貨志, 第四下』) → 開一蘆.(『松南雜識』)

245) **又司馬相如傳**, **文君當盧**. 註累土爲**盧**, **以**居酒**瓮**, **四邊隆起**, **其一面高**, **形如**鍛**盧**. (『康熙字典, 盧』) → 註累土爲**蘆**, 居酒**器**, **似**鍛**爐也**.(『松南雜識』)

246) 풍패루(豊沛樓) : 함경남도 함흥시 사포구역 소나무동 본궁 내에 있다.

247) 풍패(豊沛) : 한 고조(高祖) 유방(劉邦)의 고향.

춘당대

春塘臺[248]

영조(英祖)의 시에,

흰머리 푸른 낯은 아침저녁으로 다르건만	白髮蒼顔朝暮異
춘당의 가을빛은 예나 지금이나 같구나	春塘秋色古今同

라고 하였다.

서총대

瑞葱臺[249]

『선원보(璿源譜)』에서 "성종 때 대궐 안에서 파 한 뿌리에 아홉 줄기가 난 상서(祥瑞)가 있었는데, 연산군(燕山君) 을축년(1505)에 대(臺)를 그 위에 쌓고 서총대(瑞葱臺)라고 명명하였다"라고 하였다. 지금의 춘당(春塘)이다. 혹자는 "태종(太宗)이 친구 차원보(車原普)에게 파[葱]를 하사한 것이 서총(瑞葱)의 시원(始原)이 되었다"라고 한다.

---

248) 춘당대(春塘臺) : 창경궁 영화당(暎花堂) 앞쪽의 넓은 마당. 정조 때부터 이곳에서 과거시험을 보고 인재를 뽑았다고 한다.

249) 서총대(瑞葱臺) : 조선 시대 창경궁(昌慶宮) 후원(後苑)에 쌓았던 석대(石臺).

세검정

洗劍亭[250]

'검(劍)' 자로 정자의 이름을 지은 이유는 무기를 무기고에 간직한다[建櫜]는 의미 때문이니, 바로 계해년(1623) 2월 15일 밤 달이 비칠 때 사랑으로 부인이 「곽광전(藿光傳)」[251]을 머리에 이고 와서 김류(金瑬)[252]에게 당시의 일을 진언하였다. 지금은 창의문(彰義門)[253] 밖의 물과 바위가

---

250) 세검정(洗劍亭) : 서울특별시 종로구 신영동(新營洞)에 있는 6각 정자. 연산군이 수각(水閣)과 탕춘대(蕩春臺) 등을 짓고 놀았다고도 하는데, 숙종 때에 북한산성·탕춘대성을 쌓고 부근을 서울의 북방 관문으로 삼으면서 주둔 군인들의 위락장소로 변하였으며, 시인·묵객 등이 즐겨 찾는 명소가 되었다. 1623년 인조반정(仁祖反正) 때 거사 동지인 이귀(李貴)·김류(金瑬) 등이 광해군 폐위 문제를 의논하고 칼을 씻은 자리라고 해서 '세검정'이라는 이름이 붙었다는 이야기도 있다.

251) 곽광전(霍光傳) : 전한(前漢)의 정치가 곽광(霍光)의 전기. 자는 자맹(子孟). 하동 평양(河東平陽 : 山西省 臨汾縣) 출신. 표기장군(驃騎將軍) 곽거병(霍去病)의 이복 동생으로, 10여 세 때부터 무제(武帝)를 측근에서 섬기다가, 무제가 죽을 무렵에는 후사(後事)를 위탁받았다. 무제가 죽자 8세로 즉위한 소제(昭帝)를 보필하여 정사(政事)를 집행하였으며, B.C. 80년 소제의 형인 연왕(燕王) 단(旦)의 반란을 기회로 삼아 상관걸·상홍양 등의 정적(政敵)을 타도하고 실권을 장악하였다. 소제가 죽은 후에는 그를 계승한 창읍왕(昌邑王)의 제위를 박탈하고, 앞서 무고(巫蠱)의 난 때 죽은 여태자(戾太子)의 손자를 옹립하여 선제(宣帝)로 즉위하게 하였으며, 그 공으로 증봉(增封)되었다. 또한 황후 허씨(許氏)를 독살하고 자신의 딸을 황후로 만듦으로써 일족의 권세를 강화하였다. 그러나 선제는 곽광이 죽은 후 그의 일족을 반역죄로 몰아 모두 죽여 버렸다.

252) 김류(金瑬) : 조선 후기의 문신. 본관은 순천, 자는 관옥(冠玉), 호는 북저(北渚), 시호는 문충(文忠). 광해군 때는 정인홍(鄭仁弘)·이이첨(李爾瞻) 등의 북인들과 관계가 좋지 않아 이렇다 할 중앙관직을 맡지 못한 채 주로 지방관으로 전전하였다. 광해군 말년 폐모론(廢母論)이 일어난 이후로는 조정에서의 출세보다 시사에 통분을 느껴, 광해군 12년(1620)경부터 이귀(李貴) 등과 반정을 도모하였다. 문집으로 『북저집(北渚集)』이 있다.

253) 창의문(彰義門) : 서울 종로구 청운동에 있는 문. 북문(北門) 또는 자하문(紫霞門)으로도 불린다. 태조 5년(1396) 서울 성곽을 쌓을 때 세운 사소문(四小門)의 하나로 창건되었다. 북한(北漢)·양주(楊州) 방면으로 통하는 교통로였으나 태종 16년(1416) 풍수지리설을 주장하는 자들이 이곳의 통행이 왕조에 불리하다 하여 폐문(閉門)한 채 일반의 통행이 금지되었다가 중종 1년(1506)에 다시 열어놓았다. 1623년 인조반정 때는 능양군(陵陽君 : 인조)을 비롯한 의군(義軍)들이 이 문을 부수고 궁 안에 들어가 반정에 성공한 곳이기도 하다. 문루(門樓)는 임진왜란 때 불타 없어진 것을 영조 16년(1740) 다시 세우고 다락 안에 인조반정 공신들의 이름을 판에 새겨 걸었다.

있는 곳으로 유람하는 장소가 되었다.

화양정
華陽亭

『동국여지승람(東國輿地勝覽)』에서 말하였다.

도성(都城) 동쪽으로 칠 리쯤에 있는 전교(箭郊)는 삼면이 산으로 에워싸였고 한 면은 물이 가로질러 흘러가는 황무지로 눈에 거칠 것이 없다. 수초가 무성하여 궁궐의 말을 방목하는 곳이다. 옛날에 화양(華陽)이라는 정자가 있었으니 "화산의 남쪽으로 말을 돌려보내며[歸馬于華山之陽]"[254]의 의미를 취한 것이다. 지금은 무너져 없는데 헌종 시절에 조정에서 수릉(綏陵)[255]을 옮겼기에 목장(牧場)도 없앴다고 한다.

화석정
花石亭

임진강(臨津江) 동쪽에 있으며 율곡(栗谷) 이이(李珥)가 강학(講學)하던 곳이다. 해마다 한 번씩 단청(丹青)을 칠해 불이 나기 쉽게 하였다. 이덕무(李德懋)의 시에서 "노성한 이 선생께서 지으신 집[老李先生曾築室]"[256]라고 한 말이 이것이다.

임진왜란 때 오성(鰲城) 이항복(李恒福)[257]이 홀로 피난 가는 어가를

---

254) 歸馬于華山之陽.(『書經, 周書, 武成』) → 歸馬華山之陽.(『松南雜識』)

255) 수릉(綏陵) : 경기도 구리시 인창동에 있는 순조의 원자 익종(翼宗 : 효명세자)과 그 비 신정왕후(神貞王后) 조씨의 능.

256) 「화석정원조잉도림진(花石亭遠眺仍渡臨津)」.

257) 이항복(李恒福) : 조선 선조 때의 문신(1556~1618). 자는 자상(子常), 호는 동강(東

호종(扈從)하였다. 임금이 몇 리를 가서 문득 이항복을 부르니 즉시 대답을 하였다. 그런데 파주(坡州)에 이르러서는 그를 불렀는데도 보이지 않았다. 어떤 이가 "평시의 이항복이 난리 때의 이항복이 아닙니다"라고 헐뜯었다. 임금은 이항복이 병들어 뒤로 처졌으리라 생각하는데, 임진강에 이르자 좇아와 알현하였다. 왕이 연유를 물어보니 대답하였다.

"지금 난리를 당하였는데, 마침 율곡공의 옛집을 지나게 되니 그분이 임종에 국가를 걱정하는 방책을 남겨두었으리라는 생각이 들었습니다. 그래서 그곳에 들리니 어떤 궤 하나가 자물쇠로 단단히 봉해져 있었습니다."

임금 앞에서 그것을 열어보니 세 통의 봉해진 편지가 들어 있었다. 그중 하나에는 "급한 일이 닥치거든 임금 앞에서 열어 보라"고 적혀 있었다. 그것을 열어보니 "화석정에 불을 지르라"라고 쓰여 있었다. 이때 왜구는 뒤에 있고 앞에는 강이 있었다. 게다가 캄캄한 밤에 불도 없는 터에 불을 지르니 화석정은 한 자루 횃불처럼 환하게 타올랐다.

그 두 번째에는 "명나라 사신 앞에서 열어 보라"라고 적혀 있었다. 이여송(李如松) 제독이 왔을 때 그것을 열어보니 지도와 노정기(路程記)와 군량의 수가 들어 있었다. 연향(宴饗)을 할 때 이여송이 홀연히 오른손을 펴자 이항복이 지도를 들이밀었다. 또 왼손을 펴자 노정기와 군량 문권(文券)을 들이밀었다.

그 세 번째에는 "위급하여 존망의 기로에 처했을 때 임금 앞에서 열어 보라"고 적혀 있었다. 이여송 제독이 선조를 알현하고는 "결코 나라를 부흥(復興)시킬 관상이 아니다"라고 하고 회군령을 내렸다. 그날 밤에 그 세 번째 편지를 열어보니 "항아리를 끌어안고 통곡하라"고 쓰여 있

岡)·백사(白沙)·필운(弼雲). 임진왜란 때 병조 판서로 활약했으며, 뒤에 벼슬이 영의정에 이르렀다. 광해군 때에 인목 대비 폐모론에 반대하다 북청(北青)으로 유배되어 죽었다. 저서에 『백사집(白沙集)』·『북천일기(北遷日記)』·『사례훈몽(四禮訓蒙)』 등이 있다.

었다. 임금이 즉시 항아리 속에 머리를 집어넣고 통곡을 하니 이여송 제독이 괴이하게 생각하며 누구냐고 물었다. 어떤 이가 "국왕께서 회군한다는 소식을 듣고 애통함을 견디지 못하시는 것입니다"라고 대답하였다. 그러자 이여송이 놀라며 "용의 신음이니 너희 나라는 반드시 국운이 회복될 것이다"라고 말하고는 회군을 중지하였다고 한다.

압구정
狎鷗亭

상당군(上黨君) 한명회(韓明澮)[258]의 정자이다. 한위공(漢魏公)의 정자 이름을 취하여 명명하였다.

이백(李白)은 시에서,

삼산의 푸른 하늘 밖에 반쪽이 떨어졌고	三山半落青天外
이수는 백로주로 가운데가 갈렸네	二水中分白鷺洲[259]

라고 하였으니 경치를 그려낸 작품이다.

이서구(李書九)의 시에,

안개 낀 물결 중국 사신의 눈을 시원하게 하고	煙波眼冷皇華使
아름다운 풀은 상당군의 혼을 녹인다	芳草魂消上黨君[260]

---

258) 한명회(韓明澮) : 조선 전기의 문신(1415~1487). 본관은 청주(淸州). 자는 자준(子濬), 호는 구정(鷗亭)·사우당(四友堂), 시호는 충성(忠成). 장순왕후(章順王后 : 睿宗妃)·공혜왕후(恭惠王后 : 成宗妃)의 아버지. 1457년에 이조판서가 되고, 상당군(上黨君)에 봉해졌으며, 이어 병조판서를 거쳐, 1459년 황해·평안·함길·강원 4도의 체찰사를 역임한 후, 1461년 상당부원군(上黨府院君)에 진봉되었다. 이듬해 우의정이 되고, 1463년 좌의정을 거쳐 1466년 영의정이 되었다.

259) 「등금릉봉황대(登金陵鳳皇臺)」.

260) **青山**眼冷皇華使, 芳草魂**銷**上黨君.(『惕齋集, 卷三, 詩, 七言律詩, 望狎鷗亭』) → **煙**

라고 하였다.

망경대
望京臺

고려 말에 조송은(趙松隱)이 과천(果川)의 청계산(淸溪山)에 은거하였는데 매양 이곳에 올라 송도를 바라보았기 때문에 '망경대(望京臺)'라는 이름이 붙었다.

내가 일찍이 망경대에 올라가 지은 시에서,

이곳은 조송은 옹이 깊이 은거 했던 곳이기에	爲是松翁幽隱處
망경대 위에서 다시 고향을 바라보네	望京臺上更望京

라고 하였다. 그 옆에는 또 염주대(念主臺)가 있다.

장원정
長源亭

『고려사』에서 "도선(道詵)이 산수(山水)를 만들어 얽으면 국맥(國脈)을 연장시킨다"[261]라는 말을 하였기에 장원정(長源亭)을 지었는데 원당(願堂)[262]의 시초이다.

波眼冷皇華使, 芳草魂**消**上黨君.(『松南雜識』)

261) 道詵**松岳明堂記云**, **西江邊**, **有君子御馬明堂之地**, **自太祖統一丙申之歲**, **至百二十年**, **就此**創構, 國**業**延長.(『高麗史, 卷五十六, 志, 地理』)→道詵**有山水**創搆, 國**脉**延長.(『松南雜識』)

262) 원당(願堂) : 소원을 빌기 위하여 세운 집. 죽은 사람의 명복을 빌던 법당. 궁중에 둔 것은 내불당 또는 내원당이라 하였다. ≒ 원찰.

연복정
延福亭

고려의 의종(毅宗)이 "도성 동쪽 용연사(龍淵寺) 남쪽에 몇 길 되는 석벽(石壁)이 강가에 깎아질러 서 있으니 '호암(虎巖)'이라고 하는데, 흐르는 물이 고이고 수목이 무성하다"라는 말을 들었다. 그래서 내시 이당주(李唐柱)에게 명하여 그 곁에 정자를 짓게 하고 '연복정(延福亭)'이라고 명명하였다. 기이한 꽃과 풀을 사방에 줄지어 심고 제방을 쌓아 호수를 만든 뒤에, 배를 띄우고 질탕히 연회를 벌여 밤이 새도록 그칠 줄을 모르니 호위하는 무사들이 몹시 원망하였고 마침내 정중부(鄭仲夫)[263]의 난을 초래하였다.[264] 지금 개성의 산대암(山臺巖) 아래가 바로 그 옛터이다. 또 송나라 휘종(徽宗)[265]의 연복궁(延福宮)과 유사하다.

---

263) 정중부(鄭仲夫) : 고려 시대의 무신(1106～1179). 당시의 무신 경시에 불만을 품고 정변을 일으켜, 임금을 폐하고 정권을 잡은 후 무단 정치를 행하다가 경대승에게 피살되었다.

264) **庚午, 移御玄化寺, 先是, 王**聞城東**沙川**龍淵寺南, 有石壁數仞, 削立臨川, 曰虎**巖**, 流水**停**滀, 樹木蓊蔚, 命內侍李唐柱**裴衍等**, 搆亭其側, 名延福, 奇花異**木**, 列植四隅, **以水淺不可舟**, 築堤爲湖, **其地白沙, 水勢强悍, 雨則輒毁, 隨毁隨補, 晝**夜不**息, 人**甚**苦之, 是日, 與宰相侍臣, 宴于亭上, 極歡乃罷**.(『高麗史, 卷十八, 世家, 毅宗』)→**麗毅宗**聞城東龍淵寺南, 有石壁數仞, 削立臨川, 曰虎**岩**, 流水**渟**滀, 樹木蓊蔚, 命內侍李唐柱, 搆亭其側, 名延福, 奇花異**草**, 列植四隅, 築堤爲湖, **泛舟酣宴, 徹**夜不**止, 衛士**甚**怨, 卒致鄭仲夫之亂**.(『松南雜識』)

265) 휘종(徽宗) : 북송의 제8대 황제(1082～1135). 도교를 숭배하여 스스로 교주 도군(道君) 황제라 칭하였으나, 정치를 돌보지 않아 반란이 일어났다. 1125년에 금(金)나라가 침입하자 흠종에게 양위하고 근왕(勤王)의 군사를 모집하였으나 실패함으로써 북송은 멸망하였다. 시문과 서화에 능하였으며, 고금(古今)의 서화를 모아 『선화전화보(宣化電畫譜)』를 만들었다. 재위 기간은 1100～1125년이다.

망원대
望遠臺

화성(華城)의 쌍부(雙阜)[266]에 오래된 원(院)이 있다. 움푹 들어간 포구(浦口)에 솟아난 산이 있으니 '망원대(望遠臺)'라고 한다. 망원대 터가 아직도 남아 있다고 한다. 이곳은 물길로 중국에 조회 갈 때 배가 출발하던 곳이다. 전송하는 사람은 이 대에 올라가서 떠나가는 사람을 멀리 바라보았다.

고려정
高麗亭

『표해록(漂海錄)』[267]에서 말하였다.

금남(錦南) 최부(崔溥)가 표류하다 소주(蘇州)에 이르렀는데 그곳에 통파정(通波亭)이 있었으니 옛 이름은 '고려정(高麗亭)'이다. 송나라 원풍(元豐)[268] 연간에 지어 고려에서 조공 온 사신을 접대하였다.[269]

---

266) 쌍부(雙阜) : 현(縣) 이름. 경기도 수원(水原)의 서쪽 45리에 있었다. 고려 현종 9년(1018)에 수원에 병합되었다.

267) 표해록(漂海錄) : 조선 성종 때의 문신 최부(崔溥)가 중국에 표류되었을 때의 체험을 성종 19년(1488)에 편찬한 책. 목판본. 3권 21책. 1487년 추쇄경차관(推刷敬差官)으로 제주(濟州)에 재임 중이던 저자가, 이듬해 정월 부친상을 당해 급히 돌아오다가 풍랑을 만나 중국 절강성(浙江省) 영파부(寧波府)에 표류, 온갖 고난을 겪고 반년 만에 귀국하였다. 그 후 왕명으로 이 책을 저술하여 1487년 당시 명나라 연안의 해로(海路)・기후・산천・도로・관부(官府)・풍속・군사・교통・도회지 풍경 등을 소개하였다.

268) 원풍(元豐) : 송나라 신종(神宗)의 연호. 1078~1085년.

269) 有通波亭**臨湖**, 舊名高麗亭, 宋元豐間所築, 以待高麗朝貢**之**使.(『錦南先生集, 卷四, 漂海錄, 戊申年』) → **崔錦南溥漂到蘇州**, 有通波亭, 舊名高麗亭, 宋元豐間所築, 以待高麗朝貢使**者**.(『松南雜識』)

지금의 여산(礪山)[270]에는 옛날에 황화정(皇華亭)이 있었으니 송나라 사신을 접대하던 곳이다.

포모대
泡母臺

충주(忠州)의 풍류산(風流山)에 있다. 높이는 수십 길이다.
다음과 같은 전설이 있다.

옛날에 장미(薔薇)라는 선녀가 있었는데 스스로 포모(泡母)라고 불렀다. 언제나 그 위에서 노니 향기가 온 골짜기에 가득하였다. 당 태종(太宗)이 요동을 정벌할 때 그 이야기를 듣고 궁궐로 맞아 들여 정완부인(貞完夫人)이라고 불렀다.[271]

공북루
拱北樓

공주(公主) 쌍수산성(雙樹山城)의 성문다락[譙樓]이다.
서경(西坰) 유근(柳根)[272]의 시에서,

소식(蘇軾)은 적벽(赤壁)에서 놀았지만	蘇仙赤壁今蒼壁

270) 여산(礪山) : 전라북도 익산의 여산면.

271) **泡母臺**, **在**風流山, 高數十丈. 諺傳, 昔有仙女, 名薔薇, 自號泡母, 常遊其上, 香滿一洞. 唐**明皇**聞之, **遣道士**, 迎入宮, 號貞完夫人.(『新增東國輿地勝覽, 卷十四, 忠淸道, 忠州牧, 古跡』)→**忠州**風流山**有之**, 高數十丈. 諺傳, 昔有仙女, 名薔薇, 自號泡母, 常遊其上, 香滿一洞. 唐**太宗征遼時**聞之, 迎入宮, 號貞完夫人.(『松南雜識』)

272) 유근(柳根) : 조선 선조(宣祖) 때의 문신(1549~1627). 자는 회부(晦夫), 호는 서경(西坰)・고산(孤山), 시호는 문정(文靖). 본관은 진주(晉州)이며 이황의 문인이다.

나는 지금 창벽(蒼壁)에서 놀고
유랑(庾亮)의 남루(南樓)에 올랐지만　　劉亮南樓是北樓[273]
나는 이곳의 북루(北樓)로다

라고 하였다.

『택리지(擇里志)』에서 말하였다.

인조(仁祖)가 갑자년(1624)에 이괄(李适)의 난리를 피하여 이곳으로 거동하였을 때 산에 두 그루의 나무가 있었다. 임금이 매양 이 나무에 기대어 북쪽으로 궁원(弓院)의 들을 바라보았다. 하루는 나는 듯한 기마가 달려오기에 물어보니 바로 승전보였다. 임금이 크게 기뻐하며 두 그루의 나무를 봉하여 통정(通政)[274]이라는 칭호를 더해주었다.[275]

어떤 이는,

남으로 순행하던 왕의 기운 두 그루 나무에 남아 있고　　巡南王氣餘雙樹
북두성을 향하는 신하의 마음은 이 한 채 누각이로다　　拱北臣心此一樓

라고 시를 읊었다.

---

273) 『西垌詩集, 卷二, 詩, 七言律詩上』.

274) 통정(通政) : 정3품의 상계(上階)이다. 통정대부는 국가의 중요한 정책을 결정하는 데 참여하였으며 근무일수에 상관없이 능력에 따라 가자(加資) 또는 가계(加階)되었다. 관직에서 물러난 다음에도 봉조하(奉朝賀)가 되어 녹봉(祿俸)을 받는 등의 특권을 누렸다.

275) **昔**仁廟甲子, 避适亂幸此, 上有雙樹, 上每倚此樹, 北望弓院之野, 一日飛騎至, 詢之, 乃捷書也. 上大喜, 仍封雙樹, 可以通政之號, …… **宣廟朝柳**西垌根**爲監司**, **嘗登樓賦**詩, **得一聯曰**, 蘇仙赤壁今蒼壁, 劉亮南樓是北樓.(『擇里志, 忠淸道』) → 西垌**柳**根詩**云**, 蘇仙赤壁今蒼壁, 劉亮南樓是北樓. **擇里志曰**, 仁廟甲子, 避适亂幸此, 上有雙樹, 上每倚此樹, 北望弓院之野, 一日飛騎至, 詢之, 乃捷書也. 上大喜, 仍封雙樹, 可以通政之號.(『松南雜識』)

영보정
永保亭

고마(固麻)의 수영(水營)에 있다.

『택리지(擇里志)』에서 "호수와 산의 경치가 완탕(婉蕩)하고 평활(平闊)하여 승지(勝地)로 불린다"[276]라고 하였다.

읍취헌(挹翠軒) 박은(朴誾)[277]의 시에서,

땅은 푸드득 푸드득 나래치는 날개 같고	地如拍拍將飛翼
누각은 흔들흔들 매이지 않은 뜸[278] 같다	樓似搖搖不繫篷[279]

로 주련(柱聯)을 만들었다.

이견대
利見臺

다음과 같은 전설이 있다.

왜국(倭國)이 신라를 빈번히 침략하자 문무왕(文武王)[280]이 우환으

---

276) **縣西, 置水軍節度營, 營有永保亭**, 湖山景致婉宕平濶, 號稱勝地.(『擇里志, 忠淸道』) →湖山景致婉宕平濶, 號稱勝地.(『松南雜識』)

277) 박은(朴誾) : 조선 연산군 때의 학자(1479~1504). 자는 중열(仲說), 호는 읍취헌(挹翠軒). 문장에 능한 재사(才士)였으며, 조선 시대의 으뜸가는 한시인(漢詩人)으로 꼽히기도 한다. 경연관으로 있으면서 유자광 등을 탄핵하다가 파직되어 갑자사화 때에 처형되었다.

278) 뜸 : 배 위에 짚·띠·부들 따위로 거적처럼 엮어 만든 물건. 비·바람·볕을 막는 데 쓴다. 초둔(草芚)이라고도 한다.

279) 『挹翠軒遺稿, 卷三, 七言律詩, 營後亭子』.

280) 문무왕(文武王) : 신라의 제30대 왕(재위 661~681). 성은 김. 이름은 법민(法敏). 태종무열왕·문명왕후(文明王后)의 맏아들, 비(妃)는 파진찬(波珍飡) 선품(善品)의 딸 자의

로 여겨 “죽으면 용이 되어 나라를 지키리라”라고 맹세하였다. 그가 죽음에 임박해서 “동해의 바닷물 속에 장사를 지내라”고 유명(遺命)하였다. 신문왕(神文王)[281]이 그 말대로 장사를 지낸 뒤 문무왕을 추모하여 대(臺)를 쌓고 바라보니 커다란 용이 바다 속에서 나타났다. 그래서 ‘이견대(利見臺)’[282]라고 이름을 지었다. 대(臺)에서 열 걸음 내려가면 바다 속에 네 개의 문 같은 바위가 네 개의 뿔(角)로 솟구쳐 있는데, 지금 대왕암(大王巖)이라고 한다.[283]

조룡대

釣龍臺[284]

우리나라 역사에 다음과 같은 이야기가 있다.

왕후(慈儀王后). 외모가 뛰어나고 머리가 총명하며, 지략(智略)이 많았다. 650년 당나라에 가서 대부경(大府卿)이 되었고, 654년에 파진찬으로서 병부령(兵部令)이 되었다. 655년 태자로 책봉되었으며, 660년 나당연합군이 백제를 공격할 때, 김유신과 함께 5만 군대를 거느리고 분전, 백제를 격멸하였다.

281) 신문왕(神文王) : 신라의 제31대 왕(재위 681~692). 성은 김, 이름은 정명(政明)·명지(明之), 자는 일초(日怊). 국학을 세워 학문을 장려하고, 관제를 다시 정비하여 신라의 황금 시대를 이룩하였다.

282) 이견대(利見臺) : 경북 경주시 감포읍(甘浦邑) 대본리(臺本里) 감은사지(感恩寺址) 앞에 있는 신라 시대의 유적. ‘利見’이란 『주역(周易)』의 ‘飛龍在天利見大人’에서 나온 말이다. 신문왕이 감포 앞바다에 있는 부왕인 문무왕의 해중능묘(海中陵墓)를 망배(望拜)하기 위해 지었다는 곳으로, 1970년 그 건물터를 발견하여 새로 누각을 짓고 이견대라는 현판을 걸었다. 이곳은 『삼국유사』에 신문왕이 죽은 문무왕의 화신(化身)이라는 용을 보았다고 전하는 곳으로, ‘만파식적(萬波息笛)’과도 유관한 유적이다.

283) 世傳, 倭國數侵**新**羅, 文武王患之, 誓死爲龍, 護**邦**國而**禦寇盜**. 將薨遺命, 葬**我**于東海**濱**水中, 神文王從之. 葬後追慕, 築臺望之, 有大龍見于海中, 因名**曰**利見臺. 臺下十步, 海中有石, 四角聳出, 如四門, **是其葬處**, **至**今稱**爲**大王岩.(『新增東國輿地勝覽, 卷二十一, 慶尙道, 慶州府, 樓亭, 利見臺』) → 世傳, 倭國數侵羅, 文武王患之, 誓死爲龍, 護國而將薨遺命, 葬于東海水中, 神文王從之. 葬後追慕, 築臺望之, 有大龍見于海中, 因名利見臺. 臺下十步, 海中有石, 四角聳出, 如四門, 今稱大王岩.(『松南雜識』)

284) 조룡대(釣龍臺) : 충청남도 부여 백마강 가에 있는 바위.

당나라의 소정방(蘇定方)[285]이 백제를 정벌할 때 강을 건너려고 하자 강의 신이 나라를 지켰다. 그것은 바로 용으로, 풍랑을 일으켜 막았던 것이다. 소정방이 흰말을 미끼로 던져 낚아냈다고 한다. 전설에 바위 위에 아직도 소정방의 신 자국이 남아 있다고 한다.

또 '낙화암(落花巖)'[286]은 당나라 군대가 쳐들어올 때 궁녀들이 대왕포(大王浦)의 바위 위로 달아나 몸을 던져 죽었기에 그런 이름이 붙었다. '자온대(自溫臺)'[287]는 왕이 와서 놀다가 바위에 앉자 바위가 절로 따뜻해졌기에 그런 이름이 붙었다. 아울러 고란정(皐蘭亭)도 모두 백제의 유적으로 암벽의 기이하고 수려함이 마치 그림 속의 경치 같다.

한벽루

寒碧樓[288]

두계(杜溪) 홍우정(洪宇定)[289]의 시에서,

---

285) 소정방(蘇定方) : 중국 당나라의 장군(595~667). 이름은 열(烈), 정방은 자(字). 현경(顯慶) 5년(660)에 나당(羅唐) 연합군의 대총관으로서 13만의 당군을 거느리고 백제의 사비성을 함락시키고, 의자왕과 태자 융(隆)을 사로잡았다. 661년에는 평양성을 포위하였으나 실패하였다.

286) 낙화암(落花巖) : 충청남도 부여군 부여읍 부소산에 있는 큰 바위.

287) 자온대(自溫臺) : 부여군 규암면 규암리의 옛 규암나루터, 즉 지금의 백제대교의 서단 강변에 솟아 있는 높이 20여m의 바위. 강쪽으로 돌출된 암벽에는 새겨진 '自溫臺'라는 글씨는 우암 송시열의 필적으로 알려져 있다. 백제의 마지막 임금인 의자왕이 왕흥사에 예불을 드리기 위해 왕래하다가 쉬곤 하던 바위로, 간신들이 먼저와 불을 피워 따뜻하게 데워놓고 '왕의 덕이 하늘을 감동시켜 절로 데워진 바위'라고 거짓말을 해 왕이 방탕한 생활을 계속하도록 부추겼다하여 '자온대'라는 이름이 붙었다 한다.

288) 한벽루(寒碧樓) : 현재 충청북도 청풍 문화재단지에 있는 누각.

289) 홍우정(洪宇定) : 조선 인조 때의 지사(1593~1654). 자는 정이(靜而), 호는 두곡(杜谷)·계곡(桂谷), 시호는 개절(介節), 본관은 남양(南陽). 1616년 진사가 되었으나, 장인 해주목사 최기(崔沂)가 해주옥사의 역적괴수로 몰려 처형되자 이에 연루되어 천안에 부처되었다가 인조반정으로 모든 것이 무고로 드러나 석방되었다. 병자호란 때 태백

우주(宇宙)의 한 남자가	宇宙一男子
청풍(淸風)의 한벽루에서	淸風寒碧樓
난간에 임해 길게 휘파람 부니	臨軒發長嘯
오경의 가을 달빛 강물에 비치네	江月五更秋[290]

라고 하였다.

문장대
文藏臺

보은(報恩) 속리산(俗離山) 높은 봉우리 위에 있다. 옛날에는 쇠줄이 있어서 사람들이 더위잡고 올라갔다.

다음과 같은 전설이 있다.

어떤 서생이 유학(遊學)하러 갔는데 걸승(乞僧)이 여름밤 그의 집에서 기숙하게 되었다. 걸승은 서생의 아내가 잠드는 것을 엿보아 음란한 짓을 저질렀다. 서생의 아내는 깨어나서 서생에게 젖먹이를 부탁한다는 편지를 써놓고 바로 자결하였고 중은 도망가버렸다.

훗날 조심태(趙心泰)[291]의 종형(從兄)인 조진태(趙晉泰)는 속리산에 유람 갔다가 어떤 중과 이 대(臺)에 오르게 되었다. 조진태가 앞서고 중이 뒤따라 왔는데 쇠줄이 갑자기 끊어졌다. 그래서 대 위에 함께 앉아 평

산 속에 은거하매, 영남인사들은 숭정처사(崇禎處士)라 칭하였다. 저서로 『두곡집』이 있다.

290) 洪杜谷寒碧樓詩, 宇宙一男子, 淸風寒碧樓, 臨軒發長嘯, 江月五更秋. 膾炙一時, 故末句云爾.(『立齋先生遺稿, 卷三, 詩, 五言律詩, 寒碧樓』의 주석)

291) 조심태(趙心泰) : 조선 후기의 무신(1740~1799). 본관은 평양(平壤), 자는 집중(執仲). 무예에 뛰어나 음보로 선전관이 된 이후, 한성판윤・형조판서・대호군・장용대장을 지냈다. 무관으로서는 보기 드문 명필이었으며, 특히 대자(大字)에 뛰어났다. 시호는 무의(武毅).

생의 일을 말하였는데 중은 바로 서생의 집에서 기숙(寄宿)했던 자였다. 중이 지난 일의 이야기를 마치자 조진태는 갑자기 화를 내며 중을 대 아래로 걷어차 죽였다. 조금 뒤에 관아의 하예(下隷)와 초립동이가 와서 조진태를 구해 내려가니 소년은 바로 그 젖먹이였고 보은의 사또는 서생이었다.

탄금대
彈琴臺

『충주읍지(忠州邑誌)』에 다음과 같은 기록이 있다.

가야국(伽倻國)의 악사(樂師) 우륵(于勒)이 거문고를 타던[彈琴] 곳이다. 임진왜란 때에는 신립(申砬) 대장이 배수진(背水陣)을 쳤던 곳이다. 신립이 사흘 동안 물밑에 잠복해 있다가 구층 대 위로 솟구쳐 올랐기에 '구초대(九超臺)'라고 한다.

고산정
孤山亭

『택리지(擇里志)』에서 말하였다.

괴산(槐山) 동쪽 괴탄(槐灘) 가에 고산정(孤山亭)이 있으니 서경(西坰) 유근(柳根)의 별장이다. 주지번(朱之蕃)[292]이 화공(畵工)을 보내 그려오

292) 주지번(朱之蕃) : 명나라 때의 학자. 자는 원개(元介), 호는 난우. 그림과 글씨에 뛰어났으며, 그림과 글씨 등 골동을 사 모으는 취미를 지녔다. 우리나라에 사신(使臣)으로 다녀갔으며, 이때 우리나라 학자들과의 교류가 많았다.

게 하여 보고는 시를 지어서 편액으로 걸었다고 한다.[293]

옆에 제월대(霽月臺)와 은병암(隱屛巖)이 있다.

청심루
清心樓

전설에 "청심루(淸心樓) 남쪽 언덕은 여룡(驪龍)[294]이 사는 곳"이라 하였다. 그래서 주(州) 이름을 여주(驪州)라고 한다.

목은(牧隱) 이색(李穡)의 시에서,

물을 막는 공은 마암석 보다 높고	捍水功高馬巖石
하늘에 뜬 형세는 용문산 보다 크다	浮天勢大龍門山[295]

라고 하였다.

삼연(三淵) 김창흡(金昌翕)의 시에,

청루 북쪽에 파사성 그림자 비추고	婆娑城[296]影淸樓北

---

293) **達川上流**, **爲**槐山槐灘上, 有孤山亭, **卽故判書**西垌柳根別業也. 朱之蕃**奉使時**, 遣畵工圖形以看, 作詩揭額.(『擇里志, 卜居總論, 山水』) → 槐山**東**槐灘上, 有孤山亭, 西垌柳根別業也. 朱之蕃, 遣畵工圖形以看, 作詩揭額.(『松南雜識』)

294) 여룡(驪龍) : 흑룡(黑龍).

295) 「여흥청심루제차운(驪興淸心樓題次韻)」.

296) 파사성(婆娑城) : 경기 여주군 대신면(大神面) 천서리(川西里) 야산에 있는 석성(石城). 높이는 5~6m, 길이는 약 1,800m. 신라 파사왕 3년(82) 모여장군(某女將軍)이 축성하였다는 전설도 있고 삼국통일시 나·당연합군의 대접전지이며 최후의 싸움터였던 매초성(買肖城)이라는 설도 있는데, 선조 25년(1592) 승장(僧將) 의엄(義嚴)이 둘레 1,100보(步)의 고성을 수축했다는 기록이 『동국여지승람(東國輿地勝覽)』에 나타나 있다. 또한 성내 북쪽에 폭 3m의 암벽에 여장군의 초상이라는 것이 조각되어 있고, 그 아래 6.6㎡ 정도의 암석을 뚫어서 음료수로 사용하던 흔적이 있는데 암벽에 새겨진 여

백탑 서쪽에 신륵사[297] 종소리 울린다 神勒鐘聲白塔西
돌무더기의 물결 신마의 자취 침식하고 積石波侵神馬跡
봄이 되니 두 능에 자규 운다 二陵[298]春入子規啼[299]

라고 하였다.

옥봉(玉峯) 백광훈(白光勳)[300]의 시에,

안개 낀 물결 속의 신륵사 神勒煙波寺
눈 내린 달빛 속의 청심루 淸心雪月樓[301]

라고 하였으니 모두가 절창(絶唱)이다.

인이 샘을 팠다는 전설이 있다.

297) 신륵사(神勒寺) : 경기도 여주군 북내면(北內面) 봉미산(鳳尾山)에 있는 사찰. 신라 진평왕(眞平王) 때 원효(元曉)가 창건하였다고 하나 확실한 근거는 없다. 고려 말인 우왕 2년(1376) 나옹(懶翁) 혜근(惠勤)이 머물렀던 곳으로 유명한데, 200여 칸에 달하는 대찰이었다고 하며, 조선 성종 3년(1472)에는 영릉 원찰(英陵願刹)로 삼아 보은사(報恩寺)라고 불렀다. 신륵사로 부르게 된 유래는 몇 가지 설이 전해지고 있다. 그 하나는 "미륵, 또는 혜근이 신기한 굴레로 용마(龍馬)를 막았다"는 것이고, 다른 하나는 "고려 고종 때 건너 마을에서 용마가 나타나, 걷잡을 수 없이 사나워서 사람들이 붙잡을 수가 없었는데, 이때 인당대사(印塘大師)가 나서서 고삐를 잡자 말이 순해졌으므로, 신력(神力)으로 말을 제압하였다 하여 절 이름을 신륵사라고 했다"는 것이다. 그리고 고려 때부터 벽절[甓寺]로 불리기도 하였는데, 이는 경내의 동대(東臺) 위에 있는 다층전탑(多層塼塔)을 벽돌로 쌓은 데서 유래한 것이다.

298) 영릉(寧陵)·영릉(英陵)을 이름.

299) 婆娑城影淸樓北, 神勒鐘聲白塔西, 積石波**侵**神馬迹, 二陵春入子規啼.(『三淵集, 卷四, 詩, 驪江』) → 婆娑城影淸樓北, 神勒鐘聲白塔西, 積石波**沉**神馬跡, 二陵春入子規啼.(『松南雜識』)

300) 백광훈(白光勳) : 조선 중기의 시인. 본관은 해미(海美). 자는 창경(彰卿). 호는 옥봉(玉峯)·기봉(岐峰). 박순(朴淳)의 문인으로, 양응정(梁應鼎)·노수신(盧守愼) 등에게서 배웠다. 송시(宋詩)의 풍조를 버리고 당시(唐詩)의 풍조를 쓰려고 노력하여 최경창(崔慶昌)·이달(李達)과 함께 삼당파(三唐派) 시인으로 불린다. 문집으로 『옥봉집』이 있다.

301) 趙僉知瑗妾李氏號玉峯, 送人往驪江詩曰, 神勒烟波寺, 淸心雪月樓.(『芝峯類說, 卷十四, 文章部七, 妓妾』)

한송정
寒松亭[302]

정자 옆에는 돌아궁이(石竈)와 돌연못[石池], 돌우물[石井]이 있으니 모두 사선(四仙)[303]이 차 끓이던 도구[茶具]이다. 삼일포(三日浦)[304] 북쪽 벼랑 전면에는 "술랑의 무리 남석행[南石行述郞徒南石行]"이라는 여섯 자의 붉은 글씨가 있다. 전설에 술랑의 무리가 쓴 것이라고 한다. 지금 강릉(江陵)에 한송정이 있다.

관란정
觀瀾亭

원호(元昊)[305]의 정자다. 청령포(淸泠浦)[306] 하류에 있다. 당시 단종(端宗)이 청령포(淸凉浦)에 있었는데 끼니가 없었다. 원호가 집안사람들에게

302) 한송사(寒松寺) : 강릉시 동남쪽 남항진(南項津) 해안 송림 중에 있었다고 한다. 언제 사라졌는지 기록은 없으나 절터에 유물 · 유적이 남아 있다.

303) 사선(四仙) : 신라 때 화랑 영랑(永郎) · 안상(安詳) · 남석행(南石行) · 술랑(述郎)의 네 국선(國仙)을 말함.

304) 삼일포(三日浦) : 강원도 고성군에 있는 호수. 신라 때에 네 화랑이 이곳에 왔다가 아름다운 경치에 매료되어 사흘을 머물렀던 데서 유래된 명칭이다. 사선정(四仙亭) · 몽천암(夢天庵) 등의 고적(古跡)이 있으며, 관동 팔경의 하나이다. 면적은 0.7㎢.

305) 원호(元昊) : 조선 초기 생육신(生六臣)의 한 사람. 본관은 원주(原州), 자는 자허(子虛), 호는 무항(霧巷) · 관란(觀瀾), 시호는 정간(貞簡). 세종 5년(1423) 식년문과(式年文科)에 급제, 여러 청환직(淸宦職)을 지내고 문종 때 집현전 직제학(直提學)이 되었다. 단종 초에 수양대군(首陽大君 : 世祖)이 권력을 휘두르기 시작하자 고향인 원주에 내려가 은거하다가 세조 3년(1457) 단종이 죽자 영월(寧越)에서 3년상을 치렀다. 그 뒤 호조참의에 임명되었으나 이에 불응하고 여생을 마쳤다.

306) 청령포(淸泠浦) : 강원도 영월군 남면(南面) 광천리(廣川里)에 있는 지명. 영월 시가지에서 서쪽으로 3km쯤 떨어져 있으며, 남한강 상류의 지류인 서강(西江)이 곡류하여 반도 모양의 지형을 이루었다. 동 · 북 · 서쪽이 깊은 물로 막히고 육지와 이어지는 남쪽은 층암절벽으로 막혀 있다. 그때문에 이곳에 유배되었던 단종이 '육지고도(陸地孤島)'라고 표현한 바 있다.
* 『松南雜識』에는 '淸凉浦'로 오기되어 있음.

매일 아침·저녁 밥 두 그릇씩을 가져오도록 당부하였다. 그중 한 그릇은 자신이 먹고 한 그릇을 바가지에 넣어 띄우면 강이 저절로 역류하여 단종(端宗) 앞에 이르렀다. 밥을 먹은 뒤 빈 바가지는 물결을 타고 정자에 이르니 역시 기이하다.

자규루
子規樓

『장릉지(莊陵志)』[307]에서 말하였다.

옛날의 매죽루(梅竹樓)[308]이다. 그래서 서주(西州)[309] 조하망(曺夏望)[310]의 시에서,

청령포구에 새 날아 돌아오고	淸泠浦口鳥飛還
들풀 사이에서 매죽루 찾기 어렵다	梅竹難尋野草間
옛부터 월(越)은 삼양(三讓)의 땅이라[311]	終古越中三讓地

307) 장릉지(莊陵誌) : 박경여(朴慶餘)와 권화(權和)가, 앞서 윤순거(尹舜擧)가 편찬한 『노릉지(魯陵誌)』 2권에다 속지(續誌) 2권을 증보하여 개제(改題)한 책. 활자본. 4권 2책. 숙종 37년(1711) 간행. 장릉(莊陵)은 강원 영월(寧越)에 있는 단종의 능이다.

308) 매죽루(梅竹樓) : 단종이 영월에 쫓겨나 있을 때에 이곳에 올라가 자규사(子規詞)를 지으니, 뒤에 자규루(子規樓)라고 이름을 바꾸었다.

309) 『松南雜識』에는 '서주(西洲)'로 오기되어 있다.

310) 조하망(曺夏望) : 조선 중기의 문신(1682~1747). 본관은 창녕(昌寧), 자는 아중(雅中), 호는 서주(西州). 숙종 37년(1711) 사마시(司馬試)에 합격, 경종 2년(22) 장릉참봉(章陵參奉)에 임명되었으나 사퇴하였다. 그 뒤 동몽교관(童蒙敎官)·공조좌랑·의령현령(宜寧縣令) 등을 역임하였다. 영조 12년(1736) 정시문과(庭試文科)에 장원, 판결사(判決事)를 거쳐 1742년 강릉부사(江陵府使)로 부임하여 경포대(鏡浦臺)를 중수(重修)하고 상량문(上樑文)을 지었는데, 그 문장으로 격찬을 받았다. 1746년 영월부사(寧越府使)로 전임했다가 병으로 사퇴하였다. 경사(經史)에 밝고 시부(詩賦)가 뛰어났으며, 문집으로 『서주집』이 있다.

311) 주(周)나라 태왕(太王)의 장자(長子) 태백(泰伯)이 왕위를 그의 둘째 동생 계력(季歷)

지금까지 강 위에는 구의산이 솟아있네312)	至今江上九疑山313)

라고 하였다.

손곡(蓀谷) 이달(李達)의 시에,

봄바람에 촉백이 고달프고	東風蜀魄苦
지는 해에 노릉이 썰렁하다	西日魯陵寒314)

라고 하였다.

이옥봉(李玉峯)315)의 시에,

첩의 몸 역시 왕의 손녀인지라	妾身亦是王孫女
이곳의 두견이 소리 차마 듣지 못하겠네	此地鵑聲不忍聞316)

라고 하니 세상에서는 '실록(實錄)'이라고 하였다.

에게 세 번이나 양보하고 월(越 : 荊蠻) 땅으로 도망하여 은둔한 고사를 말한다. 여기서는 단종이 그의 숙부 수양대군(首陽大君)에게 선위(禪位)하고 영월로 쫓겨난 사실을 비유적으로 이르는 말.

312) 강은 청령포가 있는 창평강(昌平江 : 西江)을 가리키며, 구의산(九疑山)은 중국 호남성(湖南省)에 있는 산인데, 순(舜) 임금의 무덤이 있는 곳이다. 여기서는 단종(端宗)을 장사지낸 장릉(莊陵)이 청령포가 있는 창평강 위에 있음을 비유적으로 가리킴.

313) 이 시는 조하망(曺夏望)이 영월부사(寧越府使)로 재임했던 영조 22년(1746)에 지은 것이며, 영월을 주제로 지은 한시(漢詩) 가운데 뛰어나다고 하여 당시에 전송(傳誦) 되었다.

314) 「영월도중(寧越道中)」.

315) 이옥봉(李玉峰) : 조선 선조 때의 여류 시인. 옥천(沃川) 군수를 지낸 봉(逢)의 서녀(庶女)로 조원(趙瑗)의 소실(小室)이 되었다. 『명시종(明詩綜)』·『열조시집(列朝詩集)』·『명원시귀(名媛詩歸)』 등에 작품이 전해졌고 1권의 시집(詩集)이 있었다고 하나, 시 32편이 수록된 『옥봉집(玉峰集)』 1권만이 『가림세고(嘉林世稿)』의 부록으로 전한다.

316) 『芝峯類說, 卷十四, 文章部七, 妓妾』.

헐성루
歇惺樓[317]

이 누각에 앉으면 금강산(金剛山)의 모든 모습을 빠뜨림 없이 볼 수 있다. 참봉(參奉) 이광려(李匡呂)의 시에,

금강산 만이천봉을	金剛萬二千
누각 앞에 날라다 놓았네	輸入一樓前[318]

라고 하였다.

월송정
月松亭

월송정은 평해(平海)[319] 바닷가에 있다. 깨끗한 눈빛 모래를 밟으면 사그락 사그락 우는 소리가 나서 마치 구슬 위를 걷는 듯하다. 해당화(海棠花)가 만발하면 서해(西海)의 금사(金沙)와 같다. 어떤 사람이 월(越)나라의 소나무를 가져다 심었기 때문에 '월송(越松)'이라고 한다는 전설이 있다.

비래정
飛來亭

발연사(鉢淵寺)[320] 옆에 감호(鑑湖)가 있는데 옛날 봉래(蓬萊) 양사언(楊

---

317) 헐성루(歇惺樓) : 강원도 금강군 내강리 내금강에 있던 정양사(正陽寺)의 사찰문 다락. 내금강의 경관 좋은 주위 40여개소의 봉우리들을 앉은 자리에서 바라볼 수 있는 전망대와 같은 것이었다.

318) 이광려의 문집인 『이참봉집(李參奉集)』에 없는 시이다.

319) 평해(平海) : 경상북도 울진군 동남부에 있는 읍.

士彦)[321]이 호숫가에 정자를 짓고 손수 '비래정(飛來亭)' 세 글자를 크게 써서 걸었다. 하루는 '飛'자가 홀연 바람에 말려 하늘로 들어가서 간 곳을 알 수 없었다. 그 일시를 따져보니 바로 양사언이 죽은 날이었다.

최전(崔澱)[322]의 시에,

봉래에 한 번 들어가니 삼천 년	蓬壺一入三千年
망망한 은빛 바다는 맑고도 얕다	銀海茫茫水淸淺
생황소리에 오늘도 홀로 날아 오는데	鸞笙今日獨飛來
벽도화 밑에 보는 이 없다	碧桃花下無人見[323]

라고 하였다.

관동팔경
關東八景

흡곡(歙谷)의 시중대(侍中臺), 통천(通川)의 총석정(叢石亭), 고성(高城)의 삼일포(三日浦), 간성(杆城)의 청간정(淸澗亭), 양양(襄陽)의 청초호(靑草湖), 강릉(江陵)의 경포대(鏡浦臺), 삼척(三陟)의 죽서루(竹西樓), 울진(蔚珍)의 망

320) 발연사(鉢淵寺) : 신라의 고승 진표(眞表)가 금강산에 건립한 사찰.

321) 양사언(楊士彦) : 조선 시대의 문신・서예가(1517~1584). 본관은 청주(淸州). 자는 응빙(應聘), 호는 봉래(蓬萊)・완구(完邱)・창해(滄海)・해객(海客). 시(詩)와 글씨에 모두 능하였는데, 특히 초서(草書)와 큰 글자를 잘 써서 안평대군(安平大君)・김구(金絿)・한호(韓濩) 등과 함께 조선 전기의 4대 서예가로 불렸다. 저서에 『봉래시집』이 있다.

322) 최전(崔澱) : 조선 중기의 문인(1567~1588). 본관은 해주(海州), 자는 언침(彦沈), 호는 양포(楊浦). 이이(李珥)의 문인. 선조 18년(1585) 진사시(進士試)에 합격했으나 요절했다. 시문에 뛰어났고 매화・조류(鳥類)를 잘 그렸으며 예서(隷書)・초서에 능했다. 특히 그의 시문유집(詩文遺集)은 명나라에서 간행되어 절찬을 받았다. 저서에 『양포유고(楊浦遺稿)』가 있다.

323) 崔楊浦澱少有逸才, 遊嶺東有詩曰, 蓬壺一入三千年, 銀海茫茫水淸淺, 鸞笙今日獨歸來, 碧桃花下無人見. 年弱冠早逝.(『芝峯類說, 卷十三, 文章部六, 東詩』)

양정(望洋亭)이 관동팔경(關東八景)이다.

살펴보건대, 한명회(韓明澮)가 강원감사로 이곳을 유람하고 있을 때 정승을 제수한다는 소식이 왔기에 '시중대(侍中臺)'라고 한다.

영랑(永郎) 등 사선(四仙)이 포구(浦口)에서 사흘간 유람하였기에 '사선정(四仙亭)'이라고 한다.

조직(趙溭)[324]의 시에,

사선정 위에서 신선 한 명 노닐더니	四仙亭上一仙遊
삼일포 안에서 반나절을 머문다	三日浦中半日留[325]

라고 하였다.

석양정(石陽正) 이정(李霆)[326]의 시에서,

천리에서 온 나그네 삼일포에서 놀더니	千里客遊三日浦
백년 뒤의 사람이 사선정에 기댔다	百年人倚四仙亭[327]

라고 한 말이 이것이다.

---

324) 조직(趙溭) : 조선 인조 때의 문신(1592~1645). 자는 지원(止源), 호는 지재(止齋), 본관은 풍양(豊陽). 광해군 5년(1613) 폐모론(廢母論)을 반대하였다가 친국(親鞫)을 당하고 남해에 안치되었다. 인조반정으로 기용되어 호조 좌랑이 되고, 정랑·군수 등을 지냈다. 산수화를 잘 그렸다.

325) 『明齋先生遺稿, 卷四十五, 行狀, 高城郡守贈大司憲趙公行狀』.

326) 이정(李霆) : 조선 중기의 화가(1541~1622?). 자는 중섭(仲燮), 호는 탄은(灘隱). 세종의 현손(玄孫)으로 석양정(石陽正)에 봉해졌다가 뒤에 석양군(石陽君)에 진봉(進封)되었다. 시·서·화에 뛰어났으며 묵죽(墨竹)으로 이름을 떨쳤다. 조선 시대의 화단(畵壇)은 도화서(圖畵署) 중심이었으나 중국의 영향을 많이 받은 사대부 중에는 묵죽을 전문으로 하는 사람이 많았는데 그런 속에서 소박한 화풍으로 그 방면에 독자성을 개척한 작가로서 주목된다.

327) 『芝峯類說, 卷十三, 文章部六, 東詩』.

영남루
嶺南樓

밀양(密陽)에 있으며 호서(湖西)의 영보정(永保亭)과 서로 부합된다고 한다. 대숲의 여자 귀신이 이상사(李上舍)에게 하소연을 한 것[328]은 이정(婺亭)의 귀신 이야기와 같다.

포석정
鮑石亭

전복 모양으로 돌을 새겨 팠기 때문에 '포석정(鮑石亭)'이라는 이름이 붙었다. 『고려사』에서, "경애왕(景哀王)[329]이 비빈(妃嬪)과 이 포석정에서 노닐며 악곡을 연주하였다"[330]라고 하였으니, 사람들은 후정화(後庭花)[331]에 비유하였다. 견훤(甄萱)이 이곳을 침입해서 그 부하들을 풀어놓아 유린하였다.

---

328) 영남루에서 남천강변으로 내려가면 아랑각(阿狼閣)이 있다. 아랑은 조선조 명종(1545~1567) 때 이 고을 부사의 딸로, 성은 윤, 이름은 정옥(貞玉) 혹은 동옥(東玉)이며, 재예(才藝)와 자색이 빼어났다. 태어난 지 겨우 수개월에 어머니를 여의고 유모의 품에서 자라나 아버지의 사랑을 독차지한 외동딸이었다. 그런데 어느날 유모의 꾐에 빠져 보름달을 구경하러 영남루에 나왔다가 통인 주기(朱旗)라는 이에게 유린당하게 되자 죽음으로써 항거하여 정절을 지켰다. 외동딸을 잃은 윤 부사는 실의에 빠져 서울로 돌아가게 되었다. 그러나 후임으로 부임해오는 부사마다 첫날밤에 의문의 죽음을 당하였다. 그러다가 이상사(李上舍)라는 사람이 고을 부사로 자청해 옴에 따라 그의 지혜를 빌어 원한을 풀게 되었다는 전설이 있다.

329) 『松南雜識』에는 '景明王'으로 오기되어 있음.

330) **時**羅王與妃嬪**宗戚**, **出**遊**鮑石**亭, **置酒娛樂**.(『高麗史, 卷一, 世家, 太祖』) → 羅**景明**王與妃嬪, 遊**此**亭, **奏曲**.(『松南雜識』)

331) 후정화(後庭花) : 옥수후정화(玉水後庭花). 진(陳) 후주(後主)가 지었다는 음탕한 노래로 망국의 곡조라 함.

영호루
暎湖樓

『고려사』에서 공민왕(恭愍王)이 안동(安東)으로 남천(南遷[332])한 후 이 누각(樓閣)에서 연회를 베푸니 구경하는 자가 담처럼 에워쌌다. 이에 앞서 참언(讖言)이 돌았으니 "소가 크게 울고 용이 바다를 떠나 얕은 물에서 맑은 물결을 희롱한다"는 것이다. 어떤 사람이 소매로 눈물을 훔치며 탄식하여 말하였다.

"옛날에 그 말을 들었더니 지금 그 징험을 보겠도다."[333]

또 누각의 편액은 공민왕의 친필이다.

계석루
戒石樓

현풍(玄風[334])의 초루(譙樓)이다.

『거가필용(居家必用)』에서 말하였다.

"한당(漢唐) 이래로 일찍이 없었는데, 오대(五代) 때에 촉주(蜀主) 맹영(孟昶)이 처음으로 반포하여 여러 읍에서 잠(箴)으로 삼게 하니 그 내용은 다음과 같다.

---

332) 고려 말엽인 공민왕 10년(1361)에 공민왕이 홍건적의 난을 피해 안동으로 몽진하여 이 정자에 머물렀다는 기록이 있다.

333) **乙未**, **幸暎湖樓**, **遂乘舟遊賞**, **仍射於湖邊**, **按廉使享王**, 觀者如堵, **或**有反袂興嗟**者**, **或誦讖而嘆曰**, **忽有一南寇**, **深入臥牛峯**, **又云**, 牛大吼龍離海, 淺水弄淸波, **古**聞其言, 今見其驗.(『高麗史, 卷三十九, 世家, 恭愍王』)→**愍王南遷安東**, **宴此樓**, 觀者如堵, **先是**, **有讖言**, 牛大吼龍離海, 淺水弄淸波. **人**有反袂興嗟**曰**, **昔**聞其語, 今見其驗.(『松南雜識』)

334) 현풍(玄風) : 대구광역시 달성군 남부에 있는 면.

짐은 백성 걱정에	朕念赤子
한밤에 밥 먹고 새벽에 옷 입는다	旰食宵衣
관리들에게 말하노라	言之令長
백성들을 위무하고 은혜를 베풀며 편안케 하라	撫養惠綏
정치는 삼이(三異)[335]에 있고	政存三異
도는 칠현금(七絃琴)[336]에 있다	道在七絲
닭 모는 법[337]을 이치로 삼고	驅鷄爲理
송아지를 남겨두는 청렴함[留犢][338]을 법으로 삼아	留犢爲規
관용과 엄격함을 알맞게 하면	寬猛得所
미풍양속을 이룰 수 있다	風俗可移
침탈하지 말게 하고	無令侵削
다치지 않도록 하라	無使瘡痍
백성을 학대하기는 쉬워도	下民易虐
하늘은 속이기 어려운 법	上天難欺
세금을 정확히 걷을지니	賦輿是切
군국의 자본이로다	軍國所資

335) 삼이(三異) : 한나라 중모(中牟) 현령 노공(魯恭)이 덕치(德治)를 시행하자 3가지 신비한 일이 생겼다는 고사. 『후한서(後漢書), 노공전(魯恭傳)』에 의하면 "노공은 중모의 현령으로 부임해서 덕화(德化)로 정치를 하고 형벌을 사용하지 않았다. 건초(建初) 7년 나라에 명충(螟蟲)이 극성이었건만 중모로는 들어가지 않았다. 하남(河南)의 윤(尹) 원안(袁安)이 소문을 듣고 믿을 수 없어 비친(肥親)을 시켜 염탐하게 하였다. 노공이 밭길을 따라 걸었고 사람들은 모두 뽕나무 아래 앉아 있었다. 그때 꿩이 날아와 앉았고 그 옆에는 어린아이가 있었는데 꿩을 잡지 않았다. 비친이 그 이유를 묻자, '저 까투리는 새끼가 있는걸요'라고 대답하였다. 이에 감동한 비친은 자신이 온 목적을 실토하고 다음과 같이 말하였다. '해충이 이 땅으로 넘어오지 않으니, 이것이 첫 번째 신이한 일입니다. 교화가 짐승에게까지 미치니 이것이 두 번째 신이한 일입니다. 어린아이도 어진 마음을 갖고 있으니 이것이 세 번째 신이한 일입니다." 송남잡지에는 三異가 三禩로 오기되어 있음.

336) 칠현금(七絃琴) : 거문고의 일곱 현은 만물과 통하므로 거문고 소리로 치란(治亂)을 살필 수 있다고 한다.

337) 순열(荀悅)의 『신감(申鑒), 정체(政體)』에 나오는 말로, 백성 다스리는 법을 어린아이가 닭 모는 법에 비유하였다.

338) 유독(留犢) : 수춘(壽春) 현령 시묘(時苗)는 매우 청렴하여 부임할 때 데리고 온 암소가 새끼를 낳았는데 떠날 때는 자신의 소유가 아니라 하여 두고 갔다는 고사가 있다. 이후로 관리의 청렴한 행동을 비유하는 말로 사용된다.

짐의 상과 벌은	朕之賞罰
진실로 때를 넘기지 않는다	固不踰時
너희의 녹봉은	爾俸爾祿
백성의 기름이니	民膏民脂
백성의 부모로서	爲民父母
인자하지 않을쏘냐	莫不仁慈
힘써 경계하고	勉爾爲誡
짐의 깊은 생각을 본받으라	體朕深思

모두 스물 네 구인데 송나라 태종(太宗)이 번다한 것을 제거하고 간략함을 취하여 그중에서 "爾俸爾祿, 民膏民脂, 下民易虐, 上天難欺" 열여섯 자를 천하에 공포(公布)하였다. 고종(高宗) 소흥(紹興)[339] 연간에 이르러 다시 황정견(黃庭堅)의 글씨를 주현(州縣)의 관장(官長)들로 하여금 좌우명(座右銘)으로 새기게 하였는데, 지금도 관부(官府)에 그것이 남아 있다. 지원(至元)[340] 계사년(1293)에 절서숙정렴방사(浙西肅政廉訪使)로 전당(錢塘)에 부임한 사관태사(司官大使) 용재(容齋) 서염(徐琰)[341]이 명문(銘文)을 고쳐서,

하늘에는 밝은 거울이 있고	天有昭鑒
나라에는 밝은 법이 있도다	國有明法
너는 두려워하고 조심하여	爾畏爾謹
정확하게 형벌을 시행하라	以中刑罰

라고 하였다.[342]

---

339) 소흥(紹興) : 남송 고종의 연호(1131~1162).

340) 지원(至元) : 원나라 세조의 연호(1264~1293).

341) 서염(徐琰) : 원나라의 문신. 일명은 서완(徐琬), 자는 자방(子方), 호는 용재(容齋)·양재(養齋)·문수(汶叟). 문학으로 명망이 높았다. 시호는 문헌(文獻).

342) 漢唐以來, 未嘗有之, 五代時, 蜀主孟昶, 始頒令箴於諸邑, 其文曰, 朕念赤子, 旰食宵衣, 言之令長, 撫養惠綏, 政存三異, 道在七絲, 驅鷄爲理, 留犢爲規, 寬猛得所, 風

을밀대

乙密臺[343]

전설에 고구려의 을지문덕(乙支文德)이 을밀대(乙密臺)에 올라 수(隋)나라 군대의 허실(虛實)을 탐색하였다고 한다.

촉석루

矗石樓

박민헌(朴民獻[344])의 시에,

누 앞을 지나가는 오리 평평히 등이 보이고　　樓前過鶩平看背
물 속에 헤엄치는 새우 세세히 수염 셀 수 있네　　水底游蝦細數髯[345]

俗可移, 無令侵削, 無使瘡痍, 下民易虐, 上天難欺, 賦輿是切, 軍國所資, 朕之賞罰, 固不踰時, 爾俸爾祿, 民膏民脂, 爲民父母, 莫不仁慈, 勉爾爲誡, 體朕深思, 凡二十四句, 宋太宗, 刪繁取簡, 摘其爾俸爾祿民膏民脂下民易虐上天難欺十六字, 頒行天下, 至高宗紹興間, 復以黃庭堅所書, 命州縣長吏, 刻銘座右, 至今官府存焉. 至元癸巳, **浙**西廉司移治錢塘, 司官大使容**齋**徐參政改書其銘曰, 天有昭鑒, 國有明法, 爾畏爾謹, 以中刑罰.(『居家必用, 辛集, 戒石銘』) → 漢唐以來, 未嘗有之, 五代時, 蜀主孟昶, 始**原**令箴於諸邑, 其文曰, 朕念赤子, 旰食宵衣, 言之令長, 撫養惠綏, 政存三禩, 道在七絲, 驅鷄爲理, 留犢爲規, 寬猛得所, 風俗可移, 無令侵削, 無使瘡痍, 下民易虐, 上天難欺, 賦輿是切, 軍國所資, 朕之賞罰, 固不踰時, 爾俸爾祿, 民膏民脂, 爲民父母, 莫不仁慈, 勉爾爲誡, 體朕深思, 凡二十四句, 宋太宗, 刪繁取簡, 摘其爾俸爾祿民膏民脂下民易虐上天難欺十六字, 頒行天下, 至高宗紹興間, 復以黃庭堅所書, 命州縣長吏, 刻銘座右, 至今官府存焉. 至元癸巳, 西廉司移治錢塘, 司官大使容**齊**徐參政改書其銘曰, 天有昭鑒, 國有明法, 爾畏爾謹, 以中刑罰.(『松南雜識』)

343) 을밀대(乙密臺) : 평양 중구역 금수산에 있는 누정(樓亭). 북한 사적 제7호. 사허정(四虛亭)이라고도 한다. 6세기 중엽 고구려 시대에 평양성의 내성장대로 처음 건립되었으며, 1714년에 중건되었다.

344) 박민헌(朴民獻) : 조선 중기의 문인(1516~1586). 본관은 함양(咸陽), 자는 희정(希正), 초자는 이정(頤正), 호는 정암(正菴)·슬한재(瑟僩齋)·의속헌(醫俗軒)·저헌(樗軒). 서경덕(徐敬德)의 문인이다. 변방의 수령이 되었을 때 왜란이 일어날 것을 미리 알고 낡은 병기를 보수하고 군대를 조련(調鍊)하는 등 무비에 힘썼다. 저서로 『슬한재집(瑟僩齋集)』이 있다.

라고 하니 누각이 높고 물이 맑음을 말한 것이다.

임진왜란 때 왜장(倭將) 종노(宗老)가 진주영(晋州營)의 기생 논가(論可)와 이 누각에서 마주 보고 춤을 추었다. 누각은 절벽 위에 있고 절벽 아래는 물이 깊었다. 논가가 종노의 허리를 단단히 안고 누각 아래 물로 바로 뛰어들어 익사하였다.

전설에 여덟 살짜리 아이가 촉석루의 편액을 썼는데 글씨를 다 쓰고는 넋이 나가 죽었다고 한다.

신유한(申維翰)[346]의 시에,

천지는 임금에게 세 장사를 주었고	天地報君三壯士
강산은 길손에게 한 누각을 남겼네	江山留客一孤樓[347]

라고 하였다.

내개 누각의 명성이 처음에는 어린아이의 글씨에서, 중간에는 기생의 춤에서, 마지막에는 세 장사에게서 난 것이다.

「양산숙전(梁山璹傳)」에서 말하였다.

> 진주가 포위되었을 때 왜가 화살에 편지를 묶어 성안으로 쏘아 보내 말하기를 "성안에 김씨·양씨·고씨 세 장사가 있다고 하니, 그들의 삿갓을 성 위에 걸어두면 우리는 마땅히 물러갈 것이다"라고 하였다.

세 장수란 바로 김천일(金千鎰)[348]·양산숙(梁山璹)[349]·고종후(高從厚)[350]이다.

---

345)『芝峯類說, 卷九, 文章部二, 詩評』.
346) 신유한(申維翰): 조선 후기의 문장가. 자는 주백(周伯). 호는 청천(靑泉). 숙종 45년(1791)에 제술관으로 일본에 다녀왔으며, 문장에 능하였다. 저서에 『해유록(海遊錄)』이 있다.
347)「제촉석루(題矗石樓)」.

몰운대
沒雲臺

동래(東萊)의 바다 구비에 몰운대(沒雲臺)가 있다. 정운(鄭雲)이 이곳을 지나다가 "내가 여기서 죽을 것인가? 낙봉파(落鳳坡)351)나 팽망산(彭亡山)352)과 같구나"라고 하였다.

치원대
致遠臺

해인사(海印寺)353) 동구(洞口)에 홍류동(紅流洞)이 있고 그 동구에 무릉

---

348) 김천일(金千鎰) : 조선 중기의 문신 · 의병장(1537~1593). 본관은 언양. 자는 사중(士重). 호는 건재(健齋) · 극념당(克念堂). 시호는 문열(文烈). 나주 출생. 이항(李恒)의 문인. 선조 6년(1573) 군기시주부(軍器寺主簿)가 되고, 1578년 임실현감(任實縣監)을 지냈다. 1592년 임진왜란 때 나주에 있다가 고경명(高敬命) · 박광옥(朴光玉) · 최경회(崔慶會) 등과 함께 의병을 일으켰다. 진주성을 지킬 때 백병전이 벌어져, 화살이 떨어지고 창검이 부러져 대나무 창으로 응전하였다. 마침내 성이 함락되자 아들 상건(象乾)과 남강(南江)에 투신 자결하였다. 저서에 『송천집(松川集)』 · 『건재집(健齋集)』이 있다.

349) 양산숙(梁山璹) : 조선 중기의 의병장(1561~1593). 본관은 제주(濟州), 자는 회원(會元). 성혼(成渾)의 문인. 벼슬에 뜻을 두지 않고 경서(經書)에만 전심하였다. 천문 · 지리 · 병학에도 뛰어났다. 임진왜란이 일어나자 형 양산룡(梁山龍)과 함께 나주에서 창의(倡義)해, 김천일(金千鎰)을 맹주(盟主)로 삼고 그는 부장이 되고 형은 운량장(運糧將)이 되었다. 진주성에서 항전하다가 남강에 투신 자결했다고 한다.

350) 고종후(高從厚) : 조선 중기의 의병장(1554~1593). 본관은 장흥(長興), 자는 도충(道冲), 호는 준봉(準峰), 시호는 효열(孝烈). 선조 3년(1570) 진사가 되고, 1577년 별시문과에 급제하여 현령(縣令)에 이르렀다. 임진왜란 때 아버지 고경명(高敬命)을 따라 의병을 일으키고, 금산(錦山) 싸움에서 아버지와 동생 고인후(高因厚)를 잃었다. 이듬해 다시 의병을 일으켜 스스로 복수의병장(復讐義兵將)이라 칭하고 여러 곳에서 싸웠다. 위급해진 진주성(晉州城)에 들어가 성을 지켰으며 성이 왜병에게 함락될 때 남강에 몸을 던져 죽었다.

351) 낙봉파(落鳳坡) : 봉이 떨어진 언덕이라는 의미의 지명으로 『삼국지(三國志)』에 봉추(鳳雛) 방통(龐統)이 낙봉파(落鳳坡)에서 죽었다는 이야기가 있음.

352) 팽망산(彭亡山) : 한 고조의 장수 팽월(彭越)이 죽은 산.

353) 해인사(海印寺) : 경상남도 합천군 가야면(伽倻面) 가야산 남서쪽에 있는 사찰. 신라

교(武陵橋)가 있으니 폭포와 반석이 수십 리에 걸쳐 있다.

고운(孤雲) 최치원(崔致遠)의 시에,

첩첩 바위를 미친 듯 달려 겹겹 봉우리 울리니	狂奔疊石吼重巒
지척의 말소리도 분간키 어려워라	人語難分咫尺間
늘 시비(是非)하는 소리 귀에 들릴세라	常恐是非聲到耳
짐짓 흐르는 물로 온 산을 둘러쳤다네	故教流水盡籠山[354]

라고 하였다.

후대에 사람들이 시의 제재가 되었던 바위에 이름을 붙여 '치원대(致遠臺)'라고 하였다. 또 독서당(讀書堂)은 고운(孤雲)이 갓과 신을 남겨둔 곳이라고 한다.

난가대
爛柯臺

예안(禮安)[355] 강가에 모난 바둑판같은 바위가 있으니 고운(孤雲) 최치원(崔致遠)이 바둑을 두던 곳이다. 곁의 석굴(石窟) 속에 한 노파의 상이 있으니 고운이 산에 살 때 밥을 해주던 여종이라는 전설이 있다.

제40대 애장왕(哀莊王) 때의 순응(順應)과 이정(利貞)이 당나라에서 돌아와 우두산(牛頭山 : 가야산)에 초당(草堂)을 지은 데서 비롯된다. 법보(法寶)사찰로서 통도사(通度寺 : 佛寶사찰) · 송광사(松廣寺 : 僧寶사찰)와 더불어 삼보(三寶) 사찰 가운데 하나이다.

354) 狂奔**疊**石吼重巒, 人語難分咫尺間, **常**恐是非聲到耳, 故教流水盡籠山.(『孤雲先生文集, 卷一, 詩, 題伽倻山讀書堂』) → 狂奔**觸**石吼重巒, 人語難分咫尺間, **或**恐是非聲到耳, 故教流水盡籠山.(『松南雜識』)

355) 예안군(禮安郡) : 경북 안동군에 병합된 조선 말기의 행정구역.

취원루
聚遠樓

부석사(浮石寺)356) 뒤에 있다. 넓직하고 높아서 기세와 정신이 경상도 전체를 오로지 압도하는 듯하다. 누각 위에는 신라 이래로 이 절에서 자질이 뛰어나고 사리가 나온 명승(名僧)의 화상 십여 폭이 걸려 있는데 한결같이 모습이 기이하며 신채(神彩)가 청정(淸淨)하여 엄연히 삼매경(三昧境)에 든 것 같다.

벽파정
碧波亭

해남(海南) 진도(珍島) 입구에 자리 잡고 있다. 정자 아래의 돌줄기[石脈]는 대들보 같다. 대들보의 위와 아래는 계단같이 절개되어 바닷물이 동쪽에서 서쪽으로 흘러가는데 폭포처럼 매우 빠르다. 임진왜란 때 충무공 이순신이 대들보 위에 쇠사슬을 가로질러 매어놓고 기다리니 왜선이 대들보 아래 걸려 전복되었는데, 대들보 위에 있는 사람을 보지 못하고 순류(順流)가 바로 흘러 내려간다고 생각하였다. 그래서 오백 척의 왜선이 모조리 침몰하였다.

---

356) 부석사(浮石寺) : 경북 영주시 부석면 봉황산(鳳凰山) 중턱에 있는 절. 신라 문무왕 16년(676) 의상조사(義湘祖師)가 왕명을 받들어 창건하고, 화엄의 대교(大敎)를 펴던 곳으로, 창건에 얽힌 의상과 선묘(善妙) 아가씨의 애틋한 사랑의 설화는 유명하다. 고려 현종 7년(1016)에 원융국사(圓融國師)가 무량수전(無量壽殿)을 중창하였고, 우왕 2년(1376)에 원응국사(圓應國師)가 다시 중수하고, 이듬해 조사당(祖師堂)을 재건하였다. 그 후 여러 차례 중수와 개연(改椽)을 거쳐 1916년에는 무량수전을 해체 수리하였다.

연자루
燕子樓

당나라 장건봉(張建封)이 기생 혜혜(盻盻)를 사랑하여 연자루(燕子樓)를 짓고 살게 하였다. 고려말의 장억(張億)은 순천(順天) 군수가 되어 관기(官妓) 호호(好好)를 사랑하여 역시 연자루(燕子樓)를 지었다.[357)]

장일(張鎰)[358)]의 시에,

서리 내리는 달밤 처량한 연자루	霜月凄凉燕子樓
낭관 한번 떠난 뒤로 꿈이 아득하다	郎官一去夢悠悠
당시의 좌객들 늙음을 꺼리지 마라	當時座客休嫌老
누각 위의 미인도 백발인걸	樓上佳人亦白頭

이라고 하였으니, 낭관(郎官)이란 장억(張億)을 가리킨다.[359)]

연광정
練光亭

『택리지(擇里志)』에서 말하였다.

---

357) 손억(孫億 : 1214~1259)이 승평부사로 부임하여 호호(好好)라는 관기를 매우 사랑한 일이 있었는데 안부(按部)가 되어 승평 고을을 다시 찾아 왔을 때에는 호호라는 관기는 이미 늙어 있더라는 고사가 있다.
* 『松南雜識』에는 '손억'이 '장억(張億)'으로 되어 있다.

358) 장일(張鎰) : 고려 시대의 문신(1207~1276). 본관은 창녕(昌寧), 자는 이지(弛之), 초명은 민(敏), 시호는 장간(章簡).

359) **張鎰題昇平燕子樓詩曰**, 霜月凄凉燕子樓, 郎官一**去**夢悠悠, 當時座客休嫌老, 樓上佳人亦白頭. **昇平今順天府也**. **張曾判此郡時**, **有太守孫億眷官妓好好**, **及張按部重來**, **好好已老故云**. 郎官指**孫**億也.(『芝峯類說, 卷十三, 文章部六, 東詩』) → 霜月凄凉燕子樓, 郎官一**曲**夢悠悠, 當時座客休嫌老, 樓上佳人亦白頭. **盖**郎官指億也.(『松南雜識』)

연광정(練光亭)은 대동강 절벽 위에 있다. 강 너머의 아득한 산이 광활한 들과 긴 숲 밖에서 멀리 공수(拱手)360)하고 있으니, 밝고 빼어나고 아름다워 말로 다 표현할 수가 없다.

고려의 김황원(金黃元)361)이 시 한 연(聯)을 읊었다.

긴 성 한쪽으로 넘실넘실 강물 흐르고	長城一面溶溶水
너른 들 동쪽으론 점점이 산이 솟았네	大野東頭點點山

명나라 사신 주지번(朱之蕃)이 연광정에 올라서 "통쾌(痛快)하다"라고 말하고 손수 '천하제일강산(天下第一江山)' 여섯 자를 써서 편액을 걸었다. 정축년(1637)에 청나라 황제가 그것을 보고 "중국에 금릉(金陵)과 절강(浙江)이 있건만 이것이 어떻게 '제일(第一)'이 되겠는가?"라고 하고 부수게 하려다가 잘 쓴 글씨가 아까워서 다만 '천하(天下)' 두 글자만 톱으로 잘라버리게 하였다고 한다.362)

---

360) 공수(拱手) : 왼손을 오른손 위에 놓고 두 손을 마주 잡아 공경의 뜻을 나타냄. 또는 그런 예.

361) 김황원(金黃元) : 고려 시대의 문신(1045~1117). 본관은 광양(光陽), 자는 천민(天民), 시호는 문간(文簡). 일찍이 문과에 급제하여 예부시랑(禮部侍郎)·한림학사(翰林學士) 등을 지냈다. 고시(古詩)로 이름을 떨쳤고, 청렴 강직하여 권세에 아부하지 않았다. 이궤(李軌)와 함께 한림원에 있을 때 요(遼)나라의 사신을 맞아 시(詩)로써 환영하니 요나라 사신이 크게 감동하였다. 국자좨주(國子祭酒)·추밀원첨서사(樞密院簽書事)를 역임하고 벼슬에서 물러났다.

362) **城**在**江上**絶壁, 上**有練光亭**, 江外遙山, 遠**控**於濶野長林之外, 明媚秀嫩, 不可名狀, **高**麗詩人金黃元, **登亭終日沉思**, **只**得一聯**曰**, 長城一面溶溶水, 大野東頭點點山, **而思涸不復續**, **仍痛哭而下**, **此最可笑**, **詩亦非佳句**, **皇明時**, 朱之蕃**奉使至**, 登亭**叫呼**稱快, 手寫天下第一江山六字, 揭額, 及丁丑, 淸皇帝, **回軍日**, 看之, 以爲中原有金陵浙江, 此安得爲第一, 令人打破, **已而**惜其善書, 只**令**鋸**去**天下二字.(『擇里志, 平安道』) →**亭**在**浿水**絶壁上, 江外遙山, 遠**拱**於濶野長林之外, 明秀媚嫩, 不可名狀, 麗詩人金黃元, 得一聯**云**, 長城一面溶溶水, 大野東頭點點山, **天使**朱之蕃, 登亭稱快, 手寫天下第一江山六字, 揭額, 及丁丑, 淸皇帝, 看之, 以爲中原有金陵浙江, 此安得爲第一, 令人打破, 惜其善書, 只鋸天下二字**云**.(『松南雜識』)

전하는 말에 석북(石北) 신광수(申光洙)[363]가 일찍이 「관산융마시(關山戎馬詩)」[364]로 세상에 이름을 떨쳤다. 그가 몰락해서 평양을 유람하다가 풍정(風情)을 견디지 못하여 진흙 범벅인 신을 신고 누더기 적삼을 입은 채 연광정에 오르려라고 하였다. 때마침 감사(監司)가 관할 군수를 모두 모아 놓고 기생과 잔치를 벌이고 있었던 터라 번번이 군졸에게 잡혀 쫓겨났다. 감사(監司)는 그에게 유자(儒者)의 자태(姿態)가 있음을 보고 말석(末席)에 앉아도 좋다고 특별히 허락하였다. 술이 한두 순배 돌자 몇 무리의 기생이 쌍쌍이 줄을 지어 새로 번역한 곡조를 노래하는데, 바로 「관산융마시(關山戎馬詩)」 한 편이었다. 석북(石北)이 마음속으로 몹시 기뻐하다가,

푸른 도포 입고 한 번 만리선(萬里船)에 오르니	青袍一上萬里船
하늘빛 같은 동정호(洞庭湖) 물결이 가을을 알리네	洞庭如天波始秋

라는 구절에 이르자 자신도 모르게 어깨를 으쓱거리며 춤을 추었다. 그 자리에 있던 모든 이들은 깜짝 놀라 돌아보며 말했다.

"미쳤군!"

석북이 그제야 말했다.

"이것은 내 노래요."

감사(監司)는 그가 신광수(申光洙)라는 사실에 기뻐하며 윗자리로 맞아 들였다.

---

363) 신광수(申光洙) : 조선 후기의 문신(1712~1775). 본관은 고령(高靈), 자는 성연(聖淵), 호는 석북(石北)·오악산인(五嶽山人). 음보(蔭補)로 참봉(參奉)에 등용되고, 영조 40년(1764) 의금부도사(義禁府都事)로 탐라(耽羅)에 건너가서 그곳의 풍토·지리·해운 등 상황을 조사, 『부해록(浮海錄)』을 지었다. 그 후 연천(漣川) 현감을 지냈으며, 1772년 기로정시(耆老庭試)에 장원하여 돈령부도정에 오르고, 1775년 승지에 이르렀다. 서화와 과시(科詩)에 능했고 그중 「관산융마(關山戎馬)」는 대표작으로 널리 애송되었다. 문집에 『석북집(石北集)』이 있다.

364) 관산융마시(關山戎馬詩) : 신광수(申光洙)가 지은 공령시(功令詩 : 과거 때 쓰는 詩體) 「등악양루탄관산융마(登岳陽樓歎關山戎馬)」를 자유리듬에 얹어 부른 노래이다. 느리고 꿋꿋한 선율로 서도잡가 중에서도 기품 있는 곡으로 손꼽힌다.

기생들이 말했다.

"석북이 천상(天上)의 사람인줄 알았는데 지금 직접 뵈니 놀랍고도 다행스러운 일입니다."

어떤 거문고 타는 묘령의 기생이 비단 치마폭을 펼치며 시 한 구를 써달라고 청하며 말하였다.

"전생(前生)의 인연을 맺고 싶습니다."

그녀의 나이를 물어보니 "열아홉입니다"라고 대답하였다.

석북은 바로 술에 취하여 이런 시를 써 주었다.

네 나이 열 아홉인데	爾年十九齡
일찌감치 거문고 탈 줄 아는구나	乃早持瑟琴
재빨리 높이고 낮출 줄 아니	速速許高低
지음에게 보답하기를 어려워 마라	勿難報知音[365]

그 자리에 있던 사람들은 모두 칭탄(稱歎)해 마지않았고 자빠지도록 웃어댔다. 감사(監司)는 기생에게 석북의 잠자리 시중을 들도록 명하였다.

365) 한자의 음(音)대로 읽으면 대단히 외설스러운 내용이 된다.

부벽루

浮碧樓[366]

연광정(練光亭) 북쪽, 영명사(永明寺) 앞의 맑은 물 흘러가고 절벽이 끝나는 곳에 있다. 하곡(荷谷) 허봉(許篈)[367]이 감사(監司)의 사위와 더불어 기생을 끼고 잔치를 벌이자 감사가 크게 노하여 기생을 가두었다. 허봉이 돌아와서 「춘유부벽루가(春遊浮碧樓歌)」 한 편을 지었다.

전설에 칸[汗]이 회군을 할 때 부벽루에 올라 대들보 결이 저절로 터진 것을 보았는데 화살이 박힌 채 끝만 나와 있었다. 칸이 이상하게 생각하고 이것을 뽑는 자는 천금과 비단 일만 오천 자를 상으로 내리겠다고 하였다. 청나라 군사들이 그것을 뽑으려 하였지만 할 수 없었으며 몽고놈들도 매한가지였다.

칸이 말하였다.

"오로지 천하의 정남(貞男) 정녀(貞女)만이 그것을 뽑을 수 있다."

정남(貞男)이란 평생 한 명의 아내만 있을 뿐 다른 여자를 마음에 두

366) 부벽루(浮碧樓) : 평양특별시 중구역 대동강가에 있는 누각. 평양 8경의 하나로 금수산(錦繡山) 모란봉의 동쪽 청류벽(淸流壁) 위에 있다. 원래는 영명사(永明寺)의 부속건물로서 고구려 시대인 393년에 세워진 영명루(永明樓)였다. 12세기 초 고려 예종이 군신과 더불어 잔치를 베풀고 그 자리에서 이안(李顔)에게 명하여 이름을 다시 짓게 했는데, 거울 같이 맑고 푸른 물이 감돌아 흐르는 청류벽 위에 떠있는 듯한 누정이라는 뜻에서 부벽루라고 부르게 되었다. 이후 임진왜란 때 불타서 1614년에 중건하였고 현재 건물은 6·25전쟁 때 불탄 것을 1956년과 1959년에 복원한 것이다. 정면 5칸(14.5m), 측면 3칸(7.68m)에 이익공 두공을 얹은 흘림기둥이 합각지붕을 떠받치고 있는 단층 목조건물로, '천하제일강산(天下第一江山)'이라고 쓴 현판이 걸려 있다. 이 누각은 뛰어난 건축술뿐만 아니라 모란봉과 어우러진 아름다운 경치로 진주 촉석루, 밀양 영남루와 더불어 조선 3대루의 하나로 이름이 높았다.

367) 허봉(許篈) : 조선 중기의 문신(1551～1588). 본관은 양천(陽川), 자는 미숙(美叔), 호는 하곡(荷谷). 유희춘(柳希春)의 문인. 선조 1년(1568) 생원시에 합격하고, 1572년 친시문과에 병과로 급제, 이듬해 사가독서(賜暇讀書)하였으며, 1574년 서장관으로 명나라에 가서 『하곡조천기(荷谷朝天記)』를 썼다. 이듬해 이조좌랑(吏曹佐郎)으로 김효원(金孝元) 등과 동인의 선봉이 되어 심의겸(沈義謙) 등 서인들과 대립하였다. 문집에 『하곡집』·『하곡수어(荷谷粹語)』 등이 있고, 편저에 『의례산주(儀禮刪註)』·『북변기사(北邊記事)』·『독역관견(讀易管見)』·『이산잡술(伊山雜述)』·『해동야언(海東野言)』 등이 있다.

지 않은 남자이고, 정녀(貞女)도 그와 같다. 우리나라 군인 중에 어떤 한 사람이 아내의 정조를 자신하여 응모하며 말하였다.

"신의 아내라면 할 수 있습지요."

그는 즉시 데리고 오라는 명령을 받고서 가는 길에 누이의 집에 들러 집에 가는 이유를 말하였다. 그러자 누이가 말하였다.

"네 아내가 할 수 있을까? 내가 차라리 나을성싶다만……. 그러나 꼭 그렇지만도 않다. 네가 가서 반대로 말을 해보고 다시 나를 찾아오너라."

군졸이 누이가 알려 준대로 아내에게 말하였다.

"서방 다섯을 둔 여자라야 화살을 뽑아서 상을 받을 수 있다네. 하지만 다섯이 채 안되서 네 명이거나, 수가 넘쳐서 여섯이면 안 된다네."

아내가 손가락을 꼽으며 헤아려보고 말하였다.

"내[川] 건너 이 서방, 옆집 머슴 김 총각 등 겨우 네 명밖에 안된다우. 남자 중도 사내 축에 끼겠수? 그 이까지 치면 이럭저럭 다섯 명을 채울 수 있겠수."

군졸이 낭패하여 누이에게 돌아갔다가 누이와 함께 누 아래에 이르렀다. 이날 구름사다리와 바구니를 만들어 그녀를 올라가게 하였다. 청나라 · 몽고 · 우리나라의 셀 수 없을 정도로 많은 군중이 둘러싸고, 천하의 정조 있는 아낙이 누각으로 올라가는 모습을 올려다 보았니 참으로 이런 장관이 없었다.

누이가 한 손으로 화살을 뽑으니 화살이 흐르듯 뽑히다가 활촉에 이르러서는 단단히 물려 거꾸로 늘어져 버렸다. 누이가 한탄을 하며 동생을 돌아보고 말하였다.

"이상쿠나! 내가 어렸을 때부터 규문(閨門) 밖을 나가지 않아서 아무리 친척이라도 서로 얼굴을 마주보지 않았지. 열대여섯 때였나? 동서를 따라 뒷 계곡으로 놀러가서 꽃구경을 했더랬지. 물을 보노라니 아주 맑고 얕았어. 수건을 끌러 빠는데 갑자기 물속으로 몹시도 아름다운 그림자가 하늘하늘 비치더라구. 고개 돌려 보니 어떤 묘령의 사내가 지나가는데 그 모습이 옥(玉) 같았다네. 내 나이 지금 예순인데 아직도 마음에 티가 있다면 그때 그 일이리."

그리고는 화살을 당기니 바로 뽑혔다고 한다.

대개 호사가(好事家)가 이 말을 하여 강화(講和)한 일을 기록하였다. 그러나 임금이 사대(事大)하는 것은 정세(政勢)이고 나라를 보존하는 것은 예(禮)이다. 어찌 천승(千乘)의 임금에게 한낮 아녀자의 하찮은 의리를 요구할 수 있으랴? 정묘년의 강화(講和)는 부벽루(浮碧樓)의 화살이니 뽑지 않더라도 괜찮다. 병자년의 강화(講和)는 부벽루의 활촉이니 뽑아낼 수 있겠는가? 일찍이 수백 년의 종묘사직과 억만(億萬)의 백성을 부벽루의 일개 활촉으로 여기고자 하는 자는 정세를 아는 것일까? 그렇다고 예를 아는 것일까? 진심으로 손노야(孫老爺)를 부를 것인가? 손노야(孫老爺)는 명나라 말기 요동(遼東) 총관(總管) 손승종(孫承宗)이다.

강선루
降仙樓

성천(成川)[368]의 옛 송양국(松讓國)[369]에 있으니 박엽(朴燁)[370]이 지었다. 삼백여 칸으로, 구조가 굉장하여 팔도 누각의 으뜸이라고 한다.

---

368) 성천(成川) : 평양 북동쪽 약 56km 지점에 있다. 대동강(大同江)의 지류인 비류강(沸流江) 왼쪽 기슭에 있다.

369) 송양국(松讓國) : 비류국(沸流國). 고구려 건국기 지금의 압록강 지류인 동가강(佟佳江 : 渾江) 유역에 위치하였던 작은 나라로 송양(松讓)이 다스렸다.

370) 박엽(朴燁) : 조선 중기의 문신(1570~1623). 본관은 반남(潘南). 자는 숙야(叔夜). 호는 국창(菊窓). 광해군 때 함경도 병마절도사가 되어 성지(城池)를 수축하여 방비를 굳건히 하였다. 평안도관찰사가 되어 기강을 바로 세우고 국방을 튼튼히 하여 재직 6년 동안 외침(外侵)을 당하지 않았다. 권신 이이첨(李爾瞻)을 모독하고도 무사할 만큼 명성을 떨쳤으나, 인조반정 후 처가가 광해군과 인척이었다는 이유로 1623년 인조반정의 훈신(勳臣)들에 의해 학정(虐政)의 죄를 쓰고 사형당하였다.

백상루
百祥樓

청천강(淸川江)[371] 변 칠불사(七佛寺) 곁에 있다.
고려 충숙왕(忠肅王)의 시에,

풀빛 아득히 긴 언덕은 온통 푸른데	草遠長堤青一面
구름 밑에 늘어선 산봉우리 푸르다	雲低列峀碧千峰[372]

라고 하였다.

통군정
統軍亭[373]

서애(西厓) 유성룡(柳誠龍)의 시에,

해는 청주(青州)와 제나라 경계에 지고	日落青齊界
구름은 말갈산에 비꼈다	雲橫靺鞨山[374]

라고 하였으니, 지금의 의주(義州)에 있다.

371) 청천강(淸川江) : 평남·북 도경을 서류하여 서한만(西韓灣)으로 유입하는 강.
372) **高**麗忠肅王**百祥樓**詩**曰**, 草遠長堤青一面, 雲低列峀碧千**頭**.(『芝峯類説, 卷九, 文章部二, 詩評』)→麗忠肅王詩**云**, 草遠長堤青一面, 雲低列峀碧千**峰**.(『松南雜識』)
373) 통군정(統軍亭) : 평북 의주군 의주읍에 있는 고려 전기의 누정(樓亭).
374) 柳**成龍統軍亭**詩**曰**, 日落青齊界, 雲橫靺鞨山.(『芝峯類説, 卷九, 文章部二, 詩評』)→柳**西厓**詩**云**, 日落青齊界, 雲橫靺鞨山.(『松南雜識』)

정변루
靜邊樓

지금 동래(東萊)에 있다. 강혼(姜渾)[375]의 시에,

대마도의 푸른 산은 외로운 기러기 너머에 있고	對馬靑山孤雁外
부상[376]의 붉은 해는 상서로운 구름 끝에 있다	扶桑紅日靄雲端[377]

라고 하였다.

낙민루
樂民樓

『택리지(擇里志)』에서 말하였다.

군자하(君子河)는 만세교(萬歲橋) 머리에 있는데, 온 읍(邑)의 승경이 한 눈에 모두 들어와서 연광정(練光亭)과 쌍벽을 이룬다. 들판은 광활하여 바다와 잇닿았다. 풍기(風氣)는 웅장하고 억세기에, 평양의 빼어나고 고우며 밝고 아름다운 것에 못 미친다.[378]

---

375) 강혼(姜渾) : 조선 중기의 문신(1464~1519). 본관은 진주(晋州), 자는 사호(士浩), 호는 목계(木溪), 시호는 문간(文簡). 연산군 4년(1498) 무오사화 때 김종직의 문인이라는 이유로 장류(杖流)되었으나, 얼마 뒤 풀려나와 문장과 시로써 연산군의 총애를 받았다. 1506년 중종반정에 참여하여 정국공신(靖國功臣) 3등으로 진천군(晉川君)에 봉해지고, 좌승지 · 대제학 · 공조판서 · 한성부판윤 · 중추부판사를 거쳐 우찬성에 이르렀다. 문집에 『목계집(木溪集)』이 있다.

376) 부상(扶桑) : 중국 전설에, 해가 뜨는 동쪽 바다 속에 있다고 하는 상상의 나무. 또는 그 나무가 있다는 곳. 해가 뜨는 동쪽 바다를 비유한다.

377) 「동래역환루(東萊驛還樓)」.

378) **城臨**君子河, 上**有**萬歲橋, **橋長五里**, **城南門上**, **有樂民樓**, 全攬一邑之勝, 與**平壤**練光亭, 相甲乙, 野曠邈接海, 風氣雄壯鷙悍, 不及平壤之秀嫩明麗.(『擇里志, 咸慶道』)

원수대
元帥臺

『동국여지승람(東國輿地勝覽)』에서 "안변(安邊) 학포(鶴浦)의 늪 가운데 있는 작은 봉우리로, 옛날에 지병마사(知兵馬使[379])가 유람하다 쉬던 곳이다. 그래서 그런 이름이 붙었다"[380]라고 하였다.

왜사(倭史)를 살펴보면 무장주(武藏州)에 강호(江戶[381])의 왕성(王城)이 있다. 성 북쪽에는 오 층짜리 누각이 있는데 그 크기는 천여 칸이다. 만약 전쟁이 나면 관백(關伯[382])이 이 누각에 장수들을 모아놓고 군사(軍事)를 함께 의논하였다. 그래서 제장루(諸將樓)라고 한다.

→君子河, 上萬歲橋**頭有之**. 全攬一邑之勝, 與練光亭, 相甲乙, 野曠邈接海, 風氣雄壯鷙悍, 不及平壤之秀嫩明麗.(『松南雜識』)

379) 지병마사(知兵馬使) : 고려 시대에, 병마사 다음 가는 벼슬. 3품 벼슬로, 동북면과 서북면에 두었다.

380) **在**鶴浦**縣**. **海邊有大澤**, 澤中**有**小峯, 昔知兵馬使遊憩**此峯**, **爲**名.(『新增東國輿地勝覽, 卷四十九, 咸鏡道, 安邊都護府, 樓亭, 元帥臺』)→**安邊**鶴浦, 澤中小峯, 昔**有**知兵馬使遊憩, **故**名**之**.(『松南雜識』)

381) 에도막부[江戶幕府] : 도쿠가와 이에야스[德川家康]. 천하통일을 이루고 에도(江戶 : 현 도쿄)에 수립한 일본의 부케정권(武家政權 : 1603~1867).

382) 관백(關伯) : 막부(幕府)의 수장(首長).
*『松南雜識』에는 '伯'이 '白'으로 오기되어 있음.

樂民樓

擇里志曰君子河上萬歲橋頭有之全攬一邑之勝與練光亭相甲乙野廣邈接海風氣雄壯鷙悍不及平壤之秀撤明麗

元帥臺

輿覽曰安邊鶴浦澤中小峯背有知兵馬使遊憩故君之接倭史武藏州有江戶御城、北有五層樓其大千餘間若有事閱白會諸將於此樓共議軍事故名曰議將樓

求遼東總管孫承宗也

降仙樓

在成川古松懷國朴燁作之三百餘間結構宏壯爲八道樓觀之首云

百祥樓

在淸川江上七佛寺傍麗忠肅王詩云卓遠長堤靑一面雲低列岫碧千峰

統軍亭

柳西厓詩云日落靑齊界雲橫蘇鶴山今義州

靜邊樓

今在東萊姜渾詩云對馬靑山孤鴈外扶桑紅日靄雲端

只四而已倘男亦人數耶但充堂滿五卓良司歸姊〻與至樓
下是日搆雲楊籠上之清蒙及我累億萬人環立仰見天下貞
婦之登樓盡壯觀也姊一手援之前出如流及驗堅歸倒壺姊
懊顧其甥曰快哉我自乳褓不出閨外雖親戚不相見面矣十
五六時隨妯娌遊後溪浣花見水甚清淺解手巾浣之忽有水
中影娟〻甚妙麗顧視之一妙年男子過去儀貌如玉者吾今六十
尚心有瑕者此也即引之乃出云蓋好事者做此言讖請和事
然國君事大勢也保國禮也豈以千乘之君責匹婦之諒哉丁
卯之和是浮碧樓之前也不振亦可兩子之講是浮碧樓之驗
也振之何可曾欲以數百年宗社億萬命生靈為浮碧樓之一
驗者其知勢乎其知禮乎其真心而乎孫老爺耶孫老爺者明

瑟琴速〻許高低勿難聽知音座皆稱謝絕倒監司命爲寢云

浮碧樓

在練光亭北永明寺前清流壁盡處許荷谷篈與監司婿挾妓作樂監司大怒因妓荷谷歸作春遊浮碧樓歌一篇譏傳汗之廻也登此樓見樑桯自坼有箭入而箸在汗巽之今日拔此者賞千金錦千純清軍欲拔不得蒙奴弁然汗乃曰惟天下貞男貞婦能拔之貞男者平生一妻無他心貞婦者亦如之我東軍有一人信妻之貞者乃募曰臣妻能之即令率來其路歷姊告之故姊曰爾妻能之耶吾似差可然亦未可必也第往反辭言之後見我也軍仍謂妻云女有丞夫者拔箭受賞而或不足而四有餘而兵皆否妻屈指而計曰越川李書房隣倫金總角等

水大野東頭點〻山天使朱之蕃登亭稱狀手寫天下第一江山六字揭額及丁丑清皇帝見之以爲中原有金陵浙江此安得爲第一令人打破惜其善書只鋸天下二字云蒙傳石北申光洙嘗以關山戎馬詩大鳴於世落魄遊平壤不勝風情流蕩獘衫欲登此亭適監司大會屬寮作妓樂屢爲軍卒捽逐爲監司見其有儒態特許末座酒一再行歌隊紅粉疊〻連袂歌新翻調乃關山戎馬詩一篇石北心甚喜之至青袍一上萬里船洞庭如天波治秋之句不覺肩聳成舞滿座驚顧謂之狂石北乃曰此我詩也監司喜其爲申光洙延之上座妓輩嘗以爲天上人今〻親見之爲驚幸有一彈琴妓被辰錦裳幅以請詩一句頭結宿世之緣問其年云十九即醉題曰爾年十九齡乃早持

碧波亭

當海南珍島之口亭下石脉如梁〻之上下截如階級海水自東趨西如奔瀑甚駛壬亂李忠武橫鐵鎖於梁上俟之倭艇胃倒梁下西梁上入不見以為順流直下故五百艘倭一時全沒

燕子樓

唐張建封聘妓盼〻為築燕子樓居之麗末張億為順天守眷官妓符〻而亦有燕子樓張鎰詩云霜月凄凉燕子樓郎官一曲夢悠〻當時座客休嫌老樓上佳人亦白頭盖郎官指億也

練光亭

擇里志曰亭在浿水縱壁上江外遶山遠拱於闊野長林之外明秀頹嫩不可名狀麗詩人金黃元得一聯云長城一面溶〻

海印寺洞口有紅流洞 下有武陵橋飛泉盤石數十里孤雲詩云狂奔疊石吼重巒人語難分咫尺間常恐是非聲到耳故敎流水盡籠山後人因名題詩石爲致遠臺又讀書堂即孤雲遺蹤隱處云

爛柯臺

禮安江上有石如方牀即孤雲奕棋處也傍有一老嫗像於石窟中相傳是孤雲棲山時奉爨婢也

聚遠樓

浮石寺後有之濶宏縹緲若出天地之間氣勢精神似尊壓慶尚一道而樓上懸新羅以來是寺之超骨前舍利名僧畫像十餘幅皆形容古怪神采清淨儼然如相定時

朴民獻詩云樓前過驚乎看背水底游蝦細數鬚言其樓之高
水之清也壬亂倭將宗與營妓論可對舞於此樓樓臨絕壁
下深水可仍抱魯腰直投樓下水堅握沉死諺傳八歲兒題
樓額筆盡神奪而死云申維翰詩云天地報君三壯士江山留
客一孤樓蓋樓之名始於兒筆中於妓舞又終之以三壯士矣
梁山璹傳曰晉陽之圍也倭以書約矢射城中曰聞城中有金
梁高三壯士取其戴笠掛城上我當退即金千鎰梁山璹高從
厚也

沒雲臺

東萊海曲舊有沒雲臺鄭雲過此曰雲其沒乎猶落鳳坡彭亡山

致遠臺

矗石樓

不仁慈勉爾爲戒能朕深思凡二十四句宋太宗刪煩取簡摘其爾俸爾祿民膏民脂下民易虐上天難欺十六字頒行天下至高宗紹興間復以黃庭堅所書命州縣長吏刻銘座右至今官府存焉至元癸巳 西廉司移治錢塘司官大使容齋徐琰政改書其銘曰天有昭鑒國有明法爾畏爾謹以中刑罰

乙密臺

諺傳高句麗乙支文德登此臺探隋師虛實云

曲人比之後庭花甄萱不縱其下亂之

暎湖樓

麗史恭愍王南還安東宴此樓觀者如堵先是有識言牛大吼龍離海淺水弄清波人有反袂興嗟曰昔聞其語今見其驗又其扁題即恭愍王筆也

戒石樓

玄風譙樓也居家必用曰漢唐以来未嘗有之五代時蜀主孟昶始原令箴於諸邑其文曰朕念赤子旰食宵衣言之令長撫養惠綏政存三異道在七絲驅鷄為理留犢為規寬猛得所風俗可移無令侵削無使瘡痍下民易虐上天難欺賦輿是切軍國所資朕之賞罰固不踰時爾俸爾祿民膏民脂為民父母莫

關東八景

歙谷之侍中臺通川之叢石亭高城之三日浦杆城之清澗亭襄陽之青草湖江陵之鏡浦臺三陟之竹西樓蔚珍之望洋亭是謂關東八景按韓明澮以東伯遊此拜相之報至故謂侍中臺永郎四仙遊浦三日故亭曰四仙浦曰三日趙浚詩四仙亭上一仙遊三日浦中半日留石陽正詩千里客遊三日浦百年人倚四仙亭是也

嶺南樓

在密陽與湖西永保亭相稱云竹林女鬼訴李上舍若燦亭鬼

鮑石亭

刻石如鮑魚形故亭以名也麗史羅景明王與妃嬪遊此亭奏

聞世以為實錄

歌惺樓

坐此樓盡見金剛山全面李叅奉詩金剛萬二千輸入一樓前

月松亭

亭在平海〻邊粲然雪色之沙覆之處〻有鳴如步璘玉之上海棠花爛開類西海之金沙諺傳有人得越國松種之故謂越松

飛来亭

鉢淵寺傍有鑑湖昔楊蓬萊士彦搆亭其上手寫飛来亭三大字揭之一日飛字忽風捲入中天不知所之詢其日時乃楊化去日也崔巖詩云蓬壺一入三千年銀海茫〻水清淺鸞笙今日獨飛来碧桃花下無人見

寒松亭

亭傍有石竈石池石井皆四仙茶具也三日浦北崖面有丹書六字曰述郎徒南石行世傳述郎徒所書今江陵有亭

觀瀾亭

元昊亭也在清凉浦下流時 端廟在清凉浦而無御供元昊教家人每朝夕具二器飯一器自食之一器納于瓠浮之江自逆流至 端廟前而進後空瓠順流至亭亦異矣

子規樓

莊陵志曰古梅竹樓故曺西洲詩淸凉浦口烏飛還梅竹叢尋野草間終古越中三讓地至今江上九疑山李蓀谷詩東風蜀魄苦西風魯陵寒李玉峯詩妾身亦是王孫女此地鵑聲不忍

彈琴臺

忠州邑誌曰伽倻國樂師于勒彈琴處壬亂時大將申砬背水陣所也砬伏水底三日躍上九層臺是謂九超臺

孤山亭

擇里志曰槐山東槐灘上有孤山亭即西坰柳根別業也朱之蕃遣畫工圖形而看作詩揭額云傍有霽月臺隱屛岩

淸心樓

諺傳樓南岸驪龍所居故州之爲驪也牧隱詩捍水功高馬岩石浮天勢大龍門山三淵詩逶迤城影淸樓北神勒鐘聲白塔西積石波沉神馬跡二陵春入子規啼玉峯詩神勒烟波寺淸心雪月樓皆絶唱也

奇秀如畫中景也

寒碧樓

杜溪洪宇定詩云宇宙一男子淸風寒碧樓臨軒發長嘯江月五更秋

文藏臺

在報恩俗離高峯之上古有識經人攀而登諺傳有書生負笈而乞僧夏夜寄宿其家瞰書生妻睡而淫焉妻覺而作書托乳兒於生卽自決僧乃逃去其後趙晉泰卽心泰從兄也遊俗離偶與一僧登此臺趙先僧後經忽中斷俱坐臺上因語平生事僧是寄宿書生家者說往事訖趙忽憤發蹴之墜下死代官隷及蓑笠一少年至救之下少年乃乳兒報恩倅則書生云

倚此樹北望弓院之野一日飛駕至詢之乃捷書也上大喜仍封瘦樹加以通政之號為有人詩云巡南王氣餘瘦樹拱北臣心此一樓

永保亭

固麻水營也擇里志曰湖山景致婉容平濶號稱勝地挹翠軒朴誾詩地如拍、將飛翼樓似搖 不繫篷為柱聯矣

釣龍臺 利見臺 世傳倭國數侵羅文武王患之誓死為龍護國而將薨遺命葬于東海水中神文王從之葬後追慕築臺望之有大龍見于海中因名利見臺、下十步海中有石四角峯出如門俗稱大王岩

東史唐蘇定方之伐百濟也欲渡而江神護國乃龍也作風浪阻之定方投白馬餌之釣出云諺傳岩上尚有定方靴痕又落花岩方唐兵之入也王姬走大王浦岩上投死故名焉自温臺者王來遊坐石、自温故名為並皐蘭亭皆百濟古迹而巖壁

華城雙阜有古院斗入海浦而有山突起即望遠臺〻址尚在云是水路朝天時發船所也送者登此臺遠望其去者

高麗亭

漂海錄云崔錦南溥漂到蘇州有通波亭舊名高麗亭宋元豐間所築以待高麗朝貢使者今礪山舊有皇華亭以接宋使者

沱母臺

忠州風流山有之高數十丈諺傳昔有仙女名薔薇自號沱母常遊其上香滿一洞唐太宗征遼時聞之迎入宮號貞完夫人

拱北樓

公州雙樹山城譙樓也西垌柳根詩云蘇仙赤壁今蒼壁庾亮南樓是北樓擇里志曰 仁廟甲子避适亂幸此山有雙樹上每

望京臺

麗末趙松隱 果川清溪山每登望松京故名之余嘗登而詩
云為是松翁幽隱處望京臺上更望鄉其傍又有念主臺

長源亭

麗史云道詵有山水創構國脉延長之語故作之顧堂之始也

延福亭

麗毅宗聞城東龍淵寺南有石壁數仞削立臨川曰虎岩流水
渟滀樹木蓊蔚命内侍李唐柱構亭其側名曰延福奇花異草
列植四隅築堤為湖泛舟酣宴徹夜不止衛士甚怨卒致鄭仲
夫之亂今松京山臺岩下即舊墟也亦猶宋徽宗延福宮之類

望遠臺

帽

說文曰小兒及蠻夷頭衣西戎所謂突何是也猶冠義取蒙覆其首本纚也古者冠無幘冠纚以繒爲之或裁纚爲帽自柔輿燕居庶人無爵者服之明史洪武初詔官吏烏帽黑靴圓領束帶衣不用黃玄山谷詩桐帽椶鞋稱老大註桐木作帽漆之今鄉老之冠也

蓆帽

宋初士子襲唐俗皆寬袍垂帶出則蓆帽自隨李巽屢舉不第鄉人曰李秀才不知甚時蓆帽離身及第後遺鄉詩爲報鄉閭親戚道如今蓆帽已離身今俗反以初仕爲着蓆帽者誤矣

幞頭

傳進于金流臺時事也今彰義門外水石處爲遊覽之所

華陽亭

輿覽曰都城東七里許箭郊三面圍山一面帶水平蕪極目水草肥饒官馬於牧之地古有亭曰華陽取歸馬華山陽之義今廢而 憲廟朝還綏陵故牧場亦廢

花石亭

在臨津江東栗谷講學所歲一丹青之以易火禁官詩卷李先生嘗等室是也壬亂驚城獨扈駕上於數里輒呼李恒福卽譍至坡州呼不在或譖平時恒福非亂時恒福上意病落後及津追謁上問故曰今當創懷適過栗公舊宅意或有臨終憂國之策故訪之得一匱扃鑰甚密上前啓之有三封書一曰臨急出

志開一鑪註累土爲鑪居酒甕似鍛爐也今京城酒肆是也

豐沛樓

我太祖咸興舊宅義取漢高帝豐沛之名名樓也

春塘臺

英廟有詩云白髮蒼顏朝暮興春塘秋色古今同

瑞葱臺

璿源譜曰 戊廟世宮中有葱生一本九莖之祥至燕山乙丑築臺其上號瑞葱臺今春塘或云太宗賜故人車原普葱爲瑞葱始

洗鉀亭

亭以鉀名達禦也即癸亥二月十五夜月下廊婦人頭戴電光

之醉客暮至一美人迎笑拕入石虧見金臺銀閣美酒饌勸之仍同宿偶醉唾其面美人則死客醒乃卧路側亂石間只一大蜈蚣倒厥後此隍人死之患息故行客必唾遂成俗云盖蜈蚣被人唾涎則死故今有食涎蜈蚣之說矣又行人多投石聚之余詩云緣渠多受無名物那禁行人鄙唾之輿覽曰申壯節公死為谷城城隍神

酒食店

周禮曰四圭有邸唐詩鷄聲茅店月人跡板橋霜我東自古無店有院行人載粮入路空院自炊宿矣麗肅宗欲行錢命開酒食店、之始也今院廢而尚謂酒幕如要路院長湖院者甚多廣韻曰青帘酒家望子今酒家門青巾及酒燈皆本此 又食貨

院者徒作無主空宇於道次故常多毀廢

長栍

説文曰桓是亭郵表或曰華表即遼東華表柱是也魏文帝令一里置銅表五尺以志里數今長栍書里數始也左傳行栗亦里堠六帖云十里長亭五里短亭按禮云五家爲隣五隣爲里風俗通云十軌爲里公羊註六尺爲步三百步爲里皆不同東人詩云千古英雄楚霸靈虞江無面只存形當年悔失陰陵道長向行人指去程小説所謂開路方相是也今以木爲將軍形立故也

城隍堂

路傍聚石處行人唾之諺傳羅時人有過某路必死皆違而避

宮墻斜出細楊花大紅玉兕懶奴子閑洗蒙王白橐駝

候館樓

周禮遺人掌郊里之委積以待賓客羈旅五十里有市、有候館即今所謂驛舍之郵亭磻溪曰舊站處有院且有院田所謂

杠榷徛彴雜出於子史若橋之爲名則始於商而著於周書逮秦漢乃各冠以地或因水而稱

橋梁四柱

尸子云堯立誹謗之木韋昭云慮政缺失使書于木後代遂因以爲飾今宮牆橋梁頭四柱木是也

獨木橋

漢榷酒酤註橫木渡水爾雅謂之石杠即畧彴也孟子謂徒杠是也孫谷有獨木橋詩俗諺有怨讐逢於獨木橋之說矣

鐵板橋

中國皇城有橋橫大江而成似虹霓名曰鐵板橋蓋盛冬厚氷布沙其上冶鐵厚沃氷解橋成云翠松詩云鐵板橋頭漾綠波

素沙橋

擇里志曰壬亂天將楊鎬使捷將解生率鐵騎四千挾弄猿數百狙伏素沙橋下望見倭至縱猿 騎馬持鞭突衝倭陣倭本無猿始見之似人而非人似獸而非數疑恠之際以鐵騎蹂之

舟橋

韻書以舟爲橋曰艜爾雅天子造舟註比船爲橋說文艐音宗註船著不行也段國沙州記曰吐谷渾於河上作橋勾欄甚嚴飾勾欄之名始此今船廠以䑸字旗表艘度磻溪曰凡行船依法作䑸是也麗史靖宗作臨津梁人馬如履平地我朝舟橋自正廟華幸始也繫羣船於鷺梁似連環而布板作馳道焉說文曰楚人謂橋爲圯舟梁謂浮橋朱弁記曰造舟爲梁見於詩而

輿覽曰羅真智王聞沙梁部桃花娘之美欲幸之娘曰夫在靡他王曰夫死則可乎曰然其後王薨娘亦哭其夫翌年王宛如生時遂幸于娘生子曰鼻荆真平王收而養之鼻荆日與鬼衆遊真平王謂鼻荆曰鬼徒或有可臣者否曰吉建者可任之果忠直吉建後變狐而逃王使鼻荆索之鬼徒聞鼻荆來皆散是以慶州之俗多寫鼻荆字貼之門上盖東京豆豆里之始也今有石橋此鼻荆所築者謂之鬼橋按齊地記始皇作橋海神驅石又坡塵外亭註贛有馬祖巖祖築菴山鬼助役祖曰被這山鬼着破

曳橋

明史劉綎奪曳橋此砦註在順天東人呼倭曰曳故謂曳橋

有善竹橋即鄭圃隱遇害處血點尚漬石斑斑如新農岩詩云至今覩有萇弘血終古悲同豫讓橋文閣中有精忠碑尚流濕如泣謂之泣碑俗傳遇害時血濺石上即生竹故名橋云

萬歲橋

咸興君子河上有木橋長五里名曰萬歲橋

南石橋

朱弁曰功利之大且廣者多爲浮屠氏所有蓋佛以慈憫利物爲心而橋梁又居八福田之一今淸州南門外石橋亦諺傳僧所爲然其碑記云漢宣帝五鳳元年始築云卽新羅開極之年又平壤九梯宮墟靑雲橋白雲橋亦麗東明王時

鬼橋 孝不孝橋四顆時有七子之母所私在水南伺其子寢往來之其子相謂曰母涉水夜行於子心安乎乃作石橋母慙而改行時人名其橋曰孝不孝

郡學校卒大書衕字立揭之故稱之衕門惟此而已

魚鼈橋

勾麗史朱蒙爲金蛙諸子所忌行至淹滮水無梁祝曰我是天帝子河伯外甥追者垂及奈何於是魚鼈成橋亦黿鼉橋也

槖駝橋

麗史契丹遣使送槖駝五十匹麗祖怒其無道繫之萬夫橋餓死故名其橋曰槖駝與湖州橋形似駱駝者異矣

吹笛橋

李懋官詩云吹笛橋邊踏青去註在松京西古仙人吹笛處

善竹橋

杜註周末殺萇弘於蜀血碧色入地化爲碧土謂青、泥坊松都

迎詔門

慕華館沙場中路立雙柱門而無扇象端門雙星而迎皇詔也

俗所謂縣柱門者清入後改為迎恩門猶天使為敕使也

鍾樓

呂氏春秋曰明堂結蒿為宮柱名蒿宮芝峯曰世傳鍾樓以柵

木為棟宜名以柵閣

海王門

今統營院門蓋出管子齊海王之義也

左捕廳衙門

即麗朝巡馬所也我國舊例文官各司題額皆以衙字唐南衙

之義也武弁雖大將所居以廳字為扁張鵬翼憤之為左捕將

興仁之門

今東大門也世傳以東偏虛故加一之字更築曲城云湘山雜錄曰宋太祖問趙普朱雀門額何須之字普曰語助太祖曰之乎者也助得甚事按門額有之字古矣

崇禮立揭

今南大門也諸門扁額皆橫揭獨此門立之以立於禮之義也世傳義安大君當書璇題以為國之正門不可不敬三月食素而書之華使見之曰爾國無筆乎此僧書也問故曰無肉氣云

肅靖門

俗謂北淸門無譙而有門月巖詩戴土以為門俗傳從此門入北漢暗路也其門常關故有北淸門開壓之說言無旹也

招魂之義云

鍵閉

禮記曰孟冬修鍵閉註鍵牡閉牝也鍵是門扇後樹兩木穿上端爲孔閉者將閉門以納孔中也韓文楔闑扂楔註扂戶牡也又奧廖歌註門牡或作剡移似今横藏木也漢謗宮門倉琅根註銅環今門環也

魚鑰

說文曰閑下牡五行志註牡是出籥者東坡詩魚鑰未收愁夜永註取魚不瞑故管鑰象爲黃庭經云玉匙金鑰常完堅又陳蘇獨與妻居寺及被徵因妻僧房鑰匙付僧則鑰匙之說古矣詩云鋈以觼軜註環有舌莊子云扃鐍緘縢註鐍篋紐前瑣處

丹鉛錄曰鴟吻性好望宋史天書降鴟尾是也今屋獸

紅馬木

公孫弘傳註武帝時相馬者東門京作銅馬法立於魯班門外更名金馬門今闕門外紅馬木是也

行馬柜木

通鑑云魏拜楊彪光祿大夫令門施行馬置吏以優崇之註行馬柜木也互其木遮闌于門即公門叉木也又今官門必以朱塗之者即九錫之朱戶也故相國居黃閤朱門也

閉門孺兒

芝峯曰邊鎮閉門時必呼孺兒然後下鑰古也世傳昔有將名孺兒者出戰未及門而死人哀之每當閉門先呼其名蓋出於

烏頭閥閱

正字通曰元朝有爵者其門為烏頭閥閱冊府元龜曰閥閱二柱相去一丈端置瓦筒號為烏頭今烏頭雀楔是也

屋數好逕

門扉夜叉

唐詩天門九重高崔嵬清空鑿出黃金堆夜叉守門晝不啓夜半醮祭夜半開今所畫鬼夜叉即尉遲敬德段志冲或云桃都之鬱壘神荼云

金官志云首露王初立創建假闕土階三尺羅史註宮室制雖真骨之宅不設三重階按堯階三等而漢陛九級上矣

藩籬

詩云維藩維垣賈誼傳築長城而守藩籬索隱江南謂葦籬曰笆籬廣韻笆有刺竹籬也

落成宴

左傳楚子成章華之臺與諸侯落之是也註落始也淮南子曰大廈成而燕雀相賀今賀室屋成謂落成宴

見蠡設門

爾雅翼曰公輸般見蠡出頭以足畫之蠡引閉其戶終不可開因效之設為門戶即丹鉛錄所謂椒圖似螺蚌性好閉立門鋪

不驚駭即移春檻擇勝亭之類

飛行殿

王嘉拾遺記輦名漢成帝好夕出遊造飛行殿方一丈如今之輦選羽林士負以趨帝於輦上聞其中若風雷聲名曰雲雷宮

廳事

居家必用曰禮云聖人南面而聽天下漢晉以來作聽事六朝始加广宋史李文靖治第廳事曰太祝奉禮王禹偁詩綠莎廳事舊鳴蛩

作廳

唐制諸郡犒將吏曰旬設故廳事曰設廳今各邑作廳似設訛

土階

韻玉曰簷鈴又鐵馬即風琴俗謂風磬今廻樑所懸以候風者

罘罳

博雅謂之屛漢書云曲閣蘇鶚曰罘浮罳絲也織絲之文輕疎浮虛之貌子虛賦罘網彌山謂羅鳥之網今殿閣銅網防鳥棲

琉璃行殿

魏史太祖為琉璃行殿容百人云乾隆天子又作之沉熱河以避暑我使適至天子招之入見鰛鮒躍於廬我使懼投扇而入云唐書拂麻國盛暑引水潛流遍屋觀者惟聞屋上泉鳴四簷飛溜懸波如瀑布激成凉風

觀風行殿

隋史宇文愷造為離合為之下施輪軸推移倏忽有若神功莫

甌脫

匈奴傳云東胡與匈奴間有棄地千餘里各居其邊為土空候望若今伏宿舍今呼房謂甌突陝人謂曲忽蓋突忽皆脫音訛

、炕煗床

韻書炕即北地煖牀今中國謂突為炕是也或言溫突無烟窟之術房之幾間突以太極象間〻作隔以泥灰塗之無點烟相通正中央埋大甕貯水則一堗一爨尚煖燠云

題額

黃圖曰未央宮峯榱璧璫註璧璫即椽題以玉飾椽頭也一曰以璧飾瓦之當蓋今題額矣

風箏

闌干

韻書曰闌板間之謂也薛令之詩苜蓿長闌干是也

亮槅

離騷經網户朱綴註門扉刻為方目如羅網狀今窓槅是也

影窓

我英廟世李溆始作云以蠟塗窓欲日影透明也亦佛書所謂明就窓耶窓就明耶

圭竇

禮記蓽門圭竇韻書云圭窐也鑿孔而竈牖也

竈五突

說文𪐗黑本字从炎上出囪註囪與囱同竈突也增韻物之黑者莫如煙煤故从囪

魯仲連曰竈五突分烟者

斜廊

御天歌註中門橫廡待客之所俗謂斜廊又韻書曰廡行屋也今左右翼廊亦曰行廊

堂頰

杜詩中和堂下東南頰註宮室之旁曰頰猶人面頰也今夾房

禮俟于東箱註正寢之東西室皆曰箱言似箱篋之形

壁帶

漢外戚傳曰昭陽宮切皆銅沓冒黃金塗註切門限也班固賦金釭銜璧註壁帶今青菱花塗壁黃菱花帶之說出此

椸枷

記曰男女不同椸枷今掛衣裳之架也

是也又魏都賦綺井列疏以懸蔕註屋板爲井形餙以丹青如綺也

欲黃時柱礎皆汗欝蒸成雨述異記云吳王射堂柱礎皆如伏龜今柱礎龜形卽蹲鴟也

婦椽

說文秦名爲屋椽周謂榱齊魯謂桷西都賦云荷棟桴以高驤諺傳古有匠作公廨醉截椽甚短恐罪及其婦言更以長椽架於短椽之上則簷牙高擧明敞云匠反得厚賞是謂婦椽然桴浮婦皆同音則似好事者之說也

簷牙

阿房宮賦曰簷牙高啄

藻井

風俗通曰堂殿上作藻井以象東井藻以厭火今屋校作井字

云歷亂瓦溝才一瞥是也今瓦谷

獿

揚雄傳獿人亡則匠石輟斤而不敢妄斲註服虔曰獿古之善塗塈者也師古曰塈仰泥也獿抆拭也謂塗者爲獿人獿音鐃今仰土匠

高廡

今山峽造宅先作高廡而架椽其上以防虎侵與火灾云旣是複室用禦風寒即天花板之類也唐詩云城頭椎鼓傳火板廊上搏拳握松子

柱礎

韻書曰楹石磉也即尚書大傳所謂石承埤雅云江湘二浙梅

室坡詩云瓦弄寒蟾鴦卧月正字通曰瓦制非一漢武神屋以銅爲瓦漆其外大秦宮殿水精爲瓦唐虢國夫瓦皆堅木唐詩云鴛鴦瓦冷霜華重元央者雙之謂也小牝瓦曰瓪集韻曰甑牡瓦

鷲瓦

西都賦云上觚稜而棲金雀麗忠烈王 新殿鷲瓦其金雀類耶

今青瓦

鷄跖集曰琉璃瓦一名縹瓦劉陶詩縹碧以爲瓦今青瓦是也唐史云南蠻驃國闍利婆王居以金爲甓覆以銀瓦

瓦溝

六書故曰瓴牝瓦仰盖者仰瓦受覆瓦之流所謂瓦溝坡雪詩

漢史王章牛衣註俗謂龍具編麻爲之今蓋屋上龍具蓋是也

土室如冢

漢書云馬韓人作土室形如冢開戶向上云我東土室久矣詩陶復陶穴註窰也似今炭窰俗謂地窨秦人呼爲土空是也

蜂窠

坡詩背向蜂窠寄此生註古有逃死者寄䰟於蜂窠中覔尋不見云壬亂駱千斤戴釜入平壤倭奴皆毀人家而穴居望之如蜂窠蓋倭無炯突入我地苦寒也

瓦室

芝峯曰史云桀爲瓦室博物志云夏桀以前皆茅茨也堯特不剪梅古世穴居野處有巢氏敎架橧古皇氏敎廬扉黃帝作宮

室屋類

奠民居

東史檀君命彭吳治國內山川以奠民居 今奠家基之始也

依山茨屋

唐新羅傳曰依居山谷以草茨屋其編椽而廬編葺而扉之始乎漢史註沃沮氏羌冉駹依山以居疊石為室似浮圖然以梯上下皆藏於上入居其中畜圈于下

草屋

唐書曰高句麗惟王居覆瓦餘皆草屋今松都富屋蓋草本出於此又曰羅人宮室不用山榆木作之云

龍具

淮南子曰罔罟者抑之罾者舉之爲之難易得魚一也又得兔忘蹄得魚忘筌、似艋艘即扈也又簏也詩云魚麗于罶註寡婦取魚之具也數罟即孟子數罟不入汚池也攔牌即魚磯也綽網即攀斗也又鑱者迸鎡也淮南子曰工匠之爲連鑱集韻無鑱之鉤不可以得魚是也浮苴釣所標也釣處謂釣臺范仲淹詩雲臺爭似釣臺高是也諺云我國十分五分水四分山一分野可謂兼江海川澤山林峽野之利而專之矣漁者春漁夏農獵者秋穫冬獵則稻粱魚獸不可勝食矣不此之思惟牛豕鷄狗是食而漁者不農獵者不穫飲酒與鬪戕爲事皆武閑良撥皮矣且以取魚之具漁強盜捕獸之械獵勁敵無非干城禦侮之材惟在敎之之術如何用之之法如何耳

乂

周禮鼈人籍魚鼈註以扠剌泥中搏取之坡雪詩云氷下寒魚夜可乂俗謂斫殺

楚王網

古者楚王始爲網似囊投之水乘船曳之今訛爲曺王網大阜島專以此網用獵秀魚者

蜘蛛釣

漁人穿江氷似椀口而投之捕魚似蜘蛛捕蝶之象故名之又魚見火則聚故夜獵爲多且蠏亦然浦人作幕守夜山谷詩云照灘擒郭索是也

捕魚之具

自又凡氣之總名也西京雜記曰俊狗有青曹白望之屬今獵
師餧肉而馴之或入窟捕獸或入水咬獺俗謂山靈介

陶朱養魚

種魚經曰六畝地爲池、有九洲、有九島求懷子鯉長三尺
者二十頭牡鯉四頭二月上旬日納之池令無聲凡遠行則肥
日繞九島行可千里山谷詩從師學道魚千里是也又二月庚
子投魚、至三百六十頭即有蛟龍長之風雨則飛去四月六
月各投一龜則能守之以龜神守也或言種蓮魚不盛者鰡埜
傷眼云坡詩紫芥穿頭氣慘悽是也

罧

爾雅曰罧即積柴水中取魚也今或聚石作魚穴環網取之

角鷹

本草曰鷹一名也李時珍曰頂上有毛角故名之唐詩云角鷹初下秋草稀

扃絹

秋官註弧張罿罦之屬所以扃絹禽獸翼氏註置其所食之物于絹中鳥来下則掎其足

陷穽

中庸曰納諸陷阱之中漢史宋均爲九江舊多虎暴常募設檻穽均曰江淮之有猛獸猶北土之有鷄豚也

獵狗

說文曰禽走臭而知其迹者犬也故臭從犬一云臭知臭故從

責貢海東青於金是也洪覺性詩云麁句散於天下白高才俊似海東青俗歌云山陳鷹手陳鷹海東青甫羅鷹甫羅亦秋黃

鷹紂

玉篇曰褁也所謂纂容者猶鷹韝其條籠也撲掟謂鷹立架上也撩風隼左翼也窩翎第三羽也柧柱謂擺也抹毛謂振毛也

籠脫

廣雅曰鵅鵋即晨風又鸇兒韻會曰鶻鵃也俗謂鳥籠脫備人馴之以捕鶉也燕岩曰喇里達番頭人所進粉鵯能擒虎云

雉翳

李賀詩註齊人綱雉用艾葉遮蔽曰艾如張韻書曰簸註射雉翳今山峽遮翳是也

漁獵類

北獵南漁

原覽曰田獵三代已行蓋蒐夏苗秋獮冬狩乃于日煞人之世天下多水教人以漁我國北道六鎮以獵爲業南海諸浦以漁爲生俗諺云川魚不如江魚江魚不如海魚

雪馬

星湖曰六鎮童丱躍馬婦女挽強冬乘雪馬手刺熊羆盖雪馬即軨獵車之遺制長戰逐獸雪上走坂飛鳥不及竟刺獸乃立

海東青

佛書曰鶻子過新羅之峯曰海東青乃鶻類非鷹族也登州海島有鶻自高麗飛渡故得名俗以松鶻爲海東青按遼史天祚

總論曰中國大而廣故衣食之原散我邦小而狹故衣食之産聚可謂人而備五臟物而具全體矣且三南財府兩西武庫去費汰冗禁奢而儉量入爲出尊我聖治用我土出收我豪傑守我山川外國之大無如我邦何我邦之小亦無如外國何萬歲而不謂久百世而不謂長天其或者別畫太平我邦之基於中國之外大海之東耶

按今結揔京畿三萬三千二十一結 公忠道十一萬二千九百七十二結 全羅道二十二萬一千六百十六結 慶尚道十九萬一千八百八十九結 黃海道七萬六千五百三十結 江原道一萬一千七百九十六結 咸鏡道比庚申揔 平安道比壬戌揔

田三萬五千五十七結稅九千三百四十八石畓九千一百八
十一結稅二千四百四十八石 平安道田四萬二千八百四
十四結稅六千五百二十四石畓四千七百十七結稅一千三
百五十八石 咸鏡道田四萬四千七百七十二結稅一萬一
千九百三十九石畓二千三十四結稅五百四十石八道通共
田三十六萬五千八百二十一結畓三十萬八千四百七十二
結通稅十九萬五千二百餘石壬倭前通國田結一百五十一
萬五千五百餘結下三道合一百萬九千七百餘結五道合五
十萬五千八百餘結今墾田六十八萬餘結文約如此皆書員
輩偷漏者五道則平時帳籍無存而丙胡亂前後亦不量田素
脫尤甚

八道元帳

綱目計帳註歲計其數造帳以申三司者磻溪曰今時田結丙戌年条京畿田一萬一千六百九十四結稅三千一百十八石畓一萬一百四十五結稅二千九百七十二石　忠清道田六萬一千三百四十四結稅一萬六千三百五十八石畓六萬三千二百八十一結稅一萬八千三百十三石　全羅道田六萬九千六百七十二結稅二萬一千四百五石畓十三萬七百六十五結稅三萬八千二百八十一石　慶尚道田九萬五千四十八結稅一萬八千五百九十二石畓九萬四千五百二十六結稅三萬七百五十一石　江原道田五千四百六結稅一千四百四十二石畓二千八百五十結稅七百五十九石　黃海道

法用人之力歲二十日閏加一日不役者日絹三尺曰庸及揚炎兩稅法出而祖庸調廢矣我國軍政最不均且東俗皆恥朝得暮食居無一日之積心無一歲之定出布之役日計有餘月計不足況歲以計之乎當依漢周勃子弟出錢踐更之例除仕籍科榜而六十老退十六充丁每月各名出布以錢二十一文一文為費則民無避役之弊官有輕徭之恵矣是謂軍糴稅三大政之最也然有聖王作則田取漢限田軍用唐府衛穀以漢常平倉糶糴之法士取鄉貢然後庶乎可矣

手實法

唐六典曰凡里有手實法歲終具民之年與地闊狹為鄉帳令家座成冊

不聊生亂由是作或曰上畓一斗地收皮租二斗二升上田一斗地收粟太二斗二升中一斗五升下七八升則民有寬政國有益富矣

兵農之分

楊龜山曰自黃帝立丘乘之法以寓軍政至周井田有乘馬之制蓋藏兵於農無仰給縣官之弊藏農於兵有戰闘禦侮之利自唐張說請募士宿衛爲長從宿衛彍騎後兵農之分始矣此後世治日常少也

軍丁

唐食貨志曰有田則有租今田稅也有身則有庸今身役也有戶則有調今結錢即戶布代也漢所謂縣官食租衣稅是已唐

之法雖堯水湯旱之災無澤鴻谷推之詠矣

又曰環國都四方三十里畫為公田禁相買賣與民並作王稅輸戶部化利為吏祿雖賜牌惟許化利不免稅外邑則分大小亦如之不許村民耕食惟邑民農作且除還穀法等常平倉邉郡則用趙充國屯田議亦富國强兵之一策也

貢賦

磻溪曰三代皆十一而取一盖因地而稅也秦則捨地而稅人故地數未盈其稅必備晉武制戶調之式丁男之戶歲輸絹三匹綿三斤盖捨地稅人創於秦政而成於晉武萬世弊法之始也我國制畓一石地米四斗田一石地黃豆四斗則稅太輕而並大同及吏逋還穀添付一結収錢或二三十兩四五十兩民

宋法興工役募人如農田水利及城隍道路隄岸土工種植林木之類是也饑者食其力無圖錄之弊無後償之弊國有賑濟之惠有興利之道矣若老弱殘疾婦女無依之類計口白給

社倉

唐大紀曰社倉賑給不足畝税二升隋書曰長孫平奏令民間每秋家出粟麥一石以下貧富爲差等儲之閭里以備凶年曰義倉盖出漢常平倉法而至唐中宗之際公私窘迫貸義倉支用故天下義倉自盡磻溪曰社倉本以勸課人民節有餘備凶歉者也宜置於當社令其社中掌之不當移爲州邑之儲也本國還上軍國之儲也當貯於城邑官府管之不宜散置於外面也今則空有倉名實浚民膏若行社義兩倉之名用常平糴糶

息米二斗小歉則蠲其息之半大飢則盡蠲之以貸府常平米故也凡十四年得息米還府後每石止收耗米三升

光州無尺

糴稅之法吏民相與受標謂尺文惟光州無尺其俗盖久矣

朱出墨入

自後周蘇綽始而宋范仲朱墨史亦出於此今吏文實效此也文書末準字襲宋世吏輩諱寇萊公名只畫ㄱ也又一夕之夕音沙勺之訛非也謝察微算經曰十塵為沙十沙為纖則夕之訛

救荒

呂東萊曰大抵荒政先王有預備之政上也修李悝之政次也蓄積有可均處使之流通移民移粟又次也設糜粥最下也按

下吏任意偷脫之弊尤甚於前田結盖漏常稅漸縮嘗考中國明朝稅米三千六百八萬五千餘石其中四百萬石漕至京倉絹二十萬五千餘疋絲十九萬七千餘斤綿花二十四萬六千五百餘斤綿布十三萬八百餘疋銀二百四十九萬餘兩未知其荒墾頃畝能得其實而其科稅比古什一果如何也又今斗石之大倍於古矣

大卯無耗

五代史周世宗以漕運損穀被罪每斛給一斗耗馮衍傳飢者毛食註河朔謂無曰毛〻耗同而我國則加耗收民惟大卯無耗者徐沉居達城有望氣者言城有王氣納諸國而空其地將以官爵酬之辭願除一邑之還耗故也朱文公社倉法米一石

磻溪曰平時平年總稅米黃豆合三十餘萬石即四十五萬餘斛除西北兩界留本道外六道稅二十六萬餘石漕至京此內嶺南倭料米八千餘石則輸東萊又有作布上納處今平年總稅十九萬五千餘石即二十九萬二千五百餘斛除兩界二萬三千餘石留本道外六道稅十七萬二千餘石漕至京此內有倭料及作布上納者國制田稅率皆漕京貢物進上及守令所俸外方所用皆出田稅之外故例為疊徵於民是以郡縣各異其規輕重又無常準民之費出一結之地輕或二三十斗重者八九十斗而其稅入則如此蓋百官之祿不足以自給八方吏隷全無常祿而皆自措据以資皆是寄食於憑公營私納賄漁獵之中至於近世則非但民戶多耗種祖徵歛因緣行奸政在

還穀

東史曰漢靈帝時高句麗故國川王出見哭者問故對曰傭力養母今年不登無以傭王曰孤之罪也厚賜之出官穀貸百姓至冬還輸以爲式羅史儒理王巡國內見一老嫗凍餒賜衣食議賑貸今謂還上我國仍法而有事爲軍粮平時爲養民每石加鼠雀耗一斗五升捧糴 耗爲監統兵水四營祿俸矣吏多偷食以空石給民或以錢近唐宋青苗法謂之不顧石黃龍村臨終曰我國規模略定而吏祿不制國穀皆爲吏逋奴婢從母人才不出火田不禁良畓伏洑云南冥曰朝鮮以吏胥亡國可謂痛切俗謂江流石不轉此也

穀總

卯潛谷金堉建行大同法京底置貢物員役各邑每結收米上納而國家需用則貢役進上索米於宣惠廳是謂大同雖國體損而民甚便之磻溪曰任土作貢雖稱古法今之為制未免生弊京司分定各邑、、分徵各面民戶名色不一物品難齊於是京吏刀蹬於邑吏 刀蹬於面差、、刀蹬於齊民故莫如大同之均平無弊也

結錢

璿源譜曰麗末行戶布法我 太宗庚寅罷之 英廟以國用空乏議戶布而洪啓禧以為人戶成毀無常田結長在故田稅大同外叅行結錢法每一結收五十一文式一文為貴索價俾充浮費雖加歛實戶布代也近廟議更收米裁罷米之弊謂結作米

細瑣之物莫不畢獻水陸之産搜括無餘而直擇其可進于御膳者則亦無幾焉歷代史記無進上二字雖唐德宗之私獻不過貨帛而已通典記高句麗役屬沃沮責出海中魚塩食物千里擔負致之雖本朝之洗新前陋尚有未盡變者也

大同

明史曰神宗時龐尚鵬按浙江也始創一條鞭法其法総括州縣賦役並爲一條計畝徵銀子折辦于官而民不知其諸役名目之繁胥吏里長亦無所容手弄墨恣其侵漁蓋如今大同法也我國置三百六十邑象天三百六十度以供水剌每一邑當一日則盡一年也遠邑役只既成大弊日用亦多不便 世宗丁巳始行兩南貢法光海戊申又行宣惠法于畿至 孝廟辛

今架子胡騎以鐵爲戰器也鞄即蕢畚俗謂簽馱也簽註針綴文把鞄俗謂葛箕褸斗即落種器也。攢稌簞即綑席也籃俗謂巴具里也桔槔今龍斗也筧俗謂㔾音也桃籅謂穀屛也田漏即偖功擊鼓也一繩即田八十一寸一餉即田半日耕也詩奄觀銍艾註穫鐵似今短鐮鑁其綑目 註大鉏関東方言鹵斫

御供

磻溪曰中朝商量一歲御供支用之物以御需所定米錢優其倍徙之價給定貿納人如今貢物主人之爲而直納本院如醬醢之類自本院精造各有主者如醬人醢人之類而官員檢舉之

進上

磻溪曰粟谷告 宣廟曰今所謂進上者非必盡合於上供也

云造作水排鑄農器

農器

漢史田鈎即鋤韻書櫌即鋤柄杜詩長鑱　白木柄也漢古
詩腰鎌八九月唐謡欋椎侍御史今四齒耙也賈誼䟽倩鋤耰
、俗謂西乙乃也柌玉篇音詞鎌柄也柯斧柄也伐柯、、其
則不遠是也急就篇捌杷註無齒爲捌有齒爲杷皆所以推引聚
禾穀也捌是椎朳即丁也搭巴即三枝钁又鐵杷子俗謂小時
仰盖方言掘地爲巴也尖鏺俗謂光里也枚即鍤又鍬即劉伶
荷鍤也涔鏵今加乃也鏵子即耒前鐵片也輾子俗樊遲板謗
傳孔門樊遲學稼而作也颺塲今風席柄梁臺詩陳粟萬石颺
以箕是也連枷今打穀具揚子方言攝殳謂僉註連架打穀者

成田畝桑栗榛楮隨地之性勸課栽植又仁宗令民隨節植桑至於榛楮栗栢梨棗菓木各當其時栽以興利則亦是古制而爲之令者也

屯田

正字通曰漢晉率兵屯領以帥唐率民屯領以官宋率營田以民明初兼行官屯民屯兵屯商屯腹屯邊屯諸法永樂時著令每一都司另撥旗軍十一名耕種號樣田據所收子粒多寡以辨別歲之豐凶軍之勤惰雖養軍百萬不費民間一粒兵法所謂屯田一石可當轉輸二十石

爐鞴

韻書註吹火韋囊亦作排南史韋孝寬以皮排吹之是也杜詩

我世宗癸亥定年分法田分六等年分九等世傳洪啓禧為廣州嘗土味而量田或大畦而減稅或小畝而增賦〻法均成民無寃言云按洪範土味甘爰稼穡然醎為上今糞田以人溺〻味醎故也酸最下以穀不成實云淮南子曰女媧積蘆灰止滛水 者平地出水也故今濕田以灰糞壤者灰能止水蓋今沃行而一斗地不過三負雖薄确而不過一負則雖不嘗土味而稅均矣俗忌大豆置種包上則稻不生而種秧以大豆為糞壤則稻盛云俗傳(山林經濟曰每種一斗和鹽一升)麥一斗拌鹽半升宿一夜種之不糞壤而倍收云

樹藝

周禮大司徒職一曰稼穡二曰樹藝高麗成宗令州縣地品不

自均矣或地瘠稅重者亦許打量分等則其傍地沃稅輕者自定矣然則貧富相適沃瘠參半不違於漢限田之議法稍近古令可行今、畓無六等田無一等以水根故也又田不給災以人功不修也亦勸農之一策也

麗朝田制

磻溪曰太祖倣唐制括墾田數分膏瘠自文武百官至府兵閑人莫不科授是謂口分田景宗始定職官田柴科家給人足太倉紅腐明毅以降權奸擅國胡元誅求戶口日耗版籍不明田柴之科廢而爲私田勢家世族爭相兼幷田連阡陌標以山川良民盡入於巨室而國以陵夷

嘗土定稅

磻溪曰有志者欲行井田於我國而山溪之地井界難成公田采地事有疑礙爲難蓋均田之制起於後魏而後周齊隋或舉或墜至唐始備元稹有均田圖亦近古意麗祖用之以致富強然其法不以地爲主而以人爲本籍丁給田差科多端給田之際不無人多地少地多人少今剩後欠今欠後剩之弊所以後必廢壞也

結以限田

漢史董仲舒有限田之議師丹欲行之今既以一字五結爲限東西犯標爲界又作夫以一人八結爲收納主備可依夏貢秦陌之地廣行殷徹周井之法但定民一戶所買不過一字則五結矣或地狹稅多者許其民與官吏尺量則其傍地廣稅少出

此又曰凡田十六頃一字皆以千字文爲次第改田籍當以朱子經界狀辰戌丑未年爲式與貢士戶籍以子午卯酉年不同可也按今周尺即四尺五寸七分五釐一等田萬尺爲一結千尺十卜百尺一卜十尺一束一尺一利不滿一束則不許益手一把爲一束十束爲一負即卜也百負爲一結

棕網覆田

雜書曰棕木皮作繩結網々之目必以百爲限每目以四面各六尺者六尺曰步也量田以此網覆之以一目爲一束則百目爲十負矣以棕櫚皮強韌不能屈縮則無所容手弄墨韓詩所謂疏甲喜臨社田毛樂寬征矣

均田

海豐郡有之高麗稱爲重房裨補
相國堤
金慕齋按嶺伯巡到比安等之故曰安國堤
許公堤
我朝許晩石監燕岐等之而四大池皆以漑田等而得湖名焉
量田周尺
太典曰量田以二十年爲式麗史文宗時量田步數方三十三
步爲一結磻溪曰今量田周尺較家禮圖本周尺長九分弱較
喪禮備要周尺長七分弱較今訓鍊院步數周尺長二分今定
頃法用此尺六尺爲步百步爲畝百畝爲頃則一頃之地爲方
百步按諸本所載周尺長短不同民生苦樂兵衆多寡專在於

朱子疏曰若令逐村逐保各有陂塘之利則民間永無流離餓殍之患國家亦永無蠲減糶濟之費矣又曰賑饑無奇策不如講求水利通典曰漢馬臻爲會稽守於鑑湖等塘漑田九千餘頃磻溪曰湖南若修等碧骨黃登訥堤則蘆嶺以下無凶歉矣三者之中碧骨堤其最大也羅訖解王二十一年始築之高麗增修長六萬八百餘尺周七萬七千餘步有五渠皆跨水漑田九千八百四十結及仁宗有疾聽巫言決之我朝雖重修不能復今已廢棄仁宗可謂不知天命矣

守山堤

密陽有之金方慶等此灌田以備征日本軍儲

重房堤

輿覽曰高麗元宗時內議令徐純甥李神遂之子神遂部居有鹿帶矢奔投神遂拔其箭而匿之
獵者至不見而返夢一神人謝曰鹿吾子也賴君不死當令君之子孫世世爲宰輔神遂八十
生熙熙之子懋十八擢甲科升大保內史熙之子訥官至侍中三世皆能享大壽

永慕亭 李偰記

在淸州楸洞郭壯元鋂忠直有文章世祖皇帝混一天下惟倭不庭令高麗馳一介明諭
朕意高麗王恬薦可使人皆以許璉郭壯元願行王命壯元行婦前崖錫敬來奏壯元出當
曰死一也死同不猶愈於死妻子之手乎既去果不歸墳在日本其草皆西向而生稽匠
詩遂美淸上筆西鹿空雍夜是也其孫通憲公作亭因中而慕之

鴨脚樹

輿覽曰恭愍王時工坊趙胖還自大明白王曰禮部召臣等語之曰爾國有尹彛李
初者來訴于帝言高麗動兵將犯上國宰相李穡曹敏修等以爲不可即皆誅竄其在逃者
相等遣我來告天子仍請親王動天下兵來討乃出彛初所記穡敏修等姓名以示之
鞫彛初黨遂係李穡李琳邊安烈李仁敏鄭地李崇仁李種學李貴生等于淸州獄
遣尹虎等鞫之諸囚不服忽雷雨大作前川暴漲毁城南門直衝北門城中水深丈餘
問事官居民石登盡官舍門前有鴨脚樹數十株獄官登其樹得免王以水灾下敎釋之
權近詩流言飛禍周公忠有嘉禾偃六風問道西原洪水漲果知天道古今同

田翁所謂似穀而非穀者左傳農夫之務去草芟夷蘊
朱虛侯耕田歌深耕漑根立苗欲踈非其種者鋤而去
諺曰欲得穀馬耳鏃註鏃音族或作鋌鋤也

區田

氾勝之書曰湯有七年之旱伊尹作區田法教民糞種
稼賈思勰曰區田以糞氣爲美不必皆良田又不畊之
地力共開阡陌亦農之智也 山林經濟曰凡五穀上旬種種者中收下旬種者下收又過六爲上

並作

漢書豪民侵陵分田劫假註劫謂富人劫奪其稅侵
謂貧人債富人之田也釋義云分田貧者無田取富
分所取也今所謂權頃與捻陳即劫也分田並作即

自倭亂後始與我人分田入故謂倭打作今並作之始也

稾官

漢百官表少府有稾官湯官　主餅餌稾官主擇米今司稾寺

兎園冊

五代史馮道遺下兎園冊子今秋収記本梁孝王園名

洑

范成大吳船録曰有魯家洑長風洑〻者水泊之名也三餘贅筆曰浙中少水人家多于山上置閘蓄水遇旱歲開以灌田名之曰沛

碧骨堤

田翁所謂似穀而非穀者左傳農夫之務去草芟夷蘊崇之又朱虛侯耕田歌深耕漑根立苗欲踈非其種者鉏而去之集韻諺曰欲得穀馬耳鏃註鏃音妹或作鋋鉏也

區田

氾勝之書曰湯有七年之旱伊尹作區田法教民糞種負水澆稼賈思勰曰區田以糞氣爲美不必皆良田又不耕旁地庶盡地力其開阡陌亦農之害也山林經濟曰凡五穀上旬種者全收中旬種者中收下旬種者下收又曰治田法秋畊過冬爲上

並作

漢書豪民侵陵分田刼假註刼謂富人刼奪其稅侵欺之也假謂貧人賃富人之田也釋義云分田貧者無田取富者田耕其分所取也今所謂權頃與捴陳即刼也分田並作即假也我國

穆天子傳云黑水之阿爰有野麥所謂木禾即傳雅所謂伏豬
郭璞贊曰爰有嘉穀號曰木禾匪植匪藝自然靈播註粟黍五
孕今中國糖黍蒙其長大如木斧斫之爲薪云
蕎麥 山林經濟曰蕎麥稀疎則子多若稠則子少也稠者半黑刈之則實皆黑又散種時雜蘿蔔菁之而種云
本草曰莖弱而翹然易長易收磨麪如麥香山詩蕎麥鋪花白
是也今旱年代播俗謂木麥 俗諺春年不成多耳麥秋年不成多黑麥黑麥恐韻書所謂穬也
年禾
近自西洋來故亦曰洋稻不擇沃瘠燥濕而薄土尤宜所收百
倍地力既竭一種其地十年不毛又雞犬食之肥大不育云
荼蓼稂莠
詩云以薅荼蓼註在陸曰荼在水曰蓼韓文曰稂莠不鋤即宿

罷亞

正字通曰䆉亞杜詩罷亞百頃稻西風吹半黃蘇詩翠浪舞翻紅罷亞李賀詩長鎗江米熟註江米江南所貢玉粒即長腰鎗米也

穧 穭 稆 秋

韻書曰穧是稻田種麥之謂今三南畓麥也南都賦冬稌夏穧韓詩納涼汲冷濆香穧是也又自生麥謂穭也自生稻謂秜又稆董卓亂漢諸臣采稆而食是也說文曰春麥謂[illegible]麥皮謂麩也米本衣謂稃米穀雜即糲謂糙今秫薥謂糖 本沙糖之餹非名也玉秫即玉薥黍俗謂玉垂穂今西関有還穀云

木禾

曰豆色黑大抵穀粒坼者爲陰不坼者爲陽云

穭秭稻孫

齊民要術記氾勝之曰牽馬令就穀堆食數口即以馬踐過爲種無虸蚄蟲註虸蚄害稼蟲也又秜劲稻今年死來年自生者註劲古珍字韻書曰穭秭註禾重生番禺錄曰稻再生者謂稻孫今子稻是也禾莖曰稈左傳投一秉稈山谷詩窘束如稭稈是也今稾段又以餵馬蒭謂稾段

馬沙 和種山林經濟曰白胡麻三分與晩小豆一分或赤豆二分胡麻一分相和種之灼撒覆土又山稻或旱稻三分稷二分小豆一分相和而種並歲有水旱穀随

古今注貍豆曰貍沙虎豆曰虎沙馬豆曰馬沙似今訛爲馬太

黍低麥昂

談藪曰黍熟頭低麥熟頭昂黍麥俱有所以低昂

按山海經曰稷之弟台璽生叔均是始作牛耕今峽牛聽人語耕岩石上山跪前足下山跪後足故申瀚詩嫂牛行絶壁耕者語如歌趂午家人饁歸筐滿揷花是也

五穀

周禮九穀註稷秫黍稻麻大小豆大小麥楊泉物理論百穀粱者黍稷之總名稻者漑種之總名菽者衆豆之總名三穀各二十種爲六十蔬果之實助穀各二十凡爲百穀天文志曰一星不明則一穀不登云麥五穀之長一作麻說文曰麥埋也厚埋之不凍死白虎通云麥遇金而生故秋分後種之遇火而死故芒種後收之黍色赤一作麥稷色黃味甘世傳黍稷開闢後初生穀故祭享貴之又爲農官之名社壇之配云稻色堅白菽亦

水車

芝峯曰魏馬均始創之盖灌田而楊萬世往日本得其制云我孝廟在燕瀋歸視灌漑之利丁酉下其制于廟堂命制水車今旱時或用免蘊隆之災中國有火災用轆轤轉之水至如山云

牛耕

事物紀原曰趙過教民三犂共一牛一人將之此牛耕之始也或曰聖門高弟冉伯牛名耕則古之以牛耕可知而不見於經而見於史安知非後人杜撰耶天有犂星亦可疑也芝峯曰前世皆人耕也東史羅智證王時始用牛耕壬亂牛畜殆盡婦子刀耕其功倍苦舊識云十家共一牛九女仰一夫至是驗云余聞十夫當一牛之力嘗有人耕而二十足踏已墢之土爲塲云

翻蛺蝶回風舞手學蜻蜓點水忙然則中國之移秧非倭教而有之蓋久矣又穀新移葉不鮮謂晒蔫山谷詩紅榴日炙蔫

五畝一𥢶

雲南雜志曰俗耕田三人使二牛前牽中壓後驅犂一日為一𥢶芝峯曰南蠻多水田謂五畝為一𥢶弇州云買兩犁角犢墾十𥢶此也

秧馬

坡詩云以我兩足為四蹄聳踊滑汰如鳧鷖註武昌農夫騎秧馬縛秧日行千畦我國今無效者

踏犂

正字通曰宋淳化五年武允成獻踏犂一具不用牛以人力運

火耕水耨

貨殖傳云楚越之地或火耕而水耨應劭曰燒草下水種稻草生因芟去復下水𤀹之草死獨稲長所謂火耕水耨今畓草盛以水灌之草消苗盛又云稲苗長寸許即決之乾而盛水上畓火焼苗末水灌稲根則収必三倍云又種稲予田而草與苗俱長寸許即束樹小枝曳而轢之草死苗長是謂田禾六書故所謂陸稲

稲田移秧（[illegible]畓法山林經播曰鉄有過時[illegible]霑處俗云[illegible]原草布乾草作苗 上焼之後即灌水新芽抽出寸許移種則收少而無焚之患但其根云云從[illegible]）百濟史多婁王下令始作稲田壬亂前惟播種俗謂自蔡無水旱之災倭來教以移秧故田多廣占旱災亦甚云說文曰秧者蒔禾之謂也坡詩云谷雨初分秧尭山堂記女人移秧詩云稭

勤耕

詩云黍稷重穋稙穉菽麥其穋與穉今之勤耕也西域傳註崑崙以南平地濕肥種稻一歲四熟米粒極大云吳都賦云國稅再熟之稻齊民要術稻長七八寸陳草復起浸水芟之草悉死

刀耕火種

雲谷雜記曰沅湘間多山農植粟多在岡阜伐其林木縱火焚之俟其成灰即布穀則必倍收所謂刀耕火種今我國山郡火粟田是也

畠田火畑

芝峯曰倭國謂田爲畠謂水田爲田火田爲畑猶我國以水田爲畓也官名有畠山殿地名有畑島也亦猶我國官名有稤宮

頃計我東為二十八結云韻書云田中溝曰畝田間道曰畛田陌菜田曰畹曰畦田畔曰町

代田三畎

麗史文宗立田制不易田為上一易田為中再易田為下漢記趙過代田一畮三甽　註古畎字播種甽中苗生葉以上稍耨隴草因隤其土以附苗根詩云或芸或耔者芸除草也耔附根也隴盡甽平則根深而耐風旱也磻溪曰我國有畝無畎是以其収鹵莽今遼東田皆一畝三畎一月耕収穀五六十斛云今三南谷闕似其遺也

縵田

漢史縵田註謂不甽者音莫幹反不栽樹謂之露田

之不同其篤於好古如此

百畝一夫

路史曰漢趙過云后稷始畎田則畎隴之法自稷始也磻溪隨錄曰一夫所受之田四十斗則準百畝按八結作夫亦受田例今以田度之以古七十畝爲一頃則可種稻二十六七斗矣歷夏殷五十畝七十畝而周今更爲百畝或曰若以今中國百畝則幾於八十斗地

二頃六尺

蘇秦傳曰負郭田二頃按禮記八尺爲步司馬法六尺爲步、百畝經長百步爲畝折而方之則東西南北各十步秦漢以降二百四十步爲畝今周尺以六爲數亦襲秦法耶或云中國二

農政類

三農 按山林經濟曰山澤有異宜地勢有良薄山田宜種強苗以避風霜澤田宜種弱 華案良田宜種晚薄田宜種早良田非獨晚早亦無害薄田種晚必不成實

禮天官曰三農生九谷註山農澤農平地農今峽野農是也。

· 井田

磻溪曰李靖杜佑皆以為井田創於黃帝然無經據之說唯箕子田至今經界宛然與孟子所論殷人七十畝者若合符節又曰分田以井非古也實自周人始也芝峯曰井田在平壤南門外田中有井名曰箕子井韓久菴百謙欲究其制乃考殷周步數異同尺寸長短逐畝折筭辨其區畫則每七十畝各為小畍限而縱橫皆入通計六十四區為一大界限方、正、延袤數里含毬正陽兩門之間最為分明乃作井田說以明殷周田制

在東伍者分數是也先儒云韓信多〻益辦孫子治衆如治寡分數明是也如衛統部〻統旗〻統隊〻統伍也其法在紀効新書極為明備

我國軍額

磻溪曰倭難前騎步正兵十八萬餘人並户保四十萬今正兵十五萬六千一百七十五人並户保十八萬三千二百五十八人漕軍六百七十四人並户保三千二十六人束伍諸色軍十六萬一千九百二十人今正兵户保及三衛户疑又疊爲束伍諸色皆重入此數内

馬是也使外不叛內不慕兵不離伍無自焚之患將保頭領無京狗之諭古今已還法術最良其府兵乎林駉曰漢之畿兵始爲番上今上番升戶是也後番上變爲長征長征變爲遠征而畿兵之制壞矣唐之畿兵始爲府衛府衛變爲長從長從變爲禁軍今禁衛營是也此漢唐內兵三變之由也

水軍

麗恭讓王時都堂啓曰台募海邊人民三丁爲一戶定爲水軍諸道瀕海之田不收租稅以養水軍妻子從之磻溪曰本國水軍之設始此大典曰元額四萬八千八百漕軍五千九百六十

東伍軍

磻溪曰壬亂添設以公私賤充定柳西厓曰兵法喫緊頭腦惟

曰李靖造六花陣即七軍圓陣也八陣即九軍方陣也噫陣之法豈獨軍哉魚不讀兵而魚麗伍承鳥不習武而鳥翼勢與獸之虎狀虫之蛇蟠皆不學孫吳而能者天地之斡運星辰之縈絡山川包廻陰陽向背各自因其勢而成陣善御替以韓信之囊沙破紅頭申砬以韓信之背水反爲倭破又宗其則用田單火牛自陷己軍爲用之如何耳我國之長技文不愛錢武不愛力惟據險守要淸野而待則東不畏倭奴矣北不畏野人矣西不畏女眞矣且堅甲利兵皆出我地六鎭之軍强於胡三南之兵習於倭而壬丙爲胡倭所困何哉

府兵

杜牧曰兵也居外則叛韓顯七國祿山是也居內則篡莽卓曹

統制使
懲壬亂而設自李舜臣兼三道水軍始也武弁南統北閫爲美
營將
仁廟始設尋罷 孝廟八年更置以將北伐也今爲討捕使
僧統
壬亂寺奴以香山僧休靜主之今南北漢僧將是也
軍陣
唐史員半千曰兵家有三陣星宿孤虛天陣山川向背地陣偏
伍彌縫人陣臣謂不然師以義出沛若時雨得天之時爲天陣
足食約費且耕且戰得地之利爲地陣與三軍士如子弟衛父
兄得人之和爲人陣齊史許遵曰賊爲水陣我爲火陳宋神宗

而秋不出上命譯官購得於其麾下及還都募飢民能擧重而超過一丈墻者數千人部分演習數月成軍容癸巳以柳成龍爲都提調此訓鍊都監之始取杜詩訓鍊精兵動鬼神句名之

御營 唐史朱全忠以張廷範爲御營使

仁祖甲子懲适變而置也按宋有御營李綱爲使今依其號焉

摠戎廳

丁卯被兵謂當亂無號召即赴之軍置焉即京畿兵使也取杜詩摠戎皆插侍中貂句名之 憲廟設內營而廢摠戎爲摠衛營即 正廟壯勇衛之意也其軍餉色武臣李應植軍務色文臣徐憙淳大將使道則上自領之亦明武宗自稱威武大將軍也已而復爲摠戎廳

合於古制矣毅明以後軍政一歸於權姦國無一旅一伍之卒將皆私家之將兵皆私家之兵及至封疆多事簽黃調發括中外文武散員白丁雜色賤隷家僮無問勇怯皆編行伍或以屋架多少出丁有差軍政之不修一至於此欲禦外侮保邦家得乎我朝尙有私兵 定宗庚辰罷之屬三軍府

五衛陣法

璿源譜曰我 文宗辛未設五衛有龍驤虎賁義興忠佐忠義之號衛有五部、有四統置衛將統將部將星湖曰作陣法勇怯勝敗之勢二十八變以敎士卒後漸弛廢

訓鍊都監

星湖曰平壤之復也李如松曰今來所用乃戚繼光紀效新書

有先後之檄令旗幟左青龍右白虎前朱雀後玄武倣此云按軍以行之固有機權之運石以象之且無造化之妙而魚腹浦之亂磧尚困陸遜常山蛇之應勢亦傳桓溫則異矣俗傳我國中景駿嘗以此法蒔花於階犬鷄虫鳥不入而三年人無知者一日指甕器商將貨之商獨坐言曰何好事之多也景駿問之曰此花階也欲與語棄其器不顧而去云與二程於大慈寺有箍桶者吟易事相類

六衛相統

崔錦南溥曰麗太祖始置六衛、有三十八領、各千人上下體統相為維持有唐府衛之遺意肅宗志呑女真日事練兵習別武班吏胥商賈僕隷髡緇亦皆隷焉雖得一時之少效已不行之其法六十四陣蓋天衝十六陣居兩端地軸十二陣居中間天前衝四陣居右後衝四陣居左地前衝六陣居前後衝六陣居後風八陣附天雲八陣附地合爲八陣○天衝並前後衝二十四陣合風八陣爲三十二陽地軸並前後衝二十四陣合雲八陣爲三十二陰遊兵二十四陣在六十四陣之後乃行軍結陣合戰設疑補闕全在遊兵天地之前衝爲虎翼風爲蛇蟠兵家先陰以右爲前又風從虎、與蛇皆陰類同位西北也天地之後衝爲飛龍雲爲鳥翔兵家後陽以左爲後又雲從龍與鳥皆陽類同位東南也以天地風雲爲四正以龍虎鳥蛇爲四奇所謂八陣也每以二陣相從一陣之中又有兩陣一戰一守中外有輕重之權陰陽有剛柔之節彼此有虛實之地主客

戍飛三日不下之類也韻書曰流馬今衢推車我國戊由賊李退溪以意作之小如猫則行大如狗則不行云

、尉繚子

芝峯曰武七經中尉繚言兵最酷今倭用其法云按孔明異傳亦在倭、專以火攻出於此耶武七書孫吳子司馬法唐太宗李衛公答問尉繚子黃石公三略太公六韜總百一十四篇

、鴛鴦陣

明史戚繼光以鴛鴦陣鳥銃破倭云蓋前行艱、並立齊藥次行序立前行之跡放銃入後、前循環即跡行首伍承彌縫也

、八陣圖

竇憲傳燕然銘云勒以八陣註兵法有八陣則孔明得其法推

牛不飲食其造法肋長三尺五寸廣三寸厚二寸五分左右同
前軸孔分墨去頭四寸徑中二寸前脚孔分墨去頭四寸五分
長一寸五分廣一寸前杠孔去前脚孔分墨二寸七分孔長二
寸廣一寸後軸孔去前杠孔分墨一尺五寸大小與前同後杠
孔去後脚孔分墨二寸二分後杠孔分墨四寸五分前杠長一
尺八寸廣二寸厚一寸五分後杠與等板方囊二枚厚八分長
二尺七寸高一尺六寸五分廣一尺六寸每枚受米二斛三斗
從上杠孔去肋不七寸前後同上杠孔去下杠孔分墨一尺三
寸孔長一寸五分廣七分八孔同前後四脚廣二寸厚一寸五
分形制如篆軒長四寸徑面四寸五分孔徑中三脚杠長二尺
一寸廣一寸五分厚一寸四分墨子所謂公輸削竹木爲木鵲

木牛流馬

註牛方腹曲脛一腹四足頭入領中舌着於腹載多而行小獨行方數十里羣行三十里曲者牛頭雙者牛足橫者領轉者脚覆者背方者腹垂者舌曲者肋刻者齒立者角細者鞅攝者鞦軸牛御雙轅人行六尺牛行四步妕杜舌頭柤轉而人不大勞

爾雅曰馬銜謂排沫即鉗也蓋排馬之流沫也說文曰馬口中橛曰齺今俗謂齎嚼也詩云朱幩鑣、註幩馬銜外鐵一名扇汗以朱纏鑣扇汗也又詩云鞗革冲、爾雅轡首謂之革疏馬轡所靶之外有餘而垂者謂之革今馬革是也

車服馱鞍

車左右驂左曰騑右曰服周禮疏云服謂車平較皆鑿孔以軨子貫之謂牝服似今瓊轎馱鞍也漢李固驅驢負笈註說文曰驢上負也猶今人以木牀騎驢將以負載物也俗訛笈馬爲吉馬也字典曰凡牛馬載物曰負他、同馱坡詩疲馬鮮馱鞍

我英廟行幸乘驛而馬不善行有馬官奏曰驛不歡馬聲如是乃許之今陵幸歡馬聲於是乎始即古逐水曲也

鳴珂搖環

韻玉曰珂石次玉即瑪瑙又貝大者珂黃黑色其骨白可飾馬勒即繁纓蓋貴者馬飾唐詩瘦、鳴玉珂張嘉貞鳴珂里是也殼今牛骨為珠貫之馬鞅而或以馬領瘦鐵環為珂非也即李賀詩金鐶壓轡搖玲瓏是也俗謂鶩鶩

簪褭鞍帶

漢武功爵名簪褭師古曰以組帶馬曰褭也簪褭言飾此馬也若繁纓以朝也今朱組為鞍帶出此

排沫扇汗

䩞

集韻曰䩞音駝即馬上連囊也廣韻䩞負也即今駄連也

乘馹

原覽曰郵驛周時已設即左傳乘馹是也 靑箱雜錄曰唐以前館驛給轉往來開元中始給紙券今鐵之馱牌我東新羅炤智王始置而本朝 宣廟丁酉承旨韓浚謙請依中朝例設擺撥

官馬印字

杜詩細看六印帶官字註飛字印龍形而印於馬之膊髀及六印也飛字疑天子六騶而唐御廐名飛龍即飛龍小兒李輔國是也今軍門馬火印爲訓字禁字出此

勸馬聲

即今馬及鞍上纓毦也庾信詩金羈翠毦往交河是也

參悵障泥

今馬韉謂參悵若籠參悵之謂也韂韻書曰障泥也漢史緑熊皮障泥是也庾信詩云連錢障泥渡水騎古樂府鐵驄金面青連錢註馬飾也唐詩云妖童寶馬鐵連錢

踏滑代葛

唐詩云沙口石凍馬蹄脫則古者馬足無飾而我國北路險多石以葛累蹄若今柴爾牛鞋矣尹瓘開六鎮時作鐵寶冒之謂踏滑金方慶作庀子今馬鐵謂代葛

㠹篼

揚子方言曰飲馬橐也今馬太網也

鞍鐙

正字通曰馬鞍兩旁足所踏也韓致堯詩和裙穿玉鐙是也

金鋄

玉篇鋄音亡范切馬首飾也馬融頌曰金鋄玉鑲蔡邕曰金鋄馬冠也如玉華形在馬髦前正字通曰俗名馬鞍曰鋄銀事件

金鑁

廣韻曰乘輿馬頭上插以翟尾曰方釳註防馬相突也蔡邕獨斷曰金鑁方釳繁纓重轂

上旄

說文曰旄即長尾雉防著馬頭謂之天子麾著非也旄註雉尾著竿頭即孟子所謂羽旄之義也西南夷傳齎黃金旄牛毦註

曰監牧之制始此我朝牧場監牧官是也

坐馬

宋江夏王義恭傳曰平乘誕馬不過二程氏演繁露曰誕馬猶徒馬今外官儀從有散馬前行名坐馬亦曰引馬即但馬也遼史作𩋿馬

馬牌

唐制有銀牌發驛隷五字曰勅走馬銀牌宋初樞密院給券謂之頭子太平興國中罷券置牌即馬牌始也今鐵牌刻馬形

馬兜鈴

本草一名土青木香蔓生葉脫時其實尚垂如馬項鈴故名云蓋馬項懸鈴亦左傳錫鸞和鈴也

則捕獸飲乳寒則寢皮服裘奔走射獵以殺爲務未可以道德
懷之未可以戒馬服之莫若府遣之通揀良將而任之訓銳士
而衛之廣營田而實之設烽堠而待之候其虛而寇自除矣人
不疲而虜自靜矣

車騎

曲禮註古人不騎馬故經典無言騎今言騎是周末時禮能改
齋漫錄曰左傳左師展將以公乘馬而歸劉炫謂欲以單騎而
歸此騎馬之漸也正字通曰古者服牛乘馬、以駕車不言單
騎至六國時始有單騎蘇秦所謂車千乘騎萬匹是也

監牧

唐初得突厥馬徙之隴右其屬有監牧歲課功進排馬歐陽脩

都如踏平地耶古法曰易野車為主險野人為主

武侯心書

其書曰東夷之性薄禮小義捍急能鬪依山塹海憑險自固上下和睦百姓安樂未可圖也若上亂下離則可以行間、起則隙生隙生則修文教以來之固兵甲以擊之其勢必克也南蠻多種性不能教連合朋黨失意則相攻居洞依山或聚或散西至昆侖東至洋海產出奇貨故人貪而勇戰春夏多疾疫戰不可久師也西戎之性勇悍好利或城居或野處米粮少金貝多故人勇鬪難敗自磧石以西諸戎種繁地廣形險俗負強狠故人多不臣當候之以外釁伺之以內亂則可破矣北狄居無城郭隨逐水草勢利則南侵勢失則北遁長山廣磧足以自衛飢

墊浸云博物志云銅鐵與磁石同窑百鍊則雖雜置一器不裂

云按東漢國戰艦三層用板爲隔下藏穀中藏械上容五百人

皮船

正字通曰明少保戚繼光濟水法用生牛馬皮竹木緣之如箱形火乾再用竿繫助之以浮水一皮船可乘一人兩皮合縫可乘三人

兵車

磻溪曰制南倭莫如舟師制北虜莫如車戰麗顯宗時康兆以釼車攻契丹摧糜之柳洪請造兵車以備不虞頃在丙亂我若有車塞路結陣若衛青之武剛車馬隆之鹿角車欲戰則戰欲守則守宜屬付濡陽車載大砲軍裝歷平安黃海以抵南漢江

故謂龜船又為龜頭其口設治鞴焚椒糠硝藥之物遇敵則舉頭開口烟火噴出或潛行戴敵船覆之其妙在櫓軍、、之妙在於將臺儘奇妙今不知運用云世傳元均敗後忠武白衣從役至東萊則軍卒皆沒器械盡失丁壯則逃惟老弱三百餘人偷食軍糧不去乃與造此船出戰男女荷擔登浸雲臺觀此戰勝負為死生俄倭船蔽海我軍無影響皆號哭謂我軍全沒忽中海而一巨龜戴倭上將船出擧頭放火又一龜亦如之倭帆或沒或走無一存者茫、大洋惟數十龜泛、隨波遨遊矣以募忠武乃高坐龜背上打勝戰鼓而返云今西洋異樣船大可四五餘里以小舠藏其內散之則滿海收之則一船似香盒而銅鐵裝內外可怪蓋東海底有磁石我東商船審以鐵飭全船

伐木打船

忠武月夜坐船上聞前山伐木聲怪之問幕僚曰我人走之不暇何伐木之爲彼亦何所用焉莫對即命壯士以釰打船頭而歌又以長柄鎌揮船底矣朝視之左氏所謂舟中之指可掬軍僚問故曰彼以潛水軍欲穿我艦底或攀舷而登故伐木於彼下、亂響於此軋、以同聲相應故耳

龜船

闘艦古無此制壬亂李忠武公舜臣創意造之一艦三層上爲將臺中藏戰士下居櫓軍環艦外矢銃穴若蜂窠內有防扇若推窓然櫓軍踏船底引繂則浮海上穴自闢放矢銃不踏放繂則穴自閉入水底水不入爲龜甲象覆之泛、於海若龜遨遊

望見之以爲水乃退云亦揚水示閑唱籌量沙封空倉辦馬槽

、葛橋渡江

杜詩卻背五繩橋註岷江急不可爲橋以竹繩爲橋而渡卽益州笮橋以竹索爲之是也懲毖錄曰壬亂御駕到臨津無船且倭追在後急斷葛一條繫此邊樹使善泅者帶其末於腰從淺灘渡繫之彼邊樹仍以葛繩往還卽成浮橋駕渡卽斷踶後云

、水淸移陣

李忠武將與倭水戰先於海中列陣而倭亦欲此處見奪爲恨忠武忽移之他處裨將諫不聽倭喜則來陣之其夜毒龍作風浪倭兵船不存諫者問之故曰唐詩野鶴巢邊松最老毒龍潛處水偏淸我所見水甚淸疑之此與裴行儉從高岡同也

撒灰戰勝

老耕云播糠勝目則天地四方易位矣我國甲子适變鄭忠臣以孤軍據鞍峴上峯以避之賊仰攻之急忠臣令諸軍隨下風撒灰、入賊目又下之石目不見物是又困石乃敗散因石甚曰勝戰峯蓋居上衝下莫如轉石撒灰也

、水渴揚糠

勾麗史漢光武遣將圍城急乙豆智曰漢謂我城中無水以待自疲取魚包水草以犒之漢解去諺傳有宋將軍者當壬亂守竹山、城、斗起野中當嶺湖北上要路故賊不能過然城中少泉刺山無出笮糞方急賊知之乃圍鐵管相似宋將軍即以米糠拐洗白馬於城上則於白馬之白於米糠之白而示之賊

長楊賦木擁槍累以為儲胥注木擁柵其外又以竹槍累為外儲軍中藩籬也儲峙也胥須也有儲蓄以待所須也義山詩云風雲長為護儲胥是也

倉儲

磻溪曰周書云高句麗治平壤城而城內唯積倉儲器備寇至日方入守王則別為宅於其側不常居之此蓋亦夷狄遺俗所至今猶有因習未盡變也按今山城軍餉米空有儲胥之名實為偸食之資比諸平壤乃為不常居之為愈也

按葦合氷

通鑑曰代王什翼犍以葦絙約流澌俄河氷合未堅乃散葦其上氷葦相合有如浮梁遂乘以渡

城湯池者中國多平地築城、下有池我國多依山爲堞：外
無隍也

枳城

馮行顯志賦云樹六枳以爲籬諺傳耽羅城舊以枳爲之年久
蔓合堅於金石麗宗崔瑩欲拔不得乃以蘲草種播之城底而
歸期秋蘲枯燧火燒之厥後不復叛云說文枳木高多刺可爲籬

氷城

白帖曰魏祖爲馬超所突營不得立又多沙不可築城婁子伯
曰今天寒可起沙爲城以水灌之一夜而成謂之沙城而亂南
漢之圍也城爲淸砲所破夜以空石實糠沙而汲之水謂氷城

儲胥

袁紹傳曹操發石車擊紹號霹靂車卽拋車蓋以機發石爲攻城具謂將軍礮始於范蠡兵法而孔明起衝車郝昭以繩連石磨四角車折卽砲也魏史馬鈞有巧思作一輪懸大石數十以機鼓輪則石飛擊城中首尾電至試以車輪懸瓴甓數十飛之數百步矣荀子曰渠衝入穴而求利註攻城車或作距衝超今穿地轆轤明史曰朱大典用劉良佐轟城策卽穴城置火藥、發城崩

、山城

西都賦金城萬雉註一堞三丈以雉名者雉一飛止三丈也董越朝鮮賦云凡爲城郭皆枕高山蓋賊至捲入避鋒去則下以居也故民皆無捍禦之心徒有走避之情者以山有城也蓋金

磁石止鎧

漢馬隆征羌虜夾道累磁石賊負鐵鎧行不得前禦敵之策

刁斗 說文曰鐎斗有柄

韻書曰檯即柝警夜刁斗乃易之重門擊柝李廣傳註以銅作斗晝炊夜擊以警唐詩云寒聲一夜傳刁斗今銅鑪也

烽臺

韻書曰晝燧夜烽說文曰燧候表邊有警則擧火漢書註作高土櫓櫓上作桔槹其頭兜零以薪草置其中常低之有寇即火故用之隋法賊少擧二烽來多三烽大逼四烽唐史平時只擧一烽故謂平安火今用其法而江原一道獨無烽臺亦異矣

右車距衡

羽檄

漢高祖紀羽檄徵天下兵註檄有急事卽揷以鷄羽蓋以木簡爲書長尺一爲檄而齊約矢射聊城則亦非簡而帛也荀濟磨墨盾鼻萬檄是也後魏史每戰克書帛於漆竿上名露布

、馬上才

今騎芻馬上才乃天下之奇技也走馬上起立放銃射矢揮釰禦盾旋入馬腹障泥避敵故許之責龍胡曰人、飛將奈何

、不禁無刃

吳史賀齊討賊、善禁官軍刀釰不得拔射矢皆還自向齊曰吾聞兵有刃者可禁無刃者不可禁乃作勁木白棒擊殺萬計今軍門朱杖亦列白棍先行出此

左傳鞭弭周旋陳餘傳杖箠下趙皆戰陣策馬也今藤策是也
禮記註策篲若今鞭末韋帶

戰腰牽佩

今男腰帶謂戰服者假軍服帶名也藍牽佩爲軍帶累糇糧也
宋史陳遺母好鐺底焦飯遺每錄焦貽母急從軍帶焦不飢

懸鈴

麗史云國制各道站驛有懸鈴傳送三急三鈴二急二鈴一急
一鈴隨事緩急行之今使令懸鈴是也

鐵絲瑟 又今捕盜朱王絲也

莊子傳說胥靡註刑徒之人以鐵鏁相連繫西域傳琅鐺註長
鎖若今禁繫人即軍門旗手腰佩鐵行步瑟瑟然鳴琅鐺也

笴高麗時金敦中矢落王輿前遂成大獄枉殺數人若箭書名則敦中既有除夕儺燭燃鄭仲夫髭須之憾即按名伏法不至有朝廷沉之禍矣麗時不刻名可知也今書名箭笴亦效唐也

角指

詩云決拾既佽蓋角指曰次臂褁曰拾掌甲曰韘貫革曰紅心即箭、中紅心也無鏃曰撤子箭、筒曰櫜即左傳衛櫜鞬也箭箙蓋曰掤亦作氷即左傳執冰而踞是也正韻曰箙註箭室

腰鉤

唐詩麒麟錦帶佩吳鉤註歐冶子作鉤名吳鉤而今腰鉤金即馬上掠取地上敵馘也與鉤異而與鐵如意同也

藤策

螢丸却矢

類聚曰務成子云螢火爲丸能却矢漢史武威太守劉子南得其方合而佩之嘗與虜戰爲其所圍矢如雨下離數尺輒墜地不能中傷虜以爲異乃去本草云巴豆蟯蜋並研塗傷處出箭鏃

鐵箭

漢申屠嘉傳材官蹶張註力能蹋強弩張之錢璆射潮強弩註鐵箭亦似衆神臂弓也杜詩云憶衛驃下鐵縲箭今俗謂定量能射敵雖遠之也

箭笴刻名

唐書王忠嗣有劉長付以兵使士卒雖弓矢亦誥姓名其上軍還遺矢亡鏃皆按名第罪五代史梁陸思鐸亦鏤其姓名於箭

勾麗史曰方言善射者曰蒙謂如逢蒙也東明篇註朱蒙生未經月言語並齊謂母曰蠅噆目不能睡母作葦弓矢與之射紡車上蠅發輒中之角雅曰夷大弓也以東明王射而如蒙故名

高麗箭

芝峯曰兵箭我國之妙技射遠必中故胡人畏之號曰高麗箭倭奴曰中朝之槍法朝鮮之兵箭日本之鳥銃天下第一云

一箭却萬騎

芝峯曰柳鵬壽善射隨崔浞赴京值虜圍山海關十四日唐將閉城不出鵬壽用兵箭射賊中輒殪之虜大驚曰高麗至矣乃遁皇帝褒嘉之崔簡易文曰我國武夫從使出遼者用一二箭箭却數萬騎至今有名者此也

活弓

鷄林類事曰 高麗方言謂弓曰活

、弓弩

說文曰黃帝臣牟夷初作弓弩越志曰交趾之地厥氣爲雄有神人爲造神弩一張一放殺越軍萬人又南越志曰唐時部常有銅弩承淵出水皆銀黃雕鏤取以製弩矣越春秋曰弩生於弓〻生於彈〻生於孝子不忍見父母爲鳥獸所食作彈以守之其謠曰斷竹續竹飛土逐宍[illegible][illegible]是也若倭以銃彈鳥而爲兵器以彈人也弩以戰用自孫臏始故謂孫弩而孔明連弩法一弩十矢俱發獲張郃矣我國險夷狹路用之外敵敢入

、善射曰[illegible][illegible]

我國峽路設馬絆緺索則亦擒敵奇策也

中砲之立功北邊也用此術方其打入也敵矢不暇發戈不暇用其退若崩故崔崑崙詩胡兒尚說中兵使退近東城舊戰塲

瞋弓

唐南蠻傳曰永昌野桑生石上其材上屈兩向而下植取以為弓不筋漆而利名曰瞋

弶頭

華陽國志曰秦昭王時白虎為害募作白竹弩射之今所謂弶頭虎子是也弶音強

羂索

韻會曰羂音楊以索罥物也唐史中宗時契丹寇營州飛索以羂麻仁節生獲之契丹將李楷固善用羂索又馬絆註馬縶

只俯首而行又麻札刀註長柄斧盖倭景所敵人馬足之術也

鐵蒺藜

鼂錯傳曰具藺石布渠荅註藺石城上雷石渠荅 也宋扈再興之襄陽圍也布之金人多踏亦兵備也唐書霸騎崩騰畏蒺藜是也齊田單立於矢石之所剔石亦兵備

鐵連耞

宋史狄青用鐵連耞破儂智高蓋陸地敵騎叢立莫如鐵耞摩打如打麥也諺傳壬亂倭入水原有崔承旨者退居農野之方三父子打麥倂當數百倭至父子約曰避不得拒不得死一也今所持者耞可打倭幾箇而死即同心盡力如麥之打聲勢盡殲乃收麥卒舂而避之俄數萬騎倭來言欲抵敵朝鮮三壯士云

原覽曰 少康子與作管子曰蚩尤銅鐵額以銅鐵爲冑非額也
卽狄青銅面之類也古甲用皮宋華元誦所謂雖則有皮丹漆
則那是也秦漢始用鐵而文粹云李勣賫金甲同光是也

雀羽辟塵

博物志曰孔雀羽辟塵故今插之氈笠漢書大冠註武冠環纓
無蕤以青絲爲緄今朱笠氈笠皆珠纓而以蜜花者小說云能
防銳入也故說銅篇曼胡之纓是也加雙鶡尾竪左右謂鶡冠
註鶡音芬勇雉也其鬪對一死而止謂鶡鳥今犇盧伊盎盧伊

麻札刀

演機新編曰岳飛造背嵬甲使先鋒被之各持麻札刀入敵陣
斫馬足破兀朮蓋背嵬甲以鐵爲背甲嵬然似龜背內附革氏

甲襦

揚子方言曰汗襦自關而東謂之甲襦正字通曰元世祖制一衣前有裳無衽後長倍於前無領袖綴以兩襻名比甲以便弓馬

釬鍜

雲笈軒轅記曰蚩尤始作鎧甲兜鍪時人不識以爲銅頭鐵額初學記曰首鎧謂兜鍪亦曰胄臂鎧謂釬頸鎧謂錏鍜

甲胄

唐史曰史思明有良馬千餘匹每日出於河諸浴之循環不休以示多李光弼命索軍中牝馬得五百匹縶其駒於城內俟思明馬至水際盡出之馬嘶不已思明馬悉浮渡河一時驅之入城亦隔水對壘誑敵之一勝算也

連砲

今軍門一字陣也最頭一人放砲一陣連放望之若火起一字連續謂之連砲

地雷砲

皇明袁崇煥燒奴兒赤之術也今遼東嘔血臺是也本出孔明燔藤甲軍也丙亂汗取義州路而林慶業埋砲故避從昌城云

防牌

禮司馬掌五兵五盾謂戈盾戟盾矛盾漢史所謂矢道同的匈奴之革笥木薦不能支佛經所謂七重欄楯周匝圍繞是也陳法書云結陣時彭排列居外面則彭排今謂防牌

風馬誘牝

戍圍球用大碗口載之投火而發之飛五六百步射入城中倭奴爭聚推轉而諦視之砲自中發鐵片星碎死者三十餘人朴晉永川之捷以此也本元之攻汴金人用火砲名震天雷用鐵鑵所爇圍半畝以上火點着鐵甲皆透此其遺制今噴筒是也近聞洋人用西瓜砲其制用大匏納火藥鐵片浮之江海敵船觸之則砲發破船云

佛狼機

芝峯曰佛狼機國大器故名佛狼機今軍門用之

飛火鎗

星湖曰金人有飛火鎗注藥以火發之前燒十步此皇明于謙所用火鎗也諺傳成三問求鐵毬欲興復似此類也

清州之役趙重峯以厚油紙爲甲沉南石橋水一夜及朝着而出戰倭丸如雨輒落不穿若天女花不着身遂奏大捷

氈笠

唐史李元諒拒朱泚也兵興倉卒裂氈爲鎧是謂氈鎧我國壬亂以氈裹頭免丸仍爲軍笠蓋銃丸能穿木鐵不能穿氈以柔能制剛也今甲襻以綿者明史自成用棉布襯緜甲礮矢不入

龍頭火起

車漢日記曰其軍器用火炮長鎗而銃不用火線以珊瑚石着於火門堅不動又於龍頭置金鐵龍 落而金石激而丸發

震天雷

星湖曰震天雷軍器匠李長孫所創以鐵菱與同引火之具壯裝

丸下得以也通身紅爛下即銃丸也愚以爲錢文出而金銀非寶科文出而經學無好偏論出而是非難定鳥銃出而名將無功漢書甯洲註用鹿骼爲矛以戰鬪摩厲青石以作弓矢云而今惟用銃其銃短而輕我銃長而重雖欲倭而不及才有所局然今馬上銃是也近聞英吉國用無聲銃云其妙於倭過矣銃頭穿穴自李忠武始以繫火線也三穴銃曰眼銃藥筒曰烘藥葫蘆水銃曰氣銃、字不載韻書

冷藥却銃

冷藥即明史所謂紅丸藥也染戰袍則丸不穿故謗傳郭冊祐紅衣是也明末李自成斷婦女倒列城堞亦御銃也

紙甲御丸

鄉音云臨敵他持單薄牌易搖奪惟筅遮蔽全身刀鎗叢刺不能入用爲行列乃行伍藩籬也兵學指南曰筅在前後左右以防敵入今軍持竹杠具枝葉一本立左右云以是衛馬畏不入吾陣

竹矛

吳錄曰日南有簝竹勁利削爲矛今竹鎗

飛矛

東觀記曰漢光武作飛䖟攻赤眉註䖟鏂也正字通曰今之飛矛

哨 明史所千戶註五品職凡兵一千一百二十人爲一所

正字通曰凡屯戍防盜處名曰哨今軍百人謂一哨

鳥銃

芝峯曰鳥銃出於呂宋國了和尚劫外錄曰盡大地是箇熱鐵

金支翠旗

漢禮樂志曰金支秀華廣旄翠旌註金支樂上以黃金爲支其首敷散草木之秀華也翠旌謂五采羽注於翠旌之首而旌之今旌竿雉羽獸形是也杜詩云金支翠旗光有無

石砮楛矢

國語曰有隼死楛矢貫之仲尼曰此肅愼之矢也周成王時肅愼氏貢此矢今北道西水羅是也漢書曰挹婁國弓長四尺砮以青石爲鏃李賀詩云雀步蹙沙聲促、四尺角弓青石鏃

狼筅

正字通曰狼筅兵器也戚繼光曰用大毛竹上截連旁附枝節、枒杈視之粗可二尺長一丈五六尺利刃在頂長一尺郭應

通禮義纂曰蚩尤與黃帝戰帝令吹作龍鳴以禦之軍中驚之以司昏曉今謂角登樓向天而吹謂天鵝聲以聚軍者以其聲大而遠故也

鼓角樓

唐書曰節度使入境州縣築節樓迎以鼓角今鼓角樓始此左傳擊柝註判兩木夾于門爲機相擊以警夜也今荒城多叩鼓以持更蓋其遺制

鼓角自鳴

高麗史太武神王子好童遊沃沮樂浪主以女妻之樂浪有鼓角兵至則必自鳴好童將還謂其妻曰汝能入武庫割鼓面角口我以禮迎汝今軍庫兵器自鳴則兵起之說出此

走爲官軍所擒敗敵若用兵者倒用兵法則亦妙矣或曰大洋
上擊鼓無聲者以山不相應也故吹角行軍云

鼓錚

鷄林類事曰高麗方言謂鼓曰濮漢史段熲有功而還介士鼓
吹錚鐸註錚即鉦也形圓如銅鑼又鐃說文曰卒長執鐃周禮
云如鈴無舌有柄執而鳴之以止擊鼓

囉哱屠觱

戚繼光新書曰凡吹哱囉是要衆兵起身執器站立今謂囉叭
即角也說文曰羌人所吹角屠觱以驚馬也徐曰今之觱篥其
聲然也俗作篳篥

吹角昏曉

陸地髻解被髮牛畏入水秦因置旄頭騎作先驅也節操也謂持節者必盡人臣之節操編毛為之上下相重取象竹節因以為名長尺三寸漢書註節信也行者所執之信長八尺旄牛尾其旄也

狼纛

唐史突厥阿史那其先與牝狼交生故象狼頭為纛示不忘本也蓋黃帝殺蚩尤懸其頭於旗竿始也禮記凡祭表貉則為位註師祭也於立表之處祭造軍法者其神蓋蚩尤今驚蟄卽纛祭

鼓行金止

軍志曰鼓以行之金以止之晉史桓溫伐蜀　鼓吏誤鳴進鼓李勢降我國造亂將進官軍負鉦者誤躓鳴必造軍謂已退而

在謂一歲一更不行者出錢三百入官以給戍者曰過更今京
城閭戶卒更錢雇巡邏軍是也俗謂歷重役爲過更亦出此

旗幟

釋名曰旗期也熊虎五斿以象伐星士卒以爲期於下也幟識
也軍法十人一幟故韓信之人持一赤幟爲二千卽二十萬之
多也今旗渾官也

旌旄節旂

周禮曰日月爲常交龍爲旂通帛爲旜雜帛爲物熊虎爲旗鳥隼
爲旟龜蛇爲旐全羽爲旄、幢也以旌牛尾著竿頭幢纛也以
犛牛尾爲之如斗秦文公時梓樹化爲旄牛而猛悍使其什有
功後世象而注之旂旗竿之首又曰梓樹爲牛以旄擊不勝故

慈湖王幼學曰古者以竹爲之故字從竹後世詐僞以竹易得之物於是鑄銅鐵金銀爲物象而用之銅魚綠麟青龍朱雀騶虞玄武符是也周禮樂璋起軍旅張晏謂竹從簡易也鐫刻篆書與郡國爲符各分一半右留京師左以與之此漢制然蓋晉鄙合符則亦古矣唐高祖改爲銅魚木契今我國兼漢唐之制

門考號牌

漢終軍傳以繻爲關門符信註裂帛爲符曰繻我太宗癸巳始作號牌今有警都門考牌出入蓋古關市譏異服之人也

卒吏

漢昭帝紀註古者士卒無定人造爲之一月一更曰卒更富者顧傭者月二千曰踐更天下之人皆直戍邊三日雖宰相子亦

○武備類

主帳

唐藝文志有玉帳經一卷宋張昊曰玉帳乃兵家壓勝之方位主將於其方置帳則堅不可犯如正月建寅則爲玉帳杜詩空留玉帳術是也按三奇吉門順罡者吉逆罡者凶註罡斗柄也正月戌時建寅方指午二月亥時建卯方指未之類晝夜循環斗罡初所指之處必敗是以漢莽以銅五石爲北斗長二尺五寸欲以壓勝衆兵也故隨斗柄而坐者是也方術記曰黃石公用十二碁卜行師萬不失一云升庵曰唐六典三式六壬卦局以楓木爲天棗心爲地

兵符

松南雜識